PHILIPPE DE BROCA

UN MONSIEUR DE COMÉDIE

PHILIPPE
DE BROCA
UN MONSIEUR DE COMÉDIE

Philippe Sichler
Laurent Benyayer

Contributeurs
Gilles Botineau, Luc Larriba, Stéphane Lerouge,
Guillemette Odicino, Bernard Payen

neva
Éditions

Sommaire

Avant-propos

De Broca, Philippe de Broca : pour moi, ce nom évoque des souvenirs inoxydables, de bonne humeur et fraternités mêlées.

Nous étions de la même génération, nous avions pile le même âge. Vingt-cinq jours d'avance lui permettaient simplement de jouer au grand-frère. Moi, fils de sculpteur, lui, petit-fils de peintre : cette ascendance artistique a immédiatement scellé notre amitié.

Notre rencontre remonte au film *A double tour* de Claude Chabrol, dont il était le premier assistant. Au premier jour de tournage, nous nous sommes découverts des atomes crochus. Deux ans plus tard, une fois passé à la mise en scène, Philippe m'a proposé le rôle titre de *Cartouche*, sa première grosse production, son premier film en couleurs. Après le succès d'*A bout de souffle*, on avait tendance à m'enfermer dans un emploi de mauvais garçon. Ce qui m'a emballé dans *Cartouche*, c'est la nouveauté, le contraste avec tout ce que j'avais tourné jusqu'alors. Enfin un personnage solaire, vif et idéaliste, qui défie les riches et les puissants ! Enfin un film de cape et d'épée moderne, infusé de Nouvelle Vague ! Pour Philippe, j'ai appris à monter à cheval en huit jours. Et, surtout, le tournage m'a permis de mieux le cerner. Je dirais même : de mieux le comprendre. Les horreurs de la Guerre d'Algérie lui avaient révélé un versant sombre de l'humanité et lui avaient inoculé un antimilitarisme viscéral. Son âme d'enfant, son refus de grandir, son goût de la transgression, sa fantaisie naturelle étaient un pied de nez à ses démons. Une façon de diluer la noirceur et l'angoisse qui le suivaient, deuxièmes ombres de lui-même. « Amuse-toi, cela empêche de mourir ! » lance Vénus à Cartouche.

Le tournage ne m'a laissé que des souvenirs exaltants. Avec Claudia Cardinale, notre couple incarnait, d'une certaine manière, l'amour et la liberté. Sur le plateau, De Broca virevoltait, comme un enfant dans un magasin de jouets. Sa juvénilité contrastait avec sa grande maturité technique. À mon sens, il aurait pu, il aurait dû tourner une comédie musicale. Dans *Cartouche*, les duels à l'épée ou au poing ne ressemblent-ils pas à des ballets ? Cette première aventure partagée m'a donné une confiance aveugle en Philippe. Dès lors, j'ai su que je pourrai le suivre jusqu'au bout du monde.

Ces voyages, nous les avons effectués, au Brésil dans *L'Homme de Rio*, au Népal dans *Les Tribulations d'un Chinois en Chine*, au Mexique dans *Le Magnifique*... en poussant l'exotisme jusqu'au Mont Saint-Michel dans *L'Incorrigible* ! C'est sur *L'Homme de Rio*, en 1963, que j'ai enfin pu assouvir mon plaisir d'effectuer moi-même mes cascades, guidé par mon ami Gil Delamare. Le producteur Alexandre Mnouchkine y était catégoriquement opposé mais, après mon passage entre deux fenêtres en haut d'un immeuble, il m'a demandé en souriant : « Tu n'en ferais pas une deuxième ? » À partir de là, j'ai pu laisser libre cours à mes instincts acrobatiques... Sur tous ces films, l'atmosphère était survoltée. Entre Philippe et moi, c'étaient des concours de provocations et de farces potaches. Sur *L'Homme de Rio*, j'ai caché des bébés crocodiles dans les salles de bain des membres de l'équipe. Quand la comédienne Simone Renant est entrée dans sa douche, elle a modérément apprécié. Un autre soir, j'ai glissé de la farine dans l'air conditionné. Sur *Les Tribulations*, nous avons vidé la piscine de l'Hilton de Hong Kong. À Acapulco, pour *Le Magnifique*, ce sera l'inverse : pour mes quarante ans, nous remplirons la piscine du palace de tous les meubles à portée de main... Ces facéties réjouissaient Philippe : elles contribuaient à l'ambiance du plateau, laquelle serait, il le savait, perceptible à l'image.

À l'heure des bilans, Philippe est (avec Henri Verneuil) le cinéaste avec lequel j'ai le plus tourné, celui avec lequel j'ai partagé la plus grande complicité. C'était l'antithèse du metteur en scène autoritariste façon Melville, c'était un metteur en scène copain. Notre dernier tour de piste, *Amazone*, n'a pas été à la hauteur de nos espérances mutuelles mais le plaisir de nos retrouvailles était intact. J'ai aimé son rire, son imaginaire, son extrême rigueur dans la loufoquerie, la gravité secrète que dissimulaient ses pirouettes. Nous étions une équipe, nous étions un duo, nous étions frères.

Paris, le 30 novembre 2019 **Jean-Paul Belmondo**

Préface

De Broca, infini de rire

CÉDRIC KLAPISCH

Je ne l'ai jamais connu ou rencontré mais j'ai toujours profondément aimé Philippe de Broca. Je l'ai toujours considéré comme un lointain parent, donc quelqu'un de très proche...

Quelqu'un de bienveillant qui vous ouvre des portes.

Peu de réalisateurs ont autant réussi à mettre de la grandeur dans la légèreté.

C'est ce que j'aime par-dessus tout dans beaucoup de ses films comme *L'Homme de Rio*, *Les Tribulations d'un Chinois en Chine*, *Cartouche* ou *Le Magnifique*.

Il a créé avec ces films le concept de « comédie d'aventure », décliné ensuite par Steven Spielberg qui rappelle volontiers que ses deux principales inspirations pour *Indiana Jones* sont Tintin et *l'Homme de Rio*...

Peu de réalisateurs ont à ce point-là tordu le cou à la réalité pour y accueillir l'incongru, le saugrenu, l'hurluberlu, comme pour rappeler que ces choses gênantes pour les gens sérieux font aussi partie de la réalité...

En France, il y a souvent eu deux courants, les gens sérieux et les gens qui osent être fous et décalés.

Pour moi, Philippe de Broca a eu l'audace de créer une voie assez ténue où la folie et la désinvolture s'affirment avec sérieux, et où le réalisme laisse de la place à l'aventure et à l'inattendu.

Son style est assez particulier parce qu'on sent chez lui des courants de pensées qu'on juge souvent contradictoires.

Il y a chez lui du surréalisme, du réalisme, de l'enfantin, du documentaire, de la Nouvelle Vague, du clownesque.

Bref, du réel et de l'irréel qui se côtoient et se combinent sans qu'on comprenne très bien comment tout cela est possible.

À travers ses diverses influences, Philippe de Broca sait amener de la finesse quand il grossit le trait. Il a un talent propre qui déplace la notion de caricature vers des figures de style modernes et sophistiquées.

Loin d'être juste un auteur populaire, il invente un langage de la même façon que Sergio Léone ou John Woo ont inventé des langages qui leur sont propres.

Pour ceux qui le classifieraient volontiers et rapidement dans la case des réalisateurs de comédies commerciales, il est bon de rappeler qu'il a été l'assistant de Chabrol sur *Le beau Serge* et de Truffaut sur *Les Quatre Cents Coups*. Il est partie prenante de la naissance de la Nouvelle Vague.

Même si on ne peut clairement pas le qualifier de réalisateur de la Nouvelle Vague, on sent nettement cet esprit « Nouvelle Vague » dans plusieurs de ses films et notamment dans *L'Homme de Rio*. Il y a dans ce film une approche presque documentaire et une fraîcheur liée à l'improvisation, qui sont pour moi directement issus de ce courant cinématographique.

Avec le recul, Philippe de Broca est représentatif pas seulement du cinéma français mais d'un état d'esprit français.

La France a toujours généré en parallèle des gens bien-pensants et des fous du roi... Des gens respectueux des règles et des irrévérencieux. Il y a souvent chez nous cette opposition entre l'institutionnel et le révolutionnaire, le conventionnel et le marginal, le froid et le chaud, les gens coincés et les gens latins... Philippe de Broca se sent à l'aise à l'épicentre de ces antagonismes français fondamentaux.

Il sait donner de la noblesse à la connerie, il sait salir les gens propres sur eux, il rabaisse les grands de ce monde et sauve les perdants ou les petites gens et crée ainsi une sorte d'anarchisme doux qui correspond assez bien au tempérament français.

C'est ce que j'aime aussi particulièrement chez lui.

En suivant sans honte la piste du foutraque, il décrit avec précision une époque, un pays et des rapports de force mieux que certains qui le font avec une approche sociologique méticuleuse.

Je ne peux pas parler de ce réalisateur sans mentionner son rapport aux acteurs. Belmondo, évidemment, avec qui il signe six films différents, mais aussi Philippe Noiret, Jean Rochefort, Jean-Pierre Cassel ou Yves Montand.

Sa façon de filmer les femmes dans chacun de ses films est assez magnifique. Il travaille avec plusieurs grandes actrices comme Marthe Keller, Annie Girardot, Claudia Cardinale ou Françoise Dorléac. Contrairement à beaucoup de films de cette époque, les femmes ne sont pas des objets et ne sont pas passives. Elles sont souvent « motrices » de la fiction. Ce sont elles qui entraînent les hommes dans leurs « tribulations »...

Je suis particulièrement fier de préfacer aujourd'hui ce livre dédié à Philippe de Broca.

Pour moi, il est important de rappeler ici qui il était, et pourquoi il a été si marquant pour les gens de ma génération.

Je sais que, sur sa tombe, est écrite la phrase :

« J'ai assez ri ».

Il nous laisse près de 30 films qui vont nous faire penser à lui en continuant de rire.

L'HOMME QUI COURAIT APRÈS SES RÊVES

Il a dirigé la crème des comédiens français (Belmondo, Cassel, Rochefort, Montand), les meilleures actrices (Deneuve, Girardot, Garcia), et ses films ont conquis les sommets du box-office. Pourtant, si le réalisateur Philippe de Broca a engrangé les succès, l'auteur De Broca, lui, reste relativement méconnu. Peu d'écrits ont analysé ses films comme un ensemble cohérent et singulier, où motifs thématiques et personnages récurrents tissent une trame particulière. Loin d'être un simple faiseur de divertissements et de films d'aventure ébouriffants portés par l'étincelant Belmondo, il a bâti une œuvre à part entière, faite d'une subtile essence de comédie et de mélancolie. C'est, en quelque sorte, un artiste *mélancomique*.

Fleurons d'un certain cinéma populaire, *L'Homme de Rio*, *Le Magnifique*, *Cartouche* ou *L'Incorrigible*, même s'ils appartiennent à une grande époque aujourd'hui révolue, sont des films forts et inoubliables, des références qui sonnent encore juste à l'oreille de bon nombre de cinéastes français contemporains. Et qui ont captivé des réalisateurs étrangers ; au début des années 80, Steven Spielberg ne cachait pas son admiration pour *L'Homme de Rio* avant d'entreprendre *Les Aventuriers de l'arche perdue*.

Philippe de Broca inspirant l'un des plus grands cinéastes américains contemporains ? Juste retour des choses. Car en découvrant les premiers films du cinéaste français, l'on pense constamment aux comédies américaines, tant la vivacité, le rythme, l'énergie des comédiens, de la mise en scène et du montage irriguent ces premières oeuvres. « Contrepoint, rythme, fugue, c'est la vie » entend-on dans *Les Jeux de l'amour* (1960). On pense aussi bien à *La Dame du vendredi* (Howard Hawks, 1940), pour son rythme frénétique, qu'à certains films de Lubitsch (notamment *Sérénade à trois*, 1933) pour l'architecture du scénario, savante et ludique. Le début de *L'Amant de cinq jours*, par exemple, est un bijou d'invention pour exposer les rapports des personnages : Antoine assiste à un défilé de haute couture organisé par sa compagne mais il a repéré dans le public une jolie jeune femme, Claire, avec qui il va entamer un dialogue en faisant discrètement tomber son gant. Alors qu'il demande son nom à la jeune femme, une ellipse les propulse soudain dans un studio où ils ont désormais l'habitude de se retrouver pour faire l'amour. Chez De Broca, les personnages ne perdent pas de temps !

Ces premières productions qui ont longtemps souffert d'être méconnues, ce sont presque des comédies musicales, tant on y chante et on y danse. Aérien et gracile, Jean-Pierre Cassel semble sur le point de s'envoler à chaque pas.

L'ART DU RYTHME ET DE LA MISE EN SCÈNE

« En les comparant aux comédies de cette époque (et aux acteurs comiques populaires qui les interprétaient), Philippe a introduit dès ses débuts une grâce, une légèreté et une désinvolture que des comédiens nouveaux venus vont propager : ils ne marchent pas, ils virevoltent, ils ne déclament pas, ils fredonnent. (...) À partir de ce cadre constant, la réalisation s'appuiera en permanence sur l'allégresse, le rythme, le sous-entendu, l'ellipse, l'aérien... ». C'est Henri Lanoë, compagnon de route depuis 1956, monteur de plusieurs de ses films, qui s'exprime ainsi dans *L'homme pressé*, un texte écrit lors du décès du cinéaste, dans lequel il évoque de manière précise la patte de De Broca. Pour autant, légèreté et allégresse ne signifient pas désinvolture, nuance le directeur de la photographie Jean-François Robin (chef opérateur des films *Le Bossu*, 1997, et *Amazone*, *2000)* : « Si Philippe passait pour un personnage qui ressemblait à ses films, un homme plein de fantaisie, sous cette fantaisie-là se cachait une vraie rigueur avec laquelle l'homme de Broca ne transigeait jamais, il ne faisait qu'une prise, elle était parfaite parce qu'il l'avait répétée sans relâche jusqu'à ce que cette perfection devienne une évidence facile où ne transpirait jamais l'effort qu'il avait fallu déployer pour y parvenir » .

Sous cette fantaisie-là se cachait une vraie rigueur avec laquelle l'homme de Broca ne transigeait jamais : il ne faisait qu'une prise, et elle était parfaite parce qu'il l'avait répétée sans relâche.

De Broca, petit-fils de peintre et fils de photographe, avait le sens du cadre, de la composition, celui de l'agencement des décors et de la couleur, et connaissait aussi parfaitement le langage de la musique, comme le prouve sa collaboration exceptionnelle avec Georges Delerue. *Cartouche* (1962) est l'un de ses premiers films à incarner totalement son art total, un art collectif, tant il était soucieux de s'entourer des meilleurs artistes techniciens (pour ce film, c'est avec Christian Matras qu'il réussit pleinement son passage du noir et blanc à la couleur). Pour lui, tourner, c'était vivre une aventure à part entière. Jean-François Robin poursuit : « Avec Philippe sur le plateau, la mise en scène semble toujours être une épopée, elle se fait dans une espèce d'enthousiasme qui ressemble à la facilité, alors qu'il est un vrai visionnaire de son film et que chaque plan, même s'il paraît improvisé, se construit progressivement en répétant la technique en même temps que la comédie, jusqu'à ce que la musique qu'il a en lui soit conforme à ce qu'il verra sur l'écran ». Henri Lanoë complète cette idée dans son texte : « De Broca avait compris d'instinct que le rythme ne s'obtient pas en enlevant une seconde à chaque collure, mais en imprimant le tempo désiré aux comédiens à l'intérieur de l'action, soutenu par un dialogue vif et des déplacements lestes ».

Et Jean-François Robin de conclure : « Chaque plan est toujours millimétré aussi bien dans la succession des images que dans le rythme, ce rythme qu'il rappelle sans cesse à l'ordre aussi bien de la part des comédiens que des techniciens, menaçant parfois les acteurs de ne pas les faire figurer dans le plan s'ils sortaient du cadre établi. Comme s'il s'agissait d'un instinct sûr, en tournant il sait toujours exactement le moment où ce qui doit être dit est dit et, à la fin de chaque plan, il rentre dans le champ en agitant les bras et crie "coupez "comme s'il s'agissait d'un gag, s'assurant ainsi que le plan ne pourra en aucun cas être plus long que ce qu'il avait prévu.

Dans les films où les mouvements sont complexes - il y a parfois jusqu'à huit cents figurants -, il a une vision excessivement précise de l'ensemble, il sait structurer les groupes et les diriger séparément pour mieux les rassembler ensuite et aboutir à des plans séquences esthétiquement parfaits d'où est exclue toute confusion.

Si la gestion de la mise en scène était précise, celle du temps lors des tournages ne l'était pas moins. Sur les gros décors, où les mouvements de caméra s'annonçaient délicats, il s'arrangeait avec l'opérateur pour que les axes de caméra puissent s'enchaîner sans qu'il faille attendre trop longtemps les changements de lumière, il fallait imaginer des systèmes qui lui permettent de "se retourner à 180°" sans avoir à renverser la lumière. Ainsi le temps d'attente était réduit au minimum, ainsi que le temps de concentration des comédiens. »

Ci-dessus
Philippe de Broca, le mouvement permanent

ENTRE TRUFFAUT ET RAPPENEAU

Bien qu'il n'y soit pas officiellement apparenté, Philippe de Broca est assurément un cinéaste de la Nouvelle vague; il est contemporain de François Truffaut, qui l'estimait et l'appelait « poète de la dérision ». Certes, leurs parcours cinématographiques sont extrêmement différents, Truffaut n'étant pas connu comme un prince de comédie, mais les deux cinéastes se rejoignent dans l'utilisation du même thème : le trio amoureux. C'est l'actrice Geneviève Cluny qui soumit à Philippe de Broca et Jean-Luc Godard l'idée de cette femme libre désireuse d'avoir un enfant avec son compagnon et qui, face à l'indifférence de celui-ci, menace d'en faire un à leur ami commun, également amoureux de la jeune femme. Du même argument, De Broca réalise *Les Jeux de l'amour*, et Godard, *Une femme est une femme*, à quelques mois d'écart. Et Truffaut, quelques années plus tard, *Jules et Jim*, même si les aventures de ses protagonistes sont bien éloignées. Philippe de Broca reprendra, lui, l'architecture du trio amoureux dans plusieurs films, qu'il s'agisse de *Chouans!* (Tarquin et Aurel, amoureux de la même fille, Céline), de *La Poudre d'escampette* (trio singulier, où le cinéaste s'amuse avec les codes du masculin et du féminin), ou même de *Cartouche* (un homme aimant deux femmes).

Un lien d'une toute autre importance se tissera avec un autre cinéaste de la même génération (ils n'ont qu'une année de différence), son frère jumeau de cinéma, Jean-Paul Rappeneau. On peut s'amuser à noter, dans leurs filmographies respectives, des ressemblances narratives entre *La Vie de château* (1966) et *Le Diable par la queue* (1968), ou *Le Sauvage* (1975) et *L'Africain* (1983). Rappeneau et de Broca n'ont jamais cessé de s'inspirer l'un l'autre, Rappeneau ayant été également le coscénariste de De Broca sur *L'Homme de Rio* ou *Le Magnifique*.

De Broca a inventé un personnage qui lui ressemble beaucoup, et qu'il a modulé au gré des films, des genres, et des acteurs, tout au long des années. Un personnage qui vieillit en même temps que lui.

L'ÉQUILIBRISTE

Rappeneau contribue ainsi avec d'autres coscénaristes (notamment le grand Daniel Boulanger) à l'invention de l'homme « de broquesque », à savoir cette figure insaisissable qui ne tient pas en place et court après le temps. Ce personnage archétypal que Belmondo a popularisé comme aventurier *par accident*, dans les films cités plus haut, bondissait déjà sous les traits de Jean-Pierre Cassel dans *Le Farceur*, dès son générique, sur les toits de Paris. Un équilibriste, un funambule de l'amour, un séducteur qui tient à sa liberté. « Tu comprends, Victor, c'est un papillon », lui dit son meilleur ami François dans *Les Jeux de l'amour*. Papillon butineur, passant de femme en femme comme de fleur en fleur.

Un dragueur de boite de nuit (*Le Farceur*, *Les Jeux de l'amour*) qui, la cinquantaine venue, peut très bien, alors qu'il est accompagné de sa maîtresse, descendre d'un train, la nuit, pour rejoindre une autre jeune femme qui l'attire soudain (*Le Cavaleur*). Cette figure de feu follet permet à Philippe de Broca d'inventer un art de la fugue perpétuel, esquissé dès ses premiers films. Dans *Les Jeux de l'amour*, Victor fuit Suzanne qui veut lui faire un enfant, il n'est jamais là où on l'attend. Antoine, Edouard, Victor, ces hommes trentenaires, pressés alors qu'ils n'ont, au fond pas grand-chose d'autre à faire que de profiter de la vie, incarnés le temps de quelques films par Jean-Pierre Cassel, prennent ensuite les traits du héros Jean-Paul Belmondo, avant de ralentir le rythme dans *Le Cavaleur*, (Jean Rochefort) ou encore dans *Chouans!* (avec Savinien à l'âge mûr, joué par Philippe Noiret). Comme Truffaut et son Antoine Doinel, De Broca a inventé un personnage qui lui ressemble beaucoup, et qu'il a modulé au gré des films, des genres, et des acteurs, tout au long des années. Un personnage qui vieillit en même temps que lui.

LA PEUR DE LA SOLITUDE

« Tu cours trop Edouard je t'assure, tu devrais t'arrêter de temps en temps », lui dit sa compagne (Nicole Garcia) dans *Le Cavaleur*. Dans cette course effrénée contre le temps et cette mélancolie d'une éternelle jeunesse, se dessine la peur de vieillir et de finir seul. « Méfie-toi Edouard, tu ne partiras pas toujours le premier ». Cette mise en garde de son ex-femme Lucienne dont il est resté proche finira par se concrétiser. *Le Farceur* (1960) et *Le Cavaleur* (1979) fonctionnent à vingt ans d'intervalle comme deux films complices, où l'on retrouve quasiment la même scène : un personnage principal au même prénom (Edouard) se regardant dans la glace. Joyeusement conscient de sa solitude, quoique entouré de sa famille, dans *Le Farceur* (« Seul, je suis seul », chantonné devant le miroir) ; silencieux, frappé par le temps qui passe dans *Le Cavaleur*, le jour de son anniversaire, se regardant vieillir dans la glace.

« Je me suis dit, Victor, qu'as-tu fait de ta jeunesse, après quelle chimère cours-tu, à force de saisir l'insaisissable, ne risques-tu pas de perdre l'essentiel? » s'interroge le protagoniste de *L'Incorrigible* (1975). L'essentiel, c'est... la vie, comme Cartouche se l'entendra dire par ses amis : « Tu finiras par rester seul, on finira par te quitter, et tu retourneras en poussière ».

À l'origine joyeuses et insouciantes, les comédies de Philippe de Broca finissent toujours par être gagnées par le désenchantement du temps qui passe, une gravité venue sans doute de son expérience personnelle de la guerre d'Algérie qui l'a marqué à jamais. « Vous avez peur de mourir ? » (Hélène). « Moi, je ne mourrai jamais, je n'ai pas le temps » (Edouard), dans *Le Farceur*. En dépit d'une certaine mélancolie, nous disent ces deux personnages, il y a une inépuisable joie de vivre, plus forte que la mort, et une volonté farouche d'éloigner la camarde, grâce à l'amour et au plaisir. Mais celle-ci surgit parfois au détour d'un plan dans *Cartouche*, *La Poudre d'escampette*, *Chouans !* et bien sûr *Le Roi de cœur*.

CONJURER LA MORT ET L'ENNUI

La mort, c'est un peu aussi la routine du quotidien, à commencer par la phobie d'un travail qui ennuie. *Un Monsieur de compagnie* (1964), dernière collaboration entre Jean-Pierre Cassel et Philippe de Broca, est symptomatique de ce goût pour la douceur de vivre et d'un droit à la paresse. Le travail, dans sa définition la plus ordinaire, ne réussit pas aux personnages de De Broca. D'une manière générale, ses personnages sont écrivain, musicien, professeur, milliardaire, brigand, banquier, ou simplement « en permission », état inédit qui permet à Adrien dans *L'Homme de Rio* de vivre pleinement ses aventures, avant de reprendre le train pour rentrer à la caserne.

« Lise et moi nous n'avons pas perdu 20 ans, nous les avons économisés. Nous avons éludé l'histoire d'un mariage précoce, la lassitude d'un bon petit plat, l'érosion de la sexualité, nous nous retrouvons 20 ans plus tard, intacts, dans la force de l'âge, moi, avec des espérances toutes neuves et Lise, avec une petite fille toute faite » : Ce dialogue signé Michel Audiard pour Antoine Lemercier (Philippe Noiret), l'un des deux protagonistes principaux du film *Tendre Poulet*, à l'occasion des retrouvailles de deux personnages (Antoine et Lise – Annie Girardot) qui se sont connus dans le hors champ de leur jeunesse, est assez révélateur de cette peur profonde des héros des films de Philippe de Broca, de cette envie d'accélérer sans cesse le quotidien. Ils ne veulent pas d'une vie rangée ni de la vie très ordinaire d'un couple dont la longévité n'aurait d'égal qu'un contrat de travail à durée indéterminée. Ces vies où, passé un certain point, on attend la mort en n'osant plus se parler. Tous ont conscience de la brièveté de la vie. « Pourquoi t'es toujours pressée, Grand-Mère? / Parce que la vie est courte, très courte, surtout à la fin » (*Vipère au poing* (2004), le dernier film du cinéaste).

La vie du commun des mortels est d'une morosité ! Pour fuir l'ennui, il faut s'amuser. Et quoi de plus amusant que de gagner le cœur d'une femme sans lui mettre la bague au doigt ?

LA CONQUÊTE DES FEMMES

Avec les femmes, seuls comptent le jeu de la séduction et le plaisir du défi que l'homme se lance à lui-même. Hélène Laroche (*Le Farceur*), Isabelle de Ferrussac (*Cartouche*), Valentine (*Le Cavaleur*), sont quelques-uns des personnages féminins idéalisés pour lesquels le héros masculin se met en danger de solitude ou de mort. Ce sont les épreuves et les difficultés de la conquête qui en valent la peine. Chez De Broca, les hommes et les femmes sont là pour vivre des aventures, place du Trocadéro à Paris, dans une petite gare en province, à la Cour des Miracles en France au XVIIIème siècle, ou sur une plage à l'autre bout du monde. Séparés dans des pays exotiques, lancés dans des péripéties frénétiques (*L'Homme de Rio*, *L'Africain*), ils sont contraints d'endurer des épreuves et de passer par des disputes pour mieux se retrouver avant de se reconquérir mutuellement. Le motif narratif de la comédie du remariage dans le cinéma hollywoodien s'intègre avec fluidité dans la stratégie de reconquête des femmes par les hommes dans le cinéma de De Broca.

« Je ne peux pas raconter une histoire s'il n'y a pas une histoire d'amour » disait souvent le cinéaste. Oui, mais pas n'importe quelle histoire d'amour ! Et pas n'importe quels mots d'amour non plus. « Il ne vous a jamais montré la mosquée bleue ? (...) Un soir il m'a fait traverser le Bosphore à Bougival ! Je me suis endormie en rêvant de Soliman le magnifique » dit une gitane à Marie-Charlotte, l'héroïne de *L'Incorrigible* que courtise Victor Vauthier (Jean-Paul Belmondo).

UN CINÉMA TOURNÉ VERS L'AILLEURS

Dans la stratégie de séduction masculine, la promesse d'un ailleurs est récurrente. «Aillons ailleurs, à Vesoul, en Arabie, aux Buttes Chaumont» dit Edouard à Hélène (*Le Farceur*), «Je n'ai pas un liard, mais j'hérite d'un donjon, de forêts, de fermes et de chenils...» raconte Philibert avec conviction à Mademoiselle Mimi dans le film éponyme tiré du film à sketches *Le plus vieux métier du monde*. Il faut voir grand, prévoir un mariage à Notre Dame (*Les Jeux de l'amour*), s'imaginer être le temps d'une soirée le Shah de Perse (*Un monsieur de compagnie*), arriver à l'impromptu, surprendre sa femme pour partir en Bretagne après être allé chercher les enfants à l'école (*Le Cavaleur*). Cette prospective de la fantaisie ou du merveilleux se concrétise le temps de moments magiques, comme cette nuit rêvée d'Antoine et Claire dans *L'Amant de cinq jours*, où ils gagnent aux courses, et dépensent aussitôt leur argent dans un dîner mirifique et une croisière privée en bateau mouche.

«Les choses ralentissent, monsieur, vous ne trouvez pas?» dira l'une des conquêtes d'un soir de Edouard Berlon (*Le Farceur*) à son oncle Théodose qui lui répondra : «Toujours, quand elles sentent le bonheur...». Et de fait, aussi vif et joyeux qu'il soit, le cinéma de Philippe de Broca ménage toujours ces moments suspendus et poétiques, les yeux tournés vers le ciel ou une coccinelle (*Les Jeux de l'amour*), ou le temps d'une chanson et d'un spectacle improvisé lors d'une fête de Noël en plein désert (*La Poudre d'escampette*). Même au cœur d'un film aussi haletant que *L'Homme de Rio*, se nichent quelques plans à la volée d'une arrivée au Brésil d'Adrien, perdu, en quête de sa fiancée. Des plans qui nous racontent quelque chose de la mélancolie des départs, au cœur d'un film d'aventures trépidant.

L'ailleurs est permanent chez De Broca, aussi bien géographique, dans ses films d'aventures (Brésil, Chine, Afrique, Louisiane...) qu'historique (le XVIIIème siècle de «Mademoiselle Mimi», de *Cartouche*, ou de *Chouans!*), la Première ou la Seconde Guerre mondiale (*Le Roi de cœur, Le Jardin des plantes*). L'Histoire est partout dans ses films, au détour d'un dialogue (lorsque Claire apprend à Antoine l'histoire de la fontaine de la Concorde), de scènes (les reconstitutions historiques des morts célèbres dans *Le Farceur*) ou de décors (le magasin d'antiquités dans *Un monsieur de compagnie*). Pas par goût de la nostalgie ni par repli réactionnaire face à la réalité du présent, mais par goût de la curiosité, par passion d'une époque ou pour justifier un récit. De Broca entretient aussi un rapport affectif à l'Histoire qui se manifeste à travers livres, objets ou statues qui parsèment ses films (de l'étrange «particle» acheté dans *Les Jeux de l'amour* aux statues d'une civilisation ancienne imaginaire de *L'Homme de Rio*).

DES LIEUX ET DES COMMUNAUTÉS

La relation qu'il entretient avec les lieux est aussi particulière. On peut prendre l'exemple de la géographie parisienne, intime et précise, de la rue de la Montagne Ste Geneviève (dans *Les Jeux de l'amour,* ou *Tendre Poulet*) à la place du Trocadéro, qui revient régulièrement à l'image au fil des années, de la place St-Pierre devant Montmartre (*Un monsieur de compagnie*) ou de l'avenue Silvestre de Sacy, proche de la Tour Eiffel (*Le Farceur*). Chacun de ces sites est associé à une femme ou à un lieu de vie chaleureux. Comme cette maison des *Jeux de l'amour* où vivent Suzanne et Victor, et dans laquelle les antiquités que vend la jeune femme côtoient une vraie ménagerie (perruches, lapins, poules). Un logis refuge d'une famille hétéroclite, que la caméra détaille longuement au début du *Farceur* ou du *Diable par la queue*. Dans ce dernier film, le château délabré dont le toit laisse passer la pluie est un personnage à part entière, moteur du récit. Il incarne cette aristocratie désargentée qui cherche à survivre. «On entre, on part, c'est la maison» entend-on. S'il fallait définir la maison dans un film de Philippe de Broca, ce serait un lieu ouvert à tous les vents, où l'on rentre et sort à toute allure, où tout le monde se mélange. Il fait corps avec la multiplication des familles recomposées, motif moderne dans ses films. On y retrouve la figure de l'oncle un peu bourru qui conseille ses proches (Théodose dans *Le Farceur*, Camille dans *L'Incorrigible*), et surtout, des tribus féminines regroupant plusieurs générations. Ce sont Simone et sa sœur Suzanne entourant leur progéniture Lise et Armelle dans *Tendre Poulet*, la marquise et sa descendance féminine dans *Le Diable par la queue*. Les membres d'une même famille vivent sous le même toit, on peut s'y engueuler très fort

Chez De Broca, les hommes et les femmes sont là pour vivre des aventures, place du Trocadéro à Paris, dans une petite gare en province, à la Cour des Miracles en France au XVIIIème siècle, ou sur une plage à l'autre bout du monde.

ou danser au son du piano. Cette communauté de personnages existe aussi dans les villages comme dans *Les Caprices de Marie*, où tout le monde se connait, où règne un esprit de solidarité, et où le maire censure toute nouvelle tragique à ses habitants, et bien sûr dans *Le Roi de cœur*, où les fous sortis de l'asile recréent une société fantaisiste, une bulle de rêve dans laquelle la réalité, là encore, est décalée.

ENTRE RÉEL ET IMAGINAIRE

Ce qui frappe le plus dans le cinéma de De Broca, et ce qui le définit avant tout, c'est la confiance totale accordée à la fiction et à l'imaginaire. De ce point de vue, Victor, le personnage de *L'Incorrigible*, est un archétype. Son existence est un terrain de jeu, il rêve sans cesse sa vie et n'est jamais celui que l'on croit. Difficile de saisir cet homme qui ôte peu à peu ses masques. Une scène du film est fascinante : dans un bar, plusieurs personnages saluent Victor à tour de rôle, et chacun s'adresse à lui comme s'il était un personnage différent à chaque fois. Le film donne lieu à un festival de déguisements pour Jean-Paul Belmondo et révèle une facette essentielle du caractère des personnages de De Broca ; s'ils sont mythomanes, c'est pour amuser, séduire et vendre du rêve. Leurs mensonges sont parfois salutaires : dans *Le Jardin des plantes*, situé en 1944, Fernand Bonnard invente un message d'amour pour cacher à sa petite-fille la mort de son père, fusillé par les Allemands. Ces mensonges servent toujours à bâtir un monde imaginaire.

Dans une scène d'*Un monsieur de compagnie*, des passagers du métro parisien se mettent à danser dans le wagon bondé. Travelling arrière, le métro était en fait le décor en carton-pâte d'un restaurant ! Tout l'art de Philippe de Broca consiste à naviguer entre le réel et l'imaginaire. Une simple plaque d'égout peut signifier la frontière entre le monde du fantasme, du cartoon et de l'imaginaire le plus délirant, ou illustrer la réalité la plus terre-à-terre. Un thème superbement exploité par le cinéaste dans *Le Magnifique*. Le film est construit sur les allers retours entre la réalité et le rêve, entre l'écrivain aux 42 livres, François Merlin, et son héros l'aventurier Bob Saint-Clare envoyé en mission au Mexique (tous deux interprétés par Belmondo). Tous les imprévus qui empêchent l'auteur d'écrire se répercutent d'une manière ou d'une autre dans son récit, le déréglant ou l'exagérant. Le plombier et la femme de ménage de son quotidien parisien se retrouvent ainsi propulsés sur une plage d'Acapulco. Christine, la voisine de l'écrivain, timide étudiante en sociologie sur laquelle fantasme Merlin, se mue en une vamp ensorcelante prénommée Tatiana, qui semble tout droit sortie d'un film de James Bond.

Ce désir de fiction permanent qu'ont les personnages des films de De Broca s'épanouit dans *Le Magnifique*, mais se développe aussi dans *Le Roi de cœur*, le plus douloureux échec du cinéaste et son film le plus personnel. Situé en 1918, il raconte comment un soldat anglais, envoyé comme éclaireur dans un village français, découvre le lieu déserté ; il n'y a plus que les patients de l'asile psychiatrique qui se sont éparpillés dans le bourg. L'un réalise son rêve d'être coiffeur, un autre se proclame général, d'autres se baptisent Duc et Duchesse de Trèfle. Les fous surnomment l'Anglais « Le Roi de cœur ». D'un côté, la réalité militaire, de l'autre, un cercle de rêveurs poétiques. Ces derniers gardent toutefois une certaine conscience de la réalité. Ils mettent en garde le soldat anglais qui veut les emmener au-delà du village : « Vous voyez bien qu'il y a une barrière entre ce monde et nous ! C'est trop dangereux ! » « Charles ! Vous ne savez pas comme ils sont méchants de ce côté-là ». Où se trouve la folie, lorsqu'à la fin du film, après que les militaires anglais et allemands se sont entretués, les « fous » réintègrent leur asile ? Est-ce qu'elle ne serait pas plutôt dans la guerre ? De Broca, lui, a choisi son camp. Depuis la guerre d'Algérie qu'il avait vécue, il n'a cessé de vouloir ré-enchanter le monde. *Le Roi de cœur* est en cela un manifeste humaniste, le *Rosebud* d'un cinéaste qui malgré les atrocités qu'il a pu voir dans sa jeunesse, a toujours su mettre en valeur ses héros de cinéma animés du sentiment précieux de l'éternelle enfance, tout comme les personnages secondaires, les silhouettes d'arrière-plan, les petits métiers, et les anonymes, comme ce vieil homme solitaire au nœud papillon qui clôt *L'Homme de Rio*, sur un quai de gare. C'est par cette confiance en l'homme que le cinéaste reste aujourd'hui populaire, intemporel et définitivement moderne.

Bernard Payen

LES MILLE ET UNE VIES DE PHILIPPE DE BROCA

« Philippe de Broca a bien raison de ne jamais filmer ses personnages assis ou couchés mais cavalcadant à dix-huit images seconde, toujours en poursuite, toujours en fuite pour échapper à la pesanteur du monde moderne. » C'est avec ces mots que François Truffaut définissait le cinéma de son ami et confrère Philippe de Broca, un cinéma à la première personne, reflet imaginaire d'une vie guidée par la rêverie et le mouvement.

L'enfance

Né le 15 mars 1933 à Paris dans le douzième arrondissement, dans une famille de la petite noblesse, Philippe Claude Alex de Broca aimait préciser que son titre remontait aux guerres de religion qui ravagèrent le sud-ouest de la France. Sur son blason familial figure un arbre mort, témoignage des victoires de ses vaillants ancêtres. Ils pendaient les Albigeois - les Cathares - avant de brûler l'arbre. « Parmi mes ancêtres, il n'y a que des généraux, des amiraux, des juges, des prêtres, précisait-il. Ce n'est pas ce que j'apprécie et, pourtant, j'aime d'où je viens. »

Ses parents (Yvon de Broca né le 22 février 1896 et Suzanne Barrault née le 2 juillet 1897) habitent boulevard Saint-Germain, un cinquième étage avec balcon, et possèdent une maison de campagne à Maisons-Laffitte. Ils emmènent très souvent au cinéma le jeune Philippe et sa sœur aînée Françoise (née le 20 avril 1928). Il n'a pas connu son autre sœur ainée, Claude (née le 16 décembre 1925 et décédée le 16 décembre 1931 d'une septicémie). Ces projections d'enfance auront une influence déterminante sur la vocation de Philippe de Broca. Le cinquième arrondissement de son enfance sera aussi le quartier de Paris qu'il filmera le plus, des *Jeux de l'amour* au *Jardin des plantes*.

Son arrière-arrière-grand-père était Général d'Empire, son grand-père et son père (dragon puis crapouillot pendant la guerre de 14-18) revinrent des tranchées couverts de citations et de médailles. C'est sans doute cette lourde ascendance qui dissuade le jeune homme d'embrasser une carrière militaire. La paix revenue, le grand-père reprend son activité de peintre; le père a un studio de photographie et se spécialise dans les agrandissements.

De Broca adore son grand-père Alexis de Broca, né au Havre le 3 septembre 1868, et qui s'installe à Nantes. Peintre orientaliste contemporain des impressionnistes, il a portraitisé Lyautey, le sultan du Maroc, le Bey de Tunis et Clemenceau. Grand séducteur, Alexis aura trois épouses : Henriette Muchler, mère d'Yvon (le père de De Broca), puis Anna Le Beschu de Champsavin avec qui il eut un autre fils, avant de terminer sa vie avec sa bonne. Il joue de l'accordéon en amateur avec Camille Flammarion et Jules Verne. On dit de lui qu'il est « cocu avec panache et pauvre avec talent ». De Broca affirmait qu'il « descendait d'un De Broca qui avait été compagnon de Jean II le Bon et qui fut chevalier en 1370 ». Son grand-père Alexis aura une grande influence sur lui, et lui inspirera le personnage de Claude Rich dans *Le Jardin des plantes* en 1994.

Ci-dessus
Philippe enfant (Années 30)

Page de droite, en haut
Philippe de Broca (à droite) avec son père

Page de droite, en bas
Philippe enfant (Années 30)

Pour Françoise Aroud, sœur de Philippe de Broca, ce grand-père qui a vécu toute sa vie au gré de sa fantaisie, sans aucune contrainte sociale et financière, a marqué l'enfance de Philippe : « Fils d'un officier de marine sévère, et inventeur à ses heures, Alexis de Broca avait fait les Beaux-Arts et il réussit toute sa vie à en vivre. Il habitait à Nantes et sur la côte bretonne durant la belle saison, puis l'Afrique du Nord, l'Espagne et l'Italie durant la mauvaise. Il en revenait avec des tableaux ; des paysages, des scènes de la vie quotidienne. L'orientalisme étant à la mode, ces tableaux se vendaient très bien lors de ces expositions en France. Il avait été reçu à la cour de la reine Ravanalo à Madagascar, chez le roi du Maroc, chez le maréchal Lyautey, chez le bey de Tunis et, en dehors des portraits de ces grandes figures du colonialisme, il en revenait avec des récits qui ravissaient ses petits-enfants et avec mille objets dignes des mille et une nuits. Sa maison de Nantes possédait une pièce de très grande surface, avec une hauteur de plafond de huit mètres, entièrement meublée à l'arabe. Nous, les petits-enfants, on couchait dans des lits parfaitement inconfortables mais dans lesquels Philippe rêvait déjà des scènes de ses futurs films. Du reste, il est curieux de constater qu'il n'a jamais beaucoup vécu avec ce grand-père, mort quand il avait quinze ans. On n'habitait pas dans la même ville et, à cette époque, on ne circulait pas aussi fréquemment. De temps en temps, Alexis venait faire un séjour dans la capitale, pour s'imprégner de l'air parisien. Quand on partait en vacances en Bretagne, on s'arrêtait quelques jours chez lui à Nantes. Cependant, il a légué à Philippe certaines de ses habitudes, dont sa façon de voyager. Tous deux détestaient séjourner à l'hôtel, ils préféraient louer une villa dans laquelle ils recréaient autant que possible leur mode de vie. On retrouve l'ambiance de la maison d'Alexis dans un grand nombre de films de Philippe, notamment dans *Le Jardin des plantes*. Dans *Le Farceur*, certains dialogues rappellent des préceptes énoncés par notre grand-père, et repris par l'acteur Palau, un vieil original comme lui. J'ai retrouvé une atmosphère, des situations qui me rappellent des scènes de famille. » (entretien avec les auteurs, 2019)

« Maman, il faut être malheureux pour trouver, inventer, sentir les choses. Alors, ne t'inquiète pas. Je suis très heureux d'être malheureux. »

P. DE BROCA

Yvon de Broca, le père de Philippe, se spécialise donc dans les agrandissements photographiques. « Il a démultiplié Staline, vous vous rendez compte ? Une moustache de trois mètres ! » aimait plaisanter De Broca. C'est également un séducteur, perpétuant une tradition familiale bien ancrée ; chez les De Broca se succèdent trois générations d'hommes aimantés par les femmes.

Avant d'être marié avec la mère de De Broca, Yvon part à Madagascar dans les années 1920 avec la maîtresse de son père, avec laquelle il entretient une liaison amoureuse. Il vivra ensuite avec deux femmes : son épouse et la sœur de cette dernière. D'une certaine façon, cette situation hors-normes permettra à Philippe et Françoise de Broca de bénéficier de deux mères qui, par ailleurs, s'entendent parfaitement.

De Broca adore sa mère. Elle reste mère au foyer jusqu'en 1939, date à laquelle elle intègre le studio photographique créé par Yvon. La tante maternelle de Philippe vit avec eux à la maison. Au contraire de madame de Broca, qui a une autorité naturelle sur ses enfants, la tante a tendance à gâter sa nièce et tout particulièrement son neveu.

Le jeune Philippe n'a pas connu ses grands-parents maternels : Joseph Barrault, mort vers 1900, et Ernestine Poiyou, décédée en 1916.

Philippe de Broca restera toute sa vie fidèle à son enfance. Tout petit déjà, il est attiré par la gente féminine. « Un de mes plus anciens souvenirs, c'est à une rentrée scolaire à cinq ans, dans l'île Saint-Louis. Je me souviens d'une grande bringue, assise à mes côtés, elle devait être un peu plus âgée que moi. J'ai eu une première pulsion amoureuse. Je ne croyais pas que c'était possible si jeune. » (*Le Divan*, Henry Chapier, 1988)

Petit, des problèmes d'eczéma l'obligent à vivre les mains enveloppées de bandelettes. Il ne peut pas courir comme le ferait

un garçon de son âge, de peur de se blesser. Il vit beaucoup pour et à travers les livres, notamment les grands ouvrages d'histoire sur les rois de France. Il dessine les personnages sur des cartons qu'il découpe en figurines, pour mettre en scène des spectacles historiques sur le sacre de Napoléon ou l'enterrement de Louis XIV. Régulièrement, le salon de ses parents devient pour quelques jours le centre de grandes épopées.

Très jeune, de Broca fait part à ses parents de son envie de travailler dans le cinéma, idée à laquelle ils se montrent réfractaires. Il leur répond qu'il sera peut-être balayeur dans un studio mais qu'il fera du cinéma. Des années plus tard, il évoquera sa vocation : « J'avais des envies d'aventures, de courir le monde, de briser le cocon de mon milieu familial. Je suis toujours resté courtois et poli avec mes parents mais j'avais un besoin absolu de liberté, d'être connu et reconnu. C'était aussi pour lutter contre des tas de complexes : de petite taille, je me trouvais laid. Je crois bien que j'ai fait du cinéma pour plaire aux filles. Entre-temps je me suis pris d'intérêt pour mon métier, qui est de raconter des histoires. » (*Le Divan*, Henry Chapier, 1988)

Au-delà de la lecture des romans de Jules Verne, le goût du voyage lui est aussi communiqué par le voisinage du Jardin des plantes : « Enfant, de notre appartement, j'entendais parfois rugir les lions. » Dès lors, il n'aspire qu'à partir. Non sans avoir reçu un conseil de son grand-père Alexis : « Peu importe ce que tu feras plus tard, il faut que ce soit un métier qui te permette d'avoir tout dans la tête… et rien dans les poches ! »

Page de gauche, en haut
De gauche à droite : Françoise et Suzanne de Broca (mère) - Philippe à Belle Ile en 1937

Page de gauche, en bas
1943 - Communion de Philippe

Page de droite, à gauche
Les années Scout

Page de droite, à gauche
Philippe avec son grand-père Alexis

De Broca aime le spectacle : gamin, il découvre Serge Lifar à l'Opéra de Paris, l'opérette *Les Mousquetaires au couvent* à Mogador et Louis Jouvet au cinéma Cluny Palace. Fasciné par les clowns et le théâtre, le garçon a déjà un pied dans l'imaginaire. Comme tous les enfants de sa génération, il vivra de plein fouet le spectacle désolant de la Seconde Guerre Mondiale, il sera le témoin incrédule du port de l'étoile jaune, du retour des déportés, de l'épuration sauvage. Autant d'images quotidiennes qui le marquent à vie. Au point, non pas d'altérer son regard clair, mais de le nourrir de manière souterraine.

Lors de son adolescence, il s'adonne au scoutisme, qui lui transmet le goût de la vie au grand air, de la nature et lui apprend à se débrouiller en toutes circonstances. Il adore aussi l'escrime, qu'il pratique jusqu'au championnat. Ce sport se retrouvera dans ses films de cape et d'épée comme *Cartouche* et *Le Bossu* mais également dans *Psy*. De Broca l'avouera plus tard : enfant, il était complexé par son physique. « J'avais un gros nez et, à l'adolescence, de l'acné. J'ai ramé. J'étais toujours attiré par les jolies femmes et par les actrices. J'étais fou amoureux d'Ingrid Bergman, j'avais des cahiers pleins de ses photos. Je voulais casser la gueule à Rossellini quand il est venu avec elle à Paris. Ils étaient descendus à l'hôtel Meurice, j'avais 15 ans et j'étais allé les guetter. J'étais jaloux de cet Italien (qui me ressemblait un peu, en plus) et qui emmenait cette Suédoise. Je le détestais. » (*Le Divan*, Henry Chapier, 1988)

Dès l'adolescence, le petit Parisien se rêve metteur en scène : « Je voyais le cinéma autrement qu'à travers les acteurs. Je le percevais par les œuvres. Et j'ai eu très tôt la notion de ce qu'est l'œil cinématographique… J'allais tout voir mais je plaçais Orson Welles au-dessus du lot. Je me voyais diriger plus tard des séquences baroques, brumeuses, lyriques. »

« Quand j'ai dit à mon grand-père que je voulais être peintre, il m'a répondu : "La peinture est devenue un art, c'est donc foutu." Aussi je me suis tourné vers la photo… » Grâce à l'entregent de son père, président de la Confédération des photographes, il passe à 18 ans le concours d'entrée à l'École Technique de Photographie et de Cinéma (l'ETPC), rue de Vaugirard (devenue depuis l'Ecole Louis-Lumière), qui formait les futurs opérateurs de prises de vues.

Il sort premier - sur trois cents - du concours d'entrée. « Mais je n'ai absolument aucun mérite, avouait-il ; le directeur m'avait donné toutes les réponses en amont, car il n'envisageait pas une seule seconde que " le fils de monsieur de Broca puisse être recalé. " » Durant ses études, il fréquente le Studio Parnasse, qu'anime Jean-Louis Chéray ; le mardi soir, la projection des deux films hebdomadaires y est suivie d'une discussion et d'un jeu de questions-réponses autour du cinéma. Dans ce cadre, il sympathise avec Claude Chabrol, François Truffaut, Jacques Rivette. De Broca réalise *Trois rendez-vous*, son court-métrage de fin d'étude à six mains, avec Charles Bitsch et Edith Krausse. Il en est également co-scénariste et tient l'un des trois rôles principaux, celui du peintre.

Diplômé de l'école de Vaugirard en 1953, il envisage de suivre les cours de l'IDHEC. Mais cette année-là, il n'y a pas de concours d'entrée. En qualité d'opérateur 16mm, il accompagne alors une expédition des camions Berliet (l'expédition Citroën-Bosh-Lavalette) dans une traversée nord-sud de l'Afrique, destinée à promouvoir la résistance des camions. Au Tchad, il quitte le groupe en cours de route et parcourt pendant un an le continent africain avec sa caméra. Il a vingt ans. « Une année d'aventures et de vraie liberté, déclarera-t-il. Je n'ai pas vu de lion mais j'ai photographié un éléphant en érection. Et j'ai vendu le cliché cinq mille francs à Walt Disney. » De novembre 1953 à mai 1954, il sillonne 25.000 kilomètres de pistes improbables à travers l'Afrique-Occidentale française, un voyage éprouvant. D'Alger à Tamanrasset, en passant par Bangui, Bobo-Dioulasso, Dakar, Agadir, il en rapporte un court-métrage 16mm, *Opération gas-oil*, qui sortira en 1956.

Lors de son discours de remise de la Légion d'honneur en 1995, Philippe de Broca reviendra sur cette expédition africaine : « À l'âge de vingt ans, je m'extrayais des jupes de ma mère pour me lancer dans une expédition de camions Berliet de vingt tonnes qui allaient traverser le désert saharien pour la première fois. Ah ! la préparation des cantines ! La descente de l'atlas enneigé, les premières oasis ! Le rêve ! Tout cela ressemblait encore à mes cartes de géographie qui peignaient de rose tout notre empire colonial. Et puis, très vite, c'était la platitude infinie du désert, les mouches, les petits bobos, le sable dans le beurre et le beurre dans l'huile. Pas un tam-tam ! Pas une pirogue ! Mais le derrière trempé de sueur sur la moleskine des camions ! Je ne voudrais pas vous faire croire que l'aventure consiste seulement à avoir les fesses trempées, mais c'est souvent cela ! »

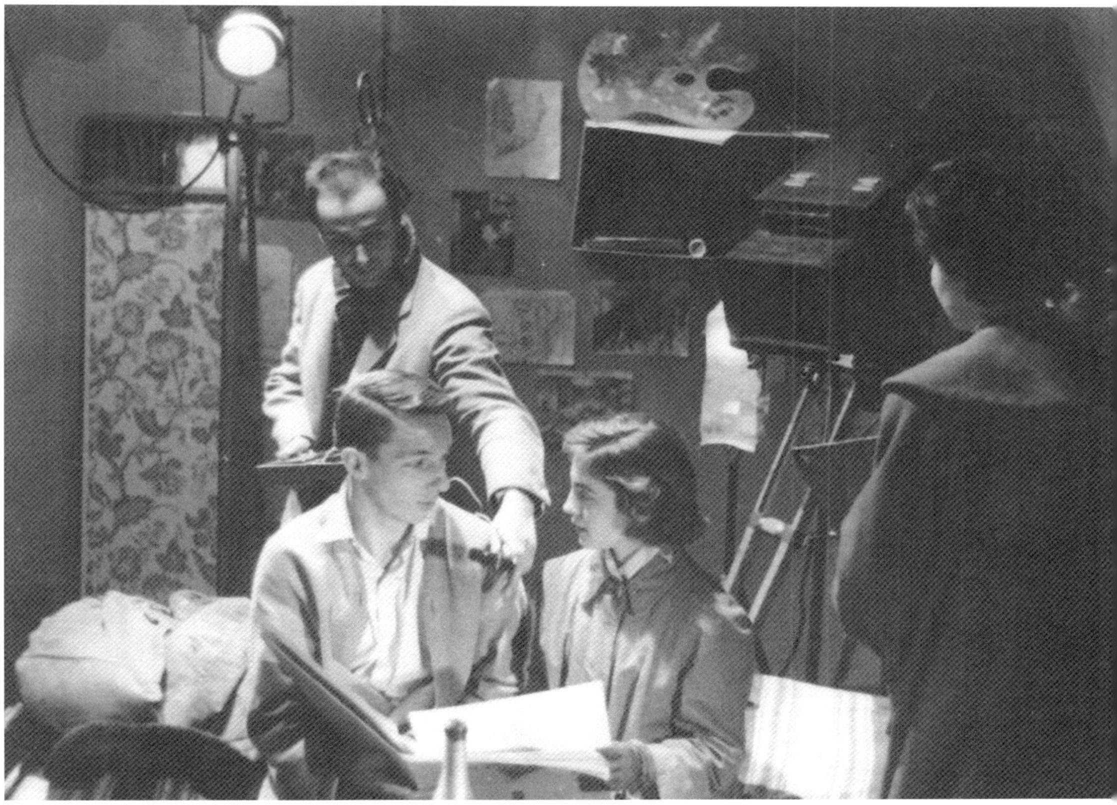

Pages de gauche et de droite, en haut
Philippe adolescent… Dessins de son grand-père Alexis au mur

Ci-dessus, en bas
École Technique de Photographie et de Cinéma, Rue de Vaugirard

Ci-dessus, au centre
1953 - Court Métrage de fin d'étude de l'école Vaugirard - Les Trois Rendez-Vous

Les années à l'armée

En 1956, de retour en France, il réalise des films industriels puis effectue son service militaire au Service Cinématographique des Armées (SCA) en Allemagne, dans la zone d'occupation française à Baden-Baden. Il y fait la connaissance de Jean-Claude Brialy, son sergent-chef, qui lui confie la réalisation d'épisodes de la série didactique *Chiffonnard et Bonaloy*, confrontant un soldat vertueux à un soldat indiscipliné (le fameux Chiffonnard, interprété par Brialy lui-même). À l'occasion de son transfert de Baden-Baden à Alger, De Broca rencontre Henri Lanoë, qui deviendra son ami le plus fidèle et assurera très souvent le montage de ses films. Henri Lanoë a fait l'IDHEC et a intégré le SCA. Il est affecté en Algérie en 1955 et se retrouve dans la même caserne que De Broca.

« Au SCA d'Alger, se souvient Henri Lanoë, Philippe était opérateur et partait en mission filmer, soit des prises d'armes, soit des opérations héliportées de maintien de l'ordre dans les villages du djebel. Les paras allaient au feu mais lui restait en seconde ligne pour filmer ; moi, j'étais au montage, dans la salle du SCA. Les films d'actualité que tournaient les opérateurs étaient expédiés à Paris pour me revenir développés et je montais alors les actualités que Philippe avait tournées. Étant donné la qualité de nos travaux, le commandant du SCA nous a chargé de faire, dans la région d'Oran, un film d'instruction intitulé *Contre guérilla*. Je suis alors passé assistant-réalisateur de Philippe et d'autres appelés ont occupé les différents postes (image, son, etc...) d'une mini équipe de film. Il retrouvait là sa casquette de metteur en scène, à l'identique de ses courts-métrages avec Jean-Claude Brialy pour le SCA de Baden-Baden. Nous avons donc chargé un Combi VW de matériel, et notre petite équipe a pris la direction d'Oran : cinq cents kilomètres de route déserte car seuls des convois pouvaient l'emprunter, une embuscade étant à craindre à chaque virage et, de toutes les façons, nous n'étions pas armés. Cette drôle de guerre nous a évidemment marqués : nous étions dans une classe d'âge qui devait faire normalement douze mois de service qui se sont transformés en dix-huit mois... puis en trente mois ! Le pire était de ne jamais savoir quand nous allions réintégrer la métropole. C'était une obsession permanente : notre retour à Paris. On se disait : si un jour on revient, il faudra tout recommencer et regravir la pente de ce métier d'intermittents. Mais Philippe ne souhaitait plus être

opérateur même si c'était sa formation. Dès cette époque, il avait une vision claire de son idéal : il serait réalisateur. » (entretien avec les auteurs, 2019)

Ce séjour à l'armée est pour De Broca une très bonne école technique. Il se rode à la mise en scène et apprend véritablement à découper, cadrer et filmer. Pendant la guerre d'Algérie, il suit les opérations militaires pour les *Actualités françaises* et tourne des films d'instruction pour les recrues. Il s'amuse à y glisser de fausses instructions sur le montage des fusils, comme des éléments de comédie dans des films pédagogiques très formatés.

« C'était un hyperactif, toujours pressé et d'une grande vivacité. Dans chaque scène, le rythme est déjà là, dans le dialogue et les déplacements des comédiens. Les personnages ne marchent pas, ils galopent. »

HENRI LANOË

Durant l'armée, il envoie régulièrement des lettres à sa famille, comme des comptes-rendus de son quotidien. Leur contenu révèle l'incroyable maturité d'un garçon de vingt-trois ans, aux aspirations poétiques... soudain confronté à la violence, aux excès d'une guerre de décolonisation. Le 16 mars 1955, il écrit à sa mère : « Maman, il faut être malheureux pour trouver, inventer, sentir les choses. Alors ne t'inquiète pas. Je suis très heureux d'être malheureux ! Je ne dois pas être un homme comme les autres. Je veux avoir du génie. Je n'ai encore rien fait de bon mais je sais que j'y arriverai. J'ai foi en moi. Mais pour devenir un homme complet, il faut connaître beaucoup de choses. Si tu m'aimes vraiment, ne me souhaite pas de devenir heureux. Ce n'est pas toujours drôle d'avoir la gorge un peu serrée mais j'ai une grande vie à remplir. »

De cette expérience algérienne, il garde toutefois un souvenir mitigé : dans un entretien à l'historien Benjamin Stora, il décrira le mécanisme de la censure qui s'exerçait sur son travail. « Là-bas, j'ai vu ce qu'étaient la bêtise et la cruauté. Si je filmais des soldats français commettant des actes de violence, l'officier censurait immédiatement les images en question. Petit à petit, j'ai arrêté de tourner ». Sa sœur Françoise confirme : « Il filmait entre autres des scènes de torture. Un jour, il a vu un colonel raconter et mimer les grimaces du type qui se faisait torturer. Mon frère était tellement choqué qu'il a flanqué une paire de gifles à l'officier, ce qui lui a valu de la prison. » (entretien avec les auteurs, 2019)

Page de gauche, en haut
Départ de la concorde de l'expédition en camion Berlier

Page de gauche, en bas
Générique du film éducatif « Chiffonnard et Bonaloy »

Ci-dessus
Départ de la concorde de l'expédition en camion Berlier

Page suivante
Lettre de Philippe de Broca à son père, pendant son service militaire

Alger le 12 juin 1956

Mon cher Papa

Je tenais à te répondre personnellement car, tu le dis, on ne peut pas tout dire aux miens.

Tu as été à la guerre, toi. Tu sais ce que c'est. Mais tu as peut être oublié aussi. Moi pas encore et j'espère bien ne jamais oublier pour rien au monde que la guerre est une monstruosité, qu'il n'y a pas de guerre juste et que tout homme d'état qui suscite une guerre est un criminel.

Si tu savais les atrocités que l'on peut voir et surtout ces derniers jours où j'étais dans une opération en Kabylie ! Je n'arrive pas à comprendre comment un homme, un garçon « bien pensant » qui ~~[illegible]~~ pour rien au monde n'écraserait pas un chien exprès par exemple peut tout d'un coup prendre un fusil et froidement tuer un homme, dix hommes sans sourciller ; offrir un verre à un copain, le soir, parce qu'il en a tué 15 au lieu de 10 comme la veille ; s'asseoir sur un cadavre, la cervelle au soleil, et lui gueuler « Vermine ! » ; dire à son officier qui a fait un prisonnier : « Laissez le moi, Mon Lieutenant ! » et, la bave aux lèvres, transpercer le prisonnier de rafales de mitraillette ; ou le laisser en vie, le charger de son propre sac, le traîner sur des kilomètres pendant des jours sans lui donner à boire ni à manger jusqu'à ce qu'il en crève d'épuisement et laisser son corps aux charognards sur la rocaille surchauffée.

~~Et [illegible] fallagas~~ Ça c'est le maintien de l'ordre. Et puis de l'autre côté c'est l'Armée de Libération Nationale, qui égorge d'une oreille à l'autre, coud des couilles dans la bouche, scie les bras en petits morceaux, ouvre le ventre des mères encore vivantes et cloue leur bébé prêt à naître sur ~~les~~ portes des ~~les~~ maisons....

Voilà la guerre ici. Ici comme partout ailleurs. Quand ce sera terminé si nous sommes vainqueurs, tous les petits héros on leur filera des beaux rubans qu'ils sortiront, devenus vénérables et moustachus, pour aller déposer des gerbes de rose sur la tombe du "Lampiste inconnu" sous un Arc de Triomphe, de triomphe du sang.

Si "l'Armée de Libération Nationale" est vainqueur, les égorgeurs, les ~~tortionnaires~~, les pillards, on les acclamera et ils formeront une jolie petite république Algérienne démocratique, libre ~~au~~ sein d'une belle communauté arabe ou atlantique !

Alors qu'est ce que tu veux que cela ~~me~~ fasse que l'Algérie ou la France gagne. Si un pays ne peut vivre sans tuer des milliers de gens, il n'est pas digne du titre de nation civilisée. J'ai raison, j'en suis sûr comme je n'ai jamais été sûr de quelque chose.

Surtout ne crois pas que je traduis la pensée de la jeunesse actuelle. Les pauvres petits rappels qui font des manifestations pour éviter l'Afrique lorsqu'ils sont encore en France, ils deviennent pire que des légionnaires un mois après... tous, absolument tous...

J'ai perdu mon carnet d'adresse et je voudrais avoir l'adresse des amis des Doumeau avant de quitter à nouveau Alger.

J'ai demandé à Maman un mandat de 20.000 frs à m'avancer sur mon mois ~~afin de~~ car j'ai acheté un costume d'alpaga.

Vous verrez aux actualités l'Opération "Espérance" que j'ai tourné la semaine dernière.

Je t'embrasse très fort

Philippe

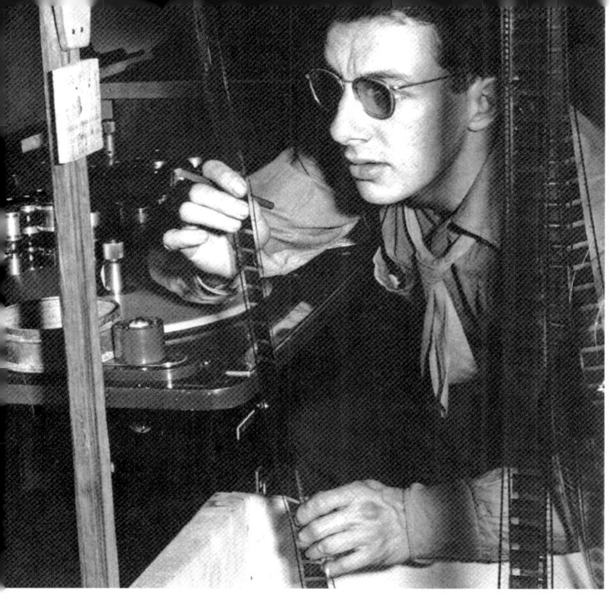

L'après Algérie

Au printemps 1957, enfin libéré après deux ans et demi de service, il en sort définitivement antimilitariste et bien décidé à ne plus voir la vie que sous son côté comique, sain antidote à la barbarie humaine. Il regagne Paris, abandonne la prise de vues et trouve des stages d'assistant-stagiaire à la mise en scène, notamment sur *Tous peuvent me tuer* et *Charmants garçons* d'Henri Decoin, dont il a connu le neveu au lycée. « Je ne gagnais pas ma vie, dira-t-il, mais j'apprenais mon métier. »

« Dès notre retour, précise Henri Lanoë, je lui ai présenté les réalisateurs dont je montais les courts-métrages documentaires avant notre interminable mobilisation, afin qu'il devienne leur assistant. Mais un jour, on lui a proposé d'assister un inconnu, un certain Claude Chabrol, pour un long-métrage tourné dans la Creuse en plein hiver. Je l'ai mis en garde : "Méfie-toi, sur ces premiers films, on n'est jamais sûr d'être payé ! " J'étais mauvais prophète. Philippe a néanmoins accepté le film qui s'appelait *Le Beau Serge*. Il s'est si bien entendu avec Chabrol que celui-ci a ensuite produit ses premiers films. Le paradoxe, c'est que Philippe n'a jamais été inclus dans la Nouvelle Vague, alors qu'il était de la même génération que Chabrol et Truffaut, dont il a été l'assistant. Mais il y avait cette espèce de chapelle, cette coterie des anciens critiques des *Cahiers du Cinéma* passés à la mise en scène. Au départ, ils ne savaient pas où placer la caméra, quelle focale utiliser et avaient donc besoin de l'aide des diplômés de l'école de Vaugirard. À ce moment-là, ils trouvaient Philippe utile. Il n'en souffrit pas dans la mesure où il a tourné des films dont Jean-Luc Godard aurait été ravi d'avoir le public. Passé à la mise en scène avec succès, il a continué d'incarner pour *Les Cahiers* un cinéma médiocre et populaire, et ce mépris a duré jusqu'à la fin. À la disparition de Chabrol, le cercueil de celui-ci a été amené en grandes pompes pour une cérémonie devant la Cinémathèque. Lors du décès de Philippe, les mêmes responsables se sont fait prier durant des années pour lui rendre, enfin, un hommage mérité. La critique contemporaine a, heureusement, rétabli les choses et mentionne en chœur la *De Broca touch* si longtemps méprisée. » (entretien avec les auteurs, 2019)

Page de gauche, en haut
petite pause pendant le séjour de Philippe de Broca au SCA

Page de gauche, au centre
Arzeu 1956 – tournage de contre guérilla. De gauche à droite : Violier, Lanoë, Combes, Poussin et De Broca

Page de gauche, en bas
Le service militaire

Ci-dessus
Séance de montage à l'armée

De l'assistanat à la réalisation

L'assistanat sur *Le Beau Serge* marque un tournant dans le parcours de Philippe de Broca. L'assistant pressenti, Charles Bitsch, est amoureux de l'actrice principale, Bernadette Laffont, elle-même mariée à Gérard Blain qui joue aussi dans le film. Craignant que la situation ne soit pas tenable, Chabrol sollicite in extremis de Broca en remplacement de Bitsch. Avec Claude Chabrol suivront *Les Cousins* (1958) et *A double tour* (1959), film sur lequel de Broca rencontre Jean-Paul Belmondo, dont c'est le premier rôle en vedette. Puis il est assistant sur *Les Quatre Cents Coups* de François Truffaut et *Ramuntcho* de Pierre Schoendoerffer. Truffaut, qui n'a pas gravi les étapes de l'assistanat, est obligé par les règlements corporatistes de l'époque de recruter un technicien reconnu. Il trouve en De Broca un complice de son âge, doublé d'un homme d'expérience. « Dès le premier jour, précisait Truffaut, alors que je me prenais les pieds dans tous les câbles électriques, que je me collais le viseur dans le mauvais oeil et par le mauvais bout, Philippe de Broca, avec une compétence pleine d'entrain, m'aidait à concrétiser mes abstractions et m'amenait en douceur, sans jamais faire étalage de sa science, à tourner des plans susceptibles ultérieurement de se succéder correctement sur l'écran. »

« Nous étions des enfants qui rêvaient de s'amuser »
P. DE BROCA À PROPOS DE BELMONDO

Lors du tournage des *Quatre Cents Coups*, De Broca joue à « l'adjudant de plateau ». « J'y ai gagné une réputation de bourreau d'enfants, plaisantait-il. C'était pour avoir flanqué une beigne à Jean-Pierre Léaud qui n'en faisait qu'à sa tête, en gamin mal élevé ! » Sa carrière d'assistant s'arrête là car le généreux Claude Chabrol lui propose de produire son premier long-métrage en 1959. Tourné du 31 août au 19 octobre 1959, *Les Jeux de l'amour* sont inspirés d'un argument de la comédienne Geneviève Cluny et doté d'un budget de cinquante millions d'anciens francs. De Broca se souviendra longtemps du geste de Chabrol : « Un jour, il m'a dit : "Tiens, vieux, je viens de vendre *Les Cousins* à l'Allemagne, ce qui me permet de toucher cinq cent mille francs inattendus. Prends-les et tourne." Aujourd'hui, il serait inconcevable qu'on donne une telle somme à un jeune cinéaste, fût-il un ami... Je dois donc énormément à Chabrol. » Nous sommes en pleine Nouvelle Vague et, parmi les candidats qui affluent, De Broca est le seul cinéaste (avec Jacques Demy) à avoir reçu une formation technique, les autres venant de la presse ou de la critique. Cet avantage apparent va se transformer en inconvénient qui se

traduira par le médiocre accueil que lui réserveront parfois ses confrères. « Avant de devenir metteur en scène, je rêvais des Niebelungen, j'étais fasciné par Orson Welles et Wagner, expliquera Philippe de Broca. Je suis tombé dans l'époque d'une Nouvelle Vague un peu sinistre, un peu glauque. On m'a traité de bulle de champagne, un qualificatif qui ne m'a jamais quitté. »

Page de gauche
Philippe de Broca et François Truffaut durant le tournage du film *Les Quatre Cents Coups*

Ci-dessus
1959 - de gauche à droite de Broca, Cassel, Cluny, Maury et Chabrol

Dès ce premier opus, De Broca se révèle être, selon la formule de Truffaut, « un poète réticent, celui dont on dit dans la cour de récréation : "Il fait des vers / sans en avoir l'air / et de la poésie / sans en avoir envie." » Il engage le jeune acteur Jean-Pierre Cassel, repéré au théâtre dans *Oscar* de Claude Magnier ; il y reprenait le rôle créé par Jean-Paul Belmondo, parti au service militaire. Cassel enchaînera avec les deux longs-métrages suivants de Philippe de Broca, *Le Farceur* et *L'Amant de cinq jours*.

Œuvre légère et dynamique, tendre et drôle, le film témoigne d'une parfaite maîtrise et d'une originalité de ton pour un premier film. Il fait souffler un vent de modernité et de fraîcheur sur la comédie à la française. *Les Jeux de l'amour* sont loués par la critique, ravie de trouver enfin un film apparenté à la Nouvelle Vague qui ne soit pas noir et désespéré.

Tourné par la même équipe du 14 mars au 30 avril 1960 dans la foulée des *Jeux de l'amour*, *Le Farceur* reprend le personnage de ludion charmeur et sympathique, mais immature et oisif, incarné par Jean-Pierre Cassel, sans qu'il s'agisse à proprement parler d'une suite du premier film. Aussi brillant et enlevé que le précédent, ce deuxième long-métrage de Philippe de Broca témoigne d'une capacité d'invention et de renouvellement remarquable, à l'intérieur d'un univers déjà parfaitement défini, qu'il développera et approfondira dans ses œuvres suivantes.

Dans son troisième film, *L'Amant de cinq jours*, tourné à peine six mois après *Le Farceur*, du 17 octobre au 29 novembre 1960, toute l'œuvre à venir du cinéaste est déjà contenue. Le succès des *Jeux de l'amour* et du *Farceur*, produits en toute indépendance, attire l'attention de producteurs qui ont pignon sur rue : Georges Dancigers et Alexandre Mnouchkine. Ces derniers confient au cinéaste l'adaptation d'un roman de Françoise Parturier. De Broca et son habituel scénariste, Daniel Boulanger, le conforment à leur univers et à leurs obsessions, en faisant du protagoniste un avatar de celui des deux premiers films.

En perpétuel mouvement

Ce triptyque fondateur avec Cassel définit d'emblée l'univers de Philippe de Broca et le style qui donnera une coloration singulière à son œuvre : une légèreté de ton empreinte d'une certaine gravité. En résulteront des comédies sentimentales que le compositeur Georges Delerue saura voiler de mélancolie. Le cinéma de Philippe de Broca, c'est aussi celui de la pulsation rythmique et du tempo. Ce rythme endiablé correspond à sa nature profonde, d'une grande impatience, animée par un mouvement perpétuel. « Quand Philippe tournait, se souvient Henri Lanoë, il était tapi sous la caméra, pour mieux bondir en criant "Coupez! " alors que l'acteur venait à peine de finir sa réplique. Et cela, pour donner immédiatement les consignes de la scène suivante. C'était un hyperactif, toujours pressé et d'une grande vivacité, qui me séduisait, à vrai dire. Dans chaque scène, le rythme est déjà là, dans le dialogue et les déplacements des comédiens. Ses personnages ne marchent pas, ils galopent. Philippe tournait peu de prises : deux ou trois au maximum. Il cochait toutes les cases nécessaires et avait en tête un découpage précis, logique et efficace, ce qui facilitait le travail du monteur. » (entretien avec les auteurs, 2019)

De Broca le reconnaîtra : « Le mouvement est peut-être la caractéristique de ma mise en scène et de ma direction d'acteurs. Je suis l'homme pressé. J'aime les choses rapides, j'aime tourner vite. Une bicyclette a besoin d'avancer pour rester droite. L'arrêt, c'est la mort. C'est ma philosophie : la vie n'existe que par le mouvement. »

Tourné du 17 juillet au 6 octobre 1961, *Cartouche* est le premier gros budget confié à Philippe de Broca. Ce long-métrage est né de l'annulation d'une adaptation des *Trois mousquetaires*, suite à l'annonce d'une version concurrente signée Bernard Borderie, plus avancée. Produit par Mnouchkine et Dancigers, co-écrit avec Daniel Boulanger et le vétéran Charles Spaak, scénariste de *La Grande illusion*, le film est superbement photographié en CinemaScope couleurs par Christian Matras et emmené par un Jean-Paul Belmondo étonnant et virevoltant. *Cartouche* triomphe en salles avec 3, 6 millions d'entrées. C'est avec ce film, qui dépoussière le genre cape et d'épée, que la carrière de Philippe de Broca prend véritablement son envol. Avec Jean-Paul Belmondo, c'est le coup de foudre, artistique et amical. « Nous étions des enfants qui rêvaient de s'amuser » racontera le metteur en scène. Cinq autres films avec Belmondo suivront.

Dans la foulée de *Cartouche*, De Broca participe au film à sketches *Les Sept péchés capitaux*. Cette opération commerciale réunit plusieurs réalisateurs emblématiques de la Nouvelle Vague (Demy, Godard, Chabrol etc), chacun traitant d'un péché distinct. De Broca s'attaque à celui de la gourmandise, avec Georges Wilson et Paul Préboist. Cette même année, le cinéaste épouse Michelle Heurteaux, le 27 décembre 1961 à Colombes. Elle travaille alors dans l'industrie du caoutchouc : son mariage va bouleverser sa carrière professionnelle.

De Broca dirige Geneviève Cluny pour *Une nuit avec la vedette* du film à sketchs *Les Veinards*

Tourné du 16 mai au 2 août 1963, *L'Homme de Rio* inaugure chez De Broca la veine « films d'aventures », avec Belmondo en homme ordinaire entraîné malgré lui dans des aventures extraordinaires. Inspiré des *Aventures de Tintin* et de *La Mort aux trousses* d'Alfred Hitchcock, le film invente un nouvel emploi à Belmondo, celui de cascadeur, tout en redéfinissant les codes du film d'aventures. Une recette qui cartonne mondialement. *L'Homme de Rio* connaît un vrai succès public et critique aux États-Unis, à sa sortie en 1964, au point d'être nommé aux Oscars 1965, pour le meilleur scénario original.

Après deux films avec Jean-Paul Belmondo en vedette, de Broca retrouve Jean-Pierre Cassel, le protagoniste de ses trois premiers films dans *Un Monsieur de compagnie*, tourné du 20 avril au 13 juin 1964. Adaptation plus ou moins fidèle d'un roman d'André Couteaux, le film apparaît comme une sorte d'appendice à la trilogie originelle, dans la mesure où il reprend et approfondit leur personnage de rêveur oisif, plein de charme et de fantaisie, à travers un éloge de la paresse.

Pressés par les Artistes Associés et Alexandre Mnouchkine, Philippe de Broca et Jean-Paul Belmondo essaient de renouer avec le succès de *L'Homme de Rio* en tournant du 5 janvier au 14 mai 1965 l'adaptation d'un roman de Jules Verne, *Les Tribulations d'un Chinois en Chine*. Le tournage commencé au Népal se poursuit à Hongkong, en Malaisie, en Inde et se termine à Paris pour les scènes en studio. Sans atteindre les records de fréquentation de *L'Homme de Rio*, le film obtient un grand succès à travers l'Europe, à partir du 3 décembre 1965.

Lors du tournage des *Tribulations d'un Chinois en Chine*, Michelle et Philippe de Broca s'attachent à Jaya, un petit mendiant népalais sourd-muet qui les suit dans les temples servant de décor. Il est adopté par l'équipe du film. Michelle de Broca ramène Jaya en France avant la fin du tournage. Des spécialistes confirment qu'il n'a plus de nerf auditif et n'est donc pas opérable. Le couple prend en charge l'éducation de Jaya, qui sera adopté par Michelle et deviendra tapissier.

En 1966, Michelle et Philippe de Broca créent leur propre société de production, Fildebroc. « C'était nécessaire car aucun producteur n'était intéressé par *Le Roi de cœur*, aimait rappeler Michelle de Broca. Personnellement, en suivant les tournages précédents de Philippe, j'avais fini par savoir combien coûtait tel ou tel poste, j'avais beaucoup appris au contact de Mnouchkine. On ne pouvait pas être à meilleure école. Jusqu'alors, je dirigeais une entreprise de caoutchouc avec mon beau-frère. En créant Fildebroc, mes journées ont été découpées en deux parties : caoutchouc le matin, cinéma l'après-midi. Et, avec Philippe, nous avons réussi à impliquer les Artistes Associés, comme co-producteurs et distributeurs. Fildebroc était lancé. »

« Je pourrais le suivre jusqu'au bout du monde. »

JEAN-PAUL BELMONDO À PROPOS DE P. DE BROCA

Ci-dessus, à gauche
Philippe de Broca durant le tournage du film *Les Tribulations d'un Chinois en Chine*

Ci-dessus, à droite
27 Décembre 1961 – Mariage avec Michelle Heurteaux

Un roi sans couronne

Avec *Le Roi de cœur*, De Broca entreprend son projet le plus personnel : l'histoire d'une ville désertée du nord de la France où les fous de l'asile se retrouvent en liberté, pendant la guerre de 14-18. Malgré une distribution impressionnante (Alan Bates, Jean-Claude Brialy, Pierre Brasseur, Michel Serrault, Micheline Presle, Geneviève Bujold), la critique est assassine et ne goûte guère ce réquisitoire contre l'absurdité de la guerre. L'échec commercial sera compensé par un succès américain, notamment dans les salles d'art et d'essai et sur les campus d'universités : *Le Roi de cœur* restera dix ans à l'affiche d'un cinéma de Boston. « Après *Jules et Jim* et *Le Mépris*, résumait le compositeur Georges Delerue, c'est *Le Roi de cœur* qui m'a servi de carte de visite à Hollywood. » Cet insuccès en France affecte durablement De Broca qui songe même à abandonner le cinéma et à s'engager comme pilote de brousse au Gabon. Il apprend à piloter mais ne concrétisera jamais ce rêve d'évasion... Comme un pendant maritime à *Cartouche*, il essaie alors, en vain, de monter un film de pirates, *Thomas l'Agnelet*, écrit avec Jean-Loup Dabadie et Claude Sautet.

Dans la foulée du tournage du *Roi de cœur*, de Broca participe à son troisième et dernier film à sketches, *Le Plus vieux métier du monde* (sur le thème de la prostitution à travers les âges) qui lui permet de diriger pour la première fois Jeanne Moreau. Il retrouve aussi son copain Jean-Claude Brialy, déjà à l'affiche d'*Un monsieur de compagnie* et du *Roi de cœur*.

Avec sa compagnie Fildebroc, il produit ou co-produit *Ne jouez pas avec les Martiens* d'Henri Lanoë (1967), dont il co-écrit le scénario, et *O Salto* de Christian de Chalonge (1967). En 1968, son ex-femme, Michelle de Broca, qui en assurait la gestion, prend la direction de la société. Près de deux ans après la déception du *Roi de cœur*, De Broca retrouve les faveurs du public avec *Le Diable par la queue*, tourné du 25 juin au 13 août 1968. Dans cette comédie pétillante, Yves Montand, escroc de charme, débarque dans une famille d'aristocrates décavés (Madeleine Renaud, Jean Rochefort, Marthe Keller, Maria Schell, Clotilde Joanno) qui ont transformé leur château en hôtel. Durant le tournage, Philippe de Broca s'éprend de la comédienne suisse Marthe Keller. De leur amour naîtra Alexandre, en janvier 1972. Dans le rapport entre Philippe et Michelle de Broca, *Le Diable par la queue* marque une fin de chapitre, à la fois conjugale et professionnelle, même s'ils resteront amis jusqu'au bout. Leur divorce sera prononcé en 1971.

**« Je déteste Los Angeles (...)
Hollywood m'a collé un terrible cafard.
J'étais devant mes rêves d'enfant
et je n'avais qu'une envie, foutre le camp. »**

P. DE BROCA

Page de gauche
Baptême d'Alexandre en 1972.
À gauche : Michel Piccoli

Page de droite
Philippe de Broca à Vert

La vie en vert

Passionné de jardins et n'aimant guère la ville, De Broca vit dans les années soixante dans une belle maison de Carrières-sur-Seine (Yvelines), rue Victor-Hugo, avec un parc et une piscine descendant vers la Seine, face à l'île Fleurie. Dans ses années avec Michelle, ce sera son premier lieu pour accueillir famille et amis. En 1969, il achète une ferme dans le village de Vert, proche de Mantes-la-Jolie, dans la petite rue de la Cressonnière. La maison, composée de deux corps de bâtiment, d'un porche avec pigeonnier et d'un hectare de jardin est bordée par une rivière, la Vaucouleurs. La maison deviendra son lieu de résidence permanente, son havre de paix et d'inspiration. « Dans sa maison de Vert, se rappelle Henri Lanoë, il y avait un Land Rover garé en permanence, prêt à partir pour faire un tour d'explorateur en solo en cas de spleen. Vert était sa résidence principale. À Paris, il ne faisait que sautiller de locations en appartements provisoires. À Vert, en plus des chiens et des chats, il avait une basse-cour, un cochon, des oies, des poulets qu'il égorgeait au besoin, car il était bon cuisinier et régalait ses amis invités lors des fêtes ou des grandes réunions pour Noël ou le Jour de l'An. On y parlait d'astronomie, de voyages, de botanique, mais jamais de cinéma. » (entretien avec les auteurs, 2019)

Jusqu'à la fin de sa vie, Philippe de Broca organisera des soirées dans sa maison, entouré de ses relations amicales ou professionnelles. Il deviendra conseiller municipal du village et, après avoir pris des cours chez Ruggieri, il sera même en charge du tir du feu d'artifice du 14 Juillet. Sa propriété de Vert sera vendue deux ans après sa mort.

Cette même année 1969, du 21 juillet au 12 septembre, il réalise *Les Caprices de Marie*, où il implique à plusieurs postes son ami Henri Lanoë (collaboration artistique, montage, paroles de la chanson). À partir de là, Lanoë montera tous ses films, en alternance avec Françoise Javet. Le tournage des *Caprices de Marie* commence précisément le jour où Neil Armstrong marche sur la lune, en juillet 1969. « À quoi bon faire un film lorsque se produit un événement aussi important ? » dira-t-il des années plus tard. Le film permet à De Broca d'offrir un premier rôle à sa compagne, Marthe Keller. À l'occasion de ce film, le cinéaste trouve en Philippe Noiret un nouvel alter ego à l'écran. Ce dernier est, avec Jean-Pierre Cassel, Jean-Paul Belmondo et Jean Rochefort, l'un des quatre acteurs autobiographiques de Philippe de Broca ; Noiret incarne une version placide de cet alter ego, à savoir un retraité délogé de sa routine par une tornade féminine. Ils tourneront sept films ensemble : *Les Caprices de Marie, Tendre Poulet, On a volé la cuisse de Jupiter, L'Africain, Chouans!, Le Bossu* et le téléfilm *Le Veilleur de nuit*. Noiret surnommait De Broca « le Schœndœrffer de la comédie ».

À partir du 11 décembre 1970, le réalisateur entame le tournage de *La Poudre d'escampette* qui se poursuit jusqu'au 16 février 1971. Construit sur la rencontre insolite de trois êtres d'origines et de tempéraments différents, *La Poudre d'escampette* est une histoire d'amour et d'amitié, sur fond d'aventure, de désert et de guerre. Avec Jean-Loup Dabadie, Philippe de Broca écrit le scénario pour Jean-Paul Belmondo qui, pour la première fois, refuse un projet à son cinéaste de *L'Homme de Rio*. Michel Piccoli le remplace dans un personnage pour lui assez inhabituel.

Après ce demi-succès, De Broca accepte une commande, doublée d'une gageure, celle de tourner son premier sujet dramatique, *Chère Louise*, à Annecy du 04 octobre au 7 décembre 1971. Si l'on excepte *Louisiane*, ce film au statut particulier est le seul dont De Broca n'ait pas écrit le scénario, entièrement signé Jean-Loup Dabadie. Le réalisateur l'envisage comme un projet au tempo plus *andante*, un exercice de style automnal, construit autour d'une Jeanne Moreau en contre-emploi. Spéculant sur un potentiel prix d'interprétation pour sa vedette, il accepte la sélection de son film au Festival de Cannes 1972. Massacre total de la critique cannoise. « J'en garde un souvenir abominable, racontera-t-il. Je pensais que c'était un film scandaleux. Un film sur le droit des femmes à être amoureuses sans être, hélas, aimées en retour, le drame le plus affreux de l'existence... » La critique ne soulignera pas l'audace du sujet : l'amour d'une femme mûre pour un jeune homme, comme un lointain écho au *Blé en herbe* de Colette.

En 1973, après une pause de plusieurs années, Philippe de Broca scelle ses retrouvailles avec Jean-Paul Belmondo en réalisant une irrésistible parodie de films d'espionnage, *Le Magnifique*. Le tournage se déroule du 26 mars au 18 juin 1973 à Paris et au Mexique, où Belmondo fête royalement ses quarante ans. *Le Magnifique* est peut-être la quintessence du cinéma de De Broca, l'un de ses films les plus aboutis et inventifs, brassant plusieurs de ses thèmes de prédilection (le rapport entre créateur et créature, la confrontation du réel et de l'imaginaire). Comme un pari avec lui-même, De Broca s'impose d'ailleurs de ne jamais utiliser deux fois le même procédé dans les transitions entre rêve et réalité.

Après le succès du *Magnifique*, Philippe de Broca retourne au Mexique en 1974 pour un spot publicitaire. Sur ce tournage, il rencontre Catherine Alric, qui deviendra sa compagne et qu'il dirigera dans *L'Incorrigible*, *Le Cavaleur*, *Tendre Poulet* et *On a volé la cuisse de Jupiter*.

Dans la continuité du *Magnifique*, de Broca poursuit sa collaboration avec Jean-Paul Belmondo, toujours avec Mnouchkine et Dancigers à la production. Le tournage de *L'Incorrigible* a lieu du 21 avril au 20 juin 1975. Le projet, qui marque la rencontre entre De Broca et Michel Audiard, joue beaucoup du frégolisme débridé de son interprète principal qui se métamorphose en de multiples personnages différents. Le festival Belmondo auquel on assiste est un vrai régal, rehaussé de dialogues audiardesques étincelants. Toutefois, sur le plateau, des divergences éclatent entre la vedette et son metteur en scène : « Jean-Paul en faisait trop, racontera Philippe de Broca. C'est pourquoi j'ai coupé certaines scènes au montage, ce qu'il ne m'a pas pardonné. » Résultat, les deux inséparables se brouillent momentanément.

Dans la foulée, De Broca fait appel à son vieux copain de régiment Jean-Claude Brialy qu'il associe à Marlène Jobert pour *Julie pot-de-colle*, projet repris en cours de route et tourné au Maroc du 22 novembre 1976 au 15 janvier 1977. Avec ce film, Philippe de Broca espère donner à Brialy un rôle à la Cary Grant. En effet, le récit s'apparente à ces comédies américaines dans lesquelles l'acteur voit son confort physique et moral méthodiquement détruit par l'intrusion d'un cyclone féminin.

« Dans sa maison de Vert (...), on parlait d'astronomie, de voyages, de botanique, mais jamais de cinéma.

HENRI LANOË

Dans l'attente de pouvoir concrétiser *Ce cher Édouard*, futur *Cavaleur*, Philippe de Broca réalise *Tendre Poulet* du 13 juin au 19 août 1977 à Paris, Honfleur et en région parisienne. Cette comédie policière, à l'origine intitulée *Le Commissaire a de jolies menottes*, inverse les données habituelles du genre en confiant à la femme le rôle ordinairement dévolu à l'homme et vice-versa. Comédie policière, inspirée des grands duos américains Spencer Tracy-Katherine Hepburn, ici Philippe Noiret et Annie Girardot, *Tendre Poulet* marque la deuxième collaboration avec Michel Audiard et remporte un vrai succès populaire.

Ci-dessus, à droite
De Broca à Vert

Ci-dessus, à gauche
De Broca sur son Land Rover chez lui à Vert

Philippe de Broca ou l'art de la fugue

Avec *Le Cavaleur*, tourné du 16 août au 31 octobre 1978, il réalise son film le plus ouvertement autobiographique. *Le Cavaleur*, c'est la figure de l'homme pressé, chère à Paul Morand, revue par Philippe de Broca : courir toujours, sans jamais s'arrêter. Grande réussite formelle et esthétique, cette œuvre est l'une des plus maîtrisées de son auteur, par son équilibre miraculeux de dérision et gravité mêlées. C'est aussi le film dans lequel De Broca livre le plus de clés : séduction intempestive, complicités féminines, éloge de la fugue, secrète mélancolie du temps passé et dépassé.

De Broca offre ensuite de nouvelles aventures au couple Girardot / Noiret avec une suite méditerranéenne à *Tendre Poulet*, *On a volé la cuisse de Jupiter*, tourné en Grèce et à Paris du 3 septembre au 14 novembre 1979. On y retrouve l'esprit de *L'Homme de Rio*, avec ses personnages de Français moyens plongés à l'étranger dans un tsunami de péripéties fantaisistes.

1980 marque un changement de ton ponctuel pour De Broca : il collabore avec Gérard Lauzier à l'adaptation d'une bande dessinée de ce dernier, satire des stages de développement personnel. Cela donne *Psy* avec Patrick Dewaere, tourné du 19 au 29 septembre 1980, en Normandie. Outre sa vedette, De Broca s'entoure d'une nouvelle génération de comédiens (Jean-François Stévenin, Catherine Frot, Jean-Pierre Darroussin). Avec son regard acide sur la société de 1980, *Psy* reste un film à part dans l'œuvre de Philippe de Broca.

Suzanne de Broca, la mère de Philippe, décède le 29 juin 1981 d'une rupture d'anévrisme. Elle était malade depuis de longues années et privée du langage.

Le 22 novembre 1981, TF1 diffuse *Portrait : Philippe de Broca*, le premier documentaire consacré au cinéaste, dans le cadre d'une émission de Germaine Cohen, réalisée par Philippe Vaudoux. C'est un portrait fidèle et sincère, où l'on peut mesurer l'émotion de Philippe de Broca face à Georges Delerue, lui soumettant au piano le thème qu'il vient de lui écrire pour son prochain film, *L'Africain*.

Produit par Claude Berri, De Broca tourne *L'Africain* du 23 août au 14 décembre 1982 et renoue avec la comédie d'aventures, cette fois avec le couple Catherine Deneuve et Philippe Noiret. La critique y verra un double clin d'œil à *African Queen* et au cinéma de Jean-Paul Rappeneau : le binôme de *La Vie de château* dans une intrigue rappelant en transparence celle du *Sauvage*. Mais il faut d'abord voir *L'Africain* comme une déclaration d'amour du cinéaste au continent africain, l'une de ses passions. « La vraie Afrique est trop sérieuse et trop complexe pour qu'on en fasse une comédie, déclarait-il. Mais on peut toujours la rêver. Ce que je fais, sans aucun scrupule à enjoliver les choses. »

Du 30 mars au 31 juillet 1983, de Broca reprend au pied levé un tournage en détresse, celui de *Louisiane*, adaptation du roman à succès de Maurice Denuzière. Le film a déjà éclusé deux cinéastes, Etienne Périer et Jacques Demy, obligés de déclarer forfait. Philippe de Broca accepte sa mission à la façon d'un maître d'œuvre et essaie d'exploiter le romantisme sudiste dont l'archétype reste *Autant en emporte le vent*. C'est aussi la première fois qu'il tourne entièrement en anglais, avec des comédiens anglo-saxons. « Par la force des choses, soulignera-t-il, comme je n'avais pris aucune part à l'écriture de Louisiane, je me suis consacré énormément à l'esthétique, comme je l'avais fait dans une moindre mesure avec *Chère Louise*. Pour faire vite et beau, je ne me suis jamais donné autant de mal sur une mise en scène. C'était une bataille à remporter et on l'a remportée. Ce qui m'a agacé, c'est que les critiques français m'attribuent ce film alors qu'ils savaient très bien que je n'en étais pas l'auteur. »

Sur le plateau de *Louisiane*, il rencontre la vedette canadienne Margot Kidder. C'est le coup de foudre. Quinze jours après la fin du tournage, il l'épouse le 6 août 1983. Le mariage a lieu à la mairie de Vert, puis se poursuit à la ferme de la Cressonnière, la maison de De Broca. François de Lamothe, fidèle décorateur du

cinéaste, conçoit les décors de la cérémonie. Pendant plusieurs mois, De Broca partage sa vie entre Vert et Malibu, où habite sa femme. Mais il ne s'y plaît pas. « Je déteste Los Angeles, affirmera-t-il. On n'en voit jamais la fin. C'est immense et il n'y a aucun centre. » Le couple divorce le 9 novembre 1984.

Quelques années plus tard, il reviendra sur son incompatibilité avec Los Angeles : « Dans les années 70, Kirk Douglas m'a invité à Hollywood, il a organisé une immense *party* en mon honneur, dans sa villa de Beverly Hills. En fait, il me proposait de tourner une superproduction sur Charlemagne. Curieusement, Hollywood m'a collé un terrible cafard. C'était un moment de gloire que j'ai vécu comme une défaite intime. J'étais devant mes rêves d'enfant et je n'avais qu'une envie, foutre le camp. »

Après l'épisode *Louisiane*, il retourne à ses comédies « bulles de champagne », à sa fameuse « petite musique », avec *La Gitane*, tourné à Senlis du 12 août au 4 octobre 1985, et interprété par Claude Brasseur et Valérie Kaprisky. Le film est produit par Alain Terzian. Sur le tournage, il tombe amoureux de la comédienne Valérie Rojan, qui interprète la fille de Brasseur. Il l'épousera pendant le tournage de *Chouans !*, en 1987.

Son père, Yvon de Broca, décède le 28 décembre 1985 d'une crise cardiaque.

Du 21 juillet au 3 novembre 1987, le cinéaste entreprend le tournage de *Chouans !*, vaste fresque épique, développée pendant des années avec Daniel Boulanger sous le titre *Bleu, blanc rouge*. Le personnage principal (Sophie Marceau) incarne la France, écartelée entre les valeurs de l'ancien monde (Stéphane Freiss) et celles de la Révolution (Lambert Wilson), sous l'oeil d'un aristocrate progressiste (Philippe Noiret). Tourné en double format (film et série télévisée) à l'occasion du bicentenaire de la Révolution française, *Chouans !* rencontre un succès modéré en salles. Ce sera aussi le premier film de Philippe de Broca avec le scénariste Jérôme Tonnerre et le dernier avec le compositeur Georges Delerue.

Un mois avant la sortie de *Chouans !*, Valérie Rojan donne naissance à Chloé, le 29 février 1988.

Philippe de Broca enchaîne deux films qui ne connaitront pas le succès escompté. Tout d'abord, *Les 1001 nuits*, tourné au Maroc du 17 avril au 22 septembre 1989, adaptation très libre et modernisée des célèbres contes orientaux. Ce projet lui permet néanmoins d'auditionner une comédienne britannique de vingt ans, à laquelle il confie avec enthousiasme le rôle clé de Shéhérazade : Catherine Zeta-Jones. Son film suivant, *Les Clés du paradis*, est tourné dans le Morbihan entre mai et juin 1991. C'est une comédie co-écrite par Alexandre Jardin, et qui traite d'un échange de personnalités entre deux frères aux personnalités opposées, interprétés par Gérard Jugnot et Pierre Arditi.

Il se marie avec Alexandra Canello le 24 octobre 1992 à La Trinité-sur-Mer (Morbihan, Bretagne). Les témoins du Mariage sont Alexandre Mnouchkine, Bruno et Mélanie Troublé.

À partir de 1993, à la suite des revers successifs des *Mille et une nuits* et des *Clés du paradis*, De Broca s'oriente vers la télévision, sur l'initiative de Didier Decoin, responsable de la fiction à France 2. Ce dernier le met en relation avec la société Son et Lumière dirigée par Alain Clert. Pour son baptême cathodique, le metteur en scène réalise *Regarde-moi quand je te quitte*. Il s'en suivra six autres téléfilms, dont De Broca apprécie la rapidité des tournages. « Actuellement, déclare-t-il à l'époque, il y a très peu de films français qui marchent. Il faut vraiment être dans le peloton de tête. Pour un sujet dit léger, je préfère tourner un film de télévision qu'un film de cinéma, qui a une chance sur deux de ne pas rencontrer le public. »

Page de gauche
Mars 1983 - Soirée avec Claude Berri à Vert à l'époque de la sortie du film *l'Africain*

Ci-dessus, à gauche
Mariage avec Alexandra, à gauche de De Broca : sa sœur Françoise et Eric Tabarly

Ci-dessus, à droite
06 Août 1983 - Mariage avec Margot Kidder

La télévision, une nouvelle aventure

Parallèlement, il a parfaitement conscience que les moyens accordés aux fictions de télévision ne peuvent rivaliser avec ceux du grand écran. « Le cinéma, c'est mieux mis en scène et distribué, concède-t-il en 2002. Le téléfilm est un genre mineur, ce que je ne devrais pas dire... parce que j'en tourne ! » En cela, il confirme le tournant inéluctable vers le petit écran des cinéastes de sa génération, comme Edouard Molinaro, Pierre Granier-Deferre, ou Jacques Deray. Devant les difficultés à monter financièrement leurs projets pour le cinéma, ils s'orientent vers la télévision qui leur assure un certain public ; ils continuent ainsi à réaliser selon leurs envies.

Interprété par Patrick Chesnais et Isabelle Gélinas, ce premier téléfilm, *Regarde-moi quand je te quitte* (tourné du 28 Janvier au 24 Février 1993 à Bordeaux), est salué par la presse lors de sa diffusion le 12 octobre 1994 sur France 2. Le critique de Libération, Hubert Prolongeau, parle de résurrection et loue l'inspiration et le rythme retrouvés. Avec son opus suivant, *Le Jardin des plantes*, De Broca livre une œuvre très personnelle. Interprété par Claude Rich et la jeune Salomé Stévenin, tourné du 16 Mai au 24 Juin 1994, ce téléfilm sortira en salles dans certains pays et contient beaucoup d'aspects autobiographiques. Un grand-père, conservateur du Jardin des plantes, raconte à sa petite-fille la vie de son père, qu'elle n'a pas connu. L'aïeul invente un passé héroïque à son fils collaborateur.

Deux autres téléfilms suivront : en 1995, *Les Hommes et les femmes sont faits pour vivre heureux... mais pas ensemble* avec Bernard Le Coq et Fanny Cottençon. Et, en 1996, *Le Veilleur de nuit* avec Sabine Azéma et Philippe Noiret, dans la Collection Sacha Guitry initiée par Daniel Toscan du Plantier.

Le 24 Octobre 1995, Eric Tabarly remet au musée Grévin les insignes de la Légion d'honneur à Philippe de Broca.

« J'ai renoncé à la vie d'aventure pour faire des films d'aventure. Bien au sec, sur un fauteuil de metteur en scène, abrité sous un parasol, entouré d'assistants et de régisseurs, à piquer des orchidées en plastique dans l'Amazone, à suspendre à des hélicoptères Jean-Paul, Philippe ou Annie, Gérard ou Jean-Pierre... Victor, Charlotte, Adrien, mes fonds de teint, mes clowns si courageux suspendus à des grues, des montgolfières, des nuages, des illusions. Toc ! Truc ! Comme tous ces héros de cire qui finissent là-haut dans le placard. Éric Tabarly, c'est autre chose ! J'aurais bien aimé être comme lui. Je me console en lui serrant bien la main... » (extrait du discours de remise)

En 1996, suite au désistement de Claude Miller, le producteur Patrick Godeau propose à Philippe de Broca une adaptation du roman de cape et d'épée de Paul Féval, *Le Bossu*. Pour le cinéaste, l'invitation de Godeau tient du miracle : elle brise un purgatoire de six ans, qui l'a injustement tenu éloigné du grand écran. Ecrit avec Jérôme Tonnerre et Jean Cosmos, tourné de mars à juin 1997, ce nouveau *Bossu* voit s'affronter un Daniel Auteuil-Lagardère plein de fougue et un Fabrice Luchini-Gonzague sournois et calculateur. De Broca prend un réel plaisir à diriger à nouveau une grosse production, à faire cliqueter les épées et à ressusciter un certain esprit chevaleresque auquel il est très attaché. Film « familial » sorti au moment des fêtes de fin d'années 1997, *Le Bossu* attire 2,3 millions de spectateurs et réconcilie le cinéaste avec le succès.

En 1999, Philippe de Broca et son épouse Alexandra adoptent une petite fille, Jade.

Après un éloignement de 25 ans, le réalisateur retrouve Jean-Paul Belmondo avec *Amazone*, tourné à Cuba entre septembre et novembre 1999. Malheureusement, De Broca ne dispose pas du budget nécessaire pour tourner le scénario dans sa pleine dimension. Lors de sa sortie le 19 juillet 2000, *Amazone* ne trouve pas son public. Il reste l'émotion des retrouvailles avec le comédien de ses plus grands succès, dans un rôle de broussard bourru au grand cœur.

Dans les périodes de creux, de Broca continue à travailler pour la télévision : se succèdent quatre téléfilms en trois ans, de *Madame sans-gêne* avec Mathilde Seigner et Bruno Solo, tourné l'été 2001, jusqu'au *Menteur* avec Eric Métayer, qui sera diffusé en janvier 2005, après la disparition du metteur en scène. Lors du tournage en Belgique d'*Un amour en kit*, en 2001, il lève un voile sur son futur : « Il faut durer. Idéalement, je voudrais réaliser jusqu'à 90 ans. Moi, je mets en scène depuis si longtemps ! Quarante-deux ans... Souvent, les gens ne croient pas que je suis l'auteur de *L'Homme de Rio*. Ils pensent que c'est mon père. »

Peu récompensé de son vivant, jamais honoré par un César (même pas un César d'honneur), il reçoit néanmoins en septembre 2003 un prix pour l'ensemble de son œuvre au Festival international du Film d'Oldenbourg, dans le nord-ouest de l'Allemagne.

À l'automne 2003, à la demande de Jean-Michel Rey et d'Olga Vincent, il tourne une nouvelle adaptation littéraire, *Vipère au poing* d'après Hervé Bazin, avec Jacques Villeret et Catherine Frot dans le rôle de la tyrannique Folcoche. Ce sera son adieu au cinéma. Il se sait déjà malade mais refuse de se soigner afin de pouvoir terminer le tournage. Malgré la maladie, il continue d'entretenir des projets, dont une comédie sur le milieu de l'humanitaire « dans l'esprit de *M.A.S.H.* » qui serait tournée en Asie. Il assiste à l'avant-première de *Vipère au poing* au cinéma Astoria à Lyon le 28 septembre 2004. France 3 Centre-Est l'invite dans son journal télévisé, où il apparaît les traits épuisés et la voix blanche.

Il décède à l'Hôpital américain de Neuilly-sur-Seine le 26 novembre 2004. Alors que son dernier film, *Vipère au poing*, sorti sur les écrans français le 6 octobre, remporte un franc succès, avec plus d'un million de spectateurs.

De Broca à Vert

L'adieu au magicien

Lors des obsèques à l'église Saint-Roch, sa famille de cinéma est présente pour lui dire adieu : Jean-Paul Belmondo, Philippe Noiret et Monique Chaumette, Jean Rochefort, Jean-Pierre Marielle, Claude Rich, Jean-Pierre Cassel, Guy Bedos, Catherine Frot, Ariane Mnouchkine, Claude Pinoteau... Jouées aux grandes orgues, les musiques de Georges Delerue pour ses films ponctuent la cérémonie. « Oui, nous t'aimions, mon cher Philippe, déclare Jean-Paul Rappeneau, toi qui jouais si souvent le rôle du mal-aimé (...) Mais tes efforts pour déplaire n'avaient aucune chance de réussir. » Puis, évoquant Cyrano de Bergerac : « Sans un pli, sans une tache, tu emportes avec toi, comme lui, ton panache. » La voix étranglée d'émotion, Philippe Noiret cite un texte de Charles Péguy : « La mort n'est rien, je suis seulement passé dans la pièce à côté. » Le père Roland Letteron, aumônier des artistes, évoque « une petite étincelle dans le désespoir » avant de se faire le porte-parole d'Alexandre, fils du cinéaste : « Père, vous avez pris du sable / Pour en faire des châteaux / Votre vie est un tour de magie / Alors devenez roi / Roi de notre cœur / Et cette fois / Pour toujours. »

Je suis l'homme pressé, j'aime les choses rapides, j'aime tourner vite. L'arrêt, c'est la mort. C'est ma philosophie : la vie n'existe que par le mouvement. »

P. DE BROCA

Philippe de Broca est inhumé au cimetière de Sauzon à Belle-Île-en-Mer, en Bretagne. Sa sépulture porte comme épitaphe « *J'ai assez ri* ».

Depuis sa disparition, sous l'impulsion de son épouse Alexandra, ses films ont été méthodiquement numérisés et restaurés, afin de continuer à être exploités en salles, télévision et vidéo. Aujourd'hui, son héritage est fièrement revendiqué par des cinéastes tels que Cédric Klapisch ou Michel Gondry, qui le perçoivent comme un « aristocrate de la comédie d'auteur ». À titre posthume, Philippe de Broca aura remporté l'une de ses plus éclatantes victoires : que les enfants du XXIème siècle continuent à appréhender son œuvre au présent.

Ci-dessus
Portrait de Philippe de Broca

Ci-contre
Philippe de Broca sur son bateau, le Moana

À QUATRE MAINS : LES CO-AUTEURS DE PHILIPPE DE BROCA

Scénaristes et dialoguistes, l'écriture en partage

Écrire, c'est embellir

DANIEL BOULANGER

« Pendant dix ans, des *Jeux de l'amour* aux *Caprices de Marie*, mes films ont été coécrits par Daniel Boulanger et mis en musique par Georges Delerue. Comme le résultat d'une symbiose à trois... J'étais au centre, encadré par deux auteurs qui intervenaient aux deux extrémités de la chaîne. Je pensais – et je pense toujours – qu'ils avaient plus de talent que moi (rire) ! Boulanger, en particulier, me fascinait et me terrorisait : je le trouvais intellectuellement plus original, plus inventif que moi-même. J'étais influencé par sa personnalité, par son sens du baroque, par ses trouvailles humoristiques ou poétiques. Trouvailles que j'acceptais car il me dominait. C'est tout le drame de ma vie : j'ai le sens de la grandeur mais sans avoir de génie. Il me faut des collaborateurs qui me stimulent... » (entretien avec Stéphane Lerouge, 2003)

C'est en ces termes, que Philippe de Broca évoquait Daniel Boulanger, son collaborateur fétiche. Ensemble, tous deux ont écrit des comédies à la verve et à la virtuosité inégalées : *Les Jeux de l'amour, Le Farceur, L'Homme de Rio, Les Tribulations d'un Chinois en Chine, Le Diable par la queue*... Au Panthéon des grands classiques du genre, ces films occupent une place à part. Car aucune autre comédie ne ressemble à celles signées par De Broca et Boulanger. Ce dernier expliquait ainsi les clés du succès : « Écrire un scénario est un moyen de rentrer dans la vie publique. Dès lors, mieux vaut avoir décidé de faire rire les gens. *Les Bourreaux meurent aussi* est un excellent film mais, sur un sujet assez proche, *To be or not to be* représente mieux ce que je voudrais faire. J'exècre les films sur la guerre ou sur les camps de concentration parce qu'on ne pourra jamais y atteindre la vérité des bandes d'actualités. Il y a là de l'escroquerie, de l'irrespect et du douteux. En fait, la plus grande morale est d'amuser les gens qui sont vos contemporains. Je crois à cela avec d'autant plus de force que j'ai été au séminaire. Les pitres sont les vrais moralistes. Ce que j'aime dans un dialogue de comédie, c'est d'y introduire aussi des phrases curieuses et fortes que j'ai pu entendre la veille ou il y a dix ans. Un dialogue ne peut prendre de valeur que s'il est situé très près de la réalité, dans l'expression la plus rapide (...) En définitive, je ne vois pas pourquoi on devrait se prendre la tête dans les mains, et jouer les grands prêtres. Les choses sont beaucoup plus simples. » (Présence du cinéma, 1963)

C'est effectivement au séminaire que se destinait ce fils et petit-fils de fromager. Mais la vie en a décidé autrement. Né le 24 janvier 1922 à Compiègne, il voit sa jeunesse bouleversée par l'Occupation allemande. Entré en résistance, il est emprisonné en 1949 pour actes de sabotage envers l'armée ennemie. Libéré, il échappe au Service du Travail Obligatoire en Allemagne pour raisons de santé, et se cache dans l'Oise où il garde les moutons. Après la guerre, ce bourlingueur multiplie les voyages et tâte de tous les métiers. Au Brésil, où il s'est envolé en 1945, il enseigne sa langue maternelle et devient précepteur pour jeunes filles. Au Tchad, il est rédacteur stagiaire dans l'administration, avant de rejoindre la Bulgarie où il participe à la construction d'une ligne de chemin de fer.

Vers la fin des années 1950, de retour en France, il publie son premier ouvrage, *La Rue froide* (Editions de La Table ronde), et enchaîne aussitôt avec deux autres titres, *L'Ombre* et *Le Gouverneur polygame* (Editions de Minuit). Dans le Paris de l'après-guerre, il côtoie les pionniers du Nouveau Roman et, tout naturellement, ceux de la Nouvelle Vague. C'est ainsi qu'il devient... comédien ! L'inspecteur Vital qui tue à bout portant Jean-Paul Belmondo dans *À bout de souffle* (Jean-Luc Godard, 1960), c'est lui. L'un des truands qui pourchassent le frère de Charles Aznavour dans *Tirez sur le pianiste* (François Truffaut, 1960), c'est encore lui. Boulanger se laisse également diriger par trois Claude au style plus que distinct, Chabrol (*L'Œil du malin*, 1962), Lelouch (*Toute une vie*, 1974) et même Zidi (*La Zizanie*, 1977) pour une séquence d'anthologie face à Louis de Funès.

Grâce à ses talents d'écrivain et ses relations, il va devenir scénariste et dialoguiste. Et c'est Philippe de Broca qui le fait rentrer dans le métier, relate Boulanger : « Pendant longtemps, avec Jérôme Landon et Paul Gégauff, j'ai bouffé de la vache enragée, c'est-à-dire que c'étaient des nouilles, des oignons et du hareng... On se réunissait assez souvent pour manger ça, assis par terre, les uns chez les autres. Godard faisait partie du groupe. Un beau jour, Gégauff a travaillé avec Chabrol. Quand l'assistant de Chabrol – De Broca – a voulu à son tour tourner, Chabrol lui a conseillé de me prendre et c'est ainsi que j'ai écrit le premier film de de Broca, *Les Jeux de l'amour.* » (*Le Livre du scénario,*

Bernard Trémège) De Broca précise : « J'avais envie d'avoir des gens qui n'avaient pas fait de cinéma. Daniel Boulanger n'avait jamais écrit. J'avais vingt-cinq ans, c'était peut-être un réflexe ; je ne voulais pas me sentir dominé par un type qui aurait eu de la bouteille et m'aurait embarrassé avec son expérience. »

Une riche idée. La plume, à la fois tendre, poétique et follement incisive de Boulanger complète à merveille celle de De Broca, plus libre, plus originale : « J'ai écrit la majorité de mes films avec Boulanger et ma personnalité a certainement été influencée par lui. Je lui ai pris des idées, je me suis nourri de lui, confie le cinéaste. Si nous nous entendions parfaitement, c'est que nous avions des idées très voisines sur tout. Daniel n'a jamais écrit une ligne de mes films sans que je sois à plus de dix mètres de lui. Tout ce que vous entendez dans le dialogue est de lui, mais j'étais là. » Des années durant, le binôme se jure fidélité. Pour le meilleur... En 1960, le scénario du *Farceur* avec Jean-Pierre Cassel remporte un prix au Festival International du Film de Locarno ; *Cartouche*, *L'Homme de Rio* et *Les Tribulations d'un Chinois en Chine*, éblouissantes réussites, comptent parmi leurs plus gros succès ; *Le Roi de cœur* et *Le Diable par la queue* sont aujourd'hui enfin considérés à leur juste valeur ; sans oublier *L'Amant de cinq jours*, *Les Veinards*, *Les Caprices de Marie*... au charme indéniable. De joyeuses bulles, tendres et drôles, teintées de grâce et parfois mélancoliques : « J'ai un certain dégoût du monde, reconnaît Boulanger, mais je m'arrange toujours pour que les histoires que je raconte ressemblent à des songes. Écrire, pour moi, c'est embellir. » (Le Monde, 2002)

On est malheureusement passé à côté d'autres merveilles, tel ce projet mystérieux mais déjà très excitant, raconté par Philippe de Broca : « Il s'agissait de l'histoire d'un homme qui voit ce que pensent les gens quand il a bu un coup. Ça commençait dans une boîte de nuit et on voyait des bulles sortir des gens comme dans une bande dessinée. Dans chaque bulle apparaissaient les véritables pensées. On voyait que les types qui dansaient avec des filles avaient soit envie de faire l'amour, soit de se disputer, parce que la danse peut être dans les prémisses comme dans les ruptures. Le héros travaillait dans une ville d'eau et tombait sur un gang de mafiosi. J'avais écrit cela avec Daniel Boulanger et ça a été abandonné par paresse ou par précipitation, je ne sais plus. » Dommage.

Leur carrière commune s'achève avec une fresque historique exceptionnelle : *Chouans!* avec Philippe Noiret, Sophie Marceau, Stéphane Freiss et Lambert Wilson. En 2003, lors d'un entretien avec Stéphane Lerouge, Philippe de Broca se laisse aller à des confidences sur leur séparation : « Après *Les Caprices de Marie*, je ne travaillerai plus avec Boulanger... sauf pour *Chouans!* en 1987, qui est l'aboutissement d'un vieux projet élaboré des années plus tôt. Quant à Georges Delerue, notre collaboration allait se poursuivre mais de manière plus discontinue (...) Après neuf longs-métrages, je n'avais pas de scrupule à abandonner ponctuellement l'ami Delerue. C'était une infidélité, pas une trahison. De son côté, il travaillait sans arrêt, pour des tas d'autres metteurs en scène... Quand le trio s'est reformé pour *Chouans!* il était déjà trop tard. Trop de temps avait passé (...) Je n'ai plus retravaillé avec Boulanger, que j'ai depuis complètement perdu de vue, je n'ai plus revu Georges qui nous a quittés quatre ans plus tard... Même si je suis orphelin des deux, je souffre moins de l'absence de Delerue : il n'est plus avec nous. Alors qu'il suffirait d'un coup de fil à Boulanger... (silence) »

Philippe de Broca et Daniel Boulanger

Décédé le 27 octobre 2014 à l'âge de 92 ans, dans la ville de Senlis où il résidait et qui servit de décor au *Roi de cœur*, Daniel Boulanger laisse derrière lui une œuvre très riche : vingt-neuf romans, des centaines de nouvelles, vingt-sept recueils de poésies, cinq pièces de théâtre. Ainsi que de nombreux films... et de multiples distinctions : nomination à l'Oscar du meilleur scénario original pour *L'Homme de Rio* (1965), Prix Sainte-Beuve pour *Le Chemin des caracoles* (1966), Prix Max-Jacob pour *Retouches* (1970), Prix de l'Académie française pour *Vessies et lanternes* (1971), Prix Goncourt de la nouvelle pour *Fouette Cocher!* (1974), Prix Prince-Pierre-de-Monaco pour l'ensemble de son œuvre (1979), etc.

Une fois sa collaboration avec de Broca achevée, l'auteur se concentre sur ses écrits littéraires, délivrant une « peinture du monde surtout provincial, un tour des régions de France (...) sur des gens auxquels on ne prête guère attention, et il leur trouve d'infinies richesses inexploitées. » (Notice de l'Académie Goncourt)

« Le monde que je décris est un monde qui s'en va, disait-il. C'est insensé, la vitesse à laquelle il change. Remarquez, ça n'a rien de nostalgique, je ne me complais pas dans le passé. Écrire, c'est s'empêcher de mourir. »

Gilles Botineau

Consonances et dissonances

JEAN-PAUL RAPPENEAU

Philippe de Broca et Jean-Paul Rappeneau

Pendant quarante-cinq-ans, Philippe de Broca a été mon frère, mon double et mon contraire. C'était un attachement fort et complexe, vissé par un lien d'abord générationnel : nous étions nés à un an d'écart, lui en mars 1933, moi en avril 1932. Et Jean-Paul Belmondo, que nous avons dirigé tous les deux, est né trois semaines après Philippe, et quasiment un an jour pour jour après moi. Des souvenirs presque identiques nous rapprochaient : la traversée des années de la guerre, grande aventure de notre enfance. Et la lecture-choc d'une bande dessinée parue en 1944, avant même la fin du conflit, *La Bête est morte*, récit métaphorique où Hitler était un loup, Goering un cochon. Nous avions vécu des émotions symétriques, au même âge, sans nous connaître. Sans parler de notre passion pour la littérature de Dumas, Jules Verne ou Maurice Leblanc, fascinant véhicule pour échapper à la grisaille de l'Occupation et assouvir nos rêves d'aventure.

Nous nous sommes rencontrés à la fin des années cinquante, pleine période d'effervescence de la Nouvelle Vague où, dans la foulée d'*Ascenseur pour l'échafaud*, sont sortis d'affilée *Le Beau Serge*, *Les Quatre-cents coups* et *A bout de souffle*. En quelques mois, le cinéma français changeait d'ère et de visage. Claude Chabrol avait produit le court-métrage *Un Américain* de mon ami Alain Cavalier, avec Maurice Pialat comme assistant et Pierre Lhomme comme chef-opérateur. J'en squattais le tournage sans fonction officielle. Les projections de tous ces films avaient lieu dans une salle privée, avenue Hoche, camouflée dans un bel immeuble haussmannien. Il me suffit de fermer les yeux pour revoir l'imposant escalier et l'entrée de la salle, au premier étage. J'y avais croisé l'assistant de Chabrol, un certain Philippe de Broca, sans vraiment lui parler. C'était un garçon de vingt-cinq ans de petite taille, à l'œil rieur et l'esprit affûté. Un soir, nous nous retrouvons à attendre sur le palier, devant la salle, la fin d'un film que nous avions déjà vu plusieurs fois, peut-être *Les Cousins*... La conversation s'engage. Nous évoquons ces premiers longs-métrages qui sortent en cascade chaque semaine. Il était évident que nous allions, nous aussi, un jour ou l'autre, franchir le pas. « Tu vois, me dit Philippe, ce qui me manque dans tous ces films, c'est le rire. Moi, la comédie est le seul genre qui m'intéresse ! -Moi aussi, ai-je répliqué. Au moins nous serons deux ! » Entre Philippe et moi, tout est parti de cette conversation improvisée, dans cet escalier de l'avenue Hoche, comme la première pierre d'une amitié naissante.

Quelques mois plus tard, Chabrol m'a proposé de mettre en scène un scénario écrit par une jeune comédienne, Geneviève Cluny, vedette des publicités Colgate. Il s'agissait d'un triangle amoureux, entre deux hommes et une femme, que son compagnon refusait d'épouser. Mais j'avais déjà en tête l'amorce d'une histoire qui se passerait à la campagne, dans une grande maison. Pour un baptême de long-métrage, il me semblait absurde de ne pas être l'auteur du sujet. J'ai donc refusé... et Philippe de Broca a récupéré le projet, que Godard a lui-même décliné dans *Une femme est une femme*. Ça a donc été l'éclosion de Philippe cinéaste avec *Les Jeux de l'amour*, en 1959. Le ton du film m'a plu, sa vivacité, notamment les dialogues brillants d'un autre nouveau venu, Daniel Boulanger. Sans être officiellement labélisé Nouvelle Vague, Philippe lui offrait sa première comédie. Entre temps, j'étais devenu scénariste, j'écrivais pour des cinéastes amis, comme Louis Malle ou Alain Cavalier. Un soir de l'hiver 1962-63, comme je sortais d'un cinéma sur les Champs-Elysées, je tombe par hasard sur Philippe, qui marchait seul, les mains enfoncées dans les poches de son manteau, avec sa tête des mauvais jours. Il surfait pourtant sur le succès de *Cartouche* et revenait du Brésil, où Belmondo et lui étaient allés présenter le film. Entre plages, filles et virées nocturnes, leur séjour à Rio leur avait laissé un souvenir mémorable. Tous deux cherchaient un prétexte, je dirais même un alibi, pour y retourner. D'où l'idée d'un film dont l'action se déroulerait là-bas. Comme la fille du producteur Alexandre Mnouchkine, Ariane, avait des velléités d'auteur, son père avait suggéré à Philippe qu'ils écrivent le scénario à quatre mains. Elle avait vingt-trois ans et n'était pas encore la grande figure du théâtre moderne. Sur les Champs-Élysées, ce soir-là, Philippe m'avoue d'emblée : « J'adore Ariane, mais on est dans l'impasse. Ça vire au cauchemar ! » Je l'interroge : « Mais quel est le sujet ? -C'est un petit Français qui déboule au Brésil... -Oui. Et alors ? -Il y a des poignards qui lui sifflent aux oreilles. -Pourquoi ? -Justement, je ne sais pas... » Et là, spontanément, en le voyant presque déprimé, prêt à tout abandonner, je lui assène : « Je serai demain matin chez toi. Tu me raconteras mieux que ça ! » À quoi tient le sort des films ? Celui de *L'Homme de Rio*, l'immense succès de Philippe, appelé à faire le tour du monde, s'est joué en partie à ce moment-là, sur un bout de trottoir des Champs-Élysées.

Le lendemain, Philippe m'a déroulé son squelette de sujet, auquel il manquait le plus important : l'objet de convoitise, qui justifie à la fois le voyage au Brésil et les courses-poursuites frénétiques entre le héros et ses ennemis. Deux ans auparavant, j'avais écrit pour Yves Robert un *Arsène Lupin* où j'avais imaginé que les trois pièces dispersées d'un triptyque ancien permettaient de percer le secret de la Toison d'Or. Ce matin-là, j'ai proposé à Philippe de décliner le même principe, par exemple trois statuettes primitives qui, une fois réunies, mèneraient à un fabuleux trésor en pleine jungle. Le visage de Philippe s'est illuminé d'un sourire (enfin !) et, sous mes yeux, il a appelé Alexandre Mnouchkine : « Dis à Ariane de rester chez elle : je viens d'embarquer Rappeneau, il démarre sur les chapeaux de roues ! » Je suis revenu le lendemain, puis le surlendemain et ainsi de suite pendant quinze jours. C'est pendant cette période que notre amitié s'est étoffée d'une dimension supplémentaire : professionnelle. Un soir, à la fin d'une journée de travail, Daniel Boulanger est venu dîner avec nous. C'était la première fois que je le rencontrais. Quel personnage ! Quelle drôlerie ! Sa conversation ressemblait aux répliques des films de Philippe : baroque, poétique, paradoxale. J'étais sous le charme. Dès le lendemain, j'ai plaidé sa cause auprès de Philippe. « Ça serait suicidaire de se passer de Boulanger, au moins pour les dialogues ! » Sur mon insistance, Philippe l'a donc ramené dans notre équipe. La trouvaille de la voiture rose avec des étoiles vertes, par exemple, c'est du Boulanger pur jus. Concrètement, les séances de travail se déroulaient chez Philippe à la campagne, ou le plus souvent chez moi, rue Vavin. Daniel habitait le quatorzième et prenait le soixante-huit pour descendre à Montparnasse. Dans notre trio, j'ai vite joué le rôle du surveillant général, du serreur de boulons, celui qui accepte les fantaisies mais ne lâche rien sur la construction. Il y a eu des journées difficiles, notamment quand il a fallu définir la situation sociale de notre héros, Adrien Dufourquet. Boulanger voulait en faire un scientifique, breveteur d'inventions loufoques. J'ai contrecarré : « Il y a une étape de la vie où l'on est jeune, sans pour autant avoir de métier, c'est la période du service militaire. Faisons d'Adrien un troufion, en permission pour huit jours. Ça imposera une pression dramatique, un compte à rebours : il doit impérativement réintégrer sa caserne à temps. » Brusquement, tout est devenu clair : on a vu le cadrage de l'action en une semaine, au point d'envisager comme titre *Huit jours de perm* ! C'était aussi un clin d'œil au passé de Philippe, lui-même appelé en Algérie, où il avait traversé des situations périlleuses.

Au bout d'un certain temps, Philippe nous a laissés tout remettre au propre, Daniel et moi. Les séances de travail sont passées de la rue Vavin à la rue Baillou, chez Boulanger. À mon tour, j'ai pris le soixante-huit. Le bureau de Daniel était une salle de bain désaffectée, avec une douche délabrée… et, au milieu, une table de bridge sur laquelle il écrivait. Un jour, passant relever les copies, Philippe nous a déclaré d'un ton morne : « J'ai voulu faire du cinéma en rêvant d'Hollywood et de séduisantes actrices au bord d'une piscine. À la place, je me retrouve dans une salle de bain avec deux chauves ! » Boulanger l'a très mal pris, il a fallu interrompre la séance, ce qui m'a donné un échantillon de leur relation : ils s'adoraient, mais leur admiration mutuelle était sans cesse troublée de fâcheries et coups de sang à répétition. Moi-même, j'ai perdu patience à une reprise, quand nous avons retrouvé Ariane Mnouchkine. Jugeant son éviction radicale, je m'en étais ouvert à Philippe : « Peut-être devrions-nous raconter à Ariane où nous en sommes ? » Elle nous a rejoint un après-midi et a buté sur un point précis : j'avais trouvé un moyen insolite pour que le récit quitte Brasilia vers la forêt amazonienne : Adrien s'enfuyait à bicyclette. Ariane a froncé les sourcils : « C'est absurde ! Où trouve-t-il un vélo ? Sans cadenas, en plus !» J'ai argumenté, elle aussi, le ton est monté. Et j'ai fini par imploser : « Parce que c'est comme ça ! C'est fait ! On ne va pas y passer la journée ! » Après cette séance houleuse, on ne l'a plus revue. Le film écrit, j'ai regardé avec envie Philippe partir le tourner au Brésil et, de mon côté, je me suis envolé en Yougoslavie au chevet des *Aventures de Marco Polo*, en grande difficulté. Ma découverte de notre *Homme de Rio* s'est faite avec retard, quelques jours après sa sortie en salles. Je suis tombé de ma chaise en découvrant, au générique début, mon prénom raboté et mon nom mal orthographié : JP Rapeneau. Très agacé, j'ai appelé Alexandre Mnouchkine dont la réaction a été aussi imparable que drolatique : « De quoi vous plaignez-vous ? C'est mieux, c'est plus court ! » Il aura fallu attendre cinquante ans pour que l'erreur soit corrigée, grâce à la restauration du film en 2012.

Le plus important est ailleurs : *L'Homme de Rio* a été un triomphe partout, des États-Unis au Japon. Les rêves de comédie dont m'entretenait l'assistant de Chabrol, dans l'escalier de l'avenue Hoche, s'étaient concrétisé à une échelle planétaire. J'étais heureux pour l'ami Philippe… et fier d'avoir été partie prenante de cette aventure collective. Très vite, sous l'impulsion des Artistes Associés, Alexandre Mnouchkine a voulu remettre le couvert avec un nouveau Belmondo-de Broca, en reconduisant l'équipe gagnante de *L'Homme de Rio*. L'idée était d'adapter le roman de Jules Verne *Les Tribulations d'un Chinois en Chine*. Une première réunion a eu lieu dans le bureau de Mnouchkine, sans que j'y sois convié. À l'évocation de mon nom, Boulanger aurait lâché : « Ah non, pas Rappeneau ! Il va nous faire perdre un temps fou avec son obsession de la construction. Si on veut tourner vite, il faut se passer de lui ! » Je n'ai donc pas été du second film, à ma grande irritation. Ce qui m'a sincèrement blessé, c'est que Philippe n'ait pas tenu à m'imposer. Et, à l'arrivée, je n'ai pas aimé ces *Tribulations*, à l'action trop hystérique, boursouflée de péripéties inutiles, confondant rythme et précipitation. Ce rendez-vous manqué a marqué une première dissonance dans mon rapport à Philippe. Cela dit, c'était symptomatique de son comportement : il pouvait faire à ses meilleurs amis des coups pendables, jamais par malveillance, juste par désinvolture. Dans l'autre sens, peut-être m'en a-t-il secrètement voulu de lui kidnapper Daniel Boulanger pour les dialogues de mon premier film, *La Vie de château*, en 1965 ? Le lendemain de la première qui fut triomphale (chacun son tour…), Boulanger m'a glissé perfidement : « Dis donc, hier soir, tu as vu la gueule de Philippe ? »

Nous avons suivi nos routes. J'ai tourné moins de films que lui mais chacun a laissé une petite trace dans les de Broca suivants : il y a un peu de *La Vie de château* dans *Le Diable par la queue* (le manoir délabré, la vieille aristocrate) et dans *Le Roi de cœur* (la prise du blockhaus). Sans parler de *L'Africain* : le couple de *La Vie de château* dans une décalcomanie du *Sauvage* ! Philippe m'a même demandé l'autorisation d'utiliser en situation une photo de Deneuve et Noiret tirée de mon film, vingt ans plus tôt, photo que le personnage de Noiret garde dans sa tente de brousse. L'exaspération m'a poussé à refuser, malgré l'insistance du producteur Claude Berri. « Désolé Claude, lui ai-je répondu, ce n'est pas qu'une image, ça va bien au-delà ! » Il y a eu plus extravagant : alors que la pré-production de mon *Cyrano* était avancée, Philippe a mis en chantier un *Cyrano* concurrent avec Bernard Giraudeau. « On sera prêt avant eux !» affirmait-il. Par bonheur pour nous deux, son projet s'est dégonflé en quelques semaines. Tel était Philippe. Il pouvait crucifier une comédienne en lui assénant « la » phrase interdite : « Ne sois pas ridicule, ce n'est plus de ton âge ! » Ce côté enfant gâté, sans filtre, faisait partie de sa personnalité. Tout ce qu'il pensait, il le disait haut et fort, sans aucune précaution diplomatique. Il fallait l'accepter et l'aimer tel quel. Nous avons traversé des périodes de froidure que son charme naturel, ses élans d'affection finissaient toujours par briser. Au fond, notre rapport tenait du passionnel, entre fraternité et discorde.

J'ai déjà énuméré ce qui nous reliait, mais il y avait aussi ce qui nous séparait. D'abord, l'opposition Paris-province. Je suis resté longtemps un Auxerrois monté à la capitale, et lui un Parisien, fier de sa particule. Elle lui conférait une sorte de grandeur qu'il n'avait pas par la taille. Et puis, notre rapport aux femmes : mon épouse et moi vivons ensemble depuis 1965. Philippe, lui, a passé sa vie à multiplier les liaisons, de manière parfois compulsive, jusqu'à trouver l'équilibre avec Alexandra. Enfin, malgré nos ressemblances, nous étions branchés sur deux voltages différents. Son rythme de création était souvent frénétique, le mien plus lent, plus réfléchi. Entre deux de mes films, il en enquillait cinq ou six. Pendant des années, le de Broca annuel faisait partie des joies du cinéma français ! Mon conseil rituel ne variait jamais : « Je t'en supplie, ne filme pas en cavalant. Applique-toi ! » Il répondait en riant : « Évidemment, avec toi, on y serait encore six mois plus tard ! » Notre assistant commun, Bernard Bolzinger, m'a confié un jour : « Quand Philippe tourne un plan, il ne pense qu'au plan suivant. Celui qu'il tourne est déjà derrière lui... » Au final, nos films ont en commun la rapidité et le sens de l'ellipse. Sauf que Philippe obtenait cette rapidité par la rapidité. La fuite en avant permanente, dans sa vie, dans ses films, sur ses plateaux, relevait presque de la pathologie. Il ne pouvait pas envisager autrement ni l'existence, ni son métier.

Après sa fracture définitive avec Daniel Boulanger, Philippe m'a proposé à plusieurs reprises de co-écrire avec lui, d'abord *Le Magnifique* pour nos retrouvailles avec Belmondo (il était temps...), puis d'affilée *Tendre poulet*, *Le Cavaleur*, *On a volé la cuisse de Jupiter*. Nos séances de travail ressemblaient à des mises en loge, chez lui à Vert, en Ile-de-France, une maison de village, avec un poulailler dans la cour et un jardin tout en profondeur. C'étaient des moments lumineux de rire et de partage. Nous étions comme Bouvard et Pécuchet, deux vieux garçons, deux soldats de la comédie qui, entre les tâches d'écriture, faisaient les courses et préparaient le repas. Dans la cuisine, tout en peaufinant le dialogue d'une scène d'amour, il me demandait : « Dis-moi, ce soir, tu préfères des coquillettes ou une omelette aux lardons ? » C'étaient des semaines entières, sans femmes, au vert. Quand surgissait une idée de rebondissement insolite, un détail cocasse, on se tordait de rire. Comme, par exemple, dans *Le Magnifique*, avec le pain de campagne en signe de reconnaissance, à l'aéroport d'Acapulco. Cependant, j'intervenais sur ces films en co-scénariste occulte, sans être crédité au générique. De la même façon que Claude Sautet, très bon « script-doctor », qui était vrillé de doutes sur ses propres scénarios, mais avait une vision très claire, très synthétique sur les scénarios des autres. Peut-être était-ce aussi mon cas avec Philippe... Je me lâchais sans doute davantage, j'osais des idées que j'aurais éventuellement auto-censurées pour mes propres films. De toute façon, la sanction, c'était le rire. Si Philippe se marrait, s'il trouvait l'une de mes suggestions drôle, c'était sa décision de cinéaste de la conserver dans le film. Il était le patron. À chaque nouveau projet, il me demandait si j'allais enfin accepter d'apparaître officiellement comme co-auteur. Je lui répondais invariablement : « Peut-être, à condition que cette fois tu t'appliques ! » Et finalement, je suis toujours resté dans l'ombre. Avec le recul, je le regrette pour *Le Cavaleur*, son dernier grand film personnel. Il y filme sa vie à travers celle d'un personnage de fiction, pianiste concertiste, Edouard Choiseul. La part d'autoportrait, il me l'avouait entre les lignes. Ce regard sur lui-même passe dans une séquence bouleversante où Jean Rochefort examine ses rides face à un miroir. Comme une prise de conscience du temps qui rétrécit... C'était cela aussi, de Broca : un ludion travaillé par la gravité.

Un jour, j'ai confié à Claudie, mon épouse : « Si demain éclatait un nouveau conflit mondial, j'aimerais le vivre aux côtés de Philippe. » J'étais sûr que son esprit positif, nos énergies mises en commun, nous auraient permis de traverser les pires moments. Dans l'adversité, je n'imaginais pas de meilleur compagnon. Comme vice-président de la Cinémathèque Française, j'ai été heureux de contribuer à la rétrospective qui lui été consacrée en 2015. Je l'ai fait par fidélité, en souvenir de souvenirs. Et avouons-le : le temps a magnifiquement joué en faveur de ses meilleurs films. Le rire de Philippe me manque, aujourd'hui. Malgré quelques orages, notre lien ne s'est jamais rompu : nous avions eu vingt, puis trente ans en même temps, au même endroit. Nous étions soudés par ce territoire de la vie qui s'appelle la jeunesse.

Propos recueillis par Stéphane Lerouge

Je t'aime, moi non plus

JEAN-LOUP DABADIE

C'est sans doute un paradoxe mais c'est ainsi : j'ai aimé travailler avec Philippe de Broca plus que je n'ai aimé Philippe de Broca. Pardon pour ma franchise mais je ne voudrais pas faire une OPA sur sa mémoire et vous déclarer : c'était mon meilleur ami et, de tous mes cinéastes, mon préféré. Cela serait excessif et inexact. Notre rencontre s'est nouée vers 1966-67 grâce à François Truffaut qui, je crois bien, lui avait soufflé mon nom pour l'adaptation d'un roman d'aventures de Claude Farrère, *Thomas l'Agnelet*. C'était une histoire de corsaires façon Surcouf et, dans l'esprit de Philippe, une déclinaison maritime de *Cartouche*. Car tous les metteurs en scène de cette génération, souvent lettrés, rêvaient de porter à l'écran de grandes épopées du patrimoine français : Rappeneau l'a fait avec *Cyrano de Bergerac*, Jean Becker a longtemps fantasmé sur un chimérique *Trois mousquetaires*, Truffaut s'est envolé avant de pouvoir tourner *Nez de cuir*... Broca, lui, c'était donc *Thomas l'Agnelet*, qu'il avait dû lire à l'adolescence.

À notre rencontre, Philippe était déjà un metteur en scène très connu, passé du chaud au froid, c'est-à-dire du succès international de *L'Homme de Rio* à l'échec cuisant du *Roi de cœur*, peut-être le film auquel il était le plus attaché. Moi, j'étais un jeune scénariste pas encore trentenaire, auteur de sketches pour Guy Bedos, de deux romans et bientôt d'une première pièce de théâtre. C'était, comment dire, une promotion d'être appelé à collaborer avec Philippe qui avait jusqu'alors écrit tous ses films avec le grand Daniel Boulanger. Nous nous sommes mis à travailler à Meudon, où j'habitais à l'époque. Et je dois rendre à Philippe ce qui appartient à de Broca : c'est grâce à lui que j'ai rencontré Claude Sautet, l'un des futurs cinéastes de ma vie, qu'il avait amené sur son porte-bagages pour notre scénario. C'est donc sur *Thomas l'Agnelet* que, pour la première fois, j'ai eu la vision d'un Sautet sillonnant mon salon en chaussettes, grillant Gitane sur Gitane... et assénant sa réplique fétiche : « Et alors là, comme la fille du gouverneur lui résiste, Thomas lui colle une claque dans la gueule ! » Quand il était à court d'idée, c'était sa solution miracle : la gifle. Claude joignait le geste à la parole, lançant un vigoureux soufflet à une actrice imaginaire. Il fallait que je me baisse pour ne pas atterrir dans la cheminée... Si ma mémoire est bonne, la première page de mon traitement était : « Saint-Malo, extérieur jour. Une tempête s'abat sur le port, au moment même où rentrent les trente galions fièrement emmenés par Thomas l'Agnelet. » Philippe de Broca l'avait fait lire à Truffaut dont la réaction avait été sans appel : « Je me suis arrêté à la troisième page car, de toute façon, tu n'auras jamais les moyens pharaoniques de tourner ce film ! » Je plaide coupable, rétrospectivement : du haut de mes vingt-huit ans, je n'avais pas encore compris qu'un bon scénariste doit aussi être un bon directeur de production. Le stylo d'une main, la calculette dans l'autre. D'ailleurs, malgré l'accord de principe de Belmondo, les fidèles producteurs de Philippe, Alexandre Mnouchkine et Georges Dancigers des Films Ariane, ont calé sur le financement. Philippe a caressé l'espoir d'exfiltrer le scénario à Hollywood mais le projet s'est dilué de lui-même... Dans ma relation à Philippe de Broca, le premier acte a été un rendez-vous manqué.

Humainement, comment définir de Broca ? Dans ses premiers films comme *Le Farceur* avec Jean-Pierre Cassel ou *L'Homme de Rio* avec Belmondo, il y a un esprit bondissant, un charme juvénile que j'ai retrouvés à deux-cent-pour-cent dans la personnalité de Philippe. Car, à mes yeux, Broca était un gamin. De l'enfance, il avait toutes les qualités et les défauts, autant dans la drôlerie, la bouffonnerie que la cruauté. Mes autres metteurs en scène, Yves Robert, Sautet ou Claude Pinoteau étaient plus âgés que moi, parfois même d'une génération. Philippe aussi mais, paradoxalement, il me paraissait plus immature, à la limite plus puéril. Il n'y avait pas une fête d'anniversaire ou de fin de tournage sans qu'il fasse le coup de baisser son pantalon, sommet d'humour potache. Ce qui amusait beaucoup Belmondo, son copain de bringue. Autre exemple : d'un tournage exotique, il avait ramené en France un bébé ocelot dont il s'était entiché, comme un enfant d'un nouveau jouet. Très vite, la bête avait grandi et Philippe laissait complètement sa première femme, la délicieuse Michèle, s'en occuper. Dans leur maison de Carrières-sur-Seine, elle avait dû installer une barrière afin que le félin reste confiné dans les étages. Or, les toilettes étaient à l'entresol. Se laver les mains virait à l'expédition en terre sauvage. Je me revois approcher des WC sous la menace d'un « GRRRRRR ! » émis par un fauve au regard furieux. Michèle tentait de rassurer par un « Pas de panique, il ne mord pas !!! ». J'en tremble encore. En soi, la situation était saugrenue, sinon iconoclaste. Mais elle disait aussi beaucoup de Philippe : cet ocelot, c'était un coup de tête d'enfant gâté. Une fois l'emballement initial passé, les conséquences de son caprice ne l'intéressaient plus. Il était déjà passé à autre chose.

Le versant solaire de Philippe, c'était son côté franc-rieur. Il adorait être le premier spectateur de son film. Je lui racontais une idée de rebondissement, de dialogue et, souvent, il éclatait de rire. J'aimais cet enthousiasme spontané, là aussi, une fois encore, enfantin. Nous nous sommes retrouvés en 1970 pour l'adaptation d'un roman de Robert Beylen, *La Route au soleil*, produit par les Ariane, le sobriquet du binôme Mnouchkine-Dancigers. Dans l'intervalle, j'avais écrit le scénario des *Choses de la vie*, tourné par Sautet. C'était réjouissant de renouer avec Philippe, comme pour effacer le loupé de *Thomas l'Agnelet*. D'autant que les ingrédients du livre étaient séduisants : l'exotisme, le décalage géographique et historique (la Libye de 1942), l'échappée belle. Avec le recul, les rapports de notre trio amoureux Michel Piccoli-Marlène Jobert-Michael York (une femme entre deux hommes) préfigurent peut-être ceux de *César et Rosalie*... En tout cas, le résultat (baptisé par mes soins *La Poudre d'escampette*) était de premier ordre. Avec son sens du tempo et des grands espaces, Philippe avait réussi le film tant sur le plan de la comédie, de l'aventure que de l'étude de mœurs. Du grand Fildebroc. Et la justesse de Marlène, son magnétisme vous éclaboussaient, notamment dans la séquence où les trois fugitifs improvisent un réveillon en plein désert, en 1942, dans une maison délabrée. Et je ne parlerai pas de Michel Piccoli, qui allait devenir mon acteur fétiche chez Sautet... L'aventure de *La Poudre d'escampette*, je l'ai d'autant appréciée qu'elle n'était pas gagnée d'avance. C'était officiellement le premier film de Philippe sans Daniel Boulanger et, à ses côtés, il avait pris des habitudes qui n'étaient pas du tout les miennes. Par exemple, si Broca retoquait un bout de dialogue, Boulanger couchait illico sur le papier une proposition alternative abondante. Ce type d'écriture automatique, j'en suis incapable. Au contraire, il me faut du temps pour mûrir mes idées, prendre du recul, laisser infuser les mots. Réfléchir, tout simplement. Philippe a accepté cette différence fondamentale. Au point que notre second film était déjà sur les rails à la sortie de *La Poudre d'escampette*, en septembre 1971.

Là encore, il y avait une base littéraire, cette fois une nouvelle d'un académicien, Jean-Louis Curtis, *L'Ephèbe de Subiaco* du recueil *Le Thé sous les cyprès*. Cette adaptation, d'abord intitulée *Louise*, puis *Chère Louise*, je l'ai signée seul. C'était un magnifique véhicule pour la grande Jeanne Moreau, la vedette incandescente de Jules et Jim, le film qui avait décidé de ma vocation. À plusieurs niveaux, *Chère Louise* se présentait comme un pari inédit. D'abord, pour Jeanne, c'était un renouvellement d'emploi, un glissement vers la maturité. Ça m'excitait d'imaginer cette comédienne à l'image de femme fatale, adulée par tant d'hommes, en célibataire provinciale entre deux âges, murée dans sa solitude... et anéantie par une rencontre sans lendemain avec un jeune immigré italien. Ça n'était pas *Le Diable au corps* mais son parfum flottait sur le sujet. Après l'Hélène des *Choses de la vie* et avant la Rosalie de *César*, ma plume chauffait en dessinant ce nouveau portrait de femme... Pari aussi pour de Broca. Il tutoyait les quarante ans et rêvait d'un projet amputé du moindre élément de comédie. Et, avec *Chère Louise*, on était à des années-lumière de ses bulles de champagne comme *Les Tribulations d'un Chinois en Chine*. Et justement, je pressentais que ce contremploi allait stimuler Philippe, je me disais : « Avec son talent et sa culture, il va nous révéler son visage sensible ! » Et, à l'arrivée, c'est objectivement le cas. À l'exception de deux-trois plans formalistes de cygnes sur le lac d'Annecy, c'est un beau film, grave et tenu. Notre drame a été sa sélection au Festival de Cannes, en mai 1972. Ça a placé *Chère Louise* sur un piédestal qui, in fine, l'a desservi, voire broyé. Sur place, une cabale a été pilotée par le producteur Jean-Pierre Rassam, indigné qu'un Philippe de Broca figure en compétition officielle : « Quelle honte ! Comment ose-t-on représenter la France avec ce machin ? » Rassam avait embarqué des siffleurs pour emboîter le film à la projection du matin... Le soir, l'accueil a été correct mais le mal était fait. La presse nous a massacrés et, à sa sortie en septembre, le film a calé au démarrage. Cette déconfiture commerciale et critique, doublée de l'oubli dans lequel le film est tombé, représente une parfaite injustice pour Broca, Jeanne Moreau et toute notre équipe. J'espère qu'un jour prochain les nouvelles générations pourront, non pas redécouvrir, mais simplement découvrir notre *Louise*. J'espère...

À quoi aurait ressemblé la carrière de Philippe, ses choix de sujets, si *Chère Louise* n'avait pas été un échec ? Automatiquement, cette déception l'a ramené à ses fondamentaux, à la comédie, à Belmondo, à d'autres auteurs aussi, comme Francis Veber ou Michel Audiard. À un moment donné, il m'avait peut-être considéré comme son nouveau Boulanger. Pourtant, notre collaboration n'a pas outrepassé les deux longs-métrages... À vrai dire, j'ai partiellement compris pourquoi un soir précis, où notre gamin malicieux s'est transformé en gamin malveillant. Philippe passait chez moi et ma compagne l'avait spontanément invité à rester dîner, improvisant dans l'urgence un repas pour nous trois. Après avoir fusillé quatre ou cinq verres, Philippe a soudainement implosé. Je racontais une histoire et il s'est mis à m'apostropher : « Tu vas monologuer ainsi toute la soirée ? Moi, les gens qui parlent trop, ça me tape sur les nerfs. Et toi, en particulier, tu m'exaspères ! » In vino veritas, aurait dit mon prof de latin... Vous imaginez l'embarras de la situation. Le ton est monté, on a peiné à le ceinturer, la soirée s'est terminée de façon sinistre. Au fond de moi-même, je me suis dit : « Cet homme se dit mon ami mais, en fait, il ne peut pas m'encadrer ! » En vérité, son invective éthylique m'a révélé une sorte d'incompatibilité de caractère. Entre nous, ça a été une double fracture, amicale et professionnelle. C'était d'autant plus dommage que tous les cinéastes pour lesquels j'écrivais (Rappeneau, Truffaut, Pinoteau, Sautet) étaient ses copains. J'aurais peut-être dû passer outre... Les années ont filé mais le petit traumatisme de ce dîner d'apocalypse n'a jamais déserté mes souvenirs.

Et pourtant, dieu sait si Philippe de Broca était touchant dans ses périodes de désarroi. Je me souviens du spleen des journées de pluie dans sa maison de Vert, au moment de la séparation avec Marthe Keller. Truffaut, dont il avait été l'assistant, aimait m'interroger sur des histoires de nos vies, de notre métier. Dans l'une de ses lettres, il me demande : « Et Philippe, toujours solitaire devant son omelette à la campagne ? »

La vision de l'omelette en célibataire lui apparaissait comme l'expression ultime de l'isolement… Il y a eu aussi ce dîner collégial que Philippe, grand seigneur, a voulu organiser après la sortie de *Chère Louise* en salles. Le film ne rencontrait pas le public mais Broca tenait à rassembler son équipe, une dernière fois. D'où cette invitation dans un restaurant de l'avenue George V, avec Jeanne Moreau, le jeune acteur Julian Negulesco, Mnouchkine et Dancigers, Georges Delerue, moi-même. Le hasard nous a placés à une table voisine du délicieux Louis Malle qui s'est empressé de venir nous saluer, en particulier son amie et vedette d'*Ascenseur pour l'échafaud* et des *Amants*. « Vous m'avez bouleversé dans *Chère Louise* » a-t-il avoué à Jeanne. Laquelle l'a rembarré sèchement : « Ah non, je vous en prie, Louis, parlez-moi d'autre chose mais, pitié, pas de ce film ! » Inoubliable. Cette réplique vacharde était une gifle pour nous tous, qui l'entourions pourtant avec respect et admiration. Le visage de Philippe s'est décomposé. Il avait toujours un regard d'enfant, mais cette fois d'enfant perdu, d'enfant que l'on a envie de prendre dans ses bras. Sa détresse m'a presque fait monter les larmes. C'est l'image de ce gamin-là, et aucune autre, que je voudrais garder en mémoire.

Propos recueillis par Stéphane Lerouge

La liberté de l'acrobate

JÉRÔME TONNERRE

Je retrouve ce petit mot de Philippe : « Jérôme es-tu fidèle ? Moi pas assez. Tu me manques un peu. » Lui me manque terriblement, tant il aura été présent dans ma vie, tant j'aurais été en intimité de la sienne.

J'aimerais évoquer ce lutin mélancolique, tel que je l'ai connu, pour avoir travaillé avec lui durant près d'une quinzaine d'années : trois scénarios tournés, deux autres qui n'ont pas trouvé de financement et une série de projets, demeurés dans le grenier des rêves perdus (selon la formule d'Abel Gance).

Philippe n'aimait rien tant que le temps du tournage, se retrouver sur un plateau avec ses acteurs et son équipe. L'étape du scénario l'impatientait, l'exaspérait parfois. Il fallait écrire vite et allègrement, sinon, décrétait-il, on n'a pas la grâce. Formé parallèlement à l'école Sautet, j'étais plus réfléchi, plus rigoureux, moins rapide que Philippe sans doute.

Travailler avec lui, c'était vivre avec lui. Autant que le cinéma, sinon plus, comptaient les amours, les enfants, les voyages, la mer, la cuisine. Une telle perception du monde, sensuelle et généreuse, n'est pas si répandue dans nos métiers. Bien des cinéastes, me semble-t-il, se préoccupent davantage du box-office, des festivals ou des César...

Ma toute première rencontre avec Philippe date de 1979 – j'avais vingt ans. C'était à l'occasion d'un livre que souhaitait lui consacrer un groupe de cinéphiles dont je faisais partie, et pour lequel j'allais obtenir de François Truffaut une tendre préface : **« Un ami, deux Broca. »**
Philippe nous avait reçus un soir d'hiver dans **sa maison de Vert**, nous régalant d'un pot-au-feu qu'il avait mitonné. Il était flatté, mais un brin surpris, que de jeunes critiques de cinéma veuillent bien le considérer comme un véritable auteur de films.

Il venait de tourner *On a volé la cuisse de Jupiter*, sans doute pas son meilleur film. Mais le récent et inspiré *Cavaleur* suffisait à balayer les réserves. Les cassettes vidéo commençaient tout juste à exister. Pour voir ou revoir ses films, Les Films Ariane avait mis à notre disposition la plupart des copies en projection privée. Et c'est à ce moment-là que j'ai pu découvrir la *tétralogie*, ses premiers films avec Jean-Pierre Cassel en vedette.

Nous allions nous retrouver en 1985, cette fois dans un cadre plus professionnel. Le producteur **Maurice Illouz** m'avait chaleureusement recommandé à Philippe. Celui-ci cherchait un scénariste pour remanier et amplifier le projet qui deviendrait *Chouans !*. J'étais peu expérimenté mais enthousiaste à l'idée de travailler avec ce cinéaste dont j'adorais les films. Il m'adopta parce que, disait-il, j'étais correctement habillé, ponctuel et sérieux. Sérieux comme un clergyman, ajoutait-il, suspectant que je n'étais pas très doué pour la comédie, ce qui me vexait énormément ! Il avait toujours l'allure d'un gentleman-farmer. Il avait l'air attaché à l'étiquette mais simplement parce que tout le monde était en jeans et en baskets. Si tout le monde avait été en costume cravate, il aurait été en short et en chemisette — c'était d'ailleurs le cas sur ses tournages, sur certaines photos il ne porte qu'un maillot de bain, qu'il ne manquait pas de retirer pour sauter avec Belmondo dans la piscine de l'hôtel.

Malgré notre différence d'âge, je me suis toujours senti plus vieux que Philippe : l'éternel jeune homme, c'était lui. L'enfant, même. Il ne tenait pas en place, dans mon bureau, en mousquetaire bondissant : « Allez, à l'attaque ! » Il faisait ici allusion au scénario qui nous occupait, mais rappelons que cet homme d'honneur et de panache avait provoqué en duel le grand Burt Lancaster, pour offense à une femme aimée...

En ces années 80, accumulant échecs professionnels et personnels, il rencontrait certaines difficultés matérielles. *Chouans !*, film ambitieux, devait consacrer son grand retour au cinéma, mais notre scénario avait du mal à se monter, faute de financement, d'acteurs aussi. En attendant que les choses se débloquent, nous élaborions d'autres projets, plus aisément tournables. Ainsi *La Malédiction des pharaons*, comédie de policière dans l'esprit de *Tendre Poulet*, située dans le milieu des archéologues du Louvre. Mais ces films-là ne trouvaient pas davantage preneur. Découragé, sinon amer, Philippe songeait à tout plaquer. Il avait sa licence de pilote et envisageait sérieusement d'aller faire l'avion-taxi en Afrique.
On ne va pas rester sans rien faire, m'avait-il dit. Son plus grand désir c'était d'être sur le plateau avec les acteurs. Ce n'était pas d'attendre des financements. Il avait connu l'époque bénie du début des années 60 où c'était plus facile, peut-être, de monter les films. Les producteurs mettaient leur argent propre sans attendre l'argent des autres, les financements extérieurs. Quand j'ai connu Philippe, c'était les années 80 et le début de ce système de financement avec les chaines de télévision, Canal+, les Soficas. De plus, Philippe était dans une passe compliquée parce que la comédie, son domaine – j'ai toujours trouvé que c'était réducteur de le considérer comme un cinéaste de comédie – la comédie donc, avait changé. Les gens venus

du café-théâtre étaient les nouvelles vedettes. Il y avait aussi Poiré, Leconte, Blier, Chatiliez. Les films de Philippe étaient en dissonance, un brin surannés. Il avait du mal à trouver ou à retrouver sa place.

Sa vie d'alors, au creux de la vague, ressemblait à ses films : faite de bric et de broc, apparemment insouciante mais profondément désenchantée. Il était entre deux projets, deux femmes, deux appartements, mais toujours Rive gauche. Il avait passé son enfance non loin du Jardin des plantes (sous ce titre, il réaliserait pour la télévision l'un de ses meilleurs films) et les cris nocturnes des animaux encagés lui avaient donné le goût des lointains.

Pour l'heure, il transportait ici et là sa roulotte de Fracasse. Il avait toujours sa maison à Vert et un petit appartement parisien, que j'ai déménagé avec lui. Il allait loger ensuite chez celle qui appelait sa « marraine », en fait la seconde femme de son père. C'était une vieille dame qui vivait boulevard Saint-Germain. Au fond d'un vaste appartement bourgeois, elle hébergeait Philippe comme s'il était encore étudiant. C'est dans sa chambre spartiate que nous travaillions, lorsque nous n'en étions pas chassés par l'aspirateur de la bonne bougonne ou par la perceuse entêtante du menuisier. Nous déjeunions à heure fixe avec notre digne hôtesse, prévenus par la clochette qu'agitait la bonne. Philippe passait une cravate avant de se mettre sagement à table. Amusé et dévoué, je le suivais dans ses multiples pérégrinations, avec ma machine à écrire portative.

Sa maison de Vert, qu'il réussit toujours à sauvegarder malgré les vicissitudes, restait son véritable port d'attache. Il y connut je crois d'abominables solitudes, mais aussi et surtout le bonheur de vivre. En cette arche utopique et paradisiaque, il cultivait fruits et légumes, élevait ses enfants et toutes sortes d'animaux, supportait une bonne fantasque qu'il appelait « La Bretonne », accueillait des actrices de passage et même quelques scénaristes... Philippe ne cessait de s'occuper de la maison et de son jardin, tout en travaillant avec moi sur le scénario. Je le revois, en mouvement perpétuel, mettant un plat à réchauffer, débitant du bois, allumant le feu de cheminée, réparant une fuite sur le tuyau d'arrosage, binant les mauvaises herbes, soignant un oiseau blessé, tandis que, cavalant après lui, je m'efforçais de lui parler de la séquence en cours. Quelque temps plus tard, redevenu père, il changerait les couches de la jeune Chloé sur la table de billard, dans la grange aménagée où nous écrivions. « Je t'écoute, je t'écoute », m'assurait-il.

De *Chouans !* au *Bossu*, j'ai passé avec lui, auprès de lui, de merveilleux moments. Quelques-uns me reviennent spontanément en mémoire : le tour en bateau du golfe du Morbihan et notre rencontre avec le recteur de l'île d'Arz ; une séance d'écriture, quasi spirite, à la bougie, dans la maison monacale de Daniel Boulanger ; l'émotion de Philippe apprenant la naissance de sa fille alors que nous sortions d'une projection aux studios de Boulogne ; un déjeuner à Vert où j'avais fait venir Yves Robert et la leçon de botanique qui s'ensuivit... On connaît la formule « The show must go on... » Avec Philipe, le spectacle pouvait s'arrêter mais la vie continuait, débordait toujours. À Vert, un soir d'été, il demandait conseil à celle que je venais d'épouser, à propos d'une jeune femme qui faisait à nouveau battre son cœur : « Je sens que je pourrais être très heureux avec elle, mais pour combien de temps ? À votre avis, pourquoi le bonheur est-il toujours périssable ? » Ma femme ne savait trop que lui répondre. Elle voulait encore y croire... Alors Philippe vidait son verre de vieille prune et levait son regard vers la voie lactée. Il nous nommait chaque étoile, connaissant parfaitement la carte du ciel, en navigateur émérite. Son attrait pour les sciences, l'histoire, les lettres, la musique, était inextinguible. Il incarnait cette culture universelle de « l'honnête homme » telle qu'on la concevait jadis.

Philippe de Broca, Claude Sautet, Yves Robert, Jean-Paul Rappeneau, formaient, sinon un groupe artistique, au moins une amicale. Ils avaient travaillé les uns avec les autres : le couple Broca, Michelle et Philippe produisant *César et Rosalie*, Rappeneau co-signant le scénario de *L'homme de Rio*, Sautet celui du *Diable par la queue*. J'ai eu la chance d'écrire pour chacun de ces metteurs en scène. La « dernière » de Philippe était souvent au cœur de nos conversations. Le sens de l'amitié était chez lui exacerbé. Mais contrebalancé par une plaisanterie maladroite, un soupçon jaloux, une remarque blessante. Tous, nous avions eu notre lot. Ainsi, me parlant d'un film dont j'étais le scénariste : « C'est quand même pas toi qui l'as écrit, c'est trop bon ! » À un intime qui s'informait plus tard de sa maladie : « Ça va t'arriver aussi, ne t'en fais pas. ». Il ne pouvait s'empêcher de dire le mot qu'il ne fallait pas, la phrase qui tue, non sans y prendre un malin plaisir. Contrecoup de ces incartades, il déplorait d'être mal-aimé. Tiraillé constamment entre sa famille d'origine, l'aristocratie à la toiture percée, et sa famille d'adoption, celle du spectacle, il ne se sentait admis ni par les uns ni par les autres. S'il prenait volontiers la pose du réac scrogneugneu, je suis convaincu qu'il demeurait l'artiste libre, de mœurs et d'opinions.

La politique, le débat d'idées l'intéressaient beaucoup. Il était issu lointainement de la petite noblesse. Il portait la chevalière et allait à la messe le 21 janvier en souvenir de la mort du Roi, il y prenait je crois un malin plaisir. Il était capable de provocations. Il suffisait qu'on lui demande, avant un déjeuner important, de ne pas dire telle chose pour qu'il la dise. Il y avait le même type de plaisir à provoquer chez lui que chez Pialat. Dire la chose qui va embarrasser, comme ça, pour déranger l'ordre établi, la bien-pensance.

C'était un homme du XXe siècle, il a donc fait du cinéma. Sinon il aurait fait du théâtre, du music-hall. La roulotte, le côté artiste, baladin et saltimbanque, il aimait ça. On retrouve bien cet esprit là-dedans Le Roi de cœur. Il avait une haine profonde envers ceux qu'il appelait les commerçants. Pas seulement ceux qui avaient une boutique mais les boutiquiers, les gens qui pensent à leur carrière, à entasser des biens matériels, à l'opinion qu'on a d'eux. Il avait tout cela en horreur. Pour lui, il fallait sublimer et s'échapper. Son grand-père était peintre, son père dans la photo. Ce n'était pas des métiers ordinaires et ennuyeux. Il a peut-être grandi dans un milieu bourgeois, un peu strict, bien élevé, alors la vie d'artiste, c'était comme une échappatoire.

Cousin farceur de la Nouvelle vague, il fut assistant de Truffaut et de Chabrol il souffrait (tout en revendiquant !) d'être cantonné à la comédie dite légère. Ce n'était pas le cinéma qu'il aurait rêvé de faire, il se serait vu comme un successeur de Welles, tutoyant les splendeurs baroques. Il se flattait néanmoins de dérider ses contemporains, ce qui lui semblait tout aussi estimable. Cependant, la mélancolie affleure dans tous ses films, particulièrement dans l'un de ses plus beaux, *Le Cavaleur*, autoportrait à peine déguisé. À l'instar de son personnage, en quête d'un bonheur tranquille et d'amours enfin apaisées, Philippe enfouissait en lui de sombres abîmes. Il suffisait qu'il évoque certaines femmes, ou encore la guerre d'Algérie, pour que jaillissent une rage et une misanthropie glaçantes. Il se ressaisissait aussitôt, avec une pirouette, une plaisanterie.

Il m'avait prévenu d'emblée : « Je suis me fâché avec tous mes scénaristes. » Je ne voyais pas pourquoi je devrais subir cette fatalité et pourtant c'est arrivé, malgré moi, à mon corps défendant. Philippe m'en voulut d'avoir formulé, sans trop de précautions je le reconnais, une série de remarques critiques (qui se voulaient constructives) à propos du premier montage du Bossu. Il interrompit dès lors toute relation entre nous. Je lui ai envoyé ensuite un petit livre que j'avais consacré à François Truffaut. Il m'a répondu par un mot assez sec. Il est vrai que je ne lui avais jamais parlé de mes liens étroits avec Truffaut. Du jour au lendemain, le silence, plus de nouvelles. Nous étions devenus si proches – je n'ai connu une telle intimité, quasi fraternelle, avec aucun autre cinéaste – que ce silence me fut très pénible. Il finit par le rompre, peut-être était-il déjà malade, me téléphonant au matin d'un premier de l'an : « C'est Broca, bonne année. » Ému qu'il ait enfin ravalé son orgueil blessé, je l'invitai à déjeuner. « Ah non, ça va comme ça ! », rouscailla-t-il, comme s'il regrettait déjà avoir cédé à un sentiment d'amitié. Et ce fut tout jusqu'à sa mort.

Alors, mon cher Philippe, pour répondre à ta question : je suis fidèle, oui, à nos souvenirs désormais.

(Ce texte initialement paru dans le magazine Studio en janvier 2005 a été ici revu et augmenté)

Allegro vivace

Autour de Philippe de Broca a gravité une constellation musicale : Claude Bolling, Michel Legrand, Gabriel Yared, Philippe Sarde, Alexandre Desplat, Charles Court, Francis Lai et, bien sûr, Georges Delerue, figure essentielle dans la filmographie debroquienne. En 1959, avec Les Jeux de l'amour, Delerue sera le premier musicien de Philippe de Broca ; et De Broca, le premier cinéaste à lui confier l'intégralité d'une partition pour un long-métrage, bien avant Truffaut, Cavalier ou Malle. S'en suivront seize autres films étalés sur (presque) trente ans : à l'heure des comptes, Philippe de Broca est le metteur en scène pour lequel Delerue aura le plus noirci de papier à musique.

« Philippe est un poète, résumait le compositeur. En tant que tel, il est sensible à la dimension poétique apportée par la musique. » De fait, les partitions signées Delerue pour de Broca recouvrent un large pan de la musique dite française : du menuet à la java, des fanfares Renaissance aux valses parisiennes pour accordéon et orchestre. À la façon d'un équilibriste, entre inspiration néo-classique et populaire, Georges Delerue joue avec les conventions : par un truculent contraste, ses musiques grand-siècle accentuent la médiocrité des escrocs du dimanche, des séducteurs hâbleurs et autres voltigeurs du mensonge incarnés par Yves Montand (Le Diable par la queue) ou par Jean-Paul Belmondo (L'Incorrigible). Même si, entre deux sonneries de chasses à courre, l'accordéon soliste ramène le faux baron César à ses véritables origines sociales… C'est ainsi chez de Broca : les voyous des faubourgs endossent les costumes des grands de ce monde, les aristocrates décavés rêvent d'un deux pièces sur cour à Levallois-Perret.

Propos recueillis par Stéphane Lerouge

Georges Delerue

PAR PHILIPPE DE BROCA

En 1959, à vingt-six ans, je me préparais à tourner mon premier long-métrage, *Les Jeux de l'amour*, et je cherchais un compositeur. Par hasard, je suis tombé sur un film publicitaire Maggi où des vaches (folles ?) dansaient sur un rythme de french-cancan ! Je me suis dit : voilà ce qu'il me faut, c'est vif, enlevé et tonitruant. Henri Colpi, réalisateur de cette pub, m'a appris qu'il s'agissait d'un jeune garçon très prometteur, Georges Delerue. Nous nous sommes rencontrés sur son lieu de vacances, dans le Midi. Nous avons parlé du film, en évoquant la possibilité d'une valse pour le générique. Il s'est aussitôt mis au piano : « Une valse comme celle-là ? » Ça y est, il avait trouvé : sa valse avait quelque chose de guilleret, d'élégant, avec un arrière-goût de tristesse. À partir de ce jour, j'ai été incapable de me passer de Georges, de l'homme et du compositeur.

Pourquoi une valse ? Je l'ignore... À vingt-six ans, j'étais déjà un vieux con, totalement en dehors du coup ! Comme je me méfie terriblement de la mode, j'essaye de m'appuyer sur des références durables. De plus, quand vous avez un compositeur comme Delerue, vous ne lui demandez pas du disco ou du hard-rock ! Et Georges s'accordait à trouver des correspondances entre mon univers et la valse : un mouvement perpétuel, une ronde des sentiments où rien n'accroche, où tout se détache... Puis est arrivé *Cartouche*, qui m'a été proposé par les producteurs Alexandre Mnouchkine et Georges Dancigers des Films Ariane. *Cartouche* a marqué une vraie transition dans ma carrière : je passais des marivaudages de la Nouvelle Vague à un cinéma-spectacle, historique, au film d'aventures. Et là, j'ai dû batailler ferme contre Mnouchkine qui me suggérait fortement Georges Van Parys ou Paul Misraki. Deux vétérans contre un jeunot qui, à l'époque, n'avait pas encore fait ses preuves dans le registre épique. J'ai fini par avoir gain de cause, à l'usure. Delerue a merveilleusement réussi la partition de *Cartouche* ; désormais Mnouchkine n'a plus juré que par lui.

Quand j'ai démarré, on était en pleine époque des Branquignols, dont les spectacles étaient mis en musique par un compositeur que Delerue respectait beaucoup, Gérard Calvi. C'étaient des films comiques avec des musiques idoines, d'un burlesque totalement assumé. J'adorais ça... mais pas pour moi. Car, à mes yeux, la comédie est basée sur une façon drôle de voir des choses graves. Georges comprenait pleinement cette démarche : il mettait dans mes films tout ce que je ne parvenais pas à y mettre moi-même, sans doute par pudeur. Pourtant, j'ai longtemps rêvé de raconter des histoires tragiques... mais l'humour ou la dérision m'ont presque toujours rattrapé, détourné, pris en otage. Heureusement, mon Georges était là pour me ramener vers la gravité. Car voilà son génie : rendre palpable, derrière un vernis de légèreté, une insondable tristesse, une impression de la fragilité des êtres et des choses, que tout est perdu ou va se perdre... Le regard et l'apport de Delerue, c'était tout ce que je n'osais pas exprimer, tous les sentiments que j'avais réfrénés pendant l'écriture ou le tournage. Pour caricaturer, j'étais la désinvolture, la superficialité, il était la profondeur. Sa mission, c'était de réinjecter l'essentiel : la vie, avec ses drôleries, ses renoncements, ses petits désespoirs ou ses grands chagrins, le tout enveloppé de légèreté... car il s'agit d'abord de comédies, ce qui est de ma part une courtoisie ou une lâcheté.

Dans un film comme *Le Diable par la queue*, par exemple, sa musique apporte une époustouflante dimension de tendresse, de mélancolie... à travers une valse lente, pour piano et cordes, que joue à l'image le personnage de Jeanne (Clotilde Joanno). C'est à cause de ce thème que Yves Montand s'éprend d'elle : brusquement, il cesse de faire le clown et lui raconte sa vie d'escroc minable. Quand une femme vous joue cette valse, vous ne pouvez que tomber amoureux ! Ce thème de Jeanne, c'est peut-être l'un de mes morceaux préférés de Georges... Je voudrais qu'on le joue à ma messe d'enterrement (rire) ! Pour *Le Roi de cœur*, une farce tragique, totalement baroque, j'ai demandé à Georges de jeter une oreille du côté de la musique expressionniste de Kurt Weill. Il m'a pondu une belle valse fragile, déglinguée, qui part en dissonances. Comme une boîte à musique qui ne tourne pas rond... C'est un mélange de fêlure, de nostalgie, de petit manège intérieur...

Depuis des années, je n'écris pas un scénario sans écouter la *Messe en si* de Bach ou une symphonie de Beethoven. D'un point de vue dramaturgique, leur structure me fascine. J'aime la façon dont Beethoven expose discrètement le thème au début de la symphonie, l'escamote puis le fait revenir, et le développe en mineur ou majeur, en andante ou presto. En termes de construction, j'apprends énormément de Bach ou Beethoven... Au cinéma, la musique m'aide aussi à structurer le film. L'apport de Georges était autant musical que scénaristique. À ce titre, la fin de *Cartouche* est exemplaire : Vénus (Claude Cardinale) vient de mourir, Cartouche met son corps dans un carrosse qu'il pousse, la nuit, dans un lac... Sur les images du carrosse d'or qui s'enfonce dans les eaux noires, Georges reprend à l'orchestre le thème de Vénus et Cartouche mais en mineur, sur un rythme de marche lente, quasi-funèbre... Comme une évocation du temps du bonheur, une manière d'intensifier le souvenir de Vénus dans la mémoire de Cartouche. C'est terriblement vibrant, les larmes vous viennent aux yeux...

En réécoutant toutes ces musiques, ce sont aussi des images de Georges en studio qui me reviennent en tête : Davout, bien sûr, mais aussi la salle Wagram, qui servait de salle de boxe le week-end. Delerue s'enthousiasmait sur la qualité de l'acoustique, alors qu'il dirigeait depuis un ring ! Je profitais de ces séances pour observer le monde des musiciens qui m'a toujours fasciné : ils jouaient du Delerue en état de grâce, tout à la beauté de leur art. Mais dès la fin de la prise, ils se mettaient à jacasser du tiercé, de la Sécu, de leur déjeuner : « Putain, le céleri rémoulade m'a foutu des aigreurs d'estomac ! » (rire) Moi, j'adore ça, le télescopage du sublime et du trivial. Parmi les solistes, toujours des musiciens de l'Opéra de Paris, j'avais repéré une petite vieille, toute cassée, derrière sa harpe : c'était la grande Lily Laskine. Georges l'adorait et l'employait quasi-systématiquement, même si elle finissait par avoir des problèmes de vue et de surdité. Un jour, pour lui rendre hommage, j'ai apporté du champagne en studio. On a trinqué à la fin de la séance. Lily Laskine a bu quatre coupes, avant de repartir en titubant, me soufflant à l'oreille : « Ah, je n'ai plus mes cordes pour me rattraper ! »

J'ai vraiment gardé un souvenir magique de ces enregistrements : je me déplaçais beaucoup, de la cabine à la salle, je me planquais dans un coin pour observer Georges agiter ses grands bras dans l'immensité du studio. Régulièrement, il se retournait vers moi, interrogateur : « Ça te va, Philippe ? » Là, j'avais le sentiment que tout était exclusivement organisé pour mon plus grand plaisir. Comme si Delerue était un artisan au service du Roi et avait pour objectif suprême de contenter ce dernier. Je suis très féodal, j'adorais cette situation ! Et puis, Georges mettait tellement d'énergie, d'implication à diriger ses musiciens, à leur faire sortir la musique qu'il avait en tête... Quand toute cette émotion, soulevée par un seul bonhomme, venait épouser mes petites images, j'avais la chair de poule. C'est toute la magie de la musique au cinéma : des effluves de lyrisme qui font s'envoler deux cabots qui se disent « Je t'aime » sur un écran de contrôle... Voilà pourquoi Delerue m'était si cher : parmi les ingrédients d'un film, sa musique exprimait plus que tout autre les profondeurs de l'âme.

Il faut aussi mentionner *Le Cavaleur*, l'un de mes films préférés, où Rochefort incarne un pianiste concertiste qui court après ses femmes, après sa vie, après le temps qui passe. Là, Georges m'avait servi de conseiller musical en m'indiquant un concerto pour piano de Beethoven : « Tu verras, il correspond bien au mouvement du film et du personnage. » Malgré tout, pour la dernière séquence, on a hésité entre le fameux concerto et une musique originale. En invoquant des raisons d'homogénéité, Delerue m'a convaincu de choisir... Beethoven. Qu'il a lui-même spécialement arrangé et dirigé pour le film. Là au moins, il ne s'agissait pas d'une infidélité avec l'un de ses concurrents. *Le Cavaleur* doit être le dernier film sur lequel on ait travaillé avant son exil américain... Gagnant de l'argent, un Oscar en poche, il est parti vivre à Los Angeles en 1981. Quelle évolution depuis le Delerue que j'avais connu en 1959, celui qui bouffait de la vache enragée et vivait dans un deux-pièces à Pigalle, pas loin du quartier à putes. Son piano occupait tout l'espace de l'appartement : le clavier dans la première pièce, la demi-queue dans la seconde ! Vingt ans plus tard, le voilà intronisé à Hollywood... C'était tout le paradoxe de Georges : un enfant de Roubaix, fils d'ouvriers et compagnon de route du PC, qui se retrouve installé dans la ville qui est le symbole même du capitalisme américain. Où il vivait très heureux, d'ailleurs... Si j'avais réussi aux États-Unis, j'aurais peut-être fini comme lui, au bord d'une piscine californienne.

Entre Georges et moi, il n'y a pas eu de rupture, simplement un éloignement progressif. J'habitais Paris, lui Los Angeles... On avait chacun nos vies, séparées par quelques milliers de kilomètres... On s'est toutefois retrouvé sur deux films, *L'Africain* et *Chouans !* Pour le premier, Georges était revenu en France : on a donc renoué avec nos vieilles habitudes. Car mon bonheur, c'était d'aller chez lui, près du lac d'Enghien, l'écouter me proposer des thèmes, dans son salon meublé faux Louis XIII. Là, je lui avais dit : « Je voudrais une ouverture qui coule comme un grand fleuve africain, vaste, boueux, inexorable... » Il s'est mis à son clavier et, déjà, je visualisais sa musique... En revanche, sur *Chouans !*, j'ai détesté la manière dont nous avons travaillé. Tout s'est passé entre Paris et Los Angeles, au téléphone : « Tiens, j'ai un thème, écoute ! » Et j'entendais dans l'écouteur un piano nasillard, venu de l'autre bout du monde, doublé par une voix cassée qui chantait faux. Eu égard à notre vieille complicité, je lui ai fait entièrement confiance, pour ne découvrir le résultat que le jour de l'enregistrement, au studio Davout, à Paris. La musique était formidable... mais je n'ai pris aucun plaisir à sa conception. À partir de là, je n'ai plus contacté Georges pour mes films suivants. J'avais un chagrin d'amitié et besoin de lui, il était loin, je l'ai engueulé. Et puis, à ses yeux, composer pour un film français était devenu un exercice particulier, presque une régression. Cela l'agaçait de devoir à nouveau travailler avec nos méthodes, nos moyens. Je pense qu'il avait l'impression de faire marche arrière... Dans son comportement, je devinais une certaine exaspération pour les musiciens français, leur côté « à la bonne franquette », sympas mais peu disciplinés. Georges connaissait l'ultra-professionnalisme des orchestres hollywoodiens, le luxe des budgets musique alloués par la Fox ou la Paramount. Alors, forcément... Quand vous vivez dans deux cents mètres carrés, vous avez du mal à revenir habiter votre vieille chambre de bonne, même si elle contient tous vos souvenirs de jeunesse. *Chouans !* a donc été notre ultime rendez-vous : on a continué à se parler mais sans jamais se revoir.

Georges est parti en mars 1992. Quelques semaines plus tard, on m'a proposé d'organiser un feu d'artifice aux Vaux-de-Cernay, un château construit par les Rothschild au

XIXème siècle, autour d'une abbaye romane. Pour rendre hommage à Georges, j'ai décidé de concevoir cette illumination avec et sur sa musique, en l'occurrence celle de *Chouans !* et *Dien Bien Phu*, le film de mon ami Schoendoerffer, avec son fameux *Concerto de l'adieu*. J'ai travaillé pendant un mois avec la maison Ruggieri, descendants de l'artificier de Louis XIV. C'est très compliqué : il y a un décalage à prévoir entre le lancement du feu et son explosion... Le tout sans perdre le synchronisme avec la musique. Le soir même, j'étais dans un état de tension et d'émotion extrêmes. La femme de Georges, Colette, était présente et j'ai bien l'impression qu'elle était en larmes, comme moi. Le feu d'artifice a commencé, l'assemblée s'est tue, captivée. J'ai enflammé l'abbaye, le château, la forêt. Tous ces feux partaient vers le ciel, là où Georges venait d'arriver. Il m'avait offert sa musique, je la renvoyais vers les étoiles. Tout cela ressemblait à la vie et au cinéma : un spectacle éphémère et coûteux, nécessaire et inutile. Comme un mirage qui a existé le temps de quelques minutes... et dont ne subsiste que le souvenir chez les spectateurs présents ce soir- là. C'était un adieu, mon adieu, à Georges Delerue.

De Broca par Delerue, c'est un portrait musical en dix-sept films, presque une suite symphonique en dix-sept mouvements. Par la grâce de son écriture, Georges Delerue aura d'abord été le portraitiste de son ami cinéaste.
À l'issue de Chouans !, dont la bande originale déploie un souffle dramatique, aucun des deux ne sait que la toile est achevée ; ce film marquera leur dernière collaboration. Voici, en une poignée de témoignages, ce que de Broca attendait secrètement de la musique à l'image : un récit parallèle, brodé de notes, où le mouvement et la fantaisie masqueraient des abîmes d'inquiétude.

Philippe de Broca et Georges Delerue

Alexandre Desplat

PAR PHILIPPE DE BROCA

Sur *Amazone*, quand il a fallu penser musique, j'ai hésité... Mon monteur et ami, Henri Lanoë, m'a parlé d'Alexandre Desplat dont il avait apprécié le travail, moi aussi d'ailleurs, notamment sur le film d'animation *Le Château des singes*. Dès notre premier rendez-vous, Alexandre s'est mis à son clavier pour que l'on définisse l'orientation à prendre : « Vous verriez quelque chose comme ça ? » En fonction de ma réaction, il ajustait. Et j'adore ce contact physique avec la création en marche. En travaillant ainsi, la musique n'est plus une abstraction. C'est un élément vivant, dont l'approche ne m'est pas toujours facile : je ne joue d'aucun instrument, je n'ai aucune notion de solfège. Parler musique est, à mon échelle, assez handicapant. Avec Desplat, on a donc utilisé des mots très simples (majeur, rapide, mineur, cuivres, bois) pour cerner l'esprit.

Très vite, nous sommes tombés d'accord sur des évidences : soutenir le tempo d'une poursuite par une musique galopante, jouer la carte des rythmes sud-américains, placer l'harmonica en soliste... Le plus difficile se situait à un autre niveau : intégrer de l'émotion dans le rire. Je cours après la formule depuis quarante ans... Et ça, Alexandre l'a pigé. Sa musique est ludique, vitaminée et pleine de mouvement. Mais, comme chez Delerue, le vernis de la brillance dissimule à peine une forme de tendresse, de tristesse voilée. J'aime cette superposition de sentiments. Quand l'émotion est latente, Desplat la fait remonter à la surface de l'image.

Que dire d'autre sur Alexandre ? Il a travaillé comme une brute pour respecter les délais. Dans cette urgence, j'ai découvert un type d'une grande culture musicale, d'une grande technique aussi : il écrit, il orchestre, il dirige. C'est un garçon attentionné, très 1920 dans son comportement et son physique. J'aimerais qu'il devienne un ami... Comme tous mes compositeurs, de prime abord il était impressionné par mes dix-sept films avec Delerue. Or, je l'avoue : il me rappelle justement Georges par son côté concret, son tempérament d'artisan dans la confection de la partition. Bien sûr, je resterai toujours orphelin de Georges Delerue. Mais grâce à Alexandre Desplat, je le suis un peu moins aujourd'hui qu'hier.

Philippe de Broca

PAR CLAUDE BOLLING

Pendant des années, j'ai vu et aimé les films de Philippe de Broca, sans vraiment avoir l'occasion de le rencontrer. Ma femme Irène, journaliste, le connaissait mieux que moi : elle avait suivi le tournage du *Diable par la queue*. Elle me parlait de lui comme un homme d'esprit, à l'humour pétillant. Pour *Le Magnifique*, c'est Alexandre Mnouchkine et Bob Amon, producteurs du film, qui lui ont suggéré ma participation. On était en juillet 1973, Philippe venait de rentrer de son tournage au Mexique. À l'époque, le film s'appelait encore *Comment détruire la réputation du plus célèbre agent secret du monde*. J'ai vu un premier montage qui m'a fait forte impression. Philippe avait joué sur toutes les interactions possibles entre le réel et l'imaginaire, en trouvant toujours une solution originale pour passer d'un univers à un autre. C'était aussi la mission de la musique : personnaliser chaque monde. Un pan de la partition est orienté vers l'évasion et l'exotisme, un autre vers le quotidien : une java pour la femme de ménage, un thème pop pour une soirée chez l'éditeur... Voilà donc mon objectif : écrire une musique en équilibre entre le réalisme et le rêve.

Le Magnifique, c'est aussi un souvenir de l'été 1973. Je n'ai pas sacrifié le lieu de mes vacances – Deauville – mais plutôt les loisirs, pour travailler à plein temps sur l'écriture. Privé de plage et de baignades... Je passais mes journées dans ma soupente, à noircir inlassablement mes portées. Chaque soir ou presque, Mnouchkine et Amon venaient vérifier l'avancement des travaux, parfois avec De Broca. Ou alors Alexandre appelait Irène : « À quelle heure Claude s'est-il couché ? – Trois heures ! – Et pourquoi pas quatre heures ? » J'ai tout composé sans images car la vidéo n'existait pas encore. Comme on le faisait à l'époque, Henri Lanoë, monteur et lui-même musicien, m'avait communiqué un relevé très précis, en minutant chaque intervention musicale, en relevant chaque incidence de l'action, chaque point de synchronisme. C'est une méthode intéressante : vous ne travaillez pas le nez collé contre l'image... mais avec le souvenir de l'image. Ce qui vous rend plus libre. Par exemple, la vision d'hommes-grenouilles surgissant armés jusqu'aux dents, m'a donné l'idée d'un mouvement de concerto pour piano et orchestre, dans un esprit post-romantique. Or, c'est plutôt une situation guerrière, une pluie de fusillades et d'explosions : a priori, on s'attend à une musique martiale. J'ai préféré jouer le décalage. Conformément au film lui-même ; car le principe du *Magnifique*, c'est la dérision, le détournement des conventions. C'est souvent en juxtaposant une musique sérieuse sur une situation extravagante qu'on obtient un vrai contraste humoristique.

Avec Philippe, nos retrouvailles ont eu lieu dix ans plus tard, sur *Louisiane*. D'un point de vue musical, l'aventure était franchement excitante : une époque à faire revivre, une saga s'étalant sur trente ans, un romantisme sudiste louchant vers *Autant en emporte le vent*, des rebondissements en pagaille. Quand Philippe m'a appelé de Louisiane, je n'ai eu aucune hésitation. D'autant que j'ai toujours été passionné par l'Amérique du XIXème siècle, celle des bateaux à aubes et des premiers chemins de fer. Pour moi, il y avait un vrai pari à relever : s'exprimer à travers la musique romantique de l'époque, la recréer avec ma sensibilité, sur des images de la Nouvelle-Orléans, berceau historique du jazz... Quelques jours après son coup de fil, je rejoignais De Broca aux États-Unis.

À la fin du XIXème, la Louisiane vivait au son des quadrilles et valses européennes. En voyant les images de Philippe, j'ai eu envie de faire ressentir les prémisses du jazz. Écoutez par exemple *Old New Orleans* : dans le phrasé du banjo, notamment, le rythme syncopé du jazz est déjà là. Comme un avant-goût de cette révolution musicale issue du Nouveau Monde... J'ai aussi pris beaucoup de plaisir à écrire le *Virginie Concerto*, encore un concerto pour piano et orchestre : chaque mouvement est comme un portrait de l'héroïne à chaque étape de son ascension sociale. Quant au thème principal, *Louisiana waltz*, c'est une valse lente et romantique, pour voix et orchestre, chantée par Dee Dee Bridgewater. L'idée était de marier une forme très européenne, très française, avec une voix noire américaine, sur un texte anglais. Une illustration symbolique de la fusion des cultures. De Broca n'était pas d'accord ; il voulait une voix légère, viennoise, des paroles françaises. Plutôt que de lutter, j'ai enregistré deux versions sur le même play-back : la première avec Dee Dee, la seconde avec une chanteuse d'opérette, sur un texte français de mon ami Pierre Delanoë. Et, après audition, De Broca s'est rallié à mon point de vue.

Autre étape marquante, les noces de Philippe de Broca avec sa vedette de Louisiane, Margot Kidder. La fiancée de Superman devenait madame de Broca : elle habitait Los Angeles, lui dans les Yvelines ! Ce mariage me fait penser au sujet du *Magnifique* : c'était comme si la fiction déteignait sur la vraie vie. L'actrice épousant son metteur en scène dans les costumes du film, la Louisiane du XIXème déboulant dans le petit village de Philippe, en Ile-de-France : hauts-de-forme et crinolines, ombrelles et calèches... Je me revois animant la garden-party avec mes copains musiciens. Et j'ai gardé en tête une image qui résume bien Philippe. Vers trois heures du matin, une fois la fête terminée, les derniers convives partis, il s'est affalé sur la table de réception, harassé, et m'a lancé : « Et maintenant, Claude, qu'est-ce que je vais faire ? » (rire) Voilà tout l'esprit de Philippe : un sens aigu de la dérision sur les choses et sur lui-même. C'est un homme attachant et cultivé, parfois imprévisible, souvent impatient, dont la vie et les films ressemblent à une course sans fin. Je le sens fasciné par l'histoire, le passé, les contrées lointaines... Des pyramides aztèques aux rives du Mississippi, j'ai fait grâce à lui mes plus beaux voyages, réels ou imaginaires.

Ci-dessous, à gauche
Claude Bolling

Ci-dessous, à droite
Enregistrement de Louisiane au studio Davout en décembre 1983

LA MOSAÏQUE DU BONHEUR

Les femmes de sa vie

Elles mènent la danse : les rôles féminins dans les films de Philippe de Broca

GUILLEMETTE ODICINO

Comme souvent chez De Broca, femme varie, entre deux hommes, entre deux vies, et ses variations décident des actes masculins les plus fous.

« *Elles sont toutes chouettes, Marcel!* » Cette réplique de Jean Rochefort dans *Le Cavaleur*, que Philippe de Broca revendiquait comme l'un de ses films les plus personnels, résume parfaitement le regard du cinéaste sur la gente féminine dans l'ensemble de son *œuvre*. Un doux mélange d'absolu (*toutes*) et de légèreté (*chouette*, cet adjectif presque ludique et, aujourd'hui, un brin suranné). Ne pas s'y tromper : Philippe appartenait à un temps où le féminisme effleurait peu les metteurs en scène, même les plus respectueux. Chez ses contemporains de cette Nouvelle Vague qui le laissa sur sa propre plage, la femme, certes, s'ébrouait mais restait égérie, objet d'admiration avant tout. Seule l'électron si libre Agnès Varda filmait sa réelle émancipation. Il est donc inutile de chercher dans les répliques des héroïnes du réalisateur à particule le mot « féminisme », ou de croire les voir brandir explicitement une quelconque bannière des droits de la femme. En revanche, jusque dans les plus petits rôles, pas l'ombre d'une potiche dans son cinéma !

Dire que les femmes, chez De Broca, ont du caractère, relève de l'euphémisme ; ce sont elles qui mènent la danse, imposent, disposent, et font tourner en bourrique ces bougres d'hommes, toujours coincés dans une bulle d'enfance. Elles peuvent aussi devenir un Graal à décrocher pour ces grands gosses qui poussent le rêve de virilité jusqu'au ridicule. L'exemple parfait reste, bien sûr, la Jacqueline Bisset du *Magnifique* : créature double, aussi délicieuse en étudiante intello à lunettes dans la réalité qu'en Tatiana, manière de James Bond girl, sublime et goguenarde, dans les fantasmes de François Merlin, l'écrivaillon en pantoufles. Il s'identifie tellement au héros de ses livres qu'il devient l'agent secret Bob Saint-Clare, mais une simple ceinture de peignoir en satin lui résiste quand il s'agit de faire le beau devant cette créature, belle… à tomber. Alors que la femme, même virevoltante, jamais ne trébuche, l'homme reste une matière caoutchouteuse et enfantine. Une pâte attendant d'être modelée par des mains féminines. En cela, De Broca peut être considéré plus que tout autre comme le digne héritier français des cinéastes américains du slapstick et des comédies de l'âge d'or hollywoodien qui avaient compris à quel point « Madame porte la culotte ». Ces divines emmerdeuses, ces tornades, gardent les pieds sur terre pendant que ces messieurs rêvassent, fanfaronnent ou jouent aux soldats.

Dès son premier long métrage, *Les jeux de l'amour* (sur une idée, d'ailleurs, de Geneviève Cluny, son actrice principale), le triangle amoureux et le marivaudage ne reposent que sur le désir de Suzanne. Elle veut un enfant, son compagnon Victor (Jean-Pierre Cassel) le lui refuse. Il faut dire qu'elle en a déjà un : lui ! Insouciant peintre de roses, fâché avec les responsabilités et n'aimant que danser, il s'expose à ce que Suzanne lui préfère leur meilleur ami, François, nettement plus déclaratif et responsable. Après avoir cuisiné un petit plat pour Victor, une fois de plus parti en vadrouille, Suzanne bouillonne : « On leur passe leurs caprices, et on imagine qu'ils sont contents puisqu'on a tout fait ! ». Mais, à sa manière si charmeuse, le puéril Victor est conscient de ses bêtises : « Je suis un mufle, je ne sais pas pourquoi tu me gardes », admet-il. Il faudra qu'il craigne vraiment la concurrence de François pour finir par se plier au bon vouloir de son aimée.

Les hommes, donc, se plient en quatre, et même se contorsionnent pour suivre le mouvement des femmes, ces ressorts essentiels du grand sujet de De Broca : l'amour. Camille (Julien Guiomar), l'impayable « oncle » misanthrope de Jean-Paul Belmondo dans *L'Incorrigible* (1975), l'énonce en une formule : « Quand un homme rencontre une femme, ça intéresse tout le monde. J'ajouterais même que c'est le seul problème. » Le « problème », ici, se prénomme Marie-Charlotte, contrôleuse judiciaire et sociale, censée ramener dans le droit chemin Victor, incorrigible truand et mythomane de compétition. Mais bien plus maligne que Victor et son « Tonton », elle devient la tête pensante d'un vol de tableau puis enferme Victor dans une cage dorée, sous les palmiers. Pourquoi Victor préfère-t-il quitter femme (et argent !) pour vendre le Mont-Saint-Michel à des Japonais ? Les hommes sont ... incorrigibles.

Bien des années auparavant, la belle Hélène (Anouk Aimé) du *Farceur* s'en était déjà rendu compte. Devenue l'obsession d'un jeune cavaleur déjà prénommé Edouard (Jean-Pierre Cassel), cette épouse d'un industriel prospère se refuse d'abord à lui, puis se laisse séduire par les avances de ce coureur bien plus distrayant que son mari. Mais, une fois suffisamment distraite, elle lui annoncera tranquillement qu'elle rentre chez elle. Point de drame (il est déjà en train d'en courtiser une autre), et l'occasion de confirmer qu'elle est bien la seule grande personne de cette charmante comédie. Cette quête de sécurité sentimentale (après avoir goûté à la fantaisie de l'adultère) conclue également le film suivant, *L'amant de cinq jours*, où rayonnent Jean Seberg et Micheline Presle. L'herbe est rarement plus verte ailleurs, et ces fines mouches le savent.

À force de jouer avec le feu et de regarder ailleurs quand une déesse, pourtant, vous attend, le drame finit par arriver. Dans *Cartouche*, quatrième film du réalisateur qui brille toujours de mille feux, et premier film à avoir pour héros un aventurier au sens propre, Jean-Paul Belmondo, nouvel alter ego du cinéaste, joue les héros, certes. Mais la plus héroïque est bien Vénus, la Bohémienne (Claudia Cardinale) que Cartouche néglige pour la noble Isabelle de Ferrussac. Quand le mandrin sera arrêté, l'adente gitane deviendra meneuse d'hommes pour le faire échapper, et perdra la vie dans l'attaque. *Cartouche* recèle peut-être la plus belle et tragique image filmée par De Broca : le brigand au cœur brisé faisant irruption dans une fête aux ors monarchiques, le corps inerte de Vénus dans les bras. Il arrache leurs bijoux aux femmes de l'assistance pour l'en couvrir telle une reine puis lui choisit un carrosse comme dernière demeure. Somptueuses funérailles.

Cette scène augure celle, vingt-deux ans plus tard, de la servante Viviane (Isabelle Gélinas) du comte Savinien de Kerfadec dans *Chouans !* Alors que les soldats Bleus révolutionnaires de l'intransigeant Tarquin s'apprêtent à exécuter sommairement son petit frère, Viviane se place devant lui et meurt sous les balles. Le comte demandera qu'elle soit revêtue de la robe de mariée de sa défunte épouse, pour être enterrée après une séquence de veillée funéraire bouleversante. Céline, le personnage principal féminin, incarnée par la fougueuse Sophie Marceau, s'impose comme le pivot essentiel, l'objet de convoitise et de jalousie fratricide entre Tarquin qui mène la Terreur, et Aurèle qui conduit la résistance vendéenne. Comme souvent chez De Broca, femme varie, entre deux hommes, entre deux vies, et ses variations décident des actes masculins les plus fous.

Agnès : en 1964, ce seul prénom fit entrer Françoise Dorléac au panthéon des divines emmerdeuses de cinéma. Si Agnès n'avait pas été, d'abord enlevée, puis particulièrement obstinée, le deuxième classe Adrien Dufourquet n'aurait pas vu l'ombre d'un palmier de Rio. Elle trépigne, galope, raisonne, ordonne : il bougonne, mais il suit. Femme moteur par excellence, sans laquelle la vie serait aussi plate qu'un ticket d'entrée au Musée. Comme pour *Le Magnifique*, dont on serait tenté de changer le « Le » en « La » en hommage à Jacqueline Bisset, ne devrait-on pas dire *La Femme de Rio* ? Presque vingt ans plus tard, *L'Africain* offrait le retour d'une enquiquineuse de haut vol, sous les traits, cette fois, de Catherine Deneuve, sœur de Françoise Dorléac. Charlotte n'entraîne pas Victor (Philippe Noiret) au bout du monde, mais elle vient l'y déranger ! Tornade blonde qui a le sens des affaires, elle débarque dans le petit paradis africain de son ex-mari pour y implanter un club de vacances, et s'attend, tout naturellement, à ce qu'il lui apporte son aide. Cet homme tranquille et amoureux de la nature avait pourtant pensé avoir la paix en mettant des milliers de kilomètres entre eux, mais la voilà, irrésistible, en train de touiller son champagne devant lui, un geste qui l'a toujours agacé chez elle ! En 1964, Catherine Deneuve était, d'ailleurs, déjà, à l'affiche d'un des premiers films du réalisateur dont le titre pourrait servir de légende à presque toute sa filmographie : *Un monsieur de compagnie*.

Car il arrive souvent que les ravissantes réussissent carrément à transformer les hommes en gentils toutous : dans *Le Diable par la queue* (1969), Yves Montand, l'affable et séducteur braqueur de banques, se rangera des voitures (et se mettra aux fourneaux !) pour les beaux yeux d'une douce pianiste (Clotilde Joano) qui n'a même pas à élever la voix. Comment débute cette comédie toujours aussi rafraîchissante sur – comme le disait le cinéaste lui-même – « les mille et une façons pour une femme d'attraper un homme » ? Pour attirer la clientèle dans leur grand château ancestral transformé en hôtel, mais trop loin de la route principale, Amélie (Marthe Keller), la petite fille de la marquise, est chargée de convaincre le jeune garagiste du village, fou d'elle, de saboter les véhicules d'automobilistes égarés dans la région. Et le jeune garagiste ... obéit, pendant qu'au château, tous les autres hommes marchent à la baguette, en souriant. Dans le film suivant, un milliardaire américain déplacera carrément un village angevin entier pour obéir aux *Caprices de Marie* (Marthe Keller, cette fois dans le rôle principal).

Puisqu'il est question de déplacement, parlons conduite : c'est Marlène Jobert qui est au volant de la jeep de *La poudre d'escampette* (1971), pendant que les fuyards Michel Piccoli et Michael York jouent les passagers, l'un à l'avant, l'autre à l'arrière. Et sept ans plus tard, dans *Tendre Poulet*, l'affaire est entendue, une fois de plus, sur les liens de la femme et du moteur chez De Broca : Madame la commissaire de police Lise Tanquerelle ne quitte pas sa petite Renault 5 alors qu'Antoine Lemercier, professeur de grec de son état, sait très mal conduire et se fait donc renverser par elle après qu'il a grillé un feu rouge avec son solex. Pour la première fois, une vraie forme de féminisme vibre à travers ce personnage auquel Annie Girardot offre tout son allant, et qu'elle reprendra dans *On a volé la cuisse de Jupiter*. Certes, une simple remarque de son prof de grec chéri sur sa coiffure, lui donne, illico, l'envie de faire un petit brushing, mais, seule femme du commissariat, elle est particulièrement respectée par ses hommes. Ils l'appellent « patron » et ne supportent pas qu'on lui retire une affaire sous prétexte qu'elle est une femme. Et la commissaire n'hésite pas à rappeler à l'ordre son adjoint qui l'a complimentée sur sa jupe : « Ce n'était pas une réflexion, mais une grivoiserie ». Ok patron. Son collègue macho, concurrent sur cette affaire de meurtres de députés en série, payera d'ailleurs ses mâles prétentions au prix fort : un poinçon entre les omoplates comme les autres. Puis Lise sauvera son prof enlevé par le meurtrier comme un chevalier (en Renault 5) vient à la rescousse de sa princesse.

« Tu es un coup de vent qui laisse des rides, Edouard » : c'est, à nouveau, Annie Girardot qui adresse cette magnifique réplique signée Michel Audiard à Jean Rochefort dans *Le Cavaleur*, cette chronique mélancolique des amours d'un musicien qui collectionne les femmes comme des fleurs pour en faire le bouquet d'une vie. Si, chez De Broca, les hommes sont des courants d'air ou chassent les chimères, les femmes, elles, tiennent le cap, et acceptent de vieillir, ancrées dans une réalité qui continue d'effrayer leurs ex-maris. Comme cette *Chère Louise* (Jeanne Moreau), cette femme mûre, qui, par amour, sera même prête à « jouer » la mère de son jeune amant. Pour De Broca, dont la vie et l'œuvre composent une éternelle course contre la montre, les femmes détenaient le pouvoir suprême d'abolir le temps ou, mieux encore, de s'accommoder de ce cruel ennemi. En fait, Philippe n'était pas féministe en considérant les femmes comme égales aux hommes, mais en les filmant ... supérieures à eux.

Si, chez De Broca, les hommes sont des courants d'air ou chassent les chimères, les femmes, elles, tiennent le cap, et acceptent de vieillir.

Michelle de Broca, une productrice engagée

Si elle était un personnage de film de Philippe de Broca, elle serait sans aucun doute Lucienne, l'ex-femme d'Edouard dans *Le Cavaleur*, ou Lorène, la « mécanicienne » de *La Poudre d'escampette*. À savoir une femme forte, libre et positive ; une femme qui ne s'en laisse pas conter mais qui prend les rênes de sa vie en mains et la mène en toute liberté.

Rien ne laissait prévoir que Michelle de Broca deviendrait productrice de cinéma. Alors qu'elle est à la tête de sa propre entreprise de caoutchouc, elle épouse Philippe de Broca le 27 décembre 1961. Le cinéaste, qui vient de créer sa société de production pour financer son film *Le Roi de cœur*, lui demande de « lui donner un coup de main ». C'est ainsi que nait Fildebroc, alors que le tournage se profile au printemps 1966. Son partenaire privilégié de financement est Illya Lopert, un Américain d'origine lituanienne représentant les Artistes Associés, société américaine mythique qui finançait plusieurs films français à cette époque (Truffaut, Costa-Gavras...).

À l'image de tout ce qu'elle a pu entreprendre, Michelle de Broca se lance avec énergie dans cette première aventure cinématographique, pour laquelle elle bénéficie des conseils du grand producteur Alexandre Mnouchkine. Elle prend les difficultés à bras le corps, expérimente un arrêt de tournage inopiné quand l'acteur Alan Bates se casse le pied sur le plateau, et vit l'un des plus lourds échecs financiers de Philippe de Broca : *Le Roi de coeur* ne marchera pas du tout en salles, et ne sera même pas relancé par la journée offerte par les exploitants la veille du réveillon du jour de l'an 1967 ; il sera retiré de l'affiche au bout de trois semaines après avoir fait trente-cinq mille entrées. Depuis, il est considéré comme l'un des meilleurs films du cinéaste et fait l'objet d'un culte parmi les cinéphiles américains.

Bien que Fildebroc démarre mal, Michelle se prend au jeu. Elle produit deux autres films risqués, eux aussi des échecs commerciaux, avant le grand succès du *Diable par la queue*, pour lequel Philippe de Broca a choisi Yves Montand en tête d'affiche, et qui a été produit en partenariat avec les Artistes associés. L'argent commence à rentrer pour Fildebroc mais Michelle de Broca n'a pas encore fait « son » film de productrice, un film couronné de lauriers pour lequel elle aurait pris des risques. Ce projet, ce sera *César et Rosalie*, amené par Claude Sautet. Michelle de Broca se prend de passion pour ce scénario qui reprend le thème classique du triangle amoureux, mais dans lequel la femme aime deux hommes sans se cacher. « Si j'ai envie de voir ce film sur grand écran, alors d'autres en auront aussi envie ! » dit-elle alors.

Le film deviendra un grand classique. Michelle de Broca prend de l'assurance, acquiert de la considération et entretient sa réputation de productrice engagée, très présente à toutes les étapes du film.

Bien qu'elle divorce de Philippe de Broca le 20 février 1973, elle continuera d'être présente dans sa vie, comme le cinéaste l'exprimera dans son *Cavaleur* (1979) très autobiographique, dans lequel Lucienne-Michelle, sous les traits d'Annie Girardot, reste d'une importance capitale dans la vie d'Edouard (Jean Rochefort), en dépit de ses multiples conquêtes. Michelle de Broca a marqué de nombreuses personnalités du cinéma par sa bienveillance, son énergie et son franc parler ; elle avait coutume d'organiser des dîners mémorables où se montaient des projets. Dans les années soixante-dix, elle produit *Que la fête commence*, un film d'époque de Bertrand Tavernier (1975), *Le Désert des Tartares* de Valerio Zurlini (1976), puis *Le Grand Escogriffe*, que devait réaliser De Broca et que met finalement en scène Claude Pinoteau, alors sous contrat avec Gaumont. Après *L'Argent des autres* de Christian de Chalonge (1978) qui reçoit un très bon accueil, celle qui aimait travailler « par goût » sur des projets de comédies, produit *Au revoir...à lundi* (1979) de Maurice Dugowson avec Miou-Miou, Carole Laure et Claude Brasseur et surtout *Ma Femme s'appelle reviens* (1981) avec Anémone et Michel Blanc, qui fera recette auprès du public.

Michelle de Broca aimait encore plus « fabriquer » les films que les financer, dans cet esprit d'artisanat dans lequel elle travaillait avant de rejoindre l'industrie cinématographique. Elle produira l'un des films les plus originaux des années quatre-vingt, *Force Majeure* de Pierre Jolivet, avec François Cluzet et Patrick Bruel (1989), ou encore le thriller de Christopher Frank, *Elles n'oublient jamais* (1994), qui scellera son amitié avec son acteur principal Thierry Lhermitte. Ce dernier parle encore aujourd'hui de la productrice avec enthousiasme, respect et émotion : *« Elle était merveilleuse, nous étions très amis, elle me manque. »* Présente à la rétrospective Philippe de Broca à la Cinémathèque en 2015, Michelle de Broca ne s'arrêtait jamais de travailler, alors qu'elle avait dépassé les quatre-vingt-dix ans. Il aura fallu un accident de la route pour arrêter sa course, un 17 novembre 2017.

Bernard Payen

Ci-dessus, en haut
Philippe de Broca et Michelle de Broca

Ci-dessus, en haut
Michelle de Broca

Ci-contre
Philippe de Broca et Michelle de Broca

Shakespeare, Philippe et moi

MARTHE KELLER

Entre Philippe de Broca et moi, tout a démarré en 1968 à Berlin, où je jouais le rôle d'Elena dans *Le Songe d'une nuit d'été*. À cause des évènements de mai, le Festival de Cannes a été interrompu et Philippe s'est retrouvé avec deux jours de libre. À l'époque, il était en pré-production du *Diable par la queue* et cherchait encore la comédienne pour le rôle de la baronne Amélie. Plusieurs photos de moi l'avaient intéressé, il a donc fait spécialement le voyage à Berlin pour assister à une représentation du spectacle. Un Français qui découvre une pièce britannique en allemand avec une Suisse, c'est assez loufoque ! Sans avoir compris un seul mot du dialogue, il a insisté pour que je fasse des essais. Pour ma part, l'idée me semblait aberrante : parlant très mal français, comment pouvais-je être crédible en jeune aristocrate, fille de Jean Rochefort et petite-fille de Madeleine Renaud ?

Quelques jours plus tard, j'ai déboulé à Paris. En allemand, Charlie est un prénom féminin et, du coup, scénario en main, j'avais travaillé le personnage nommé Charlie. À l'audition, Xavier Gélin a immédiatement relevé la confusion : « Mais non, Marthe, c'est moi Charlie, le petit garagiste. Toi, tu es Amélie ! » C'était un quiproquo digne d'un film de De Broca ! Contre toute attente, Philippe a éclaté de rire, convaincu que, de ma part, c'était du second degré. Voilà comment s'est nouée notre relation : sur un malentendu. Et il m'a attribué le rôle d'Amélie, qu'il aurait pu donner à d'autres comédiennes, cent pour cent françaises, sûrement plus jolies et douées que moi. Pour justifier mon accent, il a engagé l'actrice d'origine autrichienne Maria Schell pour interpréter ma mère. À la surprise d'être choisie s'est ajoutée mon séjour forcé à Paris : la grève générale a rendu impossible mon retour à Berlin. Je n'ai donc jamais repris mon rôle dans *Le Songe d'une nuit d'été*. Autant vous dire que ma vie a été bouleversée par cette audition. En l'espace d'un voyage, j'ai remplacé l'Allemagne par la France, et Shakespeare par Philippe de Broca !

Le tournage a commencé deux mois plus tard, fin juin 1968. Pour moi, jeune Suisse germanique, c'était un choc culturel inouï. Me retrouver dans ce magnifique château de Fléchères, entourée par Montand, Marielle, Rochefort, Piéplu... semblait totalement irréel. C'était une pleine immersion dans la culture française. Au départ, ma timidité me paralysait, mon vocabulaire était restreint et je préférais ne pas trop m'exprimer. Puis l'ambiance, et le rythme que Philippe donnait au tournage, ont brisé la glace. Les repas aussi. À Berlin-Est, le comble du luxe, c'était de se faire servir une bière et une saucisse. Alors que là, j'arrivais en plein Beaujolais, logée dans un Relais-Château, avec des dîners raffinés, une certaine idée de la gastronomie. En comparaison de ma vie d'avant, de la grisaille berlinoise, c'était une libération, un monde en Technicolor. Ce qui m'a d'emblée frappé chez Philippe, c'est sa pulsation, sa vélocité. Il ne tenait pas en place, il voulait que ça fonce à deux cents à l'heure. Savez-vous chez quel cinéaste j'ai retrouvé un sens du rythme comparable ? Chez Clint Eastwood, curieusement. Sur ses plateaux, c'est une course permanente, à la de Broca. Finalement, Philippe ressemblait à son cinéma : il avait tellement peur d'ennuyer qu'il impulsait à ses films un mouvement irrésistible, comme pour éviter la psychologie. Pour lui, le quotidien d'un tournage, c'était au-delà du plaisir, c'était de la joie pure. C'est ce qui m'a séduit chez lui, tout comme son sens de la dérision. Son élégance, aussi : Philippe était bienveillant avec chaque membre de l'équipe, il ne prenait personne de haut, il n'abusait jamais de son pouvoir de metteur en scène. Donc, logiquement, je suis tombée amoureuse. À priori, Philippe et moi n'étions pas fait pour nous entendre... et pourtant, paradoxalement, nos différences se sont formidablement accordées.

Entre nous, il y a eu une sorte d'émulation. Je venais d'un milieu berlinois assez intellectuel. Lui m'a ouverte à une autre culture, à d'autres sphères. Moi, je lui ai montré certains Bergman, l'un de mes cinéaste de chevet. Ça l'intéressait, sauf quand un plan de mouette dépassait les quarante secondes. Il explosait : « C'est trop long, il faut couper ! » Le cinéma de la lenteur, de l'introspection, ça n'était pas le truc de Philippe. Nous avons habité ensemble dans plusieurs appartements du Vème et VIème, ses arrondissements préférés. Au fil des mois, j'ai appris à découvrir sa dualité : Philippe était très bien éduqué mais, en même temps, il aimait s'affranchir des règles, des convenances. Lors du premier dîner avec sa famille, mon français encore approximatif m'a fait dire « Ça me fait chier ! » - formule empruntée à mon habilleuse du *Diable par la queue*. Philippe m'a collé un grand coup de pied sous la table et, simultanément, il a éclaté de rire. Cette double réaction le résume parfaitement : sous des apparences policées, il adorait ce qui pouvait dérégler l'ordre établi, créer des faux-pas, des décalages. Face à la propriétaire d'une petite maison à Denfert-Rochereau que l'on voulait louer, Philippe a basculé. Elle nous harcelait de questions très intrusives : était-on mariés ? Quels étaient nos revenus ? Avait-on des enfants ? Des animaux ? Au lieu de montrer son agacement, Philippe lui a répondu poliment : « Vous savez, Marthe est Suisse, son unique animal, c'est une vache, Mimi. Ne vous inquiétez pas, elle entrera rarement dans la maison, on la laissera brouter dans le jardin. »

Ci-dessus
Marthe Keller

Page suivante
Philippe de Broca et Marthe Keller

21
28
32
26
29
32
35
27
30
33
36

Il avait cerné les limites de cette bourgeoise étriquée, il a pris un malin plaisir à l'ulcérer… mais au risque que la location nous passe sous le nez, ce qui est arrivé. C'était aussi cela, Philippe : un caractère *borderline*, aimant pousser la provocation jusqu'à l'extrême, comme un sportif de haut-niveau. Finalement, le distributeur Christian Ferry nous a trouvé une maison de village, à Vert, l'été 1969. On l'a visitée ensemble, on a eu le coup de foudre à la première seconde. Philippe a acheté la maison, moi les meubles. Les premiers mois ont été très rustiques : l'herbe poussait entre les dalles de la cuisine, au milieu des poules. Le plus beau Noël de ma vie, c'est notre premier Noël à Vert : deux matelas au sol, un sapin illuminé, des bougies, une ambiance magique. Philippe a toujours été très heureux dans cette demeure, il y a trouvé son équilibre. C'était son repère et son repaire. Alors que moi, malgré mon affection pour Vert, la ville me manquait…

Aussitôt après le succès du *Diable par la queue*, Philippe m'a écrit sur mesure *Les Caprices de Marie*, avec la plume complice de Daniel Boulanger. Certains hommes offrent des bijoux à leur femme ; Philippe, lui, m'a offert un premier rôle. Son idée, c'était de m'entraîner vers un emploi de rigolote. Dans tous ses films, les femmes sont un peu des têtes à claques, attachantes mais capricieuses. Cette nouvelle aventure m'a permis de mesurer l'entente parfaite entre les deux Philippe, Noiret et de Broca. Ils étaient soudés par un même plaisir des mots, du verbe, de l'humour aussi. Contrairement au décor unique du *Diable par la queue*, c'était un tournage plus compliqué, en deux langues, éparpillé entre l'Île-de-France, la Bretagne et les États-Unis. J'ai découvert New York, où nous avons tourné sans autorisation. Dans l'intervalle, mon français avait progressé et j'étais plus à l'aise pour mitrailler les dialogues au même rythme que mes partenaires. Car, dans tous les films de Philippe, les comédiens jouent cinq fois plus vite qu'ailleurs. *Les Caprices de Marie* n'ont pas fait une grande carrière, sauf aux États-Unis, où les critiques étaient positives. Je continue à aimer ce film, qui reflète l'amour de Philippe pour la province, la nature et les animaux. Sans oublier les petits vieux, avec ce trio de retraités immobiles sur un banc, répétant en écho : « Eh oui, eh oui, eh oui… »

Puis, peu à peu, nos modes de vie nous ont éloignés… Philippe ne pouvait pas vivre complètement à Paris, il avait viscéralement besoin de Vert. Moi, j'étais sur scène dans *Un jour dans la mort de Joe Egg* au Théâtre de la Gaîté-Montparnasse, avec Jean Rochefort. Je jouais sa femme, juste après avoir été sa fille dans *Le Diable par la queue* ! C'est d'ailleurs dans *Joe Egg* que John Schlesinger m'a repérée, sans savoir qu'il m'engagerait six ans plus tard dans *Marathon man*. Tous les soirs, après la pièce, je bondissais dans ma petite Simca pour rentrer à Vert, où je commençais à m'ennuyer, à me sentir coupée du monde. Puis se sont enchaînés d'autres projets de films et la série télévisée *La Demoiselle d'Avignon*. Afin que l'on se retrouve, Philippe m'a écrit avec Dabadie le rôle féminin principal de *La Poudre d'escampette*, celui de l'épouse suisse du consul, avec en vedette Jean-Paul Belmondo. J'adorais le sujet, le personnage, je suis allée jusqu'aux essais costumes. In extremis, la production a préféré Marlène Jobert, qui avait davantage la cote. Et Belmondo n'a plus voulu faire le film. Avec Philippe, ce rendez-vous manqué a accentué des dissonances qui compliquaient déjà notre vie de couple. Il me disait : « Le soir, quand je rentrerai du tournage, tu ne supporteras pas de m'entendre parler d'un personnage que je te destinais. » Dire que *La Poudre d'escampette* nous a séparés est en partie faux. Mais c'est aussi en partie vrai. Je n'ai jamais pu, ni voulu voir le film.

Quelques mois plus tard, je l'ai quitté… Ce qui était le schéma le plus habituel ; en situation de crise, Philippe était rarement le premier à partir. Et, en même temps, il ne pouvait pas vivre seul, sans femme. Pour lui, c'était aussi inconcevable que de rester immobile. Personnellement, cette rupture m'angoissait, je craignais de faire un mauvais choix, de blesser Philippe. Finalement, tout s'est passé sans drame, avec légèreté. Nous nous sommes séparés dans un sourire et, jusqu'au bout, nous avons gardé une vraie et belle complicité. Entre nous, Philippe a toujours contribué à maintenir un climat harmonieux. Quand on a vraiment aimé quelqu'un, l'amour continue, d'une autre façon. À plusieurs reprises, peut-être à cause d'Alexandre, nous avons envisagé de revivre ensemble mais c'était utopique. Nous prenions simplement plaisir à nous revoir, à parler de la vie, d'Alexandre, peu de nos projets respectifs. En mars 2004, alors que je mettais en scène *Don Giovanni* au Metropolitan à New York, Alexandre m'a appris la gravité du mal dont souffrait Philippe. Quelques mois plus tard, sa disparition m'a volé un fragment de ma jeunesse. La messe à Saint-Roch puis l'enterrement au cimetière de Sauzon à Belle-Île ont été des moments poignants mais, néanmoins, je ressentais le besoin de lui dire adieu de façon intime. Plusieurs semaines après l'inhumation, j'ai refait le voyage à Belle-Île, seule cette fois. À ma stupéfaction, la sépulture de Philippe avait disparu. À sa place, il y avait un simple trou dans la terre. J'ai appelé Alexandre, qui m'a aussitôt rassurée : « Ça n'était qu'une tombe provisoire, il a déménagé deux allées plus loin ! » J'ai trouvé cette pirouette finale tellement inattendue, à l'image de Philippe : même dans la mort, il continuait de cavaler. Voilà pourquoi j'ai aimé cet homme… Il reste et restera le père de mon fils, le cinéaste qui m'a révélé au public français et l'être cultivé et baroque avec lequel j'ai partagé le plus de fous rires.

Philippe de Broca reste l'homme cultivé et baroque avec lequel j'ai partagé le plus de fous rires.

Avons-nous assez ri ?

ALEXANDRA DE BROCA

Michelle de Broca a été la première femme de Philippe, moi la dernière. Nous représentons les deux extrémités d'une chaîne, constituée de Marthe Keller, Catherine Alric, Margot Kidder, Valérie Rojan… À mes yeux, Philippe, c'est le prince charmant des contes de Perrault, prêt à terrasser douze dragons pour conquérir le cœur de sa belle. Mais une fois ces épreuves franchies, il se révèle incapable de construire avec elle un quotidien. Sa motivation, c'est la conquête. Comme certains politiques qui, après s'être battus pour accéder au pouvoir, ne savent pas comment l'administrer. Idem pour Philippe. La routine de la vie courante – descendre la poubelle, payer la cantine, ouvrir un recommandé de l'Urssaf… était son angoisse absolue. Pour y échapper, il s'accrochait à n'importe quel prétexte : « Ma chérie, la coque de mon bateau a une fuite, je dois filer d'urgence en Bretagne ! » Autre option, inviter des tas d'amis, dans sa maison de campagne de Vert, amis pour lesquels il cuisinait des plats en sauce. Il fallait qu'il y ait toujours du mouvement, de l'effervescence. Il m'arrivait de le supplier : « Philippe, je suis prête à te payer pour passer ce week-end en tête-à-tête ! » Il bottait en touche, effrayé par le risque de lassitude de la vie commune au quotidien. À mes yeux, Philippe entretenait clairement deux types d'amitié. Avec les hommes, il était davantage dans la compétition. Il n'avait rien de l'ami idéal : trop égoïste pour écouter, trop pudique pour se livrer. Les deux exceptions étaient Philippe Noiret et Alexandre Mnouchkine. Avec une sorte de tact mutuel, Noiret et Philippe s'appliquaient à ne pas s'appesantir sur leurs problèmes personnels. C'étaient davantage des conversations sur l'astronomie ou la botanique. Mnouchkine, lui, était à la fois le producteur fétiche et le père de substitution. Il savait protéger Philippe, le soutenir, l'encourager, canaliser son talent. Sans parler de son humour dévastateur. Aux noces de Philippe (sur un coup de tête) avec l'actrice canadienne Margot Kidder, un invité a demandé à Mnouchkine ce qu'il pensait de ce mariage. Il a répondu, sobrement : « Rien pour l'instant. On verra à l'autopsie. » Ce mot est resté légendaire dans la famille.

Avec les femmes, en revanche, Philippe était plus dans la confidence, il se livrait davantage. Quand il avait un problème de cœur, il s'en ouvrait à Michelle qui, en règle générale, l'engueulait avec une autorité quasi-maternelle… Un peu comme Annie Girardot face à Jean Rochefort dans *Le Cavaleur*. Les femmes qu'il avait aimées, il les acceptait telles quelles. Une fois la rupture passée, il ne gardait que le côté positif de la relation. Le souvenir des crises s'estompait, l'amour se transformait en amitié, le lien n'était jamais rompu. D'ailleurs, ni Michelle, ni Marthe, ni Catherine ne se sont jamais remariées… Et Philippe aimait à rassembler ces ex-épouses, dont le nombre augmentait au fil des ans, chez lui, à Noël, parfois avec leur mère ou leur nouveau compagnon. En bon chef de tribu. Un peu comme le personnage du *Cavaleur*, Edouard Choiseul-Jean Rochefort qui, à la fin du film, s'entoure virtuellement, en images, de toutes les femmes qu'il a aimées et aime encore. En filigrane, ce plan annonce sa propre fin. Personnellement, je n'oublierai jamais l'ultime séjour à Vert. Philippe était déjà très malade et, pour le calmer, Marthe Keller et moi nous sommes allongées dans son lit, chacune d'un côté. Et il s'est endormi, comme un enfant, encadré par deux femmes de sa vie. De la même façon, nous étions présentes à l'Hôpital Américain, lors de ses derniers jours. La mort, que Philippe pensait avoir apprivoisée, le terrifiait soudainement, au moment de traverser le miroir. Il ne supportait plus le contact des infirmières. Les seules femmes qui l'apaisaient, c'étaient Michelle, Marthe, Catherine, sa sœur Françoise et moi-même. Il nous avait réunies une dernière fois. À nous cinq, nous formions une quasi-synthèse de sa vie sentimentale.

Ci-dessous
Philippe et Alexandra de Broca

Philippe et moi nous sommes connus l'été 1990, dans le golfe du Morbihan, chez des amis communs, le skipper Bruno Troublé et sa femme Mélanie. C'était un week-end, où j'étais moi-même accompagnée. Au matin, dans la cuisine, j'ai découvert un inconnu essayant de lancer une lessive. Voilà ma première vision de Philippe : un homme accroupi devant une machine à laver, hésitant entre le coton à 40° et 60°. Avec son esprit délicieusement sans-gêne, il avait découvert qu'il pouvait amarrer son bateau sur le ponton des Troublé à marée haute.... et s'incruster chez eux pour sa vaisselle et son linge. Cela m'a fasciné de découvrir ce cinéaste connu dans une situation aussi incongrue. Passionnée par le dix-huitième siècle, j'avais vu *Chouans!* et certains aspects du film me gênaient. Je lui ai fait part de mes réserves, il s'est défendu, nous sommes aussitôt partis sur une conversation historique échevelée. À partir de là, Philippe ne m'a plus lâchée du week-end. Pour lui, c'était un coup de foudre. Pour moi, pas du tout. Pendant une année entière, il m'a fait la cour, déboulant à l'improviste dans mon bureau à France 2, où je travaillais à la fiction : « Il est dix-neuf heures, Alexandra. Vous n'allez pas continuer à travailler. Venez plutôt prendre un verre avec moi! » À notre premier dîner, à la Grande Cascade, il a fait un numéro ahurissant au sommelier, en s'indignant du prix du vin. J'étais rouge de honte! À vrai dire, je le trouvais irrésistible, par son mélange de culture, de désinvolture, de culot, de bonne et mauvaise éducation. En même temps, plusieurs facteurs me terrorisaient : nos vingt-six ans d'écart, son passé conjugal, mon récent divorce, nos enfants respectifs en bas âge. Etait-ce le partenaire idéal pour reconstruire une vie? Mes parents, qui voyaient en Philippe un clone d'Eddie Barclay, étaient tétanisés par la situation. Au bout d'un an, j'ai craqué en découvrant l'homme à la campagne, son jardin, ses chiens. Ce n'était plus le cinéaste quinquagénaire courant après ses succès passés mais un être épris de nature à la recherche d'une famille. Nous avons décidé de vivre ensemble et, un an plus tard, de nous marier. La cérémonie a eu lieu en 1992, en petit comité, chez les Troublé. Alexandre Mnouchkine était son témoin. C'était un 24 octobre, il pleuvait des hallebardes, la tente du jardin a été inondée. On se serait cru dans la séquence de la chorale de *Tendre Poulet*. Ce deluge a transformé la fête en un happening décalé, joyeux et iconoclaste. Comme dans un film de Philippe de Broca.

Pendant notre année de rodage, j'ai appris à mieux le connaître, le cerner. Un point me surprenait : comment et pourquoi un homme aussi érudit, passionné d'écologie et d'histoire, pouvait-il tourner des films aussi légers? Philippe m'a répondu : « Parce que le rire est la meilleure défense contre les drames de la vie. » De fait, après avoir vécu sur le terrain les atrocités de la guerre d'Algérie, il avait pris conscience que pour s'en sortir, l'unique solution était d'amuser ses contemporains. D'alléger au maximum les lourdeurs, les turpitudes du monde moderne. Ce qui entrait en résonance avec sa propre histoire familiale : après avoir perdu une petite fille d'une crise d'appendicite, madame de Broca mère était entrée dans une longue dépression. C'était une femme mélancolique, au visage triste. Philippe me disait souvent : « Enfant, mon objectif, c'était d'essayer de rendre son sourire à ma mère! » Cette mission-là, d'une certaine façon, il l'a poursuivie avec les spectateurs de ses films. D'ailleurs, s'il a souvent été maladroit en amitié, cela venait d'un passé d'enfant encensé. On ne lui a jamais appris à ne pas dire certaines choses... S'il lançait une provocation à table, sa mère riait de son insolence. Cela lui a donné un sentiment d'impunité, celui de pouvoir tout dire, sans limites... Pour ma part, j'ai vite compris la complexité de Philippe, sa nature contradictoire (il se définissait comme « un athée croyant en Dieu »). De toute évidence, il n'était pas uniquement le ludion qu'il voulait paraître. L'une de ses qualités, c'était d'être à l'aise dans tous les milieux, aussi bien dans un PMU de Concarneau qu'à l'Elysée. Il accordait le même degré d'importance à n'importe quel interlocuteur, qu'il soit ministre ou agriculteur. Socialement, il était totalement transversal... Son grand ami et voisin, Michel Dobel, ne travaillait pas dans le cinéma mais dans une banque. Ensemble, ils parlaient jardin... ce qui était une façon déguisée de parler philosophie. Son lien à l'enfance était aussi très fort. Il adorait ses propres enfants (Alexandre, Chloé, Jade) mais la panique de la routine pouvait le rendre gauche et peu sécurisant. Il aimait aussi ceux de ses compagnes, son neveu Yves. Mon fils Jean le voyait moins comme un beau-père que comme un grand-frère. Il aimantait les gosses, les emmenait construire des cabanes ou des châteaux de sable. Je le revois entraînant en cinq minutes les enfants sur une plage, afin de monter une digue contre les vagues. Avec eux, son terrain naturel, c'était le jeu... et non les astreintes de l'éducation. Le dimanche soir, il restait à Vert, m'abandonnant le retour à Paris, les devoirs, la rentrée du lundi à l'école. Enfin, il faut dire à quel point c'était un homme élégant, toujours cravaté sur ses plateaux, détestant la vulgarité et les blagues salaces. Il n'était ni prétentieux, ni snob, il affichait une totale lucidité sur ses revers. Lors de notre rencontre, il ne s'est pas vexé quand je lui ai avoué qu'il n'était pas forcément mon cinéaste de chevet. J'avais vu certains de ses films. C'est après-coup que j'ai vraiment découvert son œuvre, et surtout son film le plus abouti, *Le Roi de cœur.*

Pour Philippe, le début de notre couple ne correspond pas, professionnellement, à des années fastes, loin de là. Ses deux derniers longs-métrages, *Les Mille et une nuits* et *Les Clés du paradis*, avaient été des déconfitures commerciales. Désenchanté, il avait l'impression que le cinéma ne voulait plus lui. Les invitations aux premières et festivals commençaient à se raréfier. Le découragement le gagnait parfois, avec des phases d'angoisse, liées à ses charges, à ses pensions alimentaires. Même si Mnouchkine était à la retraite depuis longtemps, sa disparition en 1993 a aussi été une perte objective pour Philippe. Car Alexandre, Sania pour les intimes, le protégeait énormément des duretés de ce métier, il le tenait à l'écart du montage financier, de l'éventuel refus de certains comédiens. Enfin, il y avait un sentiment, plus insidieux, d'un détachement du présent. Philippe m'avait fait une scène en sortant d'une projection des *Nuits fauves*, où je l'avais entraîné. Le film l'avait ulcéré, par sa crudité, sa représentation hyper-réaliste de l'homosexualité. J'ai argumenté : « Cyril Collard est un metteur en scène, comme toi. Tu ne peux pas rester cloîtré à Vert coupé du cinéma d'aujourd'hui ! » Sa réponse a cinglé : « Si désormais c'est ça le cinéma, je change de métier ! » L'élément positif de ces années-là, c'est la fiction télévisée, où je lui ai involontairement mis le pied à l'étrier. Le déclic est venu de mon directeur, Didier Decoin : « Dommage que ton mari ne tourne pas pour la télé car ce sujet est vraiment pour lui ! » C'était le scénario de *Regarde-moi quand je te quitte*, signé Philippe Le Dem ; une jolie variation sur le couple, avec des chassés-croisés qui résonnaient avec la « petite musique » à la De Broca. Philippe a tourné la chose avec facilité et efficacité. Faire de la télévision n'était pas son rêve ultime mais quand il avait accepté un projet, il s'y appliquait (et s'y impliquait) du mieux possible. Plusieurs autres téléfilms ont suivi, dont *Le Jardin des plantes* en 1994, sûrement le plus ambitieux de tous. Il l'avait écrit lui-même, en brassant plusieurs de ses thèmes fétiches : la botanique, la confrontation des générations, le mouvement de l'histoire. Bien sûr, de par mes responsabilités à France 2, il y avait entre nous une interaction professionnelle, je dirais plutôt une complicité tumultueuse. Je lisais ses scénarios, lui apportais un regard critique et essayais de le pousser à se renouveler (chose difficile, d'ailleurs). Pour autant, nous n'avons jamais officiellement travaillé ensemble, moi comme productrice, lui comme metteur en scène.

La vraie renaissance de Philippe est venue avec la proposition du producteur Patrick Godeau de réaliser *Le Bossu*, en 1996. Cela l'a rassuré sur le fait d'être toujours désiré au cinema et lui a donné l'envie d'être à la hauteur du projet, de refaire ses preuves. C'était la première fois que je le voyais en capitaine d'une production à grand spectacle, en costumes. Avec une aisance déconcertante, Philippe établissait un découpage, enchaînait plan sur plan, dirigeait acteurs et figurants et insufflait une énergie formidable à toute l'équipe. La veille du premier jour de tournage, je n'ai pas fermé l'œil de la nuit tant j'avais le trac à sa place. Lui a dormi comme un bébé, alors qu'il n'avait pas tourné de grand film depuis dix ans... Sur le plateau du *Bossu*, il était heureux de retrouver ses marques, comme un enfant qui redécouvre un train électrique géant dont il a été longtemps et injustement privé.

Notre unique divergence a porté sur l'un des thèmes issus du roman de Féval : l'inceste. J'ai tenté de convaincre Philippe d'éviter l'histoire d'amour entre Lagardère et Aurore de Nevers, sa fille adoptive. Lui ne voyait absolument pas le problème ; or la différence d'âge évidente entre Daniel Auteuil et Marie Gillain était equivoque à mes yeux. Bien sûr, le film n'est pas sans défauts (personne n'était satisfait du côté expéditif du duel final, tant Luchini avait rechigné à apprendre l'escrime). Mais, globalement, c'était une réussite objective qui a remis Philippe en selle. Et pourtant, ce succès n'a été suivi d'aucune proposition concrète... Et Philippe est reparti vers ses nostalgies de *L'Homme de Rio* avec *Amazone*, film sur lequel je ne voudrais pas m'étendre.

Enfin, en 2002, il y a eu *Vipère au poing*, film de commande qu'il a transformé en opus personnel, marqué d'une double amitié avec le producteur-distributeur Jean-Michel Rey de Rezo Films et la scénariste-productrice Olga Vincent, initiatrice du projet. Pendant les deux dernières années de Philippe, ils ont été ses anges gardiens. Au départ, ce qui le gênait dans le roman d'Hervé Bazin, c'était le portrait d'une mère noire, sadique, nocive, la fameuse Folcoche. Pour lui, un personnage de mère ne pouvait pas être négatif. De concert avec Olga Vincent, Philippe a imaginé que Folcoche avait vécu un amour déçu en Indochine, amour qui l'avait brisée. Cette idée rendait la malveillance de Folcoche acceptable : c'étaient les circonstances de la vie qui l'avaient aigrie. Elle était une victime, elle aussi. Puis la complicité avec Catherine Frot a amené au personnage un second degré, une dérision sous-jacente. Sans parler de l'interprétation magnifique de Jacques Villeret (dans le rôle de monsieur Réseau), avec qui Philippe s'est formidablement entendu. Ce fut un tournage fluide, entre la France et l'Angleterre, malgré la maladie qui rongeait Philippe et l'a rattrapé pendant la post-production. Impossible d'oublier le soir de la sortie, le 4 octobre 2004. Malgré l'extrême fatigue de Philippe, je l'ai amené chez Rezo Films. En le voyant, l'équipe du film a compris... Les chiffres ont commencé à tomber, très encourageants. Le public avait rempli les salles. À notre départ, tout le monde l'a applaudi. C'était une magnifique sortie de scène. Dans ma voiture, nous avons fait un tour nocturne de Paris, dans les rues les colonnes Morris affichaient *Vipère au poing*. Il regardait par la vitre, sans dire un mot. C'était un adieu silencieux, une promenade crépusculaire dans une ville qu'il avait tant filmée. Le surlendemain, il est entré à l'hôpital pour ne jamais en sortir. Philippe s'est donc envolé sur un succès, son second film grave, après *Chère Louise*. Certes, il aurait dû se soigner bien plus tôt mais, à mon sens, son départ ne relève pas complètement du hasard. Je me demande s'il n'a pas, consciemment ou inconsciemment, choisi le moment, son moment. Aurait-il accepté de vieillir ? Je n'en suis pas sûre. Il n'aurait pas supporté la dépendance physique, pas plus que le monde d'aujourd'hui, la société de l'immédiateté, de l'apparence, des réseaux sociaux, l'extinction de certaines valeurs. Conscient du compte à rebours, il m'a demandé de veiller sur notre fille Jade et sur sa fille Chloé. Puis il m'a donné le droit moral sur son œuvre, et confié la responsabilité de la faire vivre. Quand on entrait dans sa vie, il n'était plus question d'en sortir. Avec Philippe, notre parcours commun se prolonge aujourd'hui, différemment, mais toujours au présent.

Propos recueillis par Stéphane Lerouge

Les enfants

L'aventure en héritage

ALEXANDRE DE BROCA

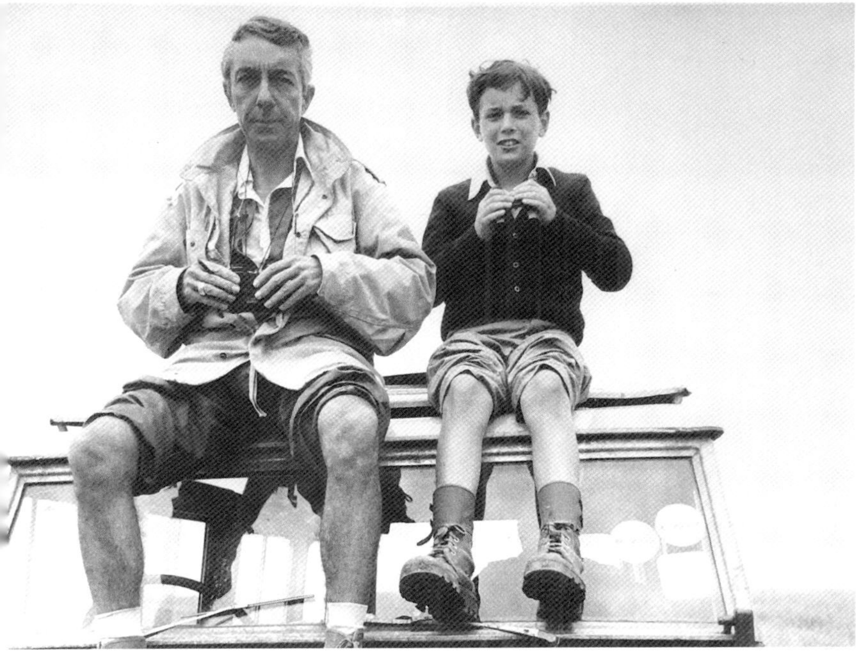

Vivre avec mon père, c'était vivre dans le mouvement en permanence. Il ne restait jamais en place, toujours à courir, un électron libre. Un voyageur, un être en mouvement, sans cesse sur le pont… Voilà l'image que je retiens de mon père. Les moments partagés ont été extraordinaires ; l'ordinaire le barbait, il fallait que la vie soit croquante et imprévisible.

L'aventure n'était pas une exception, mais la règle. Avec mon père, nous avons traversé les mers et les déserts, grimpé les sommets des Alpes, plongé au fond de la mer. À ses côtés, j'ai aussi randonné sur les volcans, piloté un avion et volé en parapente.

En quelques années, j'ai vécu tout ce qu'un homme peut rêver de vivre. Cette chance, je l'ai saisie. Mais j'ai aussi compris que la vraie vie n'est pas celle-là. Elle se mérite, elle se travaille et cela, il me l'a aussi transmis. Derrière le jeu et la fuite permanente, il y avait le travail, la valeur de l'effort.

Je me souviens de lui, aux premières heures de la journée, le seul moment où il ne cavalait pas. C'était le matin, assis à sa table, qu'il écrivait ses futurs films. La plume filait allègrement, pour lui, l'important était d'être sur un plateau de cinéma.Il tournait beaucoup, c'était ce qui le rendait le plus heureux, la vie en équipe, les comédiens, les techniciens… une grande famille réunie autour de lui et de ses rêves.

Je me souviens aussi des matins pendant les périodes de tournage. Levé avant le soleil, il dessinait sur une feuille des plans des séquences ; il indiquait les axes de la caméra, les portes d'où surgissaient les comédiens, les fenêtres d'où provenait la lumière. Cela, je crois que je suis le seul à l'avoir vu. Ses femmes se levaient un peu plus tard que moi !

L'ordinaire le barbait ; il fallait que la vie soit croquante et imprévisible.

Il n'était pas seulement un grand artiste, mais aussi un professionnel hors pair, dans le sens où il savait donner des ordres et diriger des équipes comme peu de réalisateurs savent le faire. Il avait une réponse à chaque question posée par un technicien ou un artiste. Une fois sur le plateau, il fallait que ça saute ; une ou deux prises, et on passait à la séquence suivante. Idem pour le montage, pas besoin de tergiverser.

C'était une autre époque. Dans mon domaine, le cinéma d'animation, on refait mille fois les choses, on teste, on remet cent fois l'ouvrage sur le métier. Mon père ne recommençait pas ce qu'il venait de faire, il agissait et ensuite passait à autre chose.Un grand aventurier. Mon aventurier, qui reste mon guide, à chaque instant.

Les plus beaux voyages se font par la fenêtre

CHLOÉ ET JADE DE BROCA

Les souvenirs que nous avons de notre père sont lointains. Souvent, quand les gens nous le racontent, ils nous dépeignent un homme pressé et fougueux. Mais l'homme qui vit toujours dans notre cœur est tout autre.

Quand nous sommes nées, notre père avait 55 puis 66 ans. Sa grande époque, remplie de films d'aventure au bout du monde et de mariages en chapeaux haut de forme, était révolue.

Papa s'était élu seigneur dans sa propre maison de campagne. C'est dans son jardin resplendissant de fleurs, entre les murs de sa cuisine ou de son bureau, sur le pavé de la petite cour intérieure de cet ancien corps de ferme, que nous avons tissé nos plus vifs souvenirs de lui. L'œil toujours pétillant, la cigarette au coin des lèvres, ses chiens, ses oies et ses poules filant entre ses jambes... il était devenu moins cavaleur, plus solitaire. Mais la grande table de bois rassemblait des amis de toute une vie autour de repas qui s'éternisaient tard dans la nuit. Blotties dans ses chandails, sa main calleuse dans nos cheveux, il nous mêlait à cette joie sans fin dont il avait le secret.

Cet homme qui avait tant couru toute sa vie nous a offert, pendant les quelques années passées à ses côtés, le plus précieux de nos trésors : l'art de vivre au présent et de prendre le temps. Nous le regardions construire d'immenses maquettes de trains électriques ou de bateaux à voile, des cabanes de bois dans le jardin. Nous regardions les fleurs pousser, nous nous laissions bercer par l'éclat des étoiles dans la nuit et la joie de chercher la lune avant d'aller dormir.

À sa manière, il nous faisait revivre ses voyages autour du monde. Des voyages immobiles. La réplique du *Roi de cœur* : « Les plus beaux voyages se font par la fenêtre » définit à merveille cette période si heureuse de notre vie. Depuis, chaque fenêtre ouverte sur un beau paysage nous le rappelle.

Et quand le besoin de s'échapper devenait plus fort que tout, nous partions en mer sur son grand voilier noir, le Moana. L'odeur du mazout et les vagues nous donnaient le mal de mer, mais nous le gardions pour nous. Trop heureuses de le voir à la barre, les cheveux ébouriffés par l'air salé du large... il retrouvait une nouvelle jeunesse. Alexandre, Chloé, Jade et Jean ; nous tous, ses enfants de mères et de sang différents, main dans la main de ce papa que parfois les gens pensaient être notre grand-père, nous menions tous le même combat : lui ne voulait pas vieillir, et nous ne voulions pas grandir. Sa présence dans notre vie aura été comme ses feux d'artifice : fulgurante et lumineuse.

Avec l'aide de Jade, Chloé fonde en 2014 le Théâtre du Roi de Cœur. Un théâtre en plein air, dans un petit village de Dordogne où, chaque été, une troupe d'artistes investit les rues et les prairies pour jouer des spectacles et raconter des histoires sous les étoiles. Clin d'œil à la folie et au panache du metteur en scène, ce festival réunit chaque été presque 10 000 spectateurs dans de grands voyages immobiles

FILMOGRAPHIE

Outre les films auxquels il a participé en tant qu'assistant réalisateur, Philippe de Broca a réalisé trente-et-un longs métrages pour le cinéma (dont trois participations à des films à sketches), quelques court-métrages et huit téléfilms.

ASSISTANT RÉALISATEUR

1957
Tous peuvent me tuer *d'Henri Decoin*

1957
Charmants Garçons *d'Henri Decoin*

1958
Le Beau Serge *de Claude Chabrol*

1958
Cargaison blanche *de Georges Lacombe*

1959
Ramuntcho *de Pierre Schoendoerffer*

1959
A double tour *de Claude Chabrol*

1959
Les Quatre Cents Coups *de François Truffaut*

1959
Les Cousins *de Claude Chabrol*

RÉALISATEUR DE CINÉMA

1953
Les Trois Rendez-vous
(court métrage) avec Charles L. Bitsch, Edith Krausse

1954
Salon nautique
(court métrage, documentaire)

1954
Sous un autre soleil
(court métrage, documentaire)

1956
Opération gas-oil
(court métrage, documentaire)

1959
Les Jeux de l'amour
Tournage : 31 août au 19 octobre 1959
Sortie : 1er juin 1960

1960
Le Farceur
Tournage : 14 mars au 30 avril 1960
Sortie : 20 janvier 1961

1960
L'Amant de cinq jours
Tournage : 17 octobre au 29 novembre 1960
Sortie : 24 février 1961

1961
Cartouche
Tournage : 17 juillet au 6 octobre 1961
Sortie : 7 mars 1962

1961
Les Sept Péchés capitaux
Segment La Gourmandise
Tournage : 29 juillet au 30 novembre 1961
Sortie : 7 mars 1962

1962
Les Veinards
Segment La vedette Tournage : juillet-octobre 1962 (interrompu du 16 août au 24 septembre) Sortie : 26 avril 1963

1963
L'Homme de Rio
Tournage : 16 mai au 2 août 1963
Sortie : 28 février 1964

1964
Un monsieur de compagnie
Tournage : 20 avril au 13 juin 1964
Sortie : 4 novembre 1964

1965
Les Tribulations d'un Chinois en Chine
Tournage : 5 janvier au 14 mai 1965
Sortie : 3 décembre 1965

1966
Le Roi de cœur
Tournage : 12 avril au 10 juin 1966
Sortie : 21 décembre 1966

1966
Le Plus Vieux Métier du monde
Segment La Révolution française
Tournage : septembre 1966
Sortie : 21 avril 1967

1968
Le Diable par la queue
Tournage : 25 juin au 13 août 1968
Sortie : 7 février 1969

1969
Les Caprices de Marie
Tournage : 21 juillet au 12 septembre 1969
Sortie : 26 février 1970

1971
La Poudre d'escampette
Tournage : 11 décembre 1970 au 16 février 1971
Sortie : 1er septembre 1971

1971
Chère Louise
Tournage : 4 octobre au 7 décembre 1971
Sortie : 6 septembre 1972

1973
Le Magnifique
Tournage : 26 mars au 18 juin 1973
Sortie : 29 novembre 1973

1975
L'Incorrigible
Tournage : 21 avril au 20 juin 1975
Sortie : 15 octobre 1975

1977
Julie pot de colle
Tournage : 22 novembre 1976 au 15 janvier 1977
Sortie : 20 avril 1977

1977
Tendre Poulet
Tournage : 13 juin au 19 août 1977
Sortie : 18 janvier 1978

1978
Le Cavaleur
Tournage : 16 août au 31 octobre 1978
Sortie : 17 janvier 1979

1979
On a volé la cuisse de Jupiter
Tournage : 3 septembre au 14 novembre 1979
Sortie : 6 février 1980

1980
Psy
Tournage : 19 au 29 septembre 1980
Sortie : 4 février 1981

1982
L'Africain
Tournage : 23 août au 14 décembre 1982
Sortie : 2 mars 1983

1983
Louisiane
Tournage : 30 mars au 31 juillet 1983
Sortie : 25 janvier 1984

1985
La Gitane
Tournage : 12 août au 4 octobre 1985
Sortie : 12 février 1986

1987
Chouans !
Tournage : 21 juillet au 3 novembre 1987
Sortie : 23 mars 1988

1989
Les 1001 nuits
Tournage : 17 avril au 22 septembre 1989
Sortie : 11 avril 1990

1991
Les Clés du paradis
Tournage : 27 mai à juin 1991
Sortie : 30 octobre 1991

1997 Le Bossu
Tournage : mars à Juin 1997
Sortie : 3 décembre 1997

1999
Amazone
Tournage : 4 septembre jusqu'en novembre 1999
Sortie : 19 juillet 2000

2003
Vipère au poing
Tournage : 6 octobre au 27 novembre 2003
Sortie : 6 octobre 2004

LES JEUX DE L'AMOUR

Victor, dont la principale activité consiste à peindre des roses, vit depuis deux ans avec Suzanne, qui tient une petite brocante située à l'ombre du Panthéon. Une relation idyllique, à un détail près : la jeune femme rêve d'avoir un enfant, mais son compagnon, lui, ne cesse de se dérober chaque fois que la question est évoquée

François, l'ex de Suzanne, a conservé des liens d'amitié avec le couple, et, chaque fois qu'il leur rend visite, il est le témoin discret de leurs disputes. L'idée germe petit à petit dans son esprit : il va profiter de la situation pour tenter de reconquérir la belle...

ET LE SEPTIÈME ART CRÉA DE BROCA…

Après avoir signé quatre courts-métrages entre 1954 et 1959, tout en exerçant la fonction d'assistant réalisateur aux côtés de Henri Decoin, Claude Chabrol, Georges Lacombe, François Truffaut et Pierre Schoendoerffer, Philippe de Broca réalise enfin son premier long-métrage, *Les Jeux de l'amour* (qui avait pour titre originel *Suzanne et les roses*). Il obtient le soutien de nombreux acolytes issus de la Nouvelle Vague : Chabrol à la production, Jacques Saulnier et Bernard Evain aux décors, sans oublier Daniel Boulanger aux dialogues.

La genèse du film est assez complexe. De Broca fait part à Claude Chabrol de son désir de passer à la mise en scène, et ce dernier lui propose un sujet qui lui a été présenté par l'actrice Geneviève Cluny.

Le scénario avait été offert dans un premier temps à Jean-Paul Rappeneau. Cependant ce dernier décline la proposition, car il est peu à l'aise avec un texte dont il n'est pas l'auteur (il fera ses débuts bien plus tard, avec *La Vie de château*, en 1966). En revanche, le script séduit vivement Jean-Luc Godard, comme le souligne De Broca : « *Geneviève Cluny, une star de la pub à l'époque, avait écrit un sujet très moderne, l'histoire d'une femme libre désirant avoir des enfants sans se marier. Jean-Luc Godard, qui n'était pas encore metteur en scène, était très intéressé par l'idée. Pendant quinze jours abominables, j'ai essayé de travailler avec lui. Il m'emmenait dans des selfs dégueulasses à des heures impossibles ; ce type avait des idées fantastiques, je le voyais bien, mais tout à fait contraires aux miennes. Vraiment le mariage de la carpe et du lapin ! C'était impossible. Quinze jours de cauchemar ! Bref, on a essayé de travailler ensemble et je n'y suis pas arrivé. Au bout de quinze jours, donc – qui sont peut-être quinze heures ou quinze minutes, je ne sais plus – il m'a dit qu'il allait écrire le sujet. Geneviève avait son mot à dire car il n'existait pas de hiérarchie. Il était drôle de constater vis-à-vis des types super-intellectuels des « Cahiers du cinéma » que, parce qu'elle avait un sujet, elle était soudain devenue un auteur à part entière… Chabrol aurait voulu que ce soit Godard qui fasse le film, mais il n'avait lui aussi réalisé que quelques courts-métrages. Et puis il tournait dans des chambres d'hôtel aux murs tout blancs et Geneviève n'aimait pas ça du tout. Par l'intermédiaire d'une amie commune, Michèle Meritz – comédienne qui est maintenant agent chez Artmédia – j'avais été présenté à Geneviève. J'ai dû la faire rire ou je ne sais quoi ! Bref, elle a dit « oui ». Godard a alors repris le sujet dont je ne voulais plus, en demandant à pouvoir faire ce film. Ce qu'il a fait plus tard avec* Une femme est une femme. *Quant à moi, j'ai tourné mon premier film* Les Jeux de l'amour. » (*Philippe de Broca*, Henri Veyrier éditions, 1990).

De Broca remanie complètement le scénario imaginé par Geneviève Cluny, avec la complicité de celui qui deviendra son partenaire privilégié dans l'écriture, Daniel Boulanger. Exit, dès lors, le point de vue féminin préalablement envisagé, ainsi que son message progressiste (une femme cherche à faire un enfant, seule). Les deux hommes s'orientent désormais vers un héros immature qui refuse de s'engager et ne veut surtout pas avoir d'enfant. En résulte un film personnel, déjà très caractéristique de l'univers et du style « Philippe de Broca », loin de la commande envisagée au départ.

Au grand regret de Geneviève Cluny ? Un peu… Elle explique : « *Nous avons essayé de travailler ensemble, mais nous n'étions jamais d'accord. Nous nous sommes mille fois jetés à la tête des phrases comme celles-ci :* « Bon, arrêtons-nous ! On ne fait pas le film ! » *Rien n'allait entre nous : j'étais une femme avec des idées de femme ; lui un homme avec des idées d'homme. Quand je voyais qu'il m'écoutait, je croyais l'avoir convaincu, mais pas du tout, et nos querelles recommençaient. Heureusement, travailler avec lui comme interprète, c'était tout différent, il laisse beaucoup de liberté à ses acteurs. Avec Philippe, on travaille dans l'enthousiasme. C'est d'ailleurs nécessaire pour une comédie où on doit être détendu.* » (Ciné-Revue du 28 avril 1961)

Réalisateur : Philippe de Broca, 1er Assistant réalisateur : Georges Pellegrin, 2ème Assistant réalisateur : Jean Monsigny, Production : Ajym Film (Roland Nonin et Claude Chabrol), Producteur délégué : Roland Nonin, Secrétaire de production : Yvonne Benezech, Distributeur : Marceau-Cocinor, Scénario : Philippe de Broca et Daniel Boulanger d'après une idée de Geneviève Cluny, Dialogues : Daniel Boulanger, Directeur de la photographie : Jean Penzer (Standard – N&B), Opérateur : Pierre Lhomme, 1er Assistant opérateur : Alain Levent, 2ème Assistant opérateur : Gilbert Duhalde, Machiniste : André Bouladoux, Montage : Laurence Méry, assistée de Nina Companeez, Musique : Georges Delerue, Ingénieur du son : Jean Labussière, Perchman : Yves Dacquay, Enregistrement du son : Christian Courmès, Décors : Jean Saulnier et Bernard Evein, assistés de Georges Glon , Ensemblier : Robert Christidès, Habilleuse : Micheline Bonnet, Maquillage : Yvonne Gasperina, Régisseur général : Jean Lavie, Script-girl : Andrée François, Photographie : André Dino, Accessoiriste : Joseph Gerhard , Tournage : du 31 août au 19 octobre 1959 (Studios Billancourt), Durée : 85 minutes, Premier titre : Suzanne et les roses, Genre : Comédie, Sortie : 01 juin 1960, Visa d'exploitation : 22.619, Affichiste : Clément Hurel , Éditeur DVD et Blu Ray : Gaumont, Sortie à la Vente en DVD le 04 octobre 2010, Sortie à la Vente en Blu Ray le 18 avril 2012, Box-office Paris : 60 760 entrées en trois semaines dans 4 salles parisiennes, Box-office France : 681 140 entrées, Producteur actuel : Gaumont

INTERPRÉTATION : **Geneviève Cluny** (Suzanne), **Jean-Pierre Cassel** (Victor), **Jean-Louis Maury** (François), **Maria Pacôme** (Une cliente), **Robert Vattier** (Un client), **Claude Cerval** (Le veuf), **Mario David** (Le représentant), **Jeanne Pérez** (La buraliste), **François Maistre** (L'élégant), **Pierre Repp** (Un locataire), **Claude Chabrol** (Le forain), **Daniel Boulanger** (Le danseur du cabaret / L'homme à la Citröen), **Lud Germain** (l'Africain), **Georges Delerue** (Le pianiste du cabaret), **Jean-Pierre Moulin** (Un client dans le cabaret), **Jackie Sardou** (La locataire, mère de famille), **Jean-Paul Thomas** (Un philosophe), **Gilbert Edard** (Un philosophe), **Huynh Trung Ngon** (Le danseur Indochinois), **Simone Matil**, **Dany Jacquet et Myriam Hanesco** (Les filles dans le cabaret). Non crédités : **Régine** (Une danseuse), **Philippe de Broca** (L'homme à la casquette dans le cabaret « l'Oiseau-Mouche »)

UNE COMÉDIE… MUSICALE

Auteur d'un premier film à mi-chemin entre la farce et la comédie musicale, Philippe de Broca dépeint ses ambitions dans les colonnes des Lettres françaises : « *Je souhaite trouver l'équivalent de ce qui fait le charme de la comédie musicale américaine, non pas la danse en elle-même, mais une certaine joie par la danse* ». Défi relevé haut la main.

Cette appropriation d'un genre spécifiquement américain conquiert le public, car le film attire près de 700 000 spectateurs. Les Cahiers du Cinéma y voient « *la première comédie à tendance réellement musicale conçue et réalisée sous nos cieux* ».

NOUVELLE VAGUE ?

La parenté de Philippe de Broca avec la Nouvelle Vague est aussitôt remarquée par les critiques. Cette comédie apporte un souffle nouveau dans le cinéma français : « *Voilà bien le seul film enjoué, fantaisiste, heureux en somme, que nous ait apporté la Nouvelle Vague* » s'amuse Le Figaro. De son côté, France-Soir observe, enthousiaste, des « Jeux de l'amour *dépourvus de citations littéraires, enlevés par cet élan perdu et un peu fou qui est celui de la jeunesse et, par moments, d'un petit vague à l'âme qui est aussi celui de la jeunesse* ». Et France Roche de conclure : « *Membre d'une génération qui semble affirmer un goût morose pour les marivaudages intellectuels, De Broca semble aller à contre-courant* ».

Dans Libération, Jacqueline Fabre salue « *une comédie dynamique, éclatante de joie de vivre et de jeunesse. Des personnages sains, sans complexes, ni voyous, ni oisifs. Avec Les jeux de l'amour (…), Philippe de Broca (…) plonge tête la première dans la nouvelle vague en éclaboussant ses confrères d'eau pure et limpide* ».

Appréciation similaire dans Paris Jour, qui résume son appréciation par un : « *Source d'eau vive* » avant de poursuivre : « *Ouf ! Enfin un film Nouvelle Vague dont je peux dire du bien sans réticences* », écrit avec satisfaction Henry Magnan. « *Après Resnais (…) et Jean-Luc Godard, voici la révélation fraîche, spontanée d'un tandem prometteur : celui que forment le jeune metteur en scène Philippe de Broca et son dialoguiste très doué, Daniel Boulanger* ».

« *Parce que Geneviève Cluny voulut forcer sa chance, la Nouvelle Vague a (peut-être) découvert son René Clair !* »

Sous ce titre d'un article paru dans Combat, René Quinson revient sur la naissance de ce conte de fées, avec Claude Chabrol, dans le rôle du bon génie : « *Contrairement à tous les usages, le producteur Chabrol leur laissa la bride sur le cou et pas une seule fois ne vint importuner son ex-assistant avec ses propres conceptions. Le résultat est que, contrairement à ses confrères du jeune cinéma qui cherchent souvent à choquer ou à épater par des recherches esthétiques, Philippe de Broca a choisi la comédie et réussi une sorte de film ballet, rapide, insouciant, qui n'est pas sans rappeler* Le Million *de René Clair* ».

Dans un entretien accordé aux Lettres françaises, Philippe de Broca cite tous les artistes dont il se « *réclame* » et qu'il aime : « *Brueghel, Capra, Cukor, Villiers de l'Isle-Adam, [H.G.] Welles, [Orson] Welles et Renoir, et Rossellini. Ah ! Ophuls, Stanley Donen et parfois Minnelli. J'aime bien tout ce qui est fabriqué, les gros moyens, le luxe dans le détail. En cela, je diffère de ceux de ma génération, mais je n'en condamne pas moins le gaspillage* ». Refusant de se plier à un quelconque diktat pour sauvegarder sa liberté artistique, de Broca conclut, péremptoire : « L'avant-garde ? Je n'ai rien à en foutre ! ».

Il reviendra beaucoup plus tard sur sa réelle parenté avec ce mouvement : « *Je n'ai pas fait partie du noyau qui a constitué la Nouvelle Vague. Des gens peuvent se brancher sur un phénomène sans en être les initiateurs. Melville se prétendait un des piliers,*

Page de gauche
Scènes du film *Les Jeux de l'amour*

Page de droite, en haut
Philippe de Broca entouré de son équipe

Page de droite, au centre
Philippe de Broca sur le tournage des *Jeux de l'amour*. À droite, Daniel Boulanger

Page de droite, en bas
Philippe de Broca

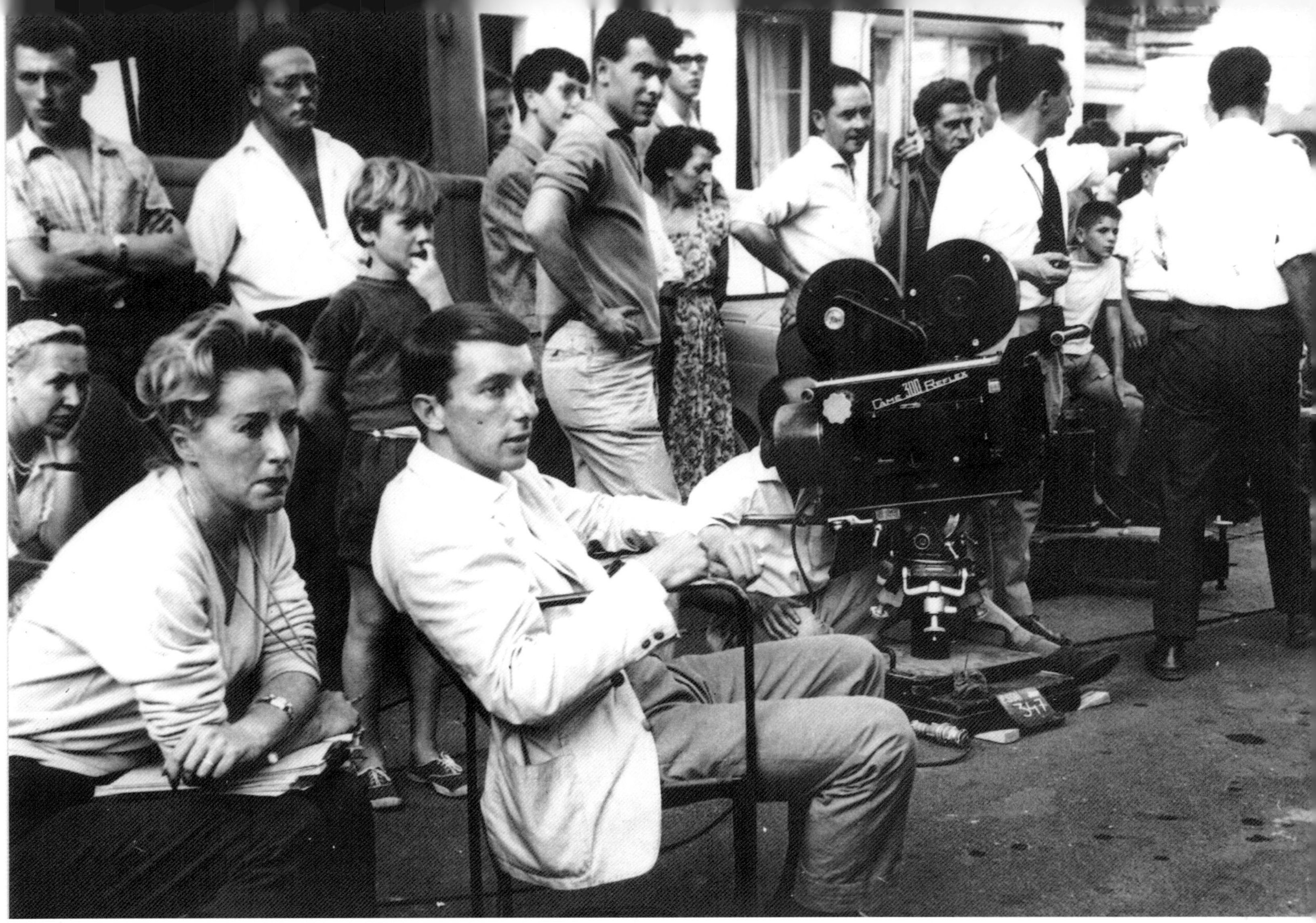

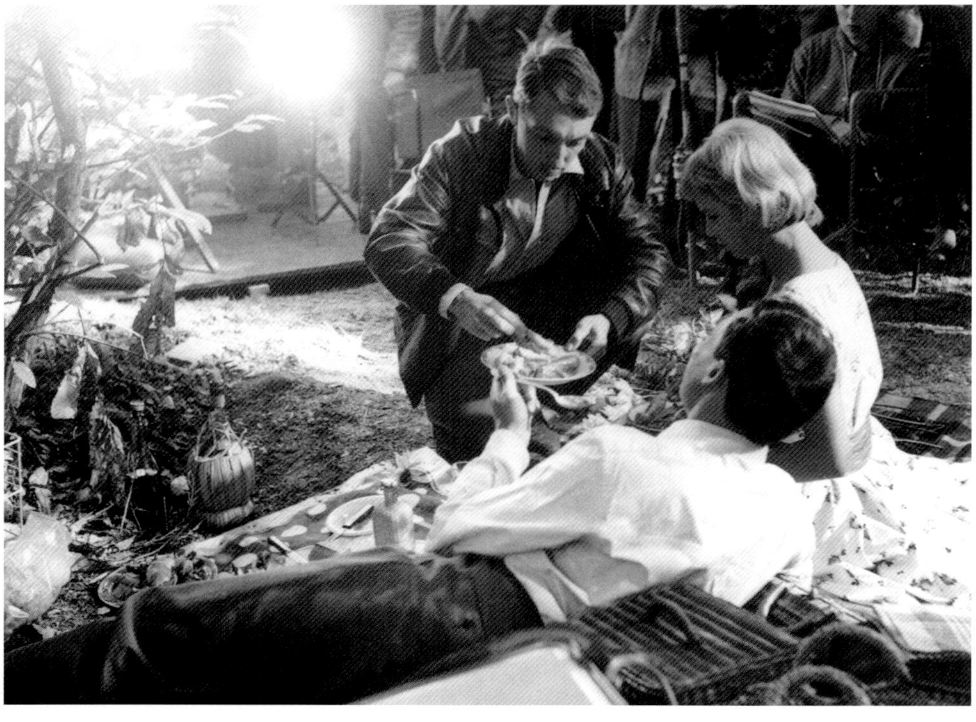

Page de gauche, en haut
Philippe de Broca dirige Geneviève Cluny et Jean-Louis Maury

Page de gauche, en bas
Philippe de Broca sur le tournage des *Jeux de l'amour*

un des responsables de la Nouvelle Vague, moi pas ! Mais j'en ai profité. Sans eux, j'aurais sans doute fait du cinéma, mais plus tard. Je ne peux pas me revendiquer de la Nouvelle Vague dans la mesure où je suis un cinéaste populaire, quelqu'un qui veut faire des entrées, qui veut faire rire, qui veut avoir du succès... La Nouvelle Vague voulait essentiellement faire du neuf. » (*Philippe de Broca*, Henri Veyrier éditions, 1990)

UNE MISE EN SCÈNE DÉJÀ RICHE ET RIGOUREUSE

« *J'ai essayé de faire un spectacle. Mon but est que les gens en aient pour leurs 500 francs lorsqu'ils entrent dans une salle de cinéma* », déclarait de Broca.

Et il en a les moyens. Chabrol lui confie cinquante millions, ce qui, à l'époque, représente plutôt une belle somme. Les auteurs n'en touchent qu'une infime partie, afin de financer la réalisation du film. Pour autant, De Broca ne s'entoure pas de spécialistes chevronnés. Il fonctionne surtout au coup de cœur. Ainsi sa rencontre avec le compositeur Georges Delerue marque le point de départ d'une longue et fructueuse collaboration : « *J'avais envie d'avoir des gens qui n'avaient pas fait de cinéma. Daniel Boulanger, avec qui j'écrivais le scénario, n'avait jamais écrit. J'avais vingt-cinq ans, c'était peut-être un réflexe de ne pas me sentir dominé par un type qui a déjà de la bouteille et qui m'aurait embarrassé avec son expérience. Bref, je vois un film publicitaire et c'était un air de Delerue. Je trouve cet air épatant, c'était une polka très gaie, très brillante, bien orchestrée. Je me renseigne et puis mon ami Henri Lanoë, qui était musicien monteur, me dit :* « Il est à Saint-Jeannet, dans le midi, en vacances ». *Je descends à Saint-Jeannet, j'ai son adresse et je trouve ce brave Georges en short et en sandales dans une petite maison de location, minuscule, il était très fauché. Je lui dis :* « Voilà, je vais faire un film... *(J'avais l'air d'avoir 18 ans alors que j'en avais 26. Il m'accueille très gentiment.)* (...) C'est une comédie tout à fait légère, je verrais une valse ». *Il se met à pianoter. Je lui dis :* « Épatant ! Vous faites le film. » (Chants des toiles, France Culture, 9 avril 2003)

DES CRITIQUES SOUS LE CHARME

« *J'aurais aimé me réveiller ce matin dans les pantoufles de M. Philippe de Broca. Inconnu hier à neuf heures du soir, ce jeune homme à la silhouette de joueur de cricket était à minuit presque célèbre* » souligne Michel Aubriant, célèbre critique de cinéma. Il explique ce succès par une mise en scène « *neuve, dynamique et soignée. On ne sent ni l'improvisation ni la hâte, comme il arrive dans la jeune école. Il y a, même dans les séquences les plus farfelues, comme une politesse à l'égard du spectateur. Et c'est, malgré tout, d'une invention qui se renouvelle sans cesse* » poursuit le journaliste de Paris Presse. Et ce n'est pas tout. En découvrant *Les Jeux de l'amour*, le spectateur plonge la tête la première dans une « *suite d'associations pittoresques et drôles, une multitude de faits et gestes quotidiens de la vie d'un garçon et d'une fille qui s'aiment et se chamaillent à tour de rôle* », et « *tout cela est tourné sur un rythme extrêmement dynamique* », écrit Jacqueline Fabre dans Libération. Quant à Jean de Baroncelli du journal Le Monde, il note que « *L'intrigue a la simplicité d'un thème de chanson populaire* », et précise : « *C'est peu de chose et c'est vraiment charmant. Passé les dix premières minutes qui m'ont paru languissantes, on est entraîné dans une sorte de sarabande sentimentale entrecoupée de chamailleries, de réconciliations, de faux et de vrais abandons, de pirouettes, de plaisanteries, de coq-à-l'âne et de gags absurdes, à laquelle il est impossible de résister. Ce qui fait la réussite de ces* Jeux de l'amour, *c'est le rythme d'abord, un rythme qui, malgré sa vivacité, n'est jamais soutenu par des moyens artificiels, et c'est ensuite la justesse de ton des mille et un détails dont Philippe de Broca a orné sa mise en scène. L'entrain et l'esprit d'observation de Philippe de Broca leur donnent un air nouveau* », conclut l'auteur.

Si De Broca n'est encore qu'un metteur en scène débutant, il a d'ores et déjà une vision claire et déterminée de son métier. À la question posée par Les Lettres françaises : « *Qu'est-ce qu'un cinéma indépendant ?* », l'artiste répond sans ambages :

« *Pour qu'un film soit réellement indépendant, il est indispensable d'éviter la démocratie dans le tournage : un seul type a raison, c'est l'auteur* ». Tout est dit.

MADEMOISELLE « DENTS BLANCHES » ET LA RÉVÉLATION D'UN JEUNE PREMIER

Philippe de Broca n'est pas le seul à *être couvert de lauriers*. Paris Presse compare Geneviève Cluny à Doris Day, mais « avec plus de sensibilité et de charme », tandis que Le Canard enchaîné la trouve « touchante, drôle et vraie » dans sa composition du personnage de Suzanne. Une belle ascension, en définitive, pour celle qui s'illustra de prime abord en héroïne de films publicitaires (cent cinquante épisodes au service d'une marque de dentifrice), avant de prendre des cours d'art dramatique chez René Simon, puis chez Tania Balachova, et de faire ses gammes sous la direction de Édouard Molinaro (*L'Honneur est sauf*), Léonide Moguy (*Donnez-moi ma chance*), Claude Pinoteau (*L'Ami de la famille*) ou encore de Claude Chabrol (*Les Cousins*).

Le reste de la distribution est également salué par la critique : « *Joué à la perfection* » par « *des comédiens joyeux* » (Le Canard enchaîné) et « *étourdissants* » (Paris Presse), *Les Jeux de l'amour* se démarque des productions habituelles par l'excellence de son interprétation. Auprès de la blonde Geneviève Cluny se pressent « *Jean-Pierre Cassel, un jeune premier plein de fantaisie, et son compère Jean-Louis Maury qui témoigne d'une rare intelligence dans le rôle ingrat du faire-valoir* » lit-on dans Aux Écoutes. Ce à quoi L'Aurore ajoute : « *À eux trois (Maury, Cassel, Cluny), ils disent vrai, ils jouent juste. Ce n'est déjà pas mal* ».

La presse s'attarde longuement sur Jean-Pierre Cassel. Libération le voit comme un « *mitigé de Gregory Peck et de Fred Astaire* ». Il est « *à mi-chemin entre la gaminerie de François Périer et l'humour de James Stewart* » observe France Soir. Dans le rôle de Victor, il envahit l'écran tel un « *elfe dansant, gracieux faune sylvestre* » ajoute Paris Jour. Louis Chauvet dans Le Figaro, lui, est littéralement sous le charme : « *Il papillonne. Il court. Il fait des entrechats avec l'agilité d'un danseur de french-cancan. Il parle intelligent et sa cocasserie personnelle donne saveur aux moindres répliques* ». Même enthousiasme chez Michel Aubriant, de Paris Presse : « *Cassel, c'est Fantasio. Il en a la fantaisie bondissante, la désinvolture, l'air lunaire et la mélancolie voilée* ».

Notons qu'avec *Les Jeux de l'amour*, Jean-Pierre Cassel amorce une longue complicité avec Philippe de Broca puisqu'il tournera quatre autres longs-métrages avec lui : *Le Farceur* (1960), *L'Amant de 5 jours* (1961), *Un monsieur de compagnie* (1965) et *Chouans !* (1988). Philippe De Broca raconte sa première rencontre avec le comédien : « *Je l'avais connu au théâtre, dans Oscar où il avait remplacé Belmondo parti faire son service militaire au bout d'un mois de représentations. Je me souviens avoir vu les deux et m'être promis de tourner avec chacun. Et de fait, je n'ai jamais tourné autant qu'avec eux* » *(Philippe de Broca, Henri Veyrier éditions, 1990)*

N'oublions pas, pour finir, des seconds rôles irrésisitibles : de Pierre Repp, génial bafouilleur, à Jackie Sardou, en passant par Mario David et Claude Chabrol... ainsi que Philippe de Broca en personne, lors d'une courte apparition *à l'intérieur du* cabaret L'Oiseau Mouche. Un clin d'œil, qu'il réitère dans bon nombre de ses films.

LES JEUX DE L'AMOUR À LA CONQUÊTE DU MONDE

Sélectionné en mai 1960 à la 13ème édition du Festival de Cannes, *Les jeux de l'amour* reçoit, deux mois plus tard, l'Ours d'argent de la meilleure comédie au Festival international du Film de Berlin. L'aventure des *Jeux de l'amour* prend ensuite un nouvel élan, en ouvrant, au début de l'automne, le quatrième Festival cinématographique de Londres.

En moins d'un an, le nouvel avatar de la Nouvelle Vague fait le tour du monde, de New York à Londres, en passant par Lisbonne ou Jérusalem.

L'œuvre bénéficie d'une active promotion, avec des encarts publicitaires particulièrement évocateurs : « *Vous en rirez encore huit jours après !* » peut-on lire sur l'un, et, sous le chapeau d'un second : « *Une bouffée d'air frais dans le cinéma français* ».

Pourtant, Philippe de Broca avoue n'être guère satisfait de ce premier film. Certes tournée à la va-vite dans le Paris des années 1950, cette comédie n'en demeure pas moins un formidable témoignage d'une époque révolue, tout en préfigurant la patte de son auteur, mélange de fantaisie et d'un sens inné du mouvement.

Jean-Pierre Cassel, véritable transposition du réalisateur à l'écran, s'avère enfin être le premier porte-drapeau de sa vision de l'existence, marquée par une vivacité de tous les instants et doublée d'une certaine immaturité. Sautant, dansant et chantant, il ne cherche qu'à goûter aux plaisirs simples de la vie (« De l'herbe, du soleil, des artichauts et des amis ... »).

Page de gauche
Scènes du film *Les Jeux de l'amour*

Page de droite
Philippe de Broca joue l'homme à la casquette, au cabaret

LE FARCEUR

Édouard Berlon, jeune séducteur sans attache et issu d'une famille extravagante, cumule les conquêtes, jusqu'au jour où il tombe sous le charme d'Hélène, la femme d'un industriel prospère mais ennuyeux. Peu à peu, celle-ci se laisse à son tour happer par la fantaisie de cet homme...

PHILIPPE DE BROCA, JEAN-PIERRE CASSEL : DEUXIÈME !

Selon Claude Chabrol, « *le plus difficile, ce n'est pas le premier film mais le deuxième* ». Dans la foulée des *Jeux de l'amour*, Philippe de Broca tente de conjurer le sort et tourne, dès le début du mois de mars 1960 (soit six mois à peine après la fin du précédent), son second long-métrage, *Le Farceur*. Il rappelle l'essentiel de son équipe et retrouve même ses deux vedettes principales, Geneviève Cluny et Jean-Pierre Cassel, tandis que Chabrol produit à nouveau : « *Tu peux y aller, il reste des sous* » indique ce dernier.

Et, de difficultés, il n'en sera finalement guère question, puisque *Le Farceur* est écrit, découpé et dialogué en quinze jours seulement, toujours avec la complicité de Daniel Boulanger, dans la lignée des *Jeux de l'amour*. On y retrouve cet amour pour les personnages vivant en marge de la société, et goûtant avec entrain les fruits de l'existence.

Jean-Pierre Cassel se révèle encore plus virevoltant que dans *Les Jeux de l'amour*. Le personnage qu'il interprète, Édouard Berlon, semble tout droit sorti de la « Commedia dell'Arte ». Une sorte d'Arlequin poli par l'amour, sans cynisme mais parfaitement désinvolte ; un être libre comme l'air qui savoure la vie au sens large. Il se moque de l'avenir, a complètement oublié le passé, mais vit totalement dans le présent qu'il régit souverainement. De par son décalage, son goût pour la provocation, et l'amour fou qu'il porte à la gente féminine, il apparaît, là aussi, comme une sorte d'alter ego de Philippe de Broca. Jean-Pierre Cassel confirme : « Dans les quatre films que nous avions tournés ensemble, à travers mon personnage, il se dévoilait totalement. J'étais le prolongement idéal de sa personnalité. » Il spécifie par ailleurs : « *J'étais l'incarnation parfaite, la projection idéale des personnages masculins que Philippe avait en tête. Notre ressemblance physique y était évidemment pour quelque chose. La corrélation entre ce que je représentais et son univers était totale. À tel point que, lorsque je suis allé aux États-Unis pour la première fois, les Américains ont été surpris par ma taille : ils me croyaient plus petit. Dans les films de Philippe, le fait est que j'ai l'air d'avoir la même taille que lui. Sans le savoir et sans le vouloir, je me comportais physiquement comme lui, je bougeais comme lui, ce qui le ravissait. Cette sorte de mimétisme participait d'une osmose parfaite entre le cinéaste et l'acteur. Les indications de jeu de Philippe à mon égard étaient d'ailleurs minimes : instinctivement, je comprenais au quart de tour ce qu'il attendait de moi.* » (*A mes amours*, Stock, 2004).

UNE ŒUVRE PLUS RICHE

Le ton est donné dès l'ouverture du film : éconduit par un mari jaloux, Édouard Berlon s'échappe par un vasistas et entame une promenade en funambule sur les toits de Paris, illustrant un générique prometteur, avant que ne défile un spectacle permanent porté par la fougue d'un Cassel quasi omniprésent, lequel ne cesse de courir, danser, monter des escaliers, grimper des barreaux d'échelle ou enfourcher des vélos.

Une autre thématique chère à De Broca s'impose au cœur de ce long-métrage : celle de la famille reconstituée, entre personnes sans lien véritable au départ, mais qui se rassemblent malgré tout au sein d'un même lieu où se construit leur nouvel univers. Ici, il s'agit de la maison de l'oncle Théodose, une merveille du genre, à la fois bancale et baroque.

Son extravagance dépasse tout ce que l'on peut imaginer. C'est un fouillis de recoins, de couloirs, d'escaliers, de marches, de fenêtres intérieures, de soupentes et de tourelles. Meublée de « gags », la maison contient un bric-à-brac d'antiquaire collectionneur, cumulant tout un tas de meubles issus d'époques diverses et autres objets hétéroclites.

La maison du *Farceur* est aussi celle du bonheur, simple mais nécessaire, une philosophie à laquelle Philippe de Broca aspirera tout au long de sa vie. À l'époque de *Chouans !* notamment, Jérôme Tonnerre rapporte que de Broca n'avait plus de pied à terre à Paris

Réalisateur : Philippe de Broca, 1er Assistant réalisateur : Georges Pellegrin, Production : Ajym Film (Roland Nonin et Claude Chabrol), Directeur de la production : Roland Nonin, Distributeur : Les Films Fernand Rivers, Scénario : Philippe de Broca et Daniel Boulanger Dialogues : Daniel Boulanger, Directeur de la photographie : Jean Penzer (Standard - N&B), Opérateur : Pierre Lhomme, 1er Assistant opérateur : Alain Levent, 2ème Assistant opérateur : Gilbert Duhalde, Montage : Laurence Méry assistée de Nina Companeez, Musique : Georges Delerue, Ingénieur du son : Jean Labussière, Perchman : Yves Dacquay, Enregistrement du son : Vartan Karakeusian, Décors : Jean Saulnier assisté de Georges Glon, Ensemblier : Robert Christidès, Maquilleur : Billy Bonnard, Coiffeuse : Denise Lemoigne, Régisseur général : Tonio Suné, Script-girl : Andrée François, Photographie : Sylvère Pierre, Tournage : du 14 mars au 30 avril 1960 (Studios de Saint-Maurice, extérieurs : Paris), Durée : 88 minutes, Genre : Comédie, Sortie : 20 janvier 1961, Visa d'exploitation : 22619, Affichistes : Clément Hurel, Jouineau Bourduge, Éditeur DVD et Blu Ray : Gaumont, Sortie à la Vente en DVD le 11 mai 2011, Sortie à la Vente en Blu Ray le 18 avril 2012, Box-office Paris : 66 666 entrées en 13 semaines dans 1 salle parisienne, Box-office France : 442 283 entrées, Producteur actuel : Gaumont

INTERPRÉTATION : **Jean-Pierre Cassel** (Édouard Berlon), **Anouk Aimée** (Hélène Laroche), **Geneviève Cluny** (Pilou, femme de Guillaume), **Anne Tonietti** (Olga, la servante), **Georges Wilson** (Guillaume Berlon, frère d'Édouard), **Pierre Palau** (L'oncle Théodose), **François Maistre** (André Laroche, époux d'Hélène), **Jean-Pierre Rambal** (Paul, le domestique de la famille Laroche), **Liliane Patrick** (Solange, la fille du cabaret), **Irène Chabrier** (Aline, la fille de l'auberge), **Jacques Balutin** (Un amoureux au cabaret), **Daniel Boulanger** (Un musicien chauve au cabaret), **Claude Mansard** (L'autre musicien au cabaret), **Louise Chevalier** (Une concierge), **Marcel Gassouk** (Un homme dans le cabaret), **Pascal Bressy**, **Philippe de Broca** (Scène coupée au montage), **Régine** (fille du cabaret, non créditée)

et vivait comme les personnages du *Farceur* ou des *Jeux de l'amour*, dans un appartement bourgeois appartenant à une vieille dame, la seconde épouse de son père.

On remarque également, à l'intérieur de cette maison, deux enfants – ceux d'Édouard, « nés de mère inconnue ». Ils vivent et grandissent là sans surveillance ni éducation. Une récurrence chez de Broca : son cinéma est peuplé d'enfants dont personne ne s'occupe, des enfants « accessoires », sages comme des images, témoins presque étonnés d'un univers totalement absurde.

Au début, le personnage interprété par Jean-Pierre Cassel atterrit, à la suite de sa promenade sur les toits, dans le jardin d'un immeuble cossu du quartier du Champ-de-Mars ; par une porte-fenêtre, il aperçoit une charmante jeune femme qui prend son petit-déjeuner au lit. Ebloui, il est persuadé de voir la femme de sa vie. Hélène Laroche – rôle tenu par Anouk Aimée, alors au sommet de sa beauté –, est une jeune bourgeoise, mystérieuse et féminine, qui s'ennuie auprès de son mari, un homme d'affaires caricatural uniquement préoccupé par le cours du nickel. Ce personnage féminin correspond exactement à ce qu'aime Philippe de Broca. Elle est « femelle » comme il avait l'habitude de dire, ce qui, pour lui, était un compliment. Édouard, alter-ego de De Broca, ne peut qu'être attiré par Hélène, dont le caractère est aux antipodes du sien. Le contraste l'attire et il n'aura de cesse de penser à elle comme une gageure, une curiosité à satisfaire plus qu'un réel penchant.

Au fond, il n'en est pas vraiment amoureux, et la conclusion de cette histoire le confirme. Une fois qu'il arrive à ses fins en couchant avec Hélène, il s'élance dans les bras d'une autre la nuit-même.

En définitive, pour Édouard, tout n'est que jeu. C'est un être inconséquent et immature, passant rapidement à autre chose dès lors qu'il a obtenu ce qu'il désirait. Il préfigure en quelque sorte *Le Cavaleur* que Philippe de Broca réalise près de vingt ans plus tard, avec un héros également prénommé Édouard (et incarné par Jean Rochefort), proche de celui du *Farceur* en de multiples points – mais pas forcément les meilleurs.

ÉDOUARD BERLON

« Le bonheur, c'est l'instant »

Il n'empêche, De Broca s'intéresse à chacun de ses personnages, et sait les rendre attachants. Tous les membres de la famille qui nous sont présentés ici, réunis par le goût de la musique et celui des repas festifs, ont une personnalité riche et étoffée – de Pilou, la belle-sœur bienveillante et maternelle dont on soupçonne une relation passée avec Édouard, à Olga, une soubrette secrètement amoureuse. L'oncle Théodose est l'un des plus pittoresques. Personnifié par l'inoubliable Palau, il est constamment emmitouflé dans un vieux tapis. C'est un sage, un anarchiste doux à l'âme baroque, sentimental et épicurien. Il apprécie les enfants, les chiens, l'amour, les femmes... et son neveu. Il en est le complice fureteur, et un peu voyeur. Il représente d'une certaine façon ce que deviendra Édouard quand il aura soixante-dix ans. Lui aussi est un farceur, c'est pour cela qu'il est sur la même longueur d'onde que son neveu. Il amorce, enfin, l'arrivée d'un autre personnage dans le bestiaire de Philippe de Broca, celui de Camille dans *L'Incorrigible* (Julien Guiomar, magistral !), un ermite aristocrate et poète, prodiguant ses conseils à Victor – extravagant Jean-Paul Belmondo – qu'il couve comme un fils.

Guillaume, le frère d'Édouard, est quant à lui assez bourru, et surtout plus terre-à-terre. Il fait bouillir la marmite en reproduisant par voie photographique des tableaux de morts célèbres, pour la rubrique illustrée d'un quotidien. Il fait donc jouer à tous les membres de sa famille – y compris la bonne – les derniers instants de Marat, Sadi Carnot, Louis XIV, Socrate... ce qui nous vaut des scènes irrésistibles.

LE FARCEUR, OU LA TITULARISATION D'UN VRAI TALENT

Ce second film confirme les espoirs du premier, avec le développement d'une très forte personnalité, aussi survoltée que fantaisiste – tant dans le style que dans le ton – et plutôt rare à cette époque.

La réalisation de Philippe de Broca gagne ici en maitrise et consistance, alliant influences directes (*Vous ne l'emporterez pas avec vous* de Franck Capra, entre autres) à un ton plus personnel. De Broca s'affirme et esquisse déjà quelques œuvres futures. Un épanouissement qui se ressent jusque dans le jeu des comédiens, qui bénéficient sans nul doute d'une réelle connivence avec le metteur en scène.

Dans ses mémoires (*A mes amours*, Stock, 2004), Jean-Pierre Cassel observe : « *Philippe de Broca avait un sens inné de la comédie, un humour très personnel, un univers très original. Il connaissait très bien les acteurs, car il était un des rares à aller les voir au théâtre. Tout de suite, nous eûmes une complicité absolue. Je me rendais compte que j'étais la projection exacte de ce qu'il souhaitait montrer de lui à l'écran. Les mêmes choses nous faisaient rire. J'avais en moi la même nostalgie que celle qu'il pouvait avoir. Et nous avions en commun la même impatience. Sans doute également un petit fond de misogynie, due au départ à une grande timidité. Celle de Philippe ne s'est pas arrangée avec les années, je parle de sa misogynie* ».

ÉDOUARD BERLON

« L'instant,
c'est là où je suis.
Chacun est le meilleur. »

Page de gauche
Scènes du film *Le Farceur*

Page de droite, en haut
Jean-Pierre Cassel sur les toits de Paris, dans *Le Farceur*

Page de droite, à droite
Jean-Pierre Cassel et Anouk Aimée

Page de droite, à gauche
Scène du film. Au deuxième rang, Georges Wilson

L'AMANT DE CINQ JOURS

Madeleine dirige une maison de haute couture. Sa meilleure amie, Claire, est une jeune femme mariée et mère de famille. Antoine est un jeune homme entretenu, amant de Madeleine. Lors d'un défilé de mode, il rencontre Claire et fait croire à la jeune femme qu'il est un homme riche, dans le but de la séduire. Quant à Claire, elle fait croire à Antoine que son époux est un important diplomate.

MNOUCHKINE & DANCIGERS : UNE RENCONTRE DÉCISIVE

C'est sur les recommandations du producteur Robert Amon que Philippe de Broca fait la connaissance de deux grands producteurs, Alexandre Mnouchkine et Georges Dancigers, lesquels lui accordent rapidement toute leur confiance, malgré l'insuccès des *Jeux de l'amour*. Une rencontre capitale, puisqu'elle amorce une longue et fructueuse collaboration. Pour l'heure, Mnouchkine et Dancigers lui proposent d'adapter *L'Amant de cinq jours*, un roman de Françoise Parturier, écrivaine très en vogue à l'époque. Dans le même temps, Henri Verneuil tourne lui aussi un film tiré d'un livre signé Parturier, sous le pseudonyme de Nicole, *Les Lions sont lâchés*.

Ce nouveau projet ravit De Broca. Pour autant, le cinéaste ne respecte pas totalement les clauses du contrat. À propos du roman, il avoue même ouvertement : « *Je ne l'avais pas lu ! C'était une commande et je n'ai découvert le livre qu'après avoir écrit le scénario. Je n'avais jamais considéré Chabrol comme un vrai producteur (et ce n'est pas du tout péjoratif) ; là, c'était la première fois que des gens importants – car les Films Ariane n'avaient quasiment fait que des films importants – me proposaient quelque chose. J'aurais fait n'importe quoi pour eux ! En plus, ils m'avaient dit que ce serait avec Cassel et je ne voulais tourner qu'avec lui. Enfin, ils acceptaient Boulanger qui était l'auteur avec lequel je voulais tourner.* » Daniel Boulanger et Philippe de Broca reprennent donc à leur façon le sujet d'un adultère parisien, et l'inscrivent dans la continuité de leurs précédents forfaits. *L'Amant de cinq jours* peut en effet se voir comme le troisième volet d'une saga aux personnages et thématiques plus ou moins semblables. D'ailleurs, lorsque Claire rencontre pour la première fois Antoine, ce dernier tente de deviner son prénom, et cite Suzanne puis Hélène, clin d'œil évident aux héroïnes successives des *Jeux de l'amour* et du *Farceur*. Ainsi, De Broca et Boulanger laissent entendre que Jean-Pierre Cassel incarnerait le même personnage de film en film. En revanche, ses partenaires diffèrent. Ici, il est entouré par Jean Seberg, tout juste sortie de *A bout de souffle*, et François Périer et Micheline Presle, particulièrement appréciés par de Broca.

UN DE BROCA MODERNE

À l'arrivée, *L'Amant de cinq jours* surprend par la modernité de son sujet, où l'émancipation de la femme tient une place primordiale. L'une des héroïnes (Micheline Presle), couturière d'âge mur, libre, indépendante et riche, s'est entichée d'un jeune dandy qui vit à ses crochets. La seconde (Jean Seberg), est une femme plus jeune et qui, pour tromper son ennui, se réfugie dans l'imaginaire, avant de s'offrir une aventure amoureuse qu'elle sait par avance sans lendemain. Autrement dit, deux femmes qui assument pleinement leurs désirs et leur sexualité. Osé, pour l'époque.

Quant à De Broca, il ne se réfugie pas uniquement derrière le personnage fringant de Cassel. Il se projette également sur celui qu'il aimerait être, en l'occurrence Georges, magnifiquement tenu par François Périer, père de famille fidèle et travailleur, vivant au milieu de livres et de meubles anciens, et pardonnant à son épouse ses diverses escapades. Nullement dupe, il préfère la partager, plutôt que de la voir malheureuse. Presque un saint. Le cinéaste développe à son propos : « *Ces personnes qui sont toujours dans les livres, et emmerdants par-dessus le marché, sont des gens qui me touchent. Lors de la visite du château de Chantilly, quand Périer fait des discours, se casse la gueule, ennuie, encombre, il demeure pourtant délicieux car il est passionné. Il est ennuyeux pour les gens qui ne suivent pas exactement sa passion, c'est certain. Moi, il me touche beaucoup parce qu'il est faible, pas spécialement beau et ne sait pas faire grand-chose. En même temps, c'est le genre de type qui a quand même une chance : celle d'être aimé. Sa femme l'aime, elle est profondément touchée par lui, plus que par n'importe qui. De son côté, il ne sait pas comment s'occuper d'elle, comment la*

Réalisateur : Philippe de Broca, Assistants-réalisateurs : Georges Pellegrin, Robert Bober et Mingozzi, Production : Les Films Ariane – Mondex Film – Filmsonor (Paris) – Cineriz (Rome), Producteurs : Alexandre Mnouchkine et Georges Dancigers, Directeur de la production : Georges Dancigers, Distributeur : Cinedis, Scénario : Daniel Boulanger, Philippe de Broca d'après le roman homonyme de Françoise Parturier, Dialogues : Daniel Boulanger, Directeur de la photographie : Jean Penzer (Standard – N&B), Opérateur : Pierre Goupil, 1er Assistant opérateur : Gilbert Duhalde, 2ème Assistant opérateur : Arlette Massay, Montage : Laurence Méry assistée de Raymonde Guyot, Musique : Georges Delerue, Ingénieur du son : Jean Labussière assisté d'Yves Dacquay et René Levert, Décors : Bernard Evein assisté de Marc Frédérix et Jean-Jacques Fabre, Ensemblier : Robert Christidès, Maquillage : Marcel Bordenave et Phuong Maittret, Coiffeuse : Denise Lemoigne, Régisseur général : Louis Manella, Régisseur adjoint : Jean-Pierre Spiri Mercanton, Régisseur d'extérieurs : Charles Chieusse, Script-girl : Andrée François, Attaché de presse : Georges Cravenne, Photographie : Sylvère Pierre, Accessoiristes : Raymonde Lemoigne et Henri Berger, Perruques : Luc Craineau, Tournage : du 17 octobre au 29 novembre 1960 (Studios d'Épinay, extérieurs : Paris), Durée : 86 minutes, Genre : Comédie, Sortie : 24 février 1961, Visa d'exploitation : 24004, Affichiste : Yves Thos, Éditeur DVD et Blu Ray : TF1 Video, Box-office France : 650 209 entrées, Producteur actuel : TF1 Droits Audiovisuels

INTERPRÉTATION : **Jean Seberg** (Claire Thiébaut), **Micheline Presle** (Madeleine de Seaulieu), **Jean-Pierre Cassel** (Antoine Chenier), **François Perier** (Georges Thébaut), **Carlo Croccolo** (Mario), **Claude Mansard** (Paulin), **Marcella Rovena** (Madame Chanut), **Albert Michel** (Blanchet), **Albert Mouton** (Halavoine), **Gib Grossac** (Le chauffeur de taxi), **Jean Sylvain** (Le maître d'hôtel), **Pierre Repp** (Pépère), **Max Doria** (Le clochard), **Moïse Cohen** (L'aveugle unijambiste), **Alphonse Laurenty** (Gros pépère), **David Tonelli** (Un invité), non crédité : **Philippe de Broca** (Le spectateur près de Jean-Pierre Cassel à l'hippodrome de Vincennes)

prendre, comment s'habiller ; il a sans doute un physique qui ne lui convient pas. Ça me ressemble. Ces choses viennent de Boulanger, mais aussi de moi. Je suis un homme petit et, bêtement, j'en ai souffert ; comme beaucoup de gens, j'ai de la tendresse parce que je me regarde moi-même. On se regarde toujours et on se fait pleurer tout seul ; et quand j'étais petit et malheureux de ma taille, c'est vrai que je m'attendrissais sur moi-même. Je peux parler aujourd'hui de mes complexes physiques parce que je les ai surmontés. D'abord, quand on est metteur en scène, on peut mesurer 1,40m, ça n'a pas d'importance. » (*Philippe de Broca*, éditions Henri Veyrier, 1990)

Philippe de Broca sait malgré tout qu'il ne parviendra jamais à lui ressembler. Peut-être est-ce une des raisons pour lesquelles il a souvent renié le film, le jugeant parfois carrément raté.

Jean-Pierre Cassel est aussi de cet avis. Il estime même que *L'Amant de cinq jours* est moins intéressant que *Les Jeux de l'amour* ou *Le Farceur* « *parce que c'est une commande. C'est un phénomène classique dès qu'on entre dans un circuit plus commercial : les producteurs veulent exploiter le filon, on refait la même chose... En moins bien. Nous aurions sans doute dû résister au chant des sirènes...* »

À sa sortie, la comédie trouve malgré tout des adeptes, tel François Truffaut, pour qui cet *Amant* est l'un des meilleurs films de De Broca.

GEORGES

« Je t'ai fait attendre ? ».

CLAIRE

« Non, c'est merveilleux d'attendre, c'est la moitié de l'amour. »

CLAIRE

« Georges nous possède tous. Il n'y a rien à faire contre un homme heureux »

MADELEINE

« Tu l'aimes donc. »

MADELEINE

« Toujours content ? ».

GEORGES

« Et heureux, je ne compte que sur moi. »

Page de gauche
Scènes du film

Page de droite, en haut
Micheline Presle et Jean-Pierre Cassel

Page de droite, en bas
Philippe de Broca, Jean Seberg et Jean-Pierre Cassel à l'époque de *l'Amant de cinq jours*

CARTOUCHE

Le dénommé Cartouche parcourt la France en prenant aux riches pour donner aux pauvres, entouré d'une bande de brigands et de sa compagne, la bohémienne Vénus. Une existence simple et heureuse, jusqu'au jour où il se met en tête de séduire la femme de son ennemi, Isabelle de Ferrussac, pour laquelle il éprouve une forte attirance. De fait, il néglige Vénus, abandonne quasiment ses compagnons et multiplie les coups d'éclat sans butin, pour les beaux yeux de la belle...

UN POUR TOUS, TOUS POUR CARTOUCHE !

Dans la foulée de *L'Amant de cinq jours*, les producteurs Alexandre Mnouchkine et Georges Dancigers proposent à Philippe de Broca de s'atteler à une nouvelle adaptation des *Trois Mousquetaires*, le chef-d'œuvre d'Alexandre Dumas père. Comment refuser... D'autant qu'une distribution prestigieuse est annoncée : Sophia Loren dans le rôle de Milady, Charles Aznavour, Jean-Claude Brialy et Alain Delon en mousquetaires, et Jean-Paul Belmondo sous les traits de d'Artagnan. Depuis la sortie d'A bout de souffle de Jean-Luc Godard, il est l'acteur dont tout le monde parle en ce début des années 1960. Il a en outre le physique idéal pour incarner le héros légendaire.

Les contrats sont rapidement signés, et la presse en fait ses choux gras. Hélas, le projet capote lorsque Bernard Borderie, spécialiste des films de cape et d'épée, annonce qu'il prépare également une adaptation du livre, avec l'incontournable Gérard Barray en vedette. Mnouchkine et Dancigers, raisonnables, préfèrent éviter tout conflit. Ils se rétractent donc et préviennent De Broca, en vacances aux Baléares, lequel leur répond, enthousiaste : « *Très bien ! On va faire autre chose, un truc que personne ne connaît, un sujet de cape et d'épée épatant. Un truc qui pétarade, avec un titre qui pète. Tiens : Cartouche ! C'est formidable ça, ça fait du bruit, c'est épatant ! On va raconter l'histoire de Cartouche, un brigand au grand cœur.* » *C'est tout. Je ne savais rien encore de Cartouche.* » *(Philippe de Broca*, éditions Henri Veyrier, 1990*)*. Belmondo reste partant et, dès lors, chacun commence à se pencher sur ce personnage historique, dont les exploits ont déjà été portés à l'écran deux fois : d'abord en 1934, avec Paul Lalloz, puis en 1950, avec Roger Pigaut. Louis-Dominique Bourguignon, dit « Cartouche », était un brigand du XVIIIe siècle qui donna des sueurs froides à la Régence et fut exécuté en place de Grève à Paris en 1721, à l'âge de vingt-huit ans : *« C'était un blouson noir de l'époque, une petite frappe... mais qui a réussi »* souligne De Broca. Cependant, il n'en fait pas un sordide voleur de grand chemin, mais un héros anarchiste qui brave la police du roi, méprise les conventions et pourfend les riches, dans la lignée de Robin des bois. En dépit de quelques anecdotes authentiques, l'intrigue est inventée de toutes pièces par De Broca et ses auteurs. *« Nous avons fait de Cartouche un type bien qui a décidé de s'amuser,* explique De Broca. *Comme il est pauvre, il choisit de griller sa vie en trois ans plutôt que de végéter soixante-dix ans. Son principe : ne pas regretter la veille, le jour de sa mort ; vivre dans le présent. Il ne tue pas et ne vole que les riches. »* (Télérama, 10 septembre 1961*)*. Il ajoute : *« Cartouche est un monsieur qui tire admirablement, qui sait faire de l'escrime, monter à cheval et faire des acrobaties, qui est le plus beau des hommes et arrive à séduire toutes les femmes. Il est bon, généreux et en même temps pas dupe de ce qu'il est, c'est à dire malgré tout un brigand, un être un peu asocial. Au fond, c'est là que ça rejoint un petit peu les films que j'ai déjà faits ; le héros est un monsieur qui ne se prend pas au sérieux, qui ne prend pas la vie au sérieux, qui ne prend pas les gens au sérieux. Il joue sa propre petite comédie, il préfère la vivre bien très peu de temps que de la vivre mal très longtemps. Il vit dangereusement, c'est pour ça qu'il est un héros moderne. »* (Inter actualités, 23 juillet 1961)

Réalisateur : Philippe de Broca, Assistants-réalisateurs : Georges Pellegrin, Joseph Drimal, Jean-Claude Giuliani, Eduardo Fiori, Production : les films Ariane – Filmsonor – Mondex Film (Paris) / Vidès (Rome), Producteurs : Alexandre Mnouchkine, Georges Dancigers, Producteur délégué : Georges Dancigers, Administration : Janine Ruault, Distributeur : Cinédis, Scénario : Daniel Boulanger, Philippe de Broca avec la collaboration de Charles Spaak, Dialogues : Daniel Boulanger, Directeur de la photographie : Christian Matras (DyaliScope – Eastmancolor), Opérateur : André Domage, Premier assistant opérateur : Ernest Bourreaud, Montage : Laurence Méry assistée de Raymonde Guyot, Musique: George Delerue, Éditions musicales Imperia, Ingénieur du son : Jean Rieul assisté de Marcel Corvaisier et Fernand Janisse, Décors : François de Lamothe assisté de René Calviera et Frédéric de Pasquale, Ensemblier : Robert Christidès, Costumes : Rosine Delamare, Costumière : Georgette Fillon, Exécution des costumes : M. Gromtseff, H. Lebrun, Maquillage : Marcel Bordenave, Coiffeuse : Huguette Lalaurette, Régisseur général : Éric Geiger, Régisseurs adjoints : Marc Goldstaub, Francis Dussaugey, Régisseur d'extérieur : Charles Chieusse, Scripte : Andrée François, Photographie : Raymond Voinquel, Attaché de presse : Georges Cravenne, Accessoiristes : Raymond Lemoigne, Henri Berger, Maître d'armes : Claude Carliez, Conseiller hippique : François Nadal, Tournage : 17 juillet au 6 octobre 1961, Studios Épinay, Extérieurs : Béziers, Pézenas, Ermenonville et région parisienne, Durée : 115 minutes, Genre : Aventure, Cape et d'épée, Sortie : 7 mars 1962, Visa d'exploitation : 24994, Affichiste : Yves Thos, Éditeur DVD et Blu Ray : Studiocanal, Box-Office France : 3 610 402 entrées, Producteur actuel Studiocanal

INTERPRÉTATION : **Jean-Paul Belmondo** (Louis-Dominique Bourguignon dit Cartouche), **Claudia Cardinale** (Vénus), **Jess Hahn** (la Douceur), **Marcel Dalio** (Malichot), **Jean Rochefort** (la Taupe), **Philippe Lemaire** (Gaston de Ferrussac), **Noël Roquevert** (le sergent recruteur), **Odile Versois** (Isabelle de Ferrussac), **Jacques Charon** (le colonel), **Lucien Raimbourg** (le Maréchal), **Jacques Ballutin** (« Capucine », le moine), **Pierre Repp** (Monsieur de Griffe), **Jacques Hilling** (l'aubergiste), **Paul Préboist** (le premier gendarme), **René Marlic** (Petit Oncle, le tavernier), **Madeleine Clervanne** (Pierrette, la suivante), **Raoul Billerey** (un homme de Cartouche), **Alain Dekok** (Louison), **Enzo Cerusico** (Un bandit), **Jean Lanier**, **Louis Viret**, **Maurice Auzel** (Un complice de Cartouche, non crédité), **Antoine Baud** (Un complice de Cartouche, non crédité), **Philippe de Broca** (L'homme qui crie 'les aristocrates à la lanterne', non crédité), **Billy Callaway** (Un complice de Cartouche, non crédité), **Lucien Camiret** (non crédité), **Philippe Castelli** (Le commissaire, non crédité), **Léonce Corne** (Le comte dépouillé, non crédité), **Dominique Davray** (Une fille de l'auberge , non crédité), **Henri Guégan** (Un complice de Catouche , non crédité), **Paul Jeanjean** (Un complice de Cartouche , non crédité), **Raymond Leplont** (L'aide du bourreau , non crédité), **Rico Lopez** (Un complice de Cartouche , non crédité), **Pierre Maguelon** (Un complice de Cartouche , non crédité), **Armel Marin** (Un complice de Cartouche , non crédité), **Georges Montant** (non crédité), **Jacques Préboist** (Le second gendarme, non crédité), **Irène Sologoub** (non crédité), **Bernadette Stern** (Une fille de l'auberge , non créditée), **Roger Trapp** (Un officier, non crédité), **Bernard Haller** (La voix du perroquet)

UN BLOCKBUSTER À LA FRANÇAISE

Mnouchkine et Dancigers – à qui l'on doit notamment *Fanfan la Tulipe* de Christian-Jaque – s'engagent sur un budget de quatre cents millions de francs, une somme énorme à l'époque. Et, pour Philippe de Broca, une lourde responsabilité. Mnouchkine et Dancigers n'ont pas tenu rigueur au cinéaste de son échec précédent qu'ils attribuent essentiellement au sujet du film ; ils lui renouvellent leur confiance, tout en imposant Charles Spaak à la coécriture du sujet, et Christian Matras au poste de chef opérateur. Des gens d'expérience, un peu trop peut-être, puisqu'entre De Broca et Spaak, le courant ne passe guère : *« Je ne garde pas un très bon souvenir de lui,* témoigne le metteur en scène quelques années plus tard, *car c'était un homme qui avait surtout du talent dans la méchanceté. D'ailleurs, quand le film a été terminé, il a eu vis-à-vis de moi une attitude très négative, étant très vexé que l'on demande à Boulanger de faire les dialogues. Boulanger était alors un jeune auteur tandis que Spaak était un auteur traditionnel qui s'ennuyait un peu avec nous, cela se traduisant par une paresse certaine. « L'esprit Charles Spaak » se trouve davantage dans l'aspect commercial – cape et épée – du film que dans le lyrisme. » (Philippe de Broca, éditions Henri Veyrier 1990)*

En revanche, Philippe de Broca est ravi de retravailler avec Jean-Paul Belmondo, qu'il avait côtoyé en tant qu'assistant sur le tournage d'*A Double tour*, long-métrage réalisé trois ans auparavant par Claude Chabrol. L'acteur, quant à lui, y retrouve Claudia Cardinale, sa partenaire de *La Viaccia* signé Mauro Bolognini, et donne la réplique à un de ses amis proches issus du Conservatoire, Jean Rochefort (La Taupe), après que Jean-Pierre Marielle s'est désisté, en raison d'une autre proposition plus alléchante. Cerise sur le gâteau, l'immense Marcel Dalio rejoint la troupe et campe une crapule d'anthologie, le redoutable Malichot.

Pour les besoins du rôle, extrêmement physique, Belmondo s'initie au maniement de l'épée en compagnie du maître d'armes Claude Carliez, et devient vite un escrimeur émérite. Il apprend aussi à monter à cheval – avec davantage de difficultés mais en un temps record. *Cartouche* lui ouvre en somme les portes de l'action et des cascades. Comme un avant-goût de sa carrière à venir…

Jacques Balutin, qui interprète le moine Capucine, se souvient par ailleurs que Belmondo n'était pas le seul comédien à assurer ses propres cascades : « C'est sur ce film que Jean Rochefort a appris à monter à cheval. Il y a une séquence qui me faire rire, lorsqu'il devait bloquer une rue avec deux percherons blancs pendant qu'on faisait évader Jess Hahn. Il avait très peur de ces chevaux, il disait : *« Oh les pépères, Oh les pépères… » C'est drôle quand on sait que, par la suite, il est devenu un passionné d'équitation et un éleveur de poulains. Dans ce film, nous étions tout le temps à cheval, et Jean Rochefort avait tellement peur qu'il était raide comme un cavalier du Cadre Noir de Saumur. C'était une ambiance de copains, très professionnelle, mais sans se prendre au sérieux. C'était très déconnant, un tournage de rêve. Il n'y avait pas cette notion d'urgence qui a existé après. Philippe était très rapide, très dynamique mais dans la bonne humeur. Ce n'était pas Henri Verneuil, ou Gérard Oury. C'était beaucoup plus détendu, drôle et enfantin. »* (entretien avec les auteurs, 2019)

Page de gauche
Scènes du film

Page de droite, en haut
Philippe de Broca et Jean-Paul Belmondo

Page de droite, au centre
P. de Broca pendant le tournage de *Cartouche*

Page de droite,
Scène de tournage

CARTOUCHE

« On peut tout faire dans la vie sauf une chose, juger. C'est le seul péché. »

Page de gauche, en haut
Claudia Cardinale et Marcel Dalio

Page de gauche, en bas
Marcel Dalio et Jean-Paul Belmondo dans *Cartouche*

Page de droite, en haut
De gauche à droite : Jean-Paul Belmondo, Odile Versois et Philippe Lemaire.

Page de droite, en bas
Philippe de Broca en figurant révolutionnaire

Parallèlement, ce joyeux spectacle permet à Philippe de Broca de s'émanciper et de mettre entre parenthèses ses tendres comédies pour tourner un vrai film d'aventure. Toutefois, l'humour n'est pas complètement absent du récit de *Cartouche* qui offre quelques scènes burlesques des plus remarquables (cf la bataille dans l'auberge), parfois entrecoupées d'une pointe de mélancolie. Soit un dépoussiérage total du genre, dans le sillage des Christian-Jaque, André Hunebelle et Bernard Borderie, la modernité en sus. Le réalisateur ajoute : « Cartouche *est pour moi un retour au cinéma-spectacle, c'est-à-dire au cinéma fait pour distraire et non pour apporter un message ou créer de nouvelles formules. Au contraire, Daniel Boulanger et moi, nous nous sommes efforcés dans le scénario d'accumuler tous les poncifs du genre, dans les personnages et aussi dans les situations. Nous avons du reste procédé de la manière suivante pour bâtir le scénario. Nous avons imaginé le héros, le traître, la belle fille, etc. dans toutes les situations possibles : un peu de comédie, un peu de drame, un peu de burlesque, un peu de suspense, du sentimental. On mélange... On arrange... On secoue... On découpe... et on arrive à l'histoire qui permet de réunir tous ces éléments. Et pour la première fois, j'ai l'impression d'avoir fait un film qui ressemble assez au spectacle de cirque ou du vieux théâtre, où l'on vous annonce à coups de tambour :* » *Du rire et des larmes... de la joie, des frissons, de l'amour.... Entrez... Entrez!* » *En donnant à tout cela un climat anarchique et parfaitement amoral, on évite de sombrer dans la leçon de morale bêtasse. Il faut bien dire que tout ce que je raconte là n'a pas d'intérêt. Il vaut mieux voir le film et il n'y a aucune explication à donner de surcroît. C'est précisément le type de film où il n'y a rien que les gens ne voient immédiatement. Il n'y a pas de message caché.* » (Note d'intention du manuel de publicité pour les exploitants de salles) Lors de sa sortie en salles, *Cartouche* fait un tabac, avec 3,6 millions de spectateurs. Il s'agit du sixième plus gros succès de l'année, derrière *Le Jour le plus long* (Darryl F. Zanuck), *La Guerre des boutons* (Yves Robert), *West Side Story* (Robert Wise/ Jérôme Robbins), *La Fayette* (Jean Dréville) et *La Conquête de l'ouest* (Henry Hathaway/ John Ford/George Marshall).

Alexandre Mnouchkine estime cependant que la fin du film, extrêmement poignante, leur a fait perdre des entrées. Avec le recul, De Broca trouve que la seconde partie de l'oeuvre, axée sur la solitude d'un homme, est beaucoup plus intéressante que la première, où la convenance et la parodie dominent.

Il n'en demeure pas moins que *Cartouche* est une étape essentielle dans la carrière de De Broca. Ce dernier découvre en Belmondo un second double, plus populaire et plus physique que Jean-Pierre Cassel. Et leur triomphe commun les conduit à poursuivre sur cette lancée. La production souhaitait d'ailleurs donner une suite à *Cartouche*, dans laquelle le personnage aurait trouvé la mort. Mais Philippe de Broca et Bébel s'envoleront finalement pour une toute autre destination...

CARTOUCHE

« Je peux tout te donner, je peux tout avoir, c'est vrai, ce n'est même plus amusant »

VÉNUS

« Oh si, Dominique, amuse-toi, ça empêche de mourir. »

Page de gauche
Scènes du film *Cartouche*

Page de droite
À gauche, Philippe de Broca dans son fauteuil pendant le tournage

LES SEPT PECHÉS CAPITAUX

Un paysan prénommé Valentin est interrompu dans son repas par le facteur qui lui annonce le décès de son père, des suites d'une indigestion. Le lendemain, il se rend en compagnie de sa femme et de sa belle-mère à l'enterrement, prévu à trente kilomètres de chez lui, et prévoit (largement) de quoi se ravitailler en cours de route. Cette épopée le conduit à multiplier les « pauses casse-croûte », au point d'arriver en retard au cimetière...

TROISIÈME SKETCH. **LA GOURMANDISE**

Dans ce film à sketchs de 1962, plusieurs réalisateurs évoquent tour à tour les différents péchés sur le ton de la comédie : Claude Chabrol, Jacques Demy, Jean-Luc Godard, Édouard Molinaro, Roger Vadim… et Philippe de Broca, lequel, avec Daniel Boulanger, a choisi de s'intéresser au péché de gourmandise.

À noter que Henry Deutschmeister, des productions Franco-London Film, avait également financé, en 1951, une version cinématographique des sept péchés, confiée à divers auteurs issus de « l'ancienne école » : Yves Allégret, Claude Autant-Lara, Jean Dréville, Georges Lacombe, Carlo Rim ainsi que deux Italiens, Eduardo De Filippo et Roberto Rossellini.

Cette incursion de Philippe de Broca dans le genre du film à sketchs forme une parenthèse enchantée, légère et récréative au sein de son œuvre, une fable rabelaisienne mettant en scène un paysan qui ne pense qu'à manger. Porté par la truculence d'un Georges Wilson au sommet de sa forme, le segment réunit par ailleurs quelques grandes gueules du cinéma, tels Paul Préboist et Henri Virlojeux, qui s'en donnent eux aussi à cœur joie.

Néanmoins la critique fait la fine bouche devant cette gentille pantalonnade, qualifiée de *« grosse farce pénible, ennuyeuse et mal jouée »* par les Cahiers du cinéma.

Interrogé sur le fait d'aborder un sujet trivial et quelque peu scabreux, de Broca rétorque : *« C'était une commande. Il s'agissait de réunir les auteurs de la « Nouvelle Vague ». Dans les sujets qui restaient à choisir, la gourmandise était peut-être le plus facile à faire dans la mesure où ce n'est pas un péché. Avec Boulanger, on a planché pendant trois jours pour écrire cette histoire. » (Philippe de Broca,* éditions Henri Veyrier, 1990)

Les autres sketches sont, dans l'ordre chronologique :

La Colère de Sylvain Dhomme et Max Douy, avec Marie-José Nat, Dominique Paturel, Perrette Pradier, Jean-Marc Tennberg

L'Envie de Édouard Molinaro, avec Dany Saval, Claude Brasseur, Geneviève Casile, Jacques Monod, Paulette Dubost, Paul Demange, Claudine Auger

La Luxure de Jacques Demy, avec Micheline Presle, Jean Desailly, Laurent Terzieff, Jean-Louis Trintignant, Corinne Marchand

La Paresse de Jean-Luc Godard, avec Eddie Constantine, Nicole Mirel

L'Orgueil de Roger Vadim, avec Marina Vlady, Sami Frey, Michèle Girardon, Jean-Pierre Aumont

L'Avarice de Claude Chabrol, avec Danièle Barraud, Jean-Pierre Cassel, Jacques Charrier, Jean-Claude Brialy, Claude Rich, Claude Berri, Sacha Briquet

Réalisateur : Philippe de Broca, Assistant-réalisateur : Charles Bitsch, Production : Les Films Gibé (Joseph Bercholz) - Franco London Film (Paris) - Titanus (Rome), Directeur de la production : Jean Lavie, Distributeur : Consortium-Pathé, Scénario et dialogues : Daniel Boulanger , Directeur de la photographie : Jean Penzer, Format : Noir et blanc - 35 mm - 2,35:1 (Dyaliscope) - Son mono, Montage : Jacques Gaillard, Jean Feyte, Musique : Michel Legrand, Ingénieur du son : Robert Biart, Jacques Lebreton, Décors : Jacques Gut et Bernard Evein, Photographie : André Dino, Tournage : 29 juillet-30 novembre 1961, Durée globale : 110 minutes, Durée du sketch : 19 minutes, Genre : Comédie à sketches, Sortie : 7 mars 1962 (France), Box-office Paris : 471 378 entrées dans 4 salles parisiennes en exclusivité (Paris, Français, Miramar, Wepler), Box-office France : 1 265 620 entrées, Visa d'exploitation : 25.275, Éditeur DVD et Blu Ray : Gaumont vidéo (en supplément des « Jeux de l'amour »), Producteur actuel : Gaumont

INTERPRÉTATION : Paul Préboist (Alphonse, le facteur), **Henri Virlogeux** (Antonin), **Georges Wilson** (Valentin, le mari), **Marcelle Arnold** (L'épouse de Valentin), **Magdeleine Bérubet** (Nénesse, La belle-mère), **Albert Michel** (Le « Suisse » à l'église)

Ci-contre, à gauche
Philippe de Broca

Ci-contre, à droite
Georges Wilson et Philippe de Broca sur le tournage

LES VEINARDS

Simon Taquet, colleur d'affiches de son état, gagne le premier prix d'un concours, qui lui donne le droit de passer une soirée avec Patricia Paddington, jeune vedette en devenir. Mais en réalité, il ne s'agit que d'une opération publicitaire organisée par Sam Chips, l'imprésario de la starlette, pour lancer celle-ci à peu de frais.

TROISIÈME SKETCH. **UNE NUIT AVEC LA VEDETTE**

Les Veinards se décline en cinq sketches, réunis par un seul et même thème, celui de la chance à la loterie et aux concours. Sans être détonnant, le cocktail est plaisant et représentatif du burlesque de l'époque. Le court segment réalisé par Philippe de Broca, *Une nuit avec la vedette*, met en scène un Darry Cowl fidèle à sa légende, c'est-à-dire incroyablement déluré, face à l'incontournable Geneviève Cluny, à Pierre Doris et Roger Trapp. Dary Cowl signe également la musique. Quant à De Broca, il apparait brièvement le temps d'un gag, simple mais efficace : celui d'un passant prenant une affiche en plein visage au cours de sa promenade.

Le protagoniste, Simon Taquet, est un brave homme qui gagne une soirée - soi-disant intime - en compagnie d'une ravissante actrice. À l'instar d'un autre sketch composant ce long-métrage, *Le Gastronome* de Jean Girault avec Francis Blanche, *Une nuit avec la vedette* cible particulièrement les photographes envahissants et grossiers, sur un ton bon enfant.

Philippe de Broca s'acquitte convenablement de cette commande; entre deux œuvres plus personnelles, il s'amuse. Si la critique ne se montre guère emballée, accusant les auteurs de s'être laissé aller à une relative facilité, le public, lui, est séduit ; le film réalise plus d'un million et demi d'entrées.

Une œuvre à (re)découvrir, ne serait-ce que pour son incroyable casting, composé - pour l'ensemble des sketches - de Louis de Funès, Jacqueline Maillan, Pierre Mondy, Jean Lefebvre, François Périer, Mireille Darc, Daniel Ceccaldi, Philippe Nicaud ou encore Noël Roquevert.

Les autres sketches sont, dans l'ordre chronologique :

Le Vison de Jean Girault avec François Périer, Jacqueline Monsigny, Mireille Darc et Guy Tréjan

Le Repas gastronomique de Jean Girault avec Francis Blanche

Le Yacht de Jean Girault avec Pierre Mondy, Jacqueline Maillan, Philippe Nicaud et France Anglade.

Le Gros Lot de Jack Pinoteau avec Louis de Funès, Blanchette Brunoy et France Rumilly.

Réalisateur : Philippe de Broca, Assistants-réalisateurs : Joseph Drimal, Constantin Tanasesco, Production : Erdey Films, Directeurs de la production : Michel Romanoff, Roger Debelmas, , Distributeur : Compagnie Française de Distribution Cinématographique (CFDC) / Sirius, Scénario : Daniel Boulanger et Philippe de Broca , Dialogues : Daniel Boulanger, Directeurs de la photographie : Jean Penzer, André Dumaître, Guy Suzuki, Raymond Letouzay (Standard N & B), Opérateur : Jean Charvein, Philippe Brun, Montage : Armand Psenny, Musique : Jean-Michel Defaye. - Éditions Imperia, Thème musical : Darry Cowl (sketch Une nuit avec la vedette), Ingénieur du son : René Sarazin, Décors : Sydney Bettex, Maquillage : Anatole Paris, Régisseur : Marc Goldstaub, Script-girl : Andrée François, Photographie de plateau : Helga Romanoff, Attachés de presse : Marianne Frey (Pilote Relation), Tournage : Juillet-octobre 1962 (interrompu du 16 août au 24 septembre) dans les studios « Franstudio » de Saint-Maur, Extérieurs : Paris et région parisienne, Durée globale: 100 minutes, Durée du sketch : 15 minutes, Genre : Comédie, Film à sketches, Sortie : 26 avril 1963, Box-office Paris : 261 795 entrées dans 4 salles parisiennes en exclusivité (Mercury, Bretagne, Max-Linder, Plaza) , Box-office France : 1 511 419 entrées, Visa d'exploitation : 26 544, Affichiste : Guy Gérard Noël, Éditeur DVD : Studiocanal, Sortie à la Vente en DVD le 3 novembre 2003, Producteur actuel : Studiocanal

INTERPRÉTATION : **Darry Cowl** (Simon Taquet, colleur d'affiches), **Geneviève Cluny** (Patricia Paddington, la vedette), **Pierre Doris** (Sam Chips, l'imprésario), **Philippe de Broca** (Le passant qui reçoit l'affiche), **Bibi Morat** (Le petit garçon), **Roger Trapp** (L'agent Tapin), **Jacques Hilling** (Le reporter), **Jean-Pierre Rambal** (Le serveur), **Madeleine Clervanne** (La concierge)

Page de droite
Darry Cowl et Geneviève Cluny dans le sketch « Une nuit avec la vedette »

L'HOMME DE RIO

Une statuette amazonienne est subtilisée au Musée de l'Homme, à Paris. Au même moment, le deuxième classe Adrien Dufourquet arrive dans la capitale pour une permission de huit jours qu'il s'apprête à passer avec Agnès, sa fiancée. Mais celle-ci est enlevée sous ses yeux. Il prend alors en chasse les ravisseurs jusqu'à Rio où, déjouant les pièges de mystérieux inconnus, il parvient à la libérer. Là, elle lui apprend qu'une deuxième statuette, semblable à celle précédemment volée, est cachée dans la maison qu'elle habitait naguère, à Rio, avec son père. Ils s'y rendent...

SI TU VAS À RIO...

L'Homme de Rio est, pour ainsi dire, la première véritable adaptation des aventures de Tintin au grand écran. Un thème que Philippe de Broca va interpréter librement tout en en assumant l'héritage. En 1961, il est contacté par le producteur André Barret qui souhaite porter à l'écran les exploits du célèbre reporter belge, sous le titre : *Tintin et le Mystère de la Toison d'Or*. D'abord vivement intéressé, De Broca finit par décliner la proposition : « *J'étais un fanatique d'Hergé, j'avais tout lu, je connaissais tout par cœur. Puis, en préparant le film, quand j'ai trouvé le jeune homme qui a joué Tintin (Jean-Pierre Talbot), quand j'ai vu Georges Wilson en Haddock, j'ai trouvé que c'était moins bon que les bandes dessinées. J'ai dit à Barret de ne pas faire ça mais plutôt un film inspiré d'Hergé, pas une adaptation vivante de choses dessinées. C'est comme ça que j'ai fait* L'Homme de Rio. » (Interview, 1995). *Tintin et le mystère de la Toison d'Or* sera finalement réalisé par Jean-Jacques Vierne.

C'est lors d'un voyage au Brésil, à l'occasion d'une présentation de *Cartouche*, que Philippe de Broca, accompagné de Jean-Paul Belmondo et d'autres amis, se prend d'enthousiasme pour l'idée : « *Il y avait là Georges Dancigers et, autour d'un verre, nous lui avons dit :* « Écoute, c'est trop bête de ne pas profiter de ce paradis. On va tourner ici un film avec Belmondo qui sera en costume blanc et ça s'appellera *L'Homme de Rio*. Il descendra de l'avion avec un cigare et il lui arrivera plein d'aventures ! » *C'est vraiment comme ça que tout est parti. Et Dancigers a dit :* « Pourquoi pas ? » *J'avais très envie de faire un film exotique et j'ai commencé à travailler avec Ariane Mnouchkine.* » *(Philippe de Broca*, éditions Henri Veyrier, 1990*)*

Le scénario se révèle cependant difficile à construire, au point de devoir faire appel à plusieurs mains, celles bien entendu de Daniel Boulanger... mais aussi de Jean-Paul Rappeneau. L'apport de ce dernier est d'ailleurs considérable. C'est lui qui propose notamment de faire du héros un militaire en permission qui rejoint sa petite amie. Selon Rappeneau, le film aurait même pu s'appeler *Huit jours de perm*.

Il souffle également l'intrigue autour du fameux triptyque, qu'il reprend du film *Signé Arsène Lupin*, coécrit avec Yves Robert. Au final, l'écriture débouche sur un script solide et rigoureux, beaucoup plus subtil qu'il n'y paraît. De Broca insiste sur ce point : « *C'est ça qui est marrant dans un film comme ça, qui donne l'impression qu'on a écrit n'importe quoi et puis qu'on a eu du mal à le tourner et qu'ensuite on a monté ça n'importe comment. En fait, c'est juste le contraire. Il faut savoir que ce scénario complètement idiot nous a pris six mois de travail, qu'on a tourné le film en deux mois alors que c'est là qu'auraient dû se poser des difficultés. Et tout le montage a duré six mois.* »

HERGÉ, HITCHCOCK... ET JAMES BOND

Un voyage à l'autre bout du monde, de multiples péripéties et une énigme à résoudre, de l'héroïsme, de l'humour, et une issue heureuse... *L'Homme de Rio* fait constamment *référence à Tintin, tant dans la forme que dans le fond. Seule différence notable : le protagoniste, Adrien* Dufourquet, n'est pas asexué, puisqu'il a une pétulante fiancée. En revanche, son caractère intrépide est aussi irrésistible que celui du reporter à la houppe dont chaque enfant a dévoré les aventures : « L'Homme de Rio, *je l'ai entièrement conçu comme le film idéal que j'aurais aimé voir à douze ans*, précise Philippe de Broca, *un âge où l'on vit dans un monde d'aventures, où l'on se met sur un canapé qui devient le dos d'un chameau ou un traîneau à chiens. Le héros de* L'Homme de Rio *a donc subi une forte influence de l'enfant que j'étais. Ensuite, il est évident qu'il a été influencé par la bande dessinée, comme Tintin et Milou...J'ai été très surpris par le succès du film. Je crois que les adultes ont aimé être replongés dans le monde de l'enfance.* » *(Philippe de Broca*, éditions Henri *Veyrier 1990)*

Réalisateur : Philippe de Broca, Assistant-réalisateur : Olivier Gérard, Production : Les Films Ariane, Les Artistes Associés (Paris), Vides, Cinematografica, Dear Film (Rome)., Producteurs : Alexandre Mnouchkine, Georges Danciger, Directeur de la production : Alexandre Mnouchkine, Distributeur : Les Artistes Associés, Scénario : Jean-Paul Rappeneau, Ariane Mnouchkine, Daniel Boulanger, Philippe de Broca, Dialogues : Daniel Boulanger, Directeur de la photographie : Edmond Séchan (Standard-Eastmancolor / Tirage Technicolor), Opérateurs : Jean-Paul Schwartz, Philippe Brun, assistés de Guy Delattre, Montage : Françoise Javet assistée de Ghislaine Desjonquères et Nicole Gauduchon, Musique : Georges Delerue, Chansons : « o Rio e o Mar » et « Serenada do Mar » de Catulo de Paolo et « Chorando Sim » de Almeidinha, Ingénieur du son : Jacques Maumont, Décors : Mauro Montero Filho, Maquillage : Marcel Bordénave, Coiffeuse : Yvonne Gasperina, Régisseurs généraux : Maurice Hartwig, Louis Manella, Script-girl : Lucile Costa, Helly Stérian, Photographie : Darcy Trigo, Raymond Voinquel, Attachée de presse : Maryse Martres, Effets spéciaux : Gil Delamare, Conseiller aéronautique : Colonel A.A. Piaheiro, Trucages et générique : Jean Fouchet F.L., Tournage : du 16 mai au 2 août 1963 à Paris et au Brésil (Rio de Janeiro, Brasilia), Durée : 120 minutes, Genre : Comédie d'aventures, Sortie : 28 février 1964, Visa d'exploitation : 27 543, Affichiste : Yves Thos, Léo Kouper, Éditeur DVD et Blu-Ray : TF1 Vidéo, Sortie à la Vente en DVD et en Blu-Ray le 15 Mai 2013, Box-Office Paris : 1 150 850 entrées , Box-Office France : 4 800 626 entrées, Producteur actuel : TF1 Droits Audiovisuels

INTERPRÉTATION : **Jean-Paul Belmondo** (Adrien Dufourquet), **Françoise Dorléac** (Agnès Villermosa), **Jean Servais** (Le professeur Catalan), **Simone Renant** (Lola), **Adolfo Celi** (Mario de Castro), **Roger Dumas** (Lebel, Le copain d'Adrien), **Daniel Ceccaldi** (Le commissaire), **Milton Ribeiro** (Tupac, l'homme de main de Catalan), **Ubiraci de Oliveira** (Sir Winston), **Sabu do Brazil** (Maïtoc) et non crédites : **Suzanne Negri** (l'Anglaise), **Eneida de Carbalho e Silva** (La skieuse nautique), **Annick Malvil** (L'hôtesse Pan Air), **Antonio Carlos de Portela de Carvalho** (Le bandit chauffeur), **Christian Bagot** (Le gardien du musée), **Aubry** (L'assistant du commissaire), **Maurice Hartwing** (Le parisien), **Max Elloy** (Le docteur), **Nina Myral** (La tante d'Agnès), **Piervil** (Le brigadier de police), **Robert Blome** (Le premier gardien du musée), **Marie Marc** (La bonne chez la tante), **André Tomasi** (Le douanier), **Louise Chevalier** (La concierge) et **Lucien Raimbourg** (L'infirme)

Outre la filiation avec l'œuvre d'Hergé, le film témoigne d'autres influences, notamment celle du cinéma d'Alfred Hitchcock. La technique narrative du MacGuffin, élaborée par Hitchcock – les aventures mouvementées pour récupérer un objet ont plus d'importance que l'objet lui-même – est ici parfaitement exploitée avec les mystérieuses statuettes maltèques. En outre, plusieurs scènes du film sont clairement inspirées de *La Mort aux trousses* (1958). Celle où Belmondo, en costume-cravate, est poursuivi par des voitures sur une route terreuse, évoque la scène-culte du film d'Hitchcock, dans laquelle Cary Grant – en costume-cravate – court entre les champs de maïs pour échapper à un avion qui lui tire dessus.

Le producteur Alexandre Mnouchkine, pour sa part, rêvait de faire un « *James Bond à la française.* » À l'époque, le célèbre agent secret s'imposait déjà sur les écrans, et, de fait, *L'Homme de Rio* s'en rapproche par certains points (Belmondo habillé en smoking à Brasilia, un saut en parachute que n'aurait pas renié le héros créé par Ian Fleming, etc.).

UN TOURNAGE FESTIF

Comme souvent avec Philippe De Broca, le tournage se révèle être une partie de plaisir. Jean-Paul Belmondo multiplie les blagues à l'encontre de ses camarades de jeu. Parmi les plus mémorables, citons l'achat de dix petits crocodiles longs de vingt centimètres, déposés dans les salles de bain, les bidets, ainsi que dans la piscine de l'hôtel. Lors d'un entretien croisé avec De Broca pour le journal L'Express, l'acteur se remémore les incidents que cela avait causé : « *C'est à Manaus que je me suis le mieux amusé. On avait logé nos crocodiles dans les baignoires et les garçons refusaient de faire nos chambres. Tu te souviens, ils ne voulaient rien entendre !* » Ajoutons à cela des batailles de talc, de la farine placée dans les climatiseurs, ou une explosion de pétards qui a semé la panique dans les rues de Manaus. D'après De Broca, « *Quand on fait un film drôle, il faut que tout le monde s'amuse. Il faut permettre une grande détente, cela donne de la grâce au film. Si l'harmonie est rompue parce que quelqu'un fait la gueule, ou a mal au foie, la scène suivante s'en ressent. Une fois, au cours d'une scène sur une rivière, la scripte (Lucile Costa) s'est fâchée. Elle est partie bouder au bout de la pirogue. Eh bien la scène qu'on a tournée à ce moment-là est ratée.* »

BELMONDO CASCADEUR, DORLÉAC IMPOSÉE

C'est le premier film dans lequel Jean-Paul Belmondo exécute lui-même une partie de ses cascades, parfois sans aucune protection. Et, pour ses débuts, force est de reconnaître qu'il n'est pas avare en exploits de toutes sortes ; son escalade de la façade d'un l'hôtel à Rio, puis d'un immeuble en construction à Brasilia, demeurent encore aujourd'hui des performances inégalées. Belmondo / Dufourquet court, grimpe, nage, pilote, vole, pagaie, joue des poings, et se déplace de liane en liane tel Tarzan. Un vrai festival. On y croit parce qu'il ne triche pas et se donne à fond, observe Philippe de Broca : « *Belmondo est formidable. Il était le seul à pouvoir tenir ce rôle ingrat avec une telle aisance et une telle bonne humeur… Belmondo c'est vraiment la grâce continuelle* ». Pour sa part, l'acteur souligne : « *J'ai toujours fait des cascades dans la vie, je me pendais chez ma mère par le balcon du cinquième étage pour m'amuser. Un jour, je dis à Gil Delamare* (le superviseur des cascades, *ndlr*) *:* « Je fais des cascades dans la vie, pourquoi je ne les ferais pas à l'écran ? » *Il me dit :* « Tu as raison, ce n'est pas la peine qu'un autre le fasse si tu sais le faire. » *Et on a commencé à faire nos bêtises comme ça. À l'époque de* L'Homme de Rio, *il y avait moins de sécurité qu'aujourd'hui. On a tendu deux câbles entre deux immeubles et on a mis un sac de ciment au milieu pour voir si ça tenait. C'était vraiment de l'amateurisme.* » (Les étoiles du Cinéma, France Inter, émission du 08 juin 1996)

Page de gauche
Scènes du film *L'Homme de Rio*

Page de droite, en haut
Philippe de Broca pendant le tournage

Page de droite, en bas
Jean-Paul Belmondo entouré d'une partie de l'équipe

Page de gauche, en haut
Préparation d'une cascade. Au centre, Philippe de Broca, à droite Gil Delamare

Page de gauche, en bas
Philippe de Broca et son producteur et ami, Alexandre Mnouchkine

Page de droite
Jean-Paul Belmondo sur le tournage

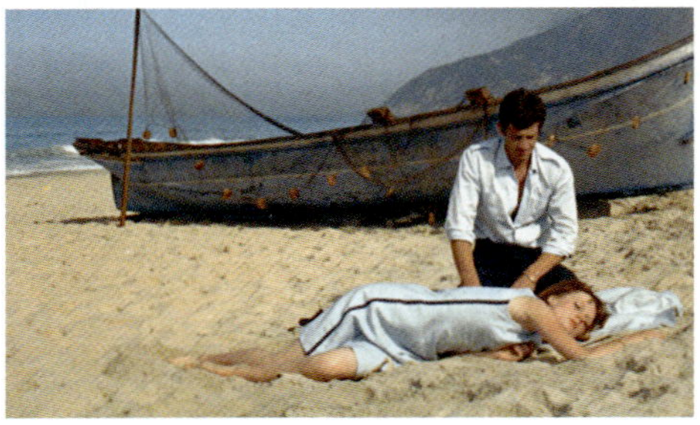

Gil Delamare double Belmondo de temps à autre, principalement pour la séquence de l'avion à la fin du film. C'est lui qui transmet le goût du risque à Bébel, l'incitant même à repousser ses limites. Entre les deux hommes, c'est un véritable coup de foudre amical et une rencontre clé dans la carrière du comédien. Tous deux collaborent au plus près et Jean-Paul apprend énormément à ses côtés, souvent en direct, comme en témoigne cette incroyable mésaventure survenue alors que l'acteur devait passer d'un immeuble à un autre à l'aide d'un câble : « *Lorsque Jean-Paul s'est avancé sur le câble, on s'est rendu compte qu'il n'était pas assez tendu*, raconte Mnouchkine. *Normalement Jean-Paul aurait dû passer d'un côté à l'autre, mais quand il s'est retrouvé au milieu du câble, celui-ci a fait comme une flèche vers le bas, ce qui faisait que Jean-Paul ne pouvait plus ni avancer ni reculer. Il était coincé et ses mains commençaient à fatiguer. À ce moment-là, Gil Delamare lui a dit :* « Laisse tes mains. Accroche-toi avec les jambes autour du câble et repose-toi. » *Ça a duré exactement douze minutes. Je m'en souviens puisque la caméra continuait de tourner et la bobine de film de quatre cents mètres y est passée. Nous étions au quarantième étage, il faisait une chaleur suffocante et Jean-Paul a mis douze minutes pour venir vers nous. Il n'était pas question d'aller le chercher. Alors Gil Delamare lui parlait tranquillement :* « Sois calme, repose-toi. Ne t'accroche pas trop. Repose-toi avec les jambes. Repose tes mains l'une après l'autre, attention qu'elles ne deviennent pas blanches. Remonte tranquillement. Repose-toi. Ne continue pas. Arrête... »

Olivier Gérard, l'assistant de De Broca, ajoute : « *Gil Delamare était d'une modestie exemplaire. C'était un type formidable! D'après ce que j'avais pu en lire dans la presse, il avait l'image d'un play-boy. Mais j'ai rencontré un homme d'une humilité, d'une gentillesse, d'un calme et d'une douceur extraordinaires. De plus, il avait un étonnant pouvoir de persuasion. Je disais toujours que Gil pouvait vous faire monter dans un avion et vous mettre un parachute sur le dos. Si vous n'aviez jamais sauté, il vous disait :* « Oh, c'est pas très grave. Je compte et à zéro, tu sautes et puis tu appuies simplement là, ça s'ouvre ». *Dès qu'il y avait une scène un peu dangereuse, on disait : et bien, Gil va mettre un câble! Contrairement à ce qu'on fait aujourd'hui,* où tout est programmé *à l'avance par ordinateur, Gil Delamare inventait les cascades au fur et à mesure. Pour la scène où Belmondo saute de liane en liane comme Tarzan pour finalement glisser le long d'un arbre, Gil l'a équipé de gants renforcés couleur chair et de protections. C'étaient des choses qu'il inventait sur le moment. On avait l'impression de voir un poète. C'était un être qui vivait presque en dehors du monde, l'idée de la mort ne lui faisait pas peur. Il avait une espèce de vision sereine, un côté détaché de la vie.* » (entretien avec Luc Larriba, 2012).

Quant au personnage d'Agnès, Philippe de Broca bataille un long moment, avant de parvenir à convaincre ses producteurs d'engager Françoise Dorléac. « *Je ne pouvais imaginer* L'homme de Rio *sans elle. Françoise avait cette vivacité, cette originalité, cette voix rauque... Elle m'emballait...* » expliquera-t-il quelques années plus tard. Un emballement rapidement partagé par un très grand nombre, puisque, dans la foulée de *L'Homme de Rio*, Dorléac et Belmondo se retrouvent au générique de *La Chasse à l'homme*, sous la direction d'Édouard Molinaro.

UN SUCCÈS INTERNATIONAL

L'Homme de Rio sort à Paris le 28 février 1964, soit le même jour que *La Tulipe noire* avec Alain Delon. Il fera au total quatre millions huit cent mille entrées, dépassant largement le film de Christian-Jaque (un peu plus de trois millions).

Ce succès phénoménal lui ouvre les portes de l'international; il fait un triomphe – inattendu – aux États-Unis, grâce à une étonnante publicité que rapporte De Broca : « *On m'a raconté qu'un jour Robert Kennedy avait envoyé sa femme et ses enfants*

Page de gauche
Scènes du film *L'Homme de Rio*

Page de droite
Préparation d'une cascade avec Jean-Paul Belmondo

voir le film tandis que lui avait choisi un film « sérieux ». Au milieu de la projection, sa femme avait traversé la rue pour aller le chercher dans l'autre cinéma : « Viens voir ce film, il est fantastique ! » *Et il avait répondu :* « D'accord, ici je m'ennuie ! » *Et comme il est arrivé au milieu de L'Homme de Rio, il est resté toute la séance d'après. Bien sûr, tout le monde avait remarqué que Robert Kennedy et sa femme étaient restés deux séances de suite. L'histoire s'est répandue comme une traînée de poudre dans tous les États-Unis et on a frôlé l'Oscar. » (Philippe de Broca*, éditions Henri *Veyrier 1990).* En 1965, *L'Homme de Rio* est effectivement sélectionné pour concourir à l'Oscar du meilleur scénario original.

LA POSTÉRITÉ

Mais la plus belle des récompenses est ailleurs. Au fil des ans, *L'Homme de Rio* va séduire les plus grands metteurs en scène. Tombé sous le charme du film dès l'âge de 17 ans, Steven Spielberg s'en inspirera pour sa trilogie consacrée à l'archéologue Indiana Jones. Ainsi, dans *Les Aventuriers de l'Arche Perdue*, les rapports volcaniques entre Indy et Marion Ravenwood rappellent la relation entre Adrien et Agnès. Et la scène où Indiana Jones détermine l'emplacement du puit des Âmes grâce à un médaillon reflétant la lumière sur une maquette fait largement écho à celle où, dans le film de De Broca, le professeur Catalan découvre l'emplacement d'un trésor maltèque, grâce à la réverbération solaire. Si Hergé regrettera amèrement de n'avoir jamais été remercié par De Broca pour tout ce qu'il lui a apporté – directement ou indirectement –, Spielberg, en revanche, *écrira* à l'auteur de *L'Homme de Rio* pour lui exprimer sa passion et sa reconnaissance.

Puis, c'est au tour de deux Français de se laisser influencer par ce classique intemporel : Luc Besson, au milieu des années 1990, avec *Le Cinquième élément*, où il est question de statuettes à positionner à une place bien spécifique ; et Michel Hazanavicius, avec son diptyque *OSS 117, Le Caire : nid d'espions* et OSS 117 : *Rio ne répond plus*, un double hommage tant à Jean-Paul Belmondo qu'au cinéma de Philippe de Broca.

Œuvre charnière dans l'histoire du cinéma, *L'Homme de Rio* redéfinit pleinement les codes de la comédie d'aventure, en s'appropriant ceux des films américains et en y injectant la folie, l'inventivité et la liberté imposées depuis 1959 par les Jeunes Turcs de la Nouvelle Vague. Hasard ou pas, c'est avec ce long-métrage que De Broca obtient son plus gros succès.

Page de gauche, en haut
Scènes du film *L'Homme de Rio*

Page de gauche, en bas
Philippe de Broca et Gil Delamare pendant le tournage au Brésil

Page de droite, en haut
Jean-Paul Belmondo entre deux prises

Page de droite, en bas
Philippe de Broca prépare une scène de cascade sur un toit

Page de gauche, en haut
Jean-Paul et Ubiraci De Oliveira

Page de gauche, en bas
Jean-Paul Belmondo et Philippe de Broca.
Tournage de L'Homme de Rio

Page de droite, en haut
Jean-Paul Belmondo porte Françoise Dorléac sur son dos

UN MONSIEUR DE COMPAGNIE

Le réveil tire Antoine d'un vilain cauchemar : il travaillait ! C'est donc avec soulagement qu'il se retrouve en train de pêcher à la ligne auprès de son grand-père, rentier, qui lui recommande « de ne pas perdre sa vie à la gagner ». Mais à la mort de ce dernier, Antoine se retrouve vite sans le sou, et se met donc à vivre aux crochets de multiples personnes…

RETOUR AUX SOURCES

Après le triomphe de *L'Homme de Rio*, Philippe de Broca peut tout se permettre. Il crée la surprise en revenant à un ton plus intimiste sous l'impulsion de son premier acteur fétiche, Jean-Pierre Cassel. Celui-ci a eu un coup de cœur pour le roman d'André Couteaux, *Un monsieur de compagnie*, et lui suggère de s'y intéresser.

Séduit, De Broca se met au travail et adapte l'ouvrage avec Henri Lanoë. Ils n'en gardent que le postulat de base : un homme peut parfaitement vivre sans travailler ni gagner d'argent. Une ode à la paresse, dans laquelle le héros se donne un mal de chien pour ne rien faire. L'idée brillante ouvre sur d'infinis horizons et les auteurs l'exploitent à fond ; ils multiplient les personnages et les changements de lieux : Paris, Londres, Rome... Dès lors, *Un monsieur de compagnie* s'apparenterait presque à un film à sketches, puisque s'y juxtaposent plusieurs segments sans lien véritable, si ce n'est au travers de ce personnage oisif et légèrement odieux, manipulant de riches bienfaiteurs pour subvenir à ses besoins. Le tout dans un esprit très bédéesque (des bulles apparaissent même à l'écran !) et parfois « Commedia dell'arte », avec un Jean-Pierre Cassel papillonnant tel un feu follet, dans la droite lignée du *Farceur*.

À cela s'ajoute la « patte » de Philippe de Broca qui a mis beaucoup de lui dans ce film, que ce soit au travers du personnage d'Antoine, poète fantaisiste, du grand père - proche du sien, un peintre qu'il adorait - ou encore du prince (Jean-Claude Brialy) avec qui il partage cette passion pour les trains miniatures.

L'ART DE LA FUGUE

De Broca met en scène ce conte immoral avec une parfaite dose d'humour et de nonchalance. Il ne se prend pas plus au sérieux que le héros du film et, comme lui, caracole de scène en scène sans se soucier le moins du monde des conventions. « Le film est une fuite, une recherche de la désinvolture. Pour Antoine (Jean-Pierre Cassel), l'ennemi, « *C'est l'effort, quel qu'il soit, sauf avec les femmes. Ce qui m'importe c'est la rapidité des situations et la recherche d'un ton entre le réel et le rêve. Je regrette de ne pas vivre comme ça, ce côté anarchiste me séduit car je vois dans tous les systèmes des contradictions, certes nécessaires, avec leurs défauts et leurs qualités. Je déteste les contraintes. Je déteste jouer un personnage. C'est d'ailleurs pour cela que j'ai tout fait éclater autour de moi, tant dans ma vie publique que privée. Mes films ne sont pas autobiographiques, mais représentent quand même un défoulement. Si seulement ce qui nous arrive dans la vie pouvait toujours être drôle. Il y a deux peintures possibles : ce qui est arrivé et ce que l'on voudrait voir arriver.* » (Interview de Phlippe de Broca dans Les Lettres Françaises, Pascal Brienne, 5 février 1964)

Un monsieur de compagnie sort sur les écrans en 1964, quelques mois seulement après *L'Homme de Rio*. Le film, hélas, ne rencontre pas son public et se solde par un échec. Il marque par ailleurs l'ultime collaboration de Philippe de Broca avec Jean-Pierre Cassel dans le rôle principal. Les deux hommes ne se recroiseront que vingt-quatre ans plus tard sur le tournage de *Chouans !*

Réalisateur : Philippe de Broca, Assistant-réalisateur : Georges Pellegrin, Production : Films Julien Derode - P.E.C.F - Les Films du Siècle (Paris) - Ultra film (Rome), Producteur : Julien Derode, Directeur de la production : Christian Ferry, Distributeur : 20th Century-Fox, Scénario : Henri Lanoë et Philippe de Broca d'après le roman homonyme de André Couteaux paru aux éditions Bernard Grasset, Adaptation et Dialogues : Henri Lanoë, Directeur de la photographie : Raoul Coutard (Standard-Eastmancolor), Opérateurs : George Liron, Philippe Brun, Montage : Françoise Javet, Musique : Georges Delerue, Ingénieur du son : Jacques Carrère, Décors : Pierre Duquesne, Maquilleur : Georges Bouban, Régisseur général : Jacques Pradel, Scripte : Sylvette Baudrot, Attachée de presse : Mouny Frohwith, Génériques : Jean Fouché, Tournage : du 20 avril au 13 juin 1964 aux studios de Boulogne et pour les extérieurs à Saint-Cyr l'école, Paris, Rome et Londres, Durée : 92 minutes, Genre : Comédie, Sortie : 4 novembre 1964, Visa d'exploitation : 28815, Affichiste : Jean-Etienne Siry © ADAGP, *Éditeur DVD et Blu Ray : Gaumont, Box-office France : 658 575 entrées, Producteur actuel : Gaumont*

INTERPRÉTATION : **Jean-Pierre Cassel** (Antoine Mirliflor), **Jean-Claude Brialy** (Le prince), **Irina Demick** (Nicole), **Catherine Deneuve** (Isabelle), **Annie Girardot** (Clara, la femme en noir sur la plage), **Valérie Lagrange** (Louisette, la soubrette du prince), **Sandra Milo** (Maria, la femme du boulanger), **Adolfo Celi** (Benvenuto, l'avocat), **Marcel Dalio** (Le milliardaire Alexandre Darius Socratos), **André Luguet** (Le grand-père d'Antoine), **Jean-Pierre Marielle** (Balthazar, vendeur d'ice-cream et photographe d'occasion), **Irène Chabrier** (Ernestine, la repasseuse), **Renée Passeur** (La patronne d'Ernestine), **Rosy Varte** (La mère d'Isabelle), **Sacha Briquet** (Le fondé de pouvoir du milliardaire), **Jacques Dynam** (Julien, le père d'Isabelle), **Christian Lude** (Le notaire), **Memmo Carotenuto** (Le flic), **Rosemarie Dexter** (L'étudiante de l'école des Beaux-Arts), **Gamil Ratib** (L'oriental à la vente aux enchères), **Hubert Deschamps** (Le prêtre à la TV), **Giustino Durano** (Le professeur Gaetano à l'école des Beaux-Arts), **Jess Hahn** et **Jacqueline Jefford** (Le couple de touristes), **Geneviève Fontanel** (L'amie du milliardaire), **Bernard Musson** (Le concierge, non crédité), **Louise Chevalier** (Sa femme), **Guy Pierrauld** (Le commentateur du match de foot) et **Marcel Charvey** (Le 2ème client sortant de l'hôtel), **Philippe Castelli** (L'homme qui paie Balthazar, non crédité), **Albert Michel** (Monsieur Leroux, non crédité), **Jacques Préboist** (L'employé de la gare, non crédité)

LE GRAND-PÈRE D'ANTOINE MIRLIFLOR

« La société te nourrira.
L'important, c'est de se faire réinviter.
Le secret : sois un homme charmant.
Souris avec les délicats, ricane avec
les cyniques, esclaffe-toi avec les sots,
indigne-toi avec les sanguins,
lamente-toi avec les mélancoliques.
Et avec les bavards... »

ANTOINE MIRLIFLOR

« Je les laisse parler. »

Page de gauche, en haut
Jean-Pierre Cassel et André Luguet

Page de gauche, en bas
Scènes du film *Un monsieur de compagnie*

Page de droite, en haut
Jean-Pierre Cassel. À gauche, Adolfo Celi

Page de droite, en bas
Philippe de Broca durant la promotion du film

FILMOGRAPHIE

ANTOINE MIRLIFLOR

« Tout ce qui est divin est sans effort. Eschyle »
« Le grand art dans la vie est de savoir accepter. »
« Je n'appartiens pas à votre monde et rien ne m'appartient. »

Page de gauche, en haut
Jean-Pierre Cassel, scène du film *Un monsieur de compagnie*

Page de gauche, en bas
Sandra Milo et Jean-Pierre Cassel

Page de droite, en haut
Jean-Pierre Marielle et Jean-Pierre Cassel

Page de droite, en bas
Scènes du film

LES TRIBULATIONS D'UN CHINOIS EN CHINE

Arthur Lempereur, milliardaire désœuvré de 30 ans, veut en finir avec la vie mais toutes ses tentatives échouent. Il décide alors de partir sur son yacht. En rade de Hong-Kong, Biscoton, son homme d'affaires, lui apprend qu'il est ruiné. Cette fois, Arthur a donc une bonne raison de se suicider. Cependant Mr Goh, son vieil ami chinois, l'arrête dans son élan. Il lui fait souscrire une assurance d'un million de dollars au bénéfice de Mr Goh lui-même et d'Alice Pontchabert, sa fiancée. Mais une clause du contrat annule ce dernier en cas de suicide. Aussi Mr Goh promet à Arthur de le « supprimer » en douceur.

DE TINTIN À JULES VERNE

En s'attaquant aux *Tribulations d'un Chinois en Chine*, Philippe de Broca répond d'abord à une commande de son producteur, Alexandre Mnouchkine, qui détient les droits du roman éponyme signé Jules Verne, et à l'égard duquel il perçoit le potentiel d'un grand film, dans le sillage de *L'Homme de Rio*. Après quelques réticences, De Broca se laisse convaincre car l'histoire est très amusante et le nom de Jules Verne au générique est un atout indéniable.

Il s'attèle rapidement à l'écriture du scénario avec Daniel Boulanger. Du roman, les deux compères ne garderont qu'une infime partie et *Les tribulations d'un Chinois en Chine* apparaît ainsi comme une (très) libre adaptation de l'œuvre de Jules Verne. Au final, le titre n'a même plus grand-chose à voir avec l'histoire qui nous est contée... et l'interprète, Jean-Paul Belmondo, n'a absolument rien d'asiatique !

En vérité, l'immense succès de *L'Homme de Rio* a surpris, voire agacé Philippe de Broca. Peu enthousiaste, au départ, à l'idée d'en tourner une suite, il y consent néanmoins. Et peut-être par provocation, il force le trait dans cette production qui aurait pu s'appeler « L'homme de Hong-Kong ». *« Ah, vous voulez du spectacle ! Eh bien, vous allez voir ce que vous allez voir ! »* semble-t-il dire.

« J'ai donc enclenché la vitesse supérieure : j'ai pris la plus belle fille du monde, les paysages les plus exotiques, j'en ai encore rajouté dans le chapeau. » (Philippe de Broca, éditions Henri Veyrier, 1990*)*. En résulte un « super *Homme de Rio* » où tout est accéléré et considérablement agrandi, des décors aux gags, en passant par les scènes d'action et les cascades.

Les Tribulations d'un Chinois en Chine va encore plus loin dans l'évocation de l'univers de Tintin. Ses personnages semblent avoir été croqués par Hergé. Avec son gilet noir et jaune, Léon, le valet d'Arthur, rappelle Nestor. Quant à Cornac et Roquentin, couple de détectives travaillant pour le compte d'une compagnie d'assurances, ils nous font immanquablement penser aux Dupond et Dupont. Enfin, plusieurs plans font ouvertement référence à des albums précis du petit reporter ; les scènes qui se déroulent au cœur de l'Himalaya rappellent *Tintin au Tibet* (la montagne, le monastère bouddhiste, les références au yéti).

UN CASTING QUATRE ÉTOILES

Question distribution, l'équipe va jusqu'à s'offrir une James Bond Girl, peut-être la plus célèbre, en la personne d'Ursula Andress. Philippe de Broca s'interroge malgré tout sur ce choix avant de suivre l'avis de la production :

« Pour le rôle, je voulais une fille qui soit très belle, pleine de santé, saine. Quand on m'a parlé d'Ursula Andress, j'ai craint que ce ne soit une fille froide, maniérée. Or, c'est tout le contraire, elle est pleine de vie. C'est un pur-sang à l'image de son corps. Elle adore des tas de choses et elle le dit. De plus, elle a bon caractère, elle est gentille et simple, pas du tout la vedette à caprices. » (Interview de 1965). Dans ce film, Ursula Andress incarne une étudiante en archéologie qui fait du strip-tease pour payer ses voyages et qui finit par redonner à Belmondo le goût de la vie. Savourons, au passage, le nom bien franchouillard de son personnage, Alexandrine Pinardel, dont l'affublent les auteurs avec malice.

Le reste de la distribution reprend une partie de l'équipe de *Cartouche*, tels que Jess Hahn ou Jean Rochefort (excellent, avec son humour à froid et son flegme britannique), à laquelle s'ajoutent Darry Cowl, Maria Pacôme, Paul Préboist et Mario David.

Réalisateur : Philippe de Broca, Assistants-réalisateurs : Claude Pinoteau et Georges Pellegrin, Production : Les Films Ariane – Les Artistes Associés (Paris) – Vidès (Rome), Producteurs : Alexandre Mnouchkine, Georges Dancigers, Directeur de la production : Philippe Modave, Distributeur : les Artistes Associés, Scénario : Daniel Boulanger et Philippe de Broca, inspiré du roman homonyme de Jules Verne, Dialogues : Daniel Boulanger, Directeur de la photographie : Edmond Séchan, Opérateur : Jean-Paul Schwartz assisté de Guy Delattre, Montage : Françoise Javet assistée de Nicole Gauduchon et Chantal Delattre, Musique : Georges Delerue, Ingénieur du son : Antoine Bonfanti, Décors : François de Lamothe, Ensemblier : Raymond Gabutti, Costumes : Jacqueline Moreau, Maquillage : Maguy Vernadet, Coiffeuse : Manuella Modave, Régisseurs généraux : Philippe Modave et Jean Mottet, Eclairagiste : Georges Goudard, Script : Patrick Aubrée, Photographie de plateau : Raymond Voinquel, Attaché de presse : Dick Overstreet, Accessoiriste : Georges Iaconelli, Effets spéciaux : Gil Delamare., Administration : Jean Charasson, Conseillers aéronautes : Charles Dollfus, Jean Lesqui, Génériques et trucages : Jean Fouchet, Tournage : 5 janvier – 14 mai 1965, Extérieurs : Népal, Hong Kong, Inde, Malaisie, Durée : 110 minutes, Genre : Aventure, comédie, Sortie : 3 décembre 1965, Visa d'exploitation : 29902, Affichiste : Thos / Ferracci, Éditeur DVD et Blu-Ray : TF1 Vidéo, Sortie à la Vente en DVD et Blu-Ray le 15 mai 2013, Box-office Paris : 573 368 entrées, Box-office France : 2 701 748 entrées, Producteur actuel :TF1 Droits Audiovisuels

INTERPRÉTATION :**Jean-Paul Belmondo** (Arthur Lempereur), **Ursula Andress** (Alexandrine Pinardel), **Jean Rochefort** (Léon, le valet d'Arthur), **Darry Cowl** (Biscoton, le fondé de pouvoir d'Arthur), **Maria Pacôme** (Suzy Ponchabert, mère d'Alice), **Valérie Lagrange** (Alice Ponchabert, fiancée d'Arthur), **Valéry Inkijinoff** (Mister Goh), **Joe Saïd** (Charlie Fallinster, Al Capone des mers du Sud), **Mario David** (le sergent Roquentin), **Paul Préboist** (l'adjudant Cornac), **Jess Hahn** (Cornelius le soupirant de Suzy), **Alexandre Mnouchkine** (le directeur de la compagnie d'assurances La Centenaire), **Gil Delamare** (le pilote de l'avion), **Boris Lenissevitch** (le professeur), **Maurice Auzel** (L'illusionniste)

LES TRIBULATIONS D'UNE ÉQUIPE EN CHINE... ET AILLEURS

Outre la France, le tournage a lieu dans plusieurs pays : Japon, Népal, Malaisie et Pakistan. Les prises de vue se font à l'extérieur, exceptions faites de deux ou trois séquences : « *Je crois qu'il y a trois minutes de studio et quatre minutes d'intérieur en tout sur 2h de spectacle. On a fait quelques raccords en France dans la neige (à Chamonix). Parce que la neige est absolument inaccessible là-bas, il faut trois semaines de marche pour atteindre la neige dans l'Himalaya. On y est allés avant en équipe réduite, mais pour faire des scènes importantes, c'était très compliqué. On a tourné quand même au pied de l'Everest, dans le couvent le plus haut du monde, à 5000 mètres d'altitude, mais on ne pouvait pas emmener toute une équipe puisqu'il fallait s'y poser en hélicoptère qui ne pouvait emmener que trois ou quatre personnes.* » (Rendez-vous à cinq heures du 15 novembre 1965, France Inter)

Ce long-métrage est aussi l'occasion, pour Jean-Paul Belmondo et ses amis, de multiplier les blagues potaches et les chahuts en tout genre. Le directeur du luxueux hôtel Hilton à Hong-Kong en fera les frais. Même De Broca participe aux énormes bêtises de ses acteurs. « *Il y avait une ambiance extraordinaire. C'est un film qu'on a fait surtout pour le plaisir de le faire et d'être heureux ensemble,* raconte le cinéaste, *et aussi pour le voyage : partir en Extrême-Orient avec les copains, dans les pays les plus merveilleux du monde, et y fabriquer quelque chose, c'est une expérience. Le tournage d'un film m'importe autant que le résultat.* » (Interview 1965) Claude Pinoteau, assistant réalisateur à l'époque, confirme que l'ambiance sur le plateau était irrésistible, au point qu'il qualifiera ces *Tribulations...* de « *film d'adolescents aventureux* » : « *Philippe de Broca s'amusait et nous amusait. Son imaginaire était libre, audacieux, rigoureux, dans la fantaisie, généreux dans l'exigence. Pas de demi-mesure. Il s'engageait dans ses films comme dans sa vie. Avec une fougue juvénile qui était le fond de son caractère.* » *(Merci la vie, Ramsay, 2007)*

Dans *Mémoires d'un canaillou (éditions n°1, 2005),* Darry Cowl précise les faits : « *Il faut savoir que dès mon arrivée à Hong-Kong, j'ai rencontré, en matière de blagues calamiteuses, les concurrents les plus redoutables de ma carrière en les personnes de Jean-Paul Belmondo et Philippe de Broca. Impossible de savoir qui des deux entraînait l'autre vers l'épouvantable farce, qui des deux était de l'autre l'âme damnée ! Le leitmotiv quotidien entre eux était « Chiche que t'es pas capable de... » Chose merveilleuse, ni l'un ni l'autre ne se dégonflait. (...) Cette paire d'idiots a tout de même eu des ennuis avec les autorités le jour où, recevant Jean-Paul dans sa chambre, Philippe lui a dit :* « Chiche que t'es pas capable d'envoyer le piano par la fenêtre ! » *La suite était située au septième étage de l'hôtel.* »

En marge, et comme à son habitude, Belmondo effectue ses cascades lui-même, aidé et entraîné par son complice Gil Delamare. La plus compliquée est celle où il évolue, tel un gymnaste, de bambou en bambou, au beau milieu d'un échafaudage.

Une autre acrobatie donne de sérieuses frayeurs à Belmondo et à Rochefort, lorsqu'ils tombent d'un pont en lianes suspendu et se rattrapent in extremis grâce aux vêtements sortis d'une valise. Un souci avec une poulie en aluminium les amène à rester longuement suspendus dans le vide, à une cinquantaine de mètres du sol.

Page de gauche
Scènes des *Tribulations d'un Chinois en Chine*

Page de droite
Jean-Paul Belmondo pendant le tournage

人
尋
李

MISTER GOH

« La vie est délicieuse quand on a failli la perdre. »

« Il lui manque le malheur qui est le sel de la vie.
Je souhaite un peu d'ombre au soleil de notre hôte. »

Page de gauche, en haut
Gil Delamare et Philippe de Broca. Tournage des *Tribulations d'un Chinois en Chine*

Page de gauche, en bas
À gauche, Alexandre de Mnouchkine, à droite Philippe de Broca

Page de droite, en haut
Philippe de Broca ajuste le turban d'Ursula Andress

Page de droite, en bas
Jean Rochefort et Jean-Paul Belmondo, pendant le tournage au Népal

DLR
DLR

Page de gauche, en haut
P. de Broca dirige Valéry Inkijinoff dans
Les Tribulations d'un Chinois en Chine

Page de gauche, en bas
Philippe de Broca, Jean-Paul Belmondo et
Jean Rochefort se détendent entre deux prises

Page de droite, en haut
Pause cigarette pour Jean-Paul Belmondo
et Philippe de Broca

Page de droite, en bas
Philippe de Broca et Alexandre Mnouchkine

AVIS PARTAGÉS

Lors de la sortie, le 4 décembre 1965, Philippe de Broca pense sincèrement que *Les Tribulations…* est plus réussi, plus burlesque que *L'Homme de Rio* : « *Pour moi, c'est un film très important. Je suis arrivé, je crois, à pousser au maximum un genre que j'avais inauguré avec* L'Homme de Rio. *J'ai voulu créer une certaine folie dans l'action, dans la joie qui existe dans l'action. En faisant* L'Homme de Rio, *j'ai cherché un certain merveilleux, ce merveilleux des aventures d'enfants, qui me fascinait quand j'étais gamin : les fléchettes empoisonnées, le Brésil, les animaux sauvages. Dans* Les Tribulations d'un Chinois en Chine, *j'ai essayé de pousser tout cela beaucoup plus loin. C'est une comédie, ce n'est qu'un film pour faire rire, pour émerveiller. Je me suis efforcé que le film soit bon tout le temps ; J'ai veillé particulièrement à la beauté des décors, des costumes. On va peut-être me dire que c'est un film enfantin, mais j'ai l'impression d'être encore un enfant et ça ne me trouble pas du tout, au contraire, ça me flatte. Puis, en somme, tout ce que j'y exprime est contenu dans Jules Verne. C'est un film qui probablement va marcher, on voudra le voir ; mais il y aura comme une mauvaise conscience à aimer ce film. Bien sûr, il s'annonce dans une perspective très commerciale, il y a Ursula Andress, qui a toujours fait de bonnes recettes. Mais moi je sais que c'est toujours dangereux, ce genre d'entreprise.* » (Interview 1965)

Plus tard, néanmoins, il changera d'avis : « *En définitive, c'est un film que je n'aime pas tellement, à tel point que sur le tournage j'en avais tellement marre que j'ai dit à Mnouchkine : on s'arrête, on s'en va, on arrangera ça au montage. Il a insisté et je suis resté. J'ai voulu faire du super-géant et c'est loupé. Je n'incrimine personne. C'est de ma faute, je n'avais pas assez travaillé le scénario. En fin de compte, je me suis aperçu que Jean-Paul Belmondo, en riche qui s'ennuie, n'est pas crédible. J'aurais dû inverser les rôles et lui donner celui du valet et faire de Rochefort le milliardaire Arthur.* » (Propos de Philippe de Broca cité dans *Jean-Paul Belmondo* par Alexandre Grenier, éditions Henri Veyrier, 1985)

Il n'empêche, le public, lui, ne boude pas son plaisir, et, rien qu'en France, *Les Tribulations d'un Chinois en Chine* fait deux millions sept cent mille entrées. Un chiffre pourtant très en-deçà du succès de *L'Homme de Rio*, qui a engrangé deux millions d'entrées de plus. Il faut dire qu'en cette fin d'année, il y a une forte concurrence dans les salles obscures : on y donne *Fantômas se déchaîne* de André Hunebelle avec Louis de Funès et Jean Marais, *Viva Maria* de Louis Malle avec Brigitte Bardot et Jeanne Moreau, *Opération Tonnerre* de Terence Young avec Sean Connery.

Cette semi-déception commerciale et artistique jouera sans doute un rôle dans la désunion temporaire de Broca / Belmondo, lesquels ne se retrouvent que huit ans plus tard, soit en 1973, pour *Le Magnifique*.

Page de gauche, en haut
Jean-Paul Belmondo et Ursula Andress attendent le tournage d'une séquence

Page de gauche, en bas
À gauche, Claude Pinoteau ; au centre, Philippe de Broca ; de dos, Jean-Paul Belmondo

Page de droite
Scènes du film *Les Tribulations d'un Chinois en Chine*

LE ROI DE CŒUR

Octobre 1918. Avant d'évacuer Marville, petite ville du Nord de la France, les Allemands dissimulent une charge considérable d'explosifs, dont le mécanisme de mise à feu est relié au jacquemart de la cathédrale – l'automate qui sonne les heures. Alerté par l'un de ses agents, l'état-major anglais dépêche le soldat Plumpick pour découvrir la cachette précise des explosifs. Mais, en arrivant sur place, celui-ci doit d'abord faire face à toute une galerie de personnages pour le moins étranges... Et pour cause ! Désertée par ses habitant, la ville est désormais entre les mains des pensionnaires de l'asile psychiatriques, lesquels ont investi les différents bâtiments au gré de leur fantaisie et de leurs fantasmes.

ATOUT CŒUR

Huitième long-métrage de Philippe de Broca, *Le Roi de cœur tient une place singulière* dans son œuvre. Il se démarque totalement de ses films précédents au rythme trépidant, *L'Homme de Rio* et des *Tribulations d'un Chinois en Chine*. Ce film posé, tant dans la forme que dans le fond, traite de l'absurdité de la guerre avec dérision, mais aussi avec la profondeur d'un conte philosophique.

Alors que De Broca était en train de travailler avec Daniel Boulanger sur un tout autre projet – la chronique d'une vie en province – et que les deux auteurs patinaient, Robert Hamon leur parle d'une idée qui lui a été soufflée par le journaliste et scénariste Maurice Bessy : « *Il m'a raconté cette histoire de fous pendant la guerre. J'ai bondi au plafond, j'en suis tombé si amoureux que j'ai immédiatement pensé en faire un grand film. En fait, il y avait deux anecdotes au départ. L'une était assez amusante : un asile de fous entièrement évacué pendant l'exode. Les fous quittent à pied la banlieue parisienne, ils sont canardés sur la route, ils crèvent de faim. Arrivés à Lyon, ils s'aperçoivent qu'il n'y a plus d'infirmiers avec eux depuis longtemps. L'autre anecdote était plus tragique. C'était pendant le débarquement. Un asile est bombardé, les fous s'échappent par les brèches ouvertes dans les murs. Ils se trouvent entre les deux camps, en pyjama. La nuit, ils tombent sur un bataillon entier d'Allemands morts. Ils endossent leurs uniformes et se font massacrer peu après par les Américains. Une histoire atroce. Mais je me suis dit qu'il y avait là un sujet formidable. J'ai commencé à le travailler avec mon vieil ami Dalio, et j'ai poursuivi avec Boulanger.* » (*Philippe de Broca*, éditions Veyrier, 1990).

Peu à peu, *le Roi de cœur* prend forme. C'est « *l'histoire d'un petit soldat anglais qui arrive dans une ville qu'il s'attend à trouver désertique, pour essayer de retrouver le dépôt d'explosif qui doit faire sauter cette ville, à la fin de la guerre de 1918. Au lieu de trouver une ville désertée par ses habitants, il se retrouve dans la ville du bonheur. Cette ville a été investie par l'asile de fous qui s'est libéré au moment où tout le monde est parti.* » (Journal de 13h, 04 mai 1966).

À l'origine, l'intrigue devait se dérouler en marge de la Seconde Guerre Mondiale, mais le chef décorateur François de Lamothe oriente finalement les auteurs vers celle de 1914-1918, après avoir découvert la ville de Senlis où s'apprête à débarquer l'équipe de tournage. Selon lui, cette époque est plus intéressante à traiter en matière de décors, costumes, véhicules... et accentuerait la loufoquerie du sujet. Une façon, également, d'amoindrir les risques, en tentant de faire rire autour d'un conflit plus ancien (notons que *La Grande vadrouille* de Gérard Oury, premier film à affronter avec légèreté la période 39-45, sort treize jours avant *Le Roi de cœur*, ndlr).

Avec *Le Roi de cœur*, Philippe de Broca réactualise la « Fête des Fous » : une célébration païenne – parfois religieuse – datant du Moyen Âge, durant laquelle les habitants se déguisaient et jouaient des personnages loufoques et grotesques. L'occasion pour tout un chacun de se moquer des institutions, et d'extérioriser les griefs que l'on pouvait avoir à l'égard d'une société excessivement hiérarchisée, sans en subir les conséquences.

Malheureusement De Broca ne trouve pas de producteur. Le projet lui tient tant à *cœur* qu'il décide de le financer lui-même. Il obtient le soutien des Artistes Associés, à New-York, qui lui donnent un chèque de quatre cents millions de francs, et celui de la Compania Cinematografica Montoro. Philippe de Broca parvient à créer sa propre maison de production, Fildebroc.

Réalisateur : Philippe de Broca, Assistants-réalisateurs : Marc Monnet, Marc Grunebaum, Renzo Cerrato, Production : Fildebroc, Les Artistes Associés (Paris) / Compania Cinematografica Montoro (Rome), Producteurs : Philippe de Broca, Michelle de Broca, Directeur de la production : Jacques Juranville, Distributeur : Les Artistes Associés , Scénario : Daniel Boulanger et Philippe de Broca d'après une idée de Maurice Bessy, Dialogues : Daniel Boulanger, Directeur de la photographie : Pierre Lhomme (Techniscope / Eastmancolor), Opérateur : Pierre Goupil, Montage : Françoise Javet assistée de Kenout Peltier et Monique Baronnet, Musique : Georges Delerue, Ingénieur du son : Jacques Carrère, Décors : François de Lamothe, Ensemblier : Robert Christidès, Costumes : Jacques Fonteray, Maquillage : Louis Bonnemaison, Coiffeuse : Mad Bégon, Script : Patrick Aubrée, Photographie : Vincent Rossell, Chorégraphe : Valérie Camille, Tournage : du 12 avril au 10 juin 1966 à Senlis, Durée : 110 minutes, Genre : Comédie, Sortie : 21 décembre 1966 (France), Visa d'exploitation : Affichiste : René Ferracci © ADAGP, *Éditeur DVD et Blu Ray : L'atelier d'images, Sortie à la Vente en DVD et en Blu Ray le 24 Janvier 2017, Box-office Paris : 39 141 entrées, Box -office France : 141 035 entrées, Producteur actuel : Indivision Philippe De Broca*

INTERPRÉTATION : **Alan Bates** (Charles Plumpick, ornithologue / le Roi de Cœur), **Pierre Brasseur** (Le général Géranium), **Jean-Claude Brialy** (Le duc de Trèfle), **Geneviève Bujold** (Coquelicot), **Adolfo Celi** (Le colonel Alexander Mac Bibenbrook), **Françoise Christophe** (La duchesse), **Julien Guiomar** (Monseigneur Marguerite), **Micheline Presle** (Madame Églantine), **Michel Serrault** (Monsieur Marcel), **Pierre Palau** (Albéric), **Jacques Balutin** (Mac Fish), **Madeleine Clervanne** (Brunehaut), **Marc Dudicourt** (Le lieutenant Hamburger), **Pier Paolo Capponi** (Un officier anglais), Les animaux de Jean Richard et non crédités : **Georges Adet** (L'aliéné-docteur), **Robert Blome** (Un aliéné), **Jean-Marie Bon** (Un aliéné), **Daniel Boulanger** (Le colonel Helmut Von Krack), **Philippe Bruneau** (Un académicien), **Georges Guéret** (Le soldat avec Mac Fish), **Sabine Sun** (Mimi la Rose), **Eric Vasberg** (Le soldat avec Mac Fish), **Jean Sylvain** (Le suisse), **Jacky Blanchot** (Le Gabalou), **Paul Faivre** (Le coiffeur), **Jacques Mauclair** (Le maire), **Louis Jojot** (Gontrand),**Yves Robert** (Le général Baderna) et **Philippe de Broca** (Le capitaine Adolf Hitler)

UN CONTE PHILOSOPHIQUE

En pleine promotion, le réalisateur décrypte son film pour le journal Combat : « *Chaque personnage du* Roi de cœur *est le tableau d'une ambition humaine, c'est-à-dire qu'au fond, derrière chacun de ces fous, il y a des types humains appartenant, par exemple, à l'Église, à l'armée, à la féminité, etc. Les présenter derrière les grilles d'un asile me permettait d'aller plus loin dans le jugement que j'avais envie de porter sur eux, et de bénéficier d'une plus grande liberté pour les montrer dans leurs tendances, leurs excès. Je voulais créer une sorte de ville du bonheur, avec des personnages idéalisés, moraux évidemment, mais selon ma morale qui n'est pas toujours orthodoxe.* »

Pour les auteurs, le monde dit « normal » est en réalité épouvantable, alors que celui des fous est beaucoup plus rassurant et sage. Le duc de Trèfle, interprété par Jean-Claude Brialy, résume cette philosophie : « *Les plus beaux voyages se font par la fenêtre !* » Ailleurs, c'est la folie. La guerre. Le chaos. La mort.

LES RAISONS D'UN ÉCHEC COMMERCIAL

Sans doute découragé par la critique globalement peu enthousiaste, le public boude le film. Après le succès des *Tribulations d'un Chinois en Chine*, c'est l'échec. Face à *La Grande vadrouille* sorti quelques jours auparavant, *Le Roi de* cœur ne tient pas la route. Il s'écroule comme un château de cartes. Philippe de Broca essaie malgré tout de redresser la barre en offrant une séance gratuite à un maximum de spectateurs.

En vain...

De Broca reviendra sur cet échec trois ans plus tard, en 1969 : « *J'avais mis tous mes espoirs et toutes mes ambitions dans ce film et ce fut un échec mémorable : 32.000 entrées en exclusivité à Paris. Pas beaucoup plus en province. Même désastre en Italie et en Allemagne. Le vrai bide. Après ça je voulais tout abandonner... Allez savoir pourquoi les gens ont envie ou pas de voir un film. Moi, par exemple, je n'avais pas envie de voir* L'Enfance nue. *Et puis j'y suis allé quand même. Et c'est un film formidable. Et pourtant j'ai l'impression - et ça me rend malheureux - que le public se fait tirer l'oreille pour y aller...* » *(L'Aurore, 5 février 1969)*

En 1990, près de vingt-cinq ans après, le metteur en scène semble toujours aussi éprouvé par l'accueil réservé à son film : « *Il a été lamentable. Le film a été très attaqué par la presse et personne n'a été le voir. Ça m'a bouleversé; je ne voulais plus faire de cinéma. Pendant six mois, je me suis dit : « Je ne veux plus être metteur en scène ! Je n'arrive pas à faire ce que je veux. Quand je fais des « galipettes », ça marche, mais je ne suis pas capable de faire ce dont j'ai vraiment envie. Je n'ai pas cette profondeur; je suis un type superficiel, on me l'a assez dit. Si je ne dois plus faire d'œuvre philosophique, je ne ferai plus rien. »* Le Roi de cœur, *c'est « Le » film que j'ai fait, un peu raté, mais avec des moments que j'aime vraiment... Dans le film, il y a plein de thèmes, de personnages qui font partie de mes obsessions. Je regrette beaucoup qu'il ait connu un tel insuccès en France... C'est de ma faute : le sujet était génial, mais je n'avais peut-être pas le génie de le faire ! Les personnages n'étaient pas toujours très bien cernés psychologiquement, mais puisqu'ils étaient tous des fantasmes, des rêves ambulants... Pour que le film soit un succès, il aurait fallu qu'il soit parfaitement réussi... Donc, l'accueil réservé au* Roi de cœur *m'a plutôt secoué, je le considérais comme mon vrai premier film, tout ce que j'avais fait auparavant me semblait une simple préparation à cela. J'imaginais que j'allais faire sept ou huit films formidables après celui-là. Ça a été très dur.* » *(Philippe de Broca*, éditions Henri Veyrier, 1990)

Page de gauche
Scènes du film *Le Roi de coeur*

Page de droite, en haut
Philippe de Broca à Senlis, où a été tourné *Le Roi de coeur*

Page de droite, au centre
Philippe de Broca dans le rôle d'Adolf Hitler, à droite Marc Dudicourt

Page de droite, en bas
Philippe de Broca et Geneviève Bujold

Page de gauche, en haut
Philippe de Broca prépare une scène du *Roi de coeur*

Page de gauche, en bas
Pierre Brasseur dans le rôle du Général Géranium

Page de droite, en haut
Philippe de Broca prépare un plan

Page de droite, en bas
Scènes du film

Difficile d'expliquer un fiasco au box-office. Le film était-il trop en avance sur son temps ? Le public a-t-il été effrayé par cette histoire de fous, déçu de ne pas voir l'une de ces comédies divertissantes dont De Broca s'était fait une spécialité ? Pour le principal intéressé, il y a eu malentendu : *« Les gens ont voulu y voir une comédie alors que c'était un film tragique. Le film finit bien mais il était prévu, par une sorte de fatalisme, de les faire exploser à l'heure dite. Je n'ai pas eu le courage de terminer comme ça. » (Philippe de Broca*, éditions Veyrier, 1990)

Michelle de Broca, qui faisait ses débuts dans la production sur ce long-métrage, reconnaît volontiers que son manque d'expérience a pu avoir une incidence sur le flop du *Roi de cœur* : *« Le titre était une erreur car les gens ont cru qu'il s'agissait d'une opérette et l'affiche n'a pas fasciné les spectateurs non plus »*. Pierre Lhomme, chef opérateur du film, pointe des erreurs de marketing : *« On ne parlait que de fous, alors que c'est une histoire d'originaux. En France, contrairement aux États-Unis, les critiques et le public y ont vu une simple histoire de fous lâchés dans la nature, et non une critique de la bêtise de la société. C'est dommage ! »*

ACCLAMÉ AUX ÉTATS-UNIS

Boudé en France, *Le Roi de cœur* tente sa chance en Amérique, où il est distribué par United Artists au beau milieu de l'été 1967, alors que fleurit le mouvement « Peace and Love » qui culminera avec le festival Woodstock en 1969. Avec son message pacifiste et ses idéaux anticonformistes, le film a tout pour plaire aux jeunes hippies. Il remporte un grand succès. « Les *États-Unis sortaient de la Guerre du Vietnam. Il y avait alors un mouvement considérable contre la guerre et les militaires, alors qu'en France les militaires étaient encore sacralisés.* Le Roi de cœur *est un film de cavalcade fantastique, insolent et plein de verve, qui tourne en ridicule l'armée »* analyse Pierre Lhomme (*Écrire par l'image : Directeurs et directrices de la photo*, Les Impressions nouvelles, Caméras subjectives, 2019). D'abord favori des ciné-clubs de campus, *Le Roi de cœur* s'impose progressivement au pays de l'oncle Sam, au point de devenir un film culte (en France aussi, mais beaucoup plus tard, et dans un cercle réduit). Il reste près de dix ans à l'affiche en exclusivité à Boston, et est même adapté en comédie musicale à Broadway, à la fin des années 1970 !

Philippe de Broca constatera plus tard : *« Bizarrement, il sort maintenant depuis plus de vingt ans dans des salles d'Art et d'Essai en Amérique. C'est hallucinant ! Ce film passionne les étudiants américains; pour eux, c'est un film hippie. Ils ont compris que ce n'étaient pas des fous... En Amérique, l'exotisme joue en sa faveur, c'est un film étranger, ils n'en voient pas les défauts et peut-être qu'en France, on les a trop bien vus ». (Philippe de Broca*, éditions Veyrier, 1990)

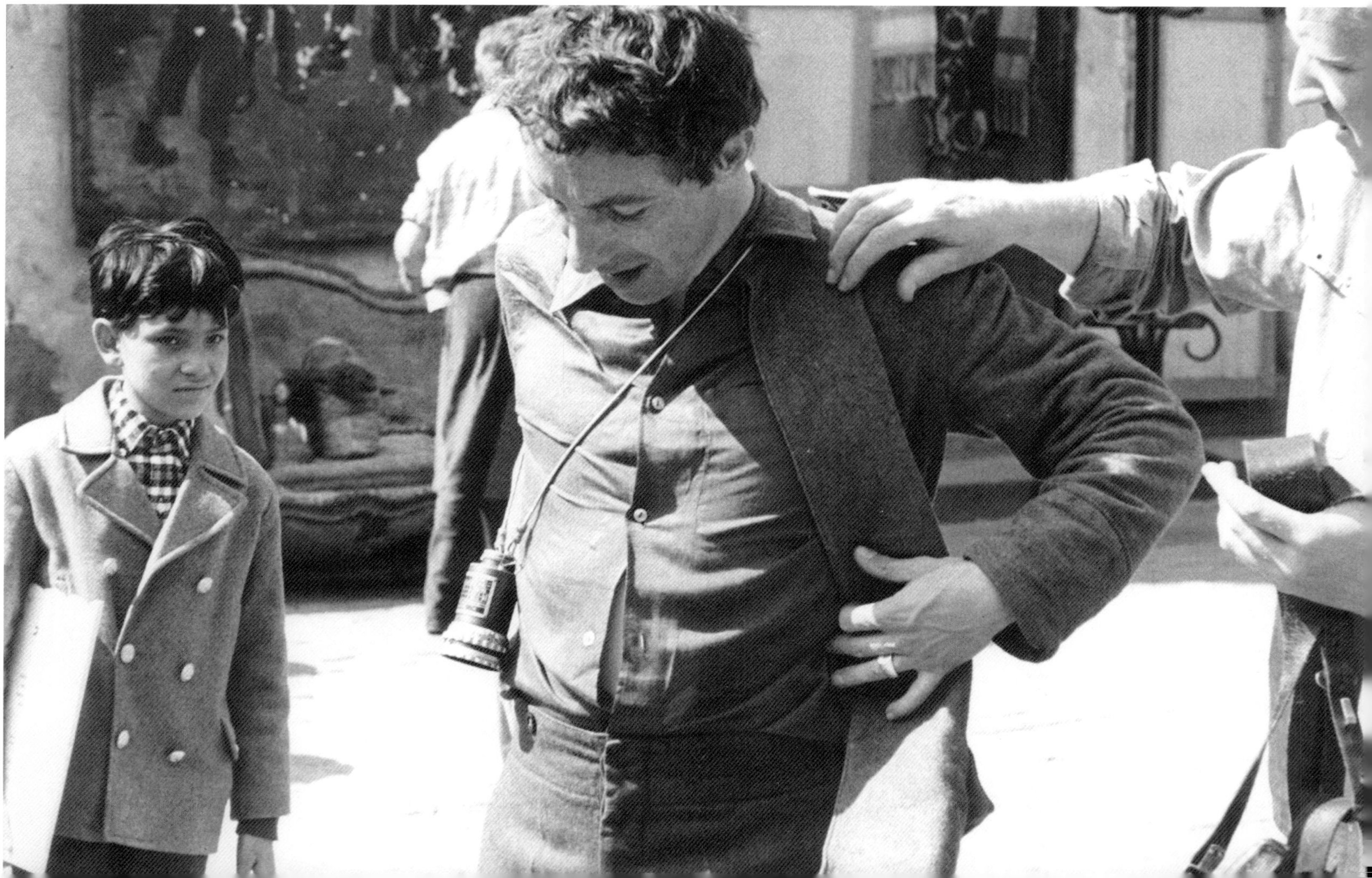

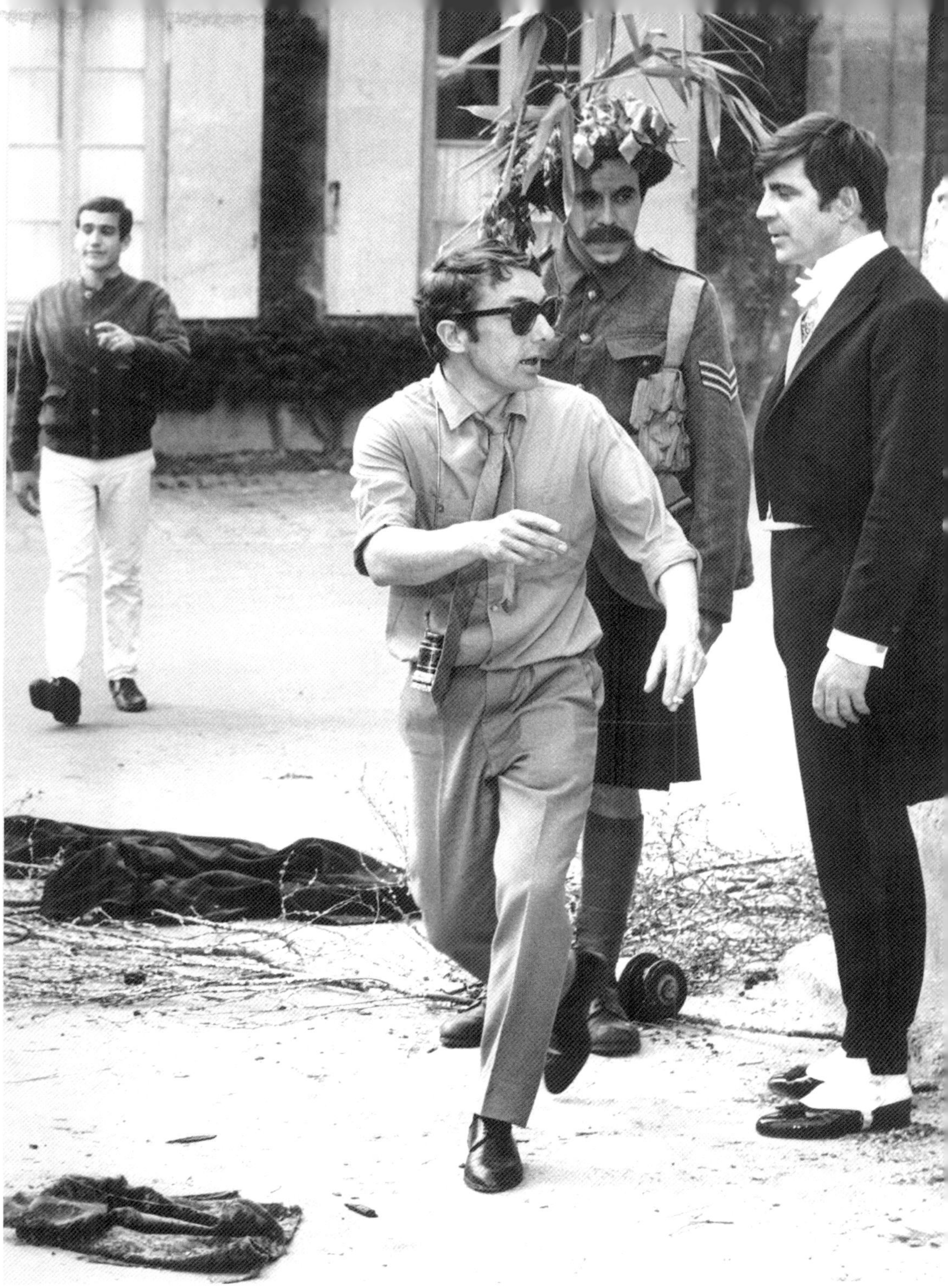

Page de gauche, en haut
Au centre, Adolfo Celi (assis) dans le rôle de l'officier écossais

Page de gauche, en bas
Philippe de Broca sur le tournage du *Roi de coeur*

Page de droite
Philippe de Broca et Alan Bates. Au second plan, Jacques Balutin

UNE DISTRIBUTION IDÉALE

Sur ce film plus que sur tout autre, le réalisateur s'entoure d'une distribution éclatante : de Pierre Brasseur à Micheline Presle, en passant par Michel Serrault (qui propose un avant-goût de *La Cage aux folles* avec « Monsieur Marcel », coiffeur de profession), Julien Guiomar, Adolfo Ceri, Geneviève Bujold, Yves Robert, Jacques Balutin... sans oublier, bien sûr, Alan Bates dans le rôle-titre. Ce jeune comédien britannique diplômé de la Royal Academy of Dramatic Art a déjà remporté de nombreux succès au théâtre et au cinéma. Lorsque Philippe de Broca le couronne Roi, Alan Bates est encore auréolé du triomphe international de *Zorba le Grec*, dans lequel il a partagé la vedette avec Anthony Quinn (Michael Cacoyannis, 1964).

Philippe de Broca s'est expliqué de ses choix à René Quinson, du journal Combat : « *Je suis mon propre producteur. J'ai donc pu éviter de monter une affaire à coups de vedettes engagées pour des nécessités commerciales et réunir une distribution selon mon cœur. Des acteurs quasi inconnus, tel Guiomar dans le rôle de l'évêque, y occupent une place égale à celle de noms plus célèbres. J'ai pu engager Françoise Christophe, que l'on n'utilise pas assez et avec laquelle je voulais tourner depuis des années.* » Et pour se faire plaisir, De Broca poursuit sa collection de caméos – il est ici un soldat allemand énervé et moustachu, que le Colonel rabroue d'un : « *Plus tard, Adolf !* », tandis qu'un joli clin d'œil est adressé à l'ami Jean-Paul Belmondo, par le biais d'un cirque qui porte son nom.

Les comédiens trouvent dans cette folle entreprise une partition à la hauteur de leur talent et la jouent avec un plaisir extrêmement communicatif ; mais comme dans tous les tournages, de fâcheux imprévus compliquent les choses. Ainsi, Alain Bates est immobilisé près de trois semaines après s'être malencontreusement cassé la cheville. En résulte l'abandon de plusieurs séquences, dont certaines où il devait danser. On ne peut que le regretter.

Restauré en 2015 par Technicolor, sous l'égide de Alex Productions et le regard avisé de Pierre Lhomme, à partir du négatif original 35mm, *Le Roi de* cœur est désormais disponible au format 4K.

Le long-métrage est ensuite reparti à la conquête du public, dès le 25 janvier 2017, avec une programmation répartie sur vingt-deux salles dans toute la France, un mois durant. Dans le même temps, un DVD HD et un Blu-Ray ont été édités par L'Atelier d'images, incluant des bonus inédits. Une seconde vie qui permet à bon nombre de journalistes de revoir leur opinion, affirmant dorénavant que *Le Roi de cœur* est le meilleur film de Philippe de Broca. Il n'est jamais trop tard...

Nul doute que le réalisateur, qui avait été si attristé par le fiasco de son long-métrage, aurait été heureux de ces hommages amplement mérités.

Scènes du film *Le Roi de cœur*

Philippe de Broca vu par...

J'espère que nous avons laissé transpirer ce que nous aimons. Il y a le sens du beau et du bon, parce qu'il n'y a pas de méchant. Je ne pense pas que ça vole bas chez nous. Nous ne sommes pas des prêcheurs. Je préfère le pitre aux prédicateurs. Etre un bon pitre, c'est pas mal !

Avec Jean-Luc Godard, De Broca est le réalisateur le plus rapide. Ça me plait. J'aime les gens vifs, qui ne s'attardent pas, qui ne se prennent pas la tête dans les mains pour faire semblant d'avoir des idées.

Daniel Boulanger

Les choses les plus réussies dans les films de Philippe de Broca, en dehors du mouvement, du rythme - parce qu'il aime la vie, il aime s'amuser, il aime distraire - ce sont ces moments de tendresse. Philippe de Broca est l'un des rares metteurs en scène à savoir ce qu'est un silence, un échange de regard entre deux amoureux. Il est à la fois romantique et romanesque, très tendre ... et donc très triste. Il aime passionnément les acteurs.

Jean-claude Brialy

Ce qui est merveilleux, c'est qu'il nous laisse une totale liberté. On a l'impression que l'on fait ce qu'on veut, qu'on invente tout, et c'est assez étonnant.

Geneviève Bujold

C'est un petit lutin, un poète, un enfant extasié et intrigué ; il veut tout comprendre et se pose des tas de questions. Il exprime tout cela, dans ses films.

Françoise Christophe

Je le vois comme un enfant : sympathique, dynamique et plein de vie. Il est infatigable, increvable. Il exige un maximum de présence des comédiens, des cascadeurs et de tous les gens qui sont là.

Julien Guiomar

Je crois qu'on se fait souvent une fausse idée de lui ; ses films peuvent laisser penser qu'il est cynique, futile ou amoral. Je ne le crois pas. Avant tout, c'est un sentimental, un mélancolique ; comme tous les gens intéressants qui ont quelque chose à dire, c'est un angoissé. Dans le fond, ses films sont le reflet de sa personnalité, et il fait des pirouettes pour échapper à ce qu'il ne veut pas montrer. Je crois que c'est de la pudeur avant tout.

Philippe de Broca choisit très attentivement ses acteurs, la distribution est très importante à ses yeux.

Micheline Presle

Pour le cinéma, émission du 13 août 1966

LE PLUS VIEUX MÉTIER DU MONDE

À l'époque de la Terreur, un jeune homme, Philibert, se rend chez une prostituée, « Mimi Guillotine », qui fait commerce de ses charmes dans une chambre mansardée, et dont la fenêtre donne sur la place où ont lieu les exécutions capitales. Il lui explique vouloir profiter de la mansarde, uniquement pour assister à l'exécution de son grand-père, avant d'hériter de son immense fortune. Mimi accepte et décide de profiter de l'occasion, elle qui a toujours rêvé d'épouser un aristocrate fortuné...

TROISIÈME SKETCH. **LA RÉVOLUTION FRANÇAISE OU MADEMOISELLE MIMI**

Mademoiselle Mimi est la dernière participation de Philippe de Broca à un film à sketches qui traite de la prostitution à travers les âges, de la préhistoire à l'an 2000. Y collaborent également des réalisateurs de renom, de nationalité et de style très différents : les Italiens Franco Indovina et Mauro Bolognini, l'Allemand Michael Pfleghar, le Français Claude Autant-Lara et le Suisse Jean-Luc Godard.

Si l'ensemble s'avère inégal, De Broca se tire de l'exercice avec brio, mettant en scène Jean-Claude Brialy et Jeanne Moreau dans un duo sémillant, sur fond de révolution française.

Néanmoins, les critiques n'adhèrent pas. Les Cahiers du cinéma déconseillent fortement au public d'aller voir le film, décernant même la palme de la vulgarité à *Mademoiselle Mimi*. La revue Positif est tout aussi assassine : « Mademoiselle Mimi, *une fausse bonne idée et un script bâclé de Daniel Boulanger, réalisation vide de De Broca : couleurs criardes, guignol (sous la Révolution française) aussi réactionnaire que celui de Caroline chérie, où Jeanne Moreau s'ennuie face à un Brialy qui n'a que sa prestesse.* » (Positif, G. L.).

De Broca, lui, ne regrette rien, et reste attaché au genre : « *Les films à sketches sont des plaisirs, des desserts, des friandises. Ça demande peu de travail, c'est facile à réussir, et à rater aussi, d'ailleurs. C'est vite fait, on invente une histoire en une journée, on l'écrit en deux et on la tourne en une semaine. Ça passe comme un article de journal, c'est une pochade.* » *(Philippe de Broca,* éditions Henri Veyrier, 1990*)*

Les autres sketches sont, dans l'ordre chronologique :

L'Ère préhistorique de Franco Indovina, avec Michèle Mercier

Nuits romaines de Mauro Bolognini, avec Elsa Martinelli

La belle Epoque de Michael Pfleghar, avec Raquel Welch.

Aujourd'hui de Claude Autant-Lara, avec France Anglade et Nadia Gray

Anticipation de Jean-Luc Godard, avec Marilu Tolo et Anna Karina

Philippe de Broca dirige Jeanne Moreau

Réalisateur : Philippe de Broca, Assistant-réalisateur : Charles L. Bitsch, Production : Les Films Gibé (Joseph Bercholz) - Francoriz (Paris)/ Rizzoli (Rome)/Rialto Film Rialto Film Preben Philipsen GmbH & Co. KG (Berlin), Producteurs délégués : Joseph Bercholz, Horst Wendlandt, Directeur de la production : André Cultet, Distributeur : Athos Film, Scénario et dialogues : Daniel Boulanger, Directeurs de la photographie : Pierre Lhomme (Ecran Large-Eastmancolor), Musique : Michel Legrand, Décors : Bernard Evein, Costumes : Jacques Fonteray, Pierre Cardin, Premier titre : L'Amour à travers les âges , Tournage : Septembre 1966 aux studios de Boulogne et à Paris, Durée globale : 119 minutes, Durée du sketch : 18 minutes, Genre : Comédie dramatique, Film à sketches, Sortie : 21 avril 1967, Box-office Paris : 152 633 entrées dans 3 salles parisiennes , Box-office France : 584 385 entrées, Visa d'exploitation : 32 285, Affichiste : Yves Thos, Éditeur DVD et Blu-Ray : Gaumont, Producteur actuel : Gaumont

INTERPRÉTATION : Jeanne Moreau (Mademoiselle Mimi), **Jean-Claude Brialy** (Philibert), **Jean Richard** (Joseph), **Jacques Monod** (L'homme du peuple), **Catherine Samie** (Toinette), **Gerard Lartigau** (Antoine), **Pierre Tornade** (Le déménageur), **Albert Rémy**

LE DIABLE PAR LA QUEUE

Un château du 17ème siècle dont la toiture menace de tomber en ruine ; une famille noble et désargentée qui voudrait bien la réparer, et cesser de tirer le diable par la queue ; mais comment ? Monsieur est fatigué de naissance. Les dames ne peuvent compter que sur elles-mêmes. Il y a la grand-mère, sa fille, sa petite-fille Amélie et une cousine qui joue du piano et rêve à des amours vaporeuses. La douairière, qui refuse de vendre le château, en a fait un hôtel dont les prix astronomiques ne correspondent pas exactement au confort qu'on y trouve. Heureusement, le jeune garagiste du village voisin est amoureux d'Amélie qui va conclure avec lui un marché. Elle sera gentille avec lui s'il est assez habile pour attirer des clients jusqu'au château. Une série de pannes forcées draine une ribambelle de clients pittoresques. Parmi eux, un séduisant gangster...

UN TOURNAGE VITE ORGANISÉ

Le Diable par la queue marque le retour de Philippe de Broca derrière la caméra, deux ans après l'échec – injuste – du *Roi de cœur*. Le cinéaste sort d'une période complexe. Il doit renflouer au plus vite sa société de production, Fildebroc, en difficulté financière, et n'a pas d'autre choix que de tourner un nouveau film dans les semaines à venir : « *J'ai demandé à Sautet de venir chez moi avec Boulanger. Claude est un vieil ami, un grand metteur en scène. J'ai donc dit à Sautet et à Boulanger :* « Écoutez, il faut que je tourne dans un mois ! » *Ils m'ont dit :* « Un mois, non, dans deux mois, oui ! » *Il faudra tourner en province, à la campagne, ai-je ajouté, ça sera un petit film, en son synchrone. Il faut qu'il y ait des gens qui se rencontrent. Ça a quasiment été à cette vitesse-là. On s'est dit : bon ! Week-end. Des gens qui se rencontrent dans un hôtel, très bien !... Non, tiens, mieux ! Plus qu'un hôtel, un château-hôtel, les châtelains n'ont plus d'argent, ils reçoivent des clients... Très bien ! Et c'est comme ça qu'on a fait* Le Diable par la queue. »

L'idée d'une intrigue se déroulant au sein d'un château trottait dans la tête de Philippe de Broca et de Daniel Boulanger depuis *Le Roi de cœur*. Les deux compères se rendent généralement dans des auberges pour écrire. Et De Broca évoque cette genèse le 18 janvier 1969 au micro de France Culture, dans l'émission Cinéma vérité : « *Nous étions dans une auberge au bord de la Loire dont la salle à manger était tapissée de portraits de famille. Nous avons ensuite compris qu'il s'agissait des ancêtres du maître d'hôtel qui nous servait. On s'est dit : tiens, ça serait un décor de film possible ... et on y a repensé deux ans plus tard.* »

Les évènements de Mai 1968 précèdent de peu le tournage, ce qui inquiète fortement Philippe de Broca. Le sujet de son film, « *une histoire d'aristos sans un rond qui veulent sauver la toiture de leur château* » comme il le résume lui-même, n'est pas vraiment dans l'air du temps. Craignant de ne pouvoir le réaliser en France, il envisage alors de partir en Angleterre, puis en Tchécoslovaquie. Mais finalement, les prises de vue débutent au beau milieu de l'été 1968, dans les environs de Villefranche-sur-Saône, à Fareins, au château de Flécheres, construit au 17ème siècle. Ironie de l'histoire, Joanny Chavel, le cerveau du Gang des Lyonnais, deviendra pendant quelques mois le propriétaire de ce château quatre ans après le tournage, avant de disparaître mystérieusement. Ou quand la réalité rejoint la fiction...

UN CASTING ÉBLOUISSANT

Fidèle à lui-même, Philippe de Broca choisit parmi les meilleurs acteurs de l'époque : Yves Montand, Madeleine Renaud, Jean Rochefort, Jean-Pierre Marielle, Claude Piéplu, Clotilde Joano, Maria Schell...

C'est le tout premier rôle comique de Montand, qui se révèle d'une grande drôlerie. Il incarne le Baron César Anselme de Maricorne, Consul général, « chargé des relations culturelles auprès des offices maritimes de l'union latino-américaine... » et ce n'est qu'un résumé de ses titres ! Le personnage, farfelu à l'extrême, laisse l'artiste libre de se livrer à d'innombrables gaudrioles, jusque dans son allure et sa démarche. Il n'était pourtant pas le premier choix. De Broca révèle d'ailleurs au journal L'Aurore : « À l'origine, nous pensions à Vittorio Gassman ou à Adolfo Celi. *Et puis, en revoyant Yves Montand dans* Compartiment Tueurs *et en l'observant dans l'intimité, je me suis aperçu qu'il n'était pas du tout le faux Bogart qu'on nous montrait dans la plupart des films, mais au contraire un personnage plein de faconde et de drôlerie. Ensuite, les amis m'ont dit :* « Tu as transformé Montand, c'est fantastique. » *Mais c'était faux. En fait, toutes les idées « corporelles » sont de lui.* »

Réalisateur : Philippe de Broca, Production : Fildebroc – Artistes Associés (Paris) – Produzioni Associate Delphos (Rome), P.E.A. – Produzioni Europee Associati (Rome) , Producteurs : Philippe de Broca, Michelle de Broca, Scénario : Philippe de Broca et Daniel Boulanger, Découpage : Claude Sautet, Dialogues : Daniel Boulanger, Directeur de la photographie : Jean Penzer (Eastmancolor) assisté de Michel Lebon, Caméraman : Gilles Bonneau, Montage : Françoise Javet assistée de Christiane Lack, Musique : George Delerue, Ingénieur du son : Jean Labussière assisté de Gabriel Salagnac, Décor : Dominique André, Hans Van Hoecke, Costumes : Louis Féraud, Maquette des costumes : Jacques Fonteray, Maquillage : Jackie Reynal assistée d'Anne-Marie Martiquet, Coiffures : Evelyne Iafrate, Postiche et perruque : Jacques Dessanges, Directeur de production : Jean Pieuchot, Administrateur : Henri Dutrannoy, Régisseur général : Nicole Ferny, Assistants-réalisateurs : Georges Pellegrin, Christian Fuin, Script-girl : Suzanne Durrenberger, Photographes de plateau : Georges Pierre, Dolly Schmidt, Doublure voix : Nadine Alari pour certaines scènes de : Marthe Keller – non crédité, Attachée de presse : Christine Brière, Genre : Comédie légère, Durée : 98 minutes, Tournage : 25 juin – 13 août 1968 à Villefranche-sur-Saône, Distribution : Les Artistes Associés, Sortie à Paris : 7 février 1969 (France), Visa d'exploitation : 34543, Affichiste : Bourduge et Jouineau, Éditeur DVD : TF1 VIDEO, Box-office France : 1 620 703 entrées, Producteur actuel : Studiocanal

INTERPRÉTATION : **Yves Montand** (Le baron César Anselme de Maricorne), **Madeleine Renaud** (La Marquise), **Maria Schell** (La Comtesse Diane), **Jean Rochefort** (Le comte Georges de Coustine, époux de Diane), **Clotilde Joano** (La Comtesse Jeanne, la cousine pianiste), **Marthe Keller** (La jeune Baronne Amélie de Coustine), **Jean-Pierre Marielle** (Le playboy, Jean-Jacques Leroy-Martin), **Tanya Lopert** (La minette cookie), **Claude Piéplu** (Le client assidu, Monsieur Patin), **Xavier Gélin** (Le petit garagiste, Charlie), **Jacques Balutin** (Max), **Pierre Tornade** (Schwartz), **Janine Berdin** (Madame Passereau), **Charles Mallet** (Le commissaire), **Eddy Roos** (Monsieur Passereau), **Philippe de Broca** (Un campeur Suédois)

M. PATIN

« Divorcée à 19 ans... Quelle génération... Je sais que ça paraîtra bizarre, mais je ne peux m'empêcher de tenir les curés responsables. »

Page de gauche, en haut
Philippe de Broca et Xavier Gélin

Page de gauche, en bas
Philippe de Broca dirige Marthe Keller, Madeleine Renaud et Maria Schell

Page de droite, en haut
Yves Montand et Philippe de Broca dialoguent pendant le tournage du Diable par la queue

Page de droite, en bas
Clotilde Joano et Yves Montand

Lorsque de Philippe de Broca annonce à Claude Sautet que Montand jouera le rôle du gangster en chef, le futur metteur en scène des *Choses de la Vie* ne cache pas sa désapprobation : « *Il m'a dit :* « Si tu fais le film avec ce chanteur, tu fous tout en l'air ; fais-le si tu veux, moi, je ne te parle plus ! » *raconte De Broca.* « *Mais quand il a vu le film, il a trouvé Montand épatant. Et c'est comme ça qu'il l'a pris dans* César et Rosalie. *Dans mon film, le personnage s'appelait aussi César, parce que Claude avait déjà écrit le scénario du sien ; il voulait une espèce de « César » à la Pagnol. Il a donc tourné* César et Rosalie *avec Montand alors qu'il avait également prévu de le faire avec Gassman.* » *(Philippe de Broca*, éditions Henri Veyrier, 1990*).*

Si De Broca se réjouit par avance de sa collaboration avec Yves Montand, le cinéaste déchante, une fois sur le plateau. Pointilleux à l'extrême, obnubilé par les moindres faits et gestes de son personnage, Montand agace le réalisateur au plus haut point : « *Selon le plan de travail, il ne devait venir tourner qu'à partir du troisième jour. Or, dès le premier, il était là. Il m'avait dit qu'il voulait s'imprégner de l'ambiance, faire connaissance avec les camarades. Je me suis alors dit qu'il était très gentil et très consciencieux. Mais, très vite, c'est devenu agaçant. Je commence par tourner des plans avec Madeleine Renaud, qui avait un peu le trac car elle n'avait pas tourné depuis longtemps. Au début, je l'appelais « Madame », et elle m'a demandé de la tutoyer, c'est devenu plus décontracté ; mais le premier jour, difficile comme toujours, avec Yves Montand qui me demandait des indications sur les plans qu'il aurait à tourner dans trois jours :* « Et mon chapeau, il faudra que je le retire ? » « Et mes gants, je les garde ? » « Et le meuble, il sera à côté de la porte ? » *Je n'en pouvais plus ! Alors au lieu des cinq semaines prévues, j'ai fini son rôle en trois semaines. J'ai réussi à le doubler dans la précipitation. J'aime que les choses viennent toutes seules. Lui est tellement professionnel, qu'il a besoin de travailler son rôle longtemps à l'avance. C'est un peu fatiguant...* » (*Philippe de Broca*, éditions Henri Veyrier, 1990)

Montand dans un rôle comique, cela surprend, et les avis sont partagés. Certains applaudissent : « *Enfin sorti de l'atmosphère constipée de Resnais ou de Delvaux, il trouve ici le rôle de sa vie* » s'emballe Bertrand Tavernier (Positif). D'autres sont déçus « *Il force un peu son accent et son jeu : on le vit plus efficace et moins chargé : sans doute crut-il bien faire en en faisant trop !* » selon Jean Rochereau (La Croix). Quant à Georges Charensol (Les Nouvelles littéraires), il tempère : « *Si Yves Montand éprouve quelque mal à entrer dans la peau d'un gangster méridional, en revanche il s'installe confortablement dans celle du majordome, cuisinier, maître d'hôtel qu'il est aux dernières séquences.* »

Les critiques paraissent davantage séduits par le casting féminin du film et portent aux nues Madeleine Renaud, absente des écrans depuis de longues années. De Broca rapportait d'ailleurs à son propos : « *Elle était ravie de refaire du cinéma, et je dois dire que je suis tombé très amoureux d'elle en cours de tournage. C'est tout à fait un personnage, je ne l'imaginais pas comme ça, mais un personnage qui a une âme de vingt ans. Au début, j'avais un certain respect pour elle, mais c'était trop « grand » pour elle ; je me suis aperçu qu'il fallait la traiter comme une gamine de dix-huit ans, lui faire des compliments et on s'est très bien entendu.* » (Chronique Cinéma du 31 janvier 1969). Louis Chauvet du Figaro affirme : « *Madeleine Renaud nous transmet l'agréable impression de n'avoir jamais rien joué de plus drôle. Voilà qui la change de Samuel Beckett !* » Tavernier, pour sa part, tombe sous le charme de Marthe Keller et s'attarde principalement sur sa petite culotte, « *petit slip blanc de nombreuses fois entrevu et qui devrait davantage passionner mon ami Georges de Coulteray que les panties bressonniens.* »

Cumulant 1,6 millions d'entrées au box-office français, *Le Diable par la queue* remet Philippe de Broca en selle. Au fil des ans, le long-métrage devient une référence de taille, une illustration parfaite du style « De Broca » : mélange de légèreté et d'amoralité, une tonalité burlesque, joyeuse et fantaisiste, du charme, des dialogues ciselés, une mise en scène alerte et une pléiade d'acteurs au sommet de leur art.

LA MARQUISE

« Un coffre, mes enfants,
ça se prend toujours par derrière. »

Page de gauche, en haut
Scènes du film *Le Diable par la queue*

Page de droite, en haut
De gauche à droite : Marthe Keller, Yves Montand, Tanya Lopert. Au second plan, de gauche à droite : Xavier Gélin,Jean-Pierre Marielle, Maria Schell, Madeleine Renaud, Jean Rochefort, Clotilde Joano.

Page de droite, en bas
Scènes du film

Page de gauche, en haut
Jean-Pierre Marielle et Yves Montand

Page de gauche, en bas
Yves Montand dans le rôle du baron César Anselme de Maricorne

Page de droite, en haut
Yves Montand et Pierre Tornade

Page de droite, en bas
Philippe de Broca, moment de détente sur le tournage

LES CAPRICES DE MARIE

Angevine, ou le village du bonheur. Son maire, Panneton, protège l'insouciance de ses habitants en censurant les journaux de toute information tragique et en chargeant le facteur de détruire les lettres porteuses de mauvaises nouvelles. Sa fille, la ravissante Marie, est la reine du bourg ; elle n'a d'yeux que pour le timide instituteur Gabriel, vieux garçon bourru qui n'ose pas lui déclarer sa flamme. Désireuse cependant de découvrir des horizons moins étroits, la jeune fille s'inscrit à un concours de beauté organisé par une localité des Côtes de la Manche, et se voit élue « Miss Flots Bleus ». Dans le même temps, le jeune milliardaire américain Broderick McPower, en croisière sur son yacht au large des côtes françaises, apprend que sa quatrième épouse vient de le quitter ; il se met alors aussitôt en quête d'une cinquième qui soit « reine de quelque chose » et débarque à Angevine, dont il conquiert la population par une débauche de cadeaux et d'effets spectaculaires...

LA REINE DE CŒUR

Les Caprices de Marie naît d'une simple discussion entre Daniel Boulanger et Philippe de Broca, un jour, autour d'une table, avec cette envie commune de raconter l'histoire d'un village rêvé et de ses habitants. « Les Caprices de Marie, *c'est une comédie sur un mode utopique*, précise De Broca. *J'avais déjà fait un film qui s'appelait* Le Roi de cœur, *et comme ce film n'avait pas eu beaucoup de succès, j'avais envie de le refaire. Ça me paraissait un thème important, le thème d'une société idéale, telle que je la vois, d'un petit village où tout le monde vit selon ses désirs et dans une recherche continuelle de la fête et du plaisir. Où le maire distribue les journaux, supprime les articles parlant de catastrophe. Le facteur jette aux paniers les faire-parts de deuil. Tous les hommes du village sont amoureux de la jeune fille après avoir été amoureux de sa mère, donc on ne sait pas très bien de qui elle est la fille. Tout va bien dans le meilleur des mondes, jusqu'au jour où, un jeune américain très riche tombe amoureux de ce village et décide de l'emmener en Amérique.* » (TV Loisirs, 14 juillet 1973) Il ajoute : « *En fait, le film est avant tout une histoire d'amour dans l'esprit de ces contes où la petite paysanne, au moment d'épouser son ami d'enfance, rencontre le Prince Charmant. Et comme ici le Prince Charmant est américain, nous avons introduit le thème du conflit de civilisations, non pas du conflit politique et économique entre les États-Unis et la France, mais entre l'idée que l'on se fait de l'Amérique et de ses excès et le rêve d'un village français où le temps serait arrêté. Ou, si vous voulez, d'un côté la nécessité de l'évolution et de l'autre le simple plaisir de vivre, l'un n'allant, hélas ! pas avec l'autre. Mais tout cela sur le mode mineur, à partir des rapports de personnages de comédie ; d'où ce titre futile que nous avons préféré à celui, trop prétentieux, primitivement prévu,* Les Figurants du Nouveau Monde. » (Les Nouvelles littéraires, 26 février 1970)

UN PETIT PAS POUR DE BROCA...

Le tournage débute le 21 juillet 1969, le jour où les astronautes américains marchent sur la lune. Ce qui contribue à briser le moral de De Broca : « Ça m'a tellement impressionné que je me suis dit *: à quoi bon faire du cinéma lorsqu'il se produit un événement aussi important ? J'ai donc commencé le film en me demandant pourquoi je le faisais. Et c'est terrible, parce qu'il n'y a jamais de raison majeure de faire un film, ou de ne pas le faire.* » (*Philippe de Broca*, éditions Henri Veyrier, 1990)

Réflexion prémonitoire ? À sa sortie, le long-métrage fait peu d'adeptes. Les journalistes ne retiennent qu'une poignée de gags et une ou deux bonnes scènes, et fustigent les lourdeurs (Combat, Henry Chapier) ou la mollesse narrative de l'œuvre (Éducation et formation nationale, Etienne Fuzelier). Le pire est que Philippe de Broca est de leur avis : « *Les seules choses qui me semblent réussies, comme l'élection de Miss Flots Bleus, n'ont rien à voir avec le sujet. Des scènes comme celle-ci appartiennent à un cinéma que j'adore, à des domaines que j'explore trop rarement.* (...) *Le véritable sujet, c'était ce que l'on voit dans la dernière partie : le transport à New York du village et de ses habitants...* » (*Philippe de Broca*, éditions Henri Veyrier, 1990) Et Philippe Noiret d'approuver : « Si la seconde partie du film me paraissait la plus faible, si c'était celle à laquelle j'étais le moins sensible, je ne pensais quand même pas que ce serait à ce point-là ! » (*Philippe Noiret*, Dominique Maillet, éditions Henri Veyrier, 1989)

Quant au public, il se détourne massivement de l'œuvre, au point que Les Artistes Associés perdent de l'argent sur ce projet.

Dommage car *Les Caprices de Marie* est une charmante comédie, tantôt poétique, tantôt surréaliste, aux personnages savoureux (portés par des acteurs de haute voltige). Ses dialogues délicieux, magnifiquement illustrés par la musique de Georges Delerue, en font une perle rare.

Réalisateur : Philippe de Broca, Assistants-réalisateurs : Christian Fuin, Bernard Maistre, Production : Les Artistes Associés (Paris) / Produzione Europee Associate (Rome), Producteur délégué : Christian Ferry, Distribution : Les Artistes Associés, Scénario : Daniel Boulanger et Philippe de Broca, Dialogues : Daniel Boulanger, Dialogues américains : Richard Overstreet, Directeur de la photographie : Jean Penzer, Opérateurs : Jean-Paul Schwartz et Michel Lebon , Montage : Henri Lanoë assisté de Monique André, Musique : Georges Delerue, Chanson : « Les caprices de Marie » de Henri Lanoë (paroles) et Georges Delerue (musique) chantée par Cora Vaucaire, Ingénieurs du son : Urbain Loiset et Jean Labussière, Mixage : Jean Nény, Décors : Théobald Meurisse, Ensembliers : Roger Volper et Nady Chauviret, Accessoiriste : André Davalan, Costumes : Barbara Zulawska, Maquillage : Jacky Reynal, Coiffeuse : Évelyne Lafrate, Régisseur général : Paul Lemaire, Secrétaire de production : Gisèle Cornand, Script-girl : Madeleine Billeaud et Suzanne Durrenberger, Photographie : Vincent Rossell, Attachées de presse : Christine Brierre et Odette Ferry, Chorégraphie : Miss Blue Bell, Effets spéciaux et animation : Bettiol et Lonati , Administrateurs : Céline Schwartz et Paul Maigret, Tournage : du 21 juillet au 12 septembre 1969 dans le village de Dammartin-en-Serve (Yvelines), à Dinard (Bretagne) et à New York, Durée : 91 minutes, Titre de tournage : Les Figurants du nouveau monde, Genre : Comédie, Sortie : 26 février 1970, Visa d'exploitation : 35 931, Affichiste : Jouineau Bourduge, Éditeur DVD et Blu Ray : Gaumont, Box -office France : 178 365 entrées, Producteur actuel : Gaumont

INTERPRÉTATION : Philippe Noiret (Gabriel, l'instituteur), **Bert Convy** (Broderick McPower, le milliardaire américain), **Valentina Cortese**, doublée par Nadine Alari (Madeleine de Lépine), **Fernand Gravey** (Le capitaine Ragot), **Marthe Keller** (Marie Eglantine Félicité Panneton), **Jean-Pierre Marielle** (Léopold Panneton, son père, maire et cafetier), **Didi Perego** (Aurore Panneton, la mère de Marie), **François Périer** (Jean-Jules de Lépine), **Henri Crémieux** (Le facteur), **Colin Drake** (Le président du conseil d'administration), **Marc Dudicourt** (Le présentateur « Miss Flots Bleus »), **Dorothy Marchini** (Dorothy Golden, la secrétaire de McPower), **Albert Michel** (Le président du Jury « Miss Flots Bleus »), **Barbara Middleton** (La mère de Broderick McPower), **Noëlle Mussard** (Mlle Choquet, secrétaire de Jean-Jules de Lépine), **Bernard Musson** (Le maître d'hôtel du restaurant), **Lucien Raimbourg** (Le fonctionnaire du Wedding Center), **Hilde Spalinger** (Raymonde Bonneteau, la « Dauphine » de « Miss Flots Bleus »), **Aimé Théo** (Bob), **Olga Valéry** (Laureen), **Douglas Read** (Dick), **Marius Gaidon** (Un invité), **Georges Guéret** (Un journaliste), **Gaston Meunier** (Un invité), **Raymond Pierson** (Un invité), **André Tamosi** (Un déménageur), **Monique Chaumette** (Apparition non créditée), **Henri Lanoë** (Apparition non créditée), Les Blue Bells Girls, Le chien « Ogre », Le Cheval « Outlaw » et l'Hippopotame « Léon »

LÉOPOLD PANNETON

« Tu sais ce que c'est, le mariage, des jours et des jours, des nuits et des nuits, supporter l'autre, ses varices, ses humeurs, ses gratte-moi là, tu ronfles, si j'avais su, t'aurais pu te raser, tu perds tes cheveux. »

LÉOPOLD PANNETON

« Je suppose que c'est le peau-rouge de ta fille »

Page de gauche, en haut
François Périer, Jean-Pierre Marielle et Fernand Gravey

Page de gauche, à gauche
Scènes du film *Les Caprices de Marie*

Page de gauche, en bas
Marthe Keller et Jean-Pierre Marielle

Page de droite
Marthe Keller et Philippe Noiret entre deux prises

LA POUDRE D'ESCAMPETTE

Afrique du Nord, 1942. Valentin recueille un soldat britannique, Basil. Ils tentent, avec l'aide de Lorène, femme de diplomate délaissée, de fuir les autorités allemandes. Le trio fonce à travers le désert à la poursuite de l'armée britannique. Malgré la guerre, Basil et Valentin ne peuvent s'empêcher de tomber sous le charme de la délicieuse Lorène. Réussiront-ils à s'échapper ? Parviendront-ils à trouver l'amour ?

NOUVELLE ROUTE, NOUVEAUX COMPAGNONS

En ce début des années 1970, la vie de Philippe de Broca n'a rien d'un long fleuve tranquille, entre vie sentimentale compliquée et divers échecs professionnels. Seule consolation : le succès tout frais du *Diable par la queue*. N'étant pas du genre à se laisser aller, le cinéaste rebondit et met toute son énergie dans un projet intitulé *La Poudre d'escampette*, sur un scénario de Jean-Loup Dabadie ; le script est tiré d'un roman de Robert Beylen, *La route au soleil*. Cela faisait un certain temps que De Broca et Dabadie se tournaient autour ; grâce à François Truffaut, ils avaient commencé à travailler ensemble à l'adaptation de *Thomas L'agnelet* de Claude Ferrere. Mais le projet avait avorté, les obligeant à patienter avant qu'une nouvelle occasion ne se présente.

À peine l'écriture de *La Poudre...* a-t-elle débuté que le nom de Jean-Paul Belmondo est sur toutes les lèvres. Après la parenthèse « Montand », quoi de plus excitant que d'imaginer le binôme De Broca/Belmondo se reformer? Las, Bébel refuse le rôle, au prétexte qu'il n'apprécie pas le sort réservé à son personnage à la fin de l'histoire. Philippe de Broca ne se laisse pas abattre et opte pour un comédien complètement différent : Michel Piccoli. Si les deux hommes n'ont jamais travaillé ensemble, ils se connaissent et s'apprécient. Tous deux espèrent beaucoup de cette collaboration, qui permet à Piccoli d'aborder un tout autre registre : « *Travailler avec De Broca, ça m'aidera peut-être à m'amuser autrement, à sortir un peu des personnages que j'appelle intellichiants et que j'ai l'habitude de jouer* » estime-t-il à l'époque.

À ses côtés, un duo inattendu : l'anglais Michael York, accompagné de Marlène Jobert qui, à l'origine, ne devait pas jouer dans ce long-métrage, en raison d'un planning déjà fort rempli. Néanmoins, séduite par le script (« *un juste équilibre entre les moments de comédie pure, et ceux où il fallait mettre en avant ce lien subtil d'amitié amoureuse entre les trois héros* »), elle se laisse convaincre et donne son accord à la dernière minute, enchaînant de fait trois tournages à la suite : celui des *Mariés de l'an II* en Roumanie, *Doigts croisés* de Dick Clément avec Kirk Douglas à Londres, et *La Poudre d'escampette*. À noter que ces deux dernières productions sortiront le même jour en salles.

À propos du film de De Broca, l'actrice se souvient : « *Nous tournions dans le sud du Maroc. Après la Roumanie, le contraste pour moi fut saisissant. Michael York était* « perfect » *dans ce personnage de jeune officier de l'armée britannique. Sa candeur, sa gentillesse m'attendrissaient. J'avais envie de le materner. Quant à Michel Piccoli, s'il m'impressionnait par ses talents d'acteur, il m'a toujours paru distant dans la vie. Je ne me suis jamais sentie à l'aise avec lui* ». Du metteur en scène, elle garde cette image : « *De Broca, avec Audiard et Chabrol, était l'un des réalisateurs les plus décontractés que j'ai connus. D'humeur égale, efficace, énergique, il ne tenait pas en place. Il était agité, mais jamais véritablement stressé. Cool et en même temps terriblement impatient. Il nous donnait le vertige, à toujours vouloir vivre la prochaine minute, le prochain plan, avant même de finir celui que nous étions en train de tourner. Ce diable de petit homme toujours pressé, qui nous faisait cavaler derrière lui sans cesse, avait un sens inné du rythme et de la comédie.* » (*Les Baisers du soleil*, Plon, 2014)

Réalisateur : Philippe de Broca, Assistants-réalisateurs : Georges Pellegrin, Larbi Benami, Production : les Films Ariane – Columbia film SA (Paris) – Vidès (Rome), Producteurs : Alexandre Mnouchkine, Georges Dancigers, Producteur délégué : Alexandre Mnouchkine, Directeur de la production : Claude Ganz, Administration : Janine Ruault, Louis Trinquier, Distributeur : Columbia, Scénario : Jean-Loup Dabadie et Philippe de Broca d'après le roman « La Route au Soleil » de Robert Beylen, Dialogues : Jean-Loup Dabadie, Directeur de la photographie : René Mathelin, Opérateur : Jean-Paul Schwartz assisté de François Lauliac et Jean-Paul Cornu, Montage : Henri Lanoë assisté de Monique André et Michèle Nény, Musique : Michel Legrand – Éditions Musicales IGLO – MAROUANI, Ingénieur du son : Jean-Louis Ducarme et Jean Nény, Décors : François de Lamothe assisté de Constantin Mejinsky, Costumes : Jeannine Vergne, Maquillage : Jacky Reynal, Maud Bégon, Chef machiniste : Robert Atellian, Chef électricien : Michel Vocoret, Régisseur général : Raymond Leplont, Régisseur : Mohamed Osfour, Scripte : Suzanne Durrenberger, Photographe de plateau : Georges Pierre, Cascades et scènes aéronautiques : Gérard Streiff, Effets spéciaux : Georges Iaconelli, Accessoiriste : Jean Vergne, Tournage : 11 décembre 1970 – 16 février 1971, Durée : 110 minutes, Genre : Comédie, Sortie : 1er septembre 1971, Visa d'exploitation : 38126, Affichiste : Georges Kerfyser, Inédit en DVD et Blu Ray , Box-office Paris : 308 829 entrées , Box-office France : 1 335 578 entrées, Producteur actuel : Sony France

INTERPRÉTATION : **Marlène Jobert** (Lorène), **Michel Piccoli** (Valentin), **Michael York** (Basil), **Louis Velle** (Le Consul de Suisse, Paul-Émile), **Amidou** (Ali, le patron du bateau tunisien), **Didi Perego** (Renata), **Jean Bouise** (Le Colonel Grenoble), **Gene Moyle** (Le major anglais), **Alan Scott** (Le Colonel anglais), **Hans Verner** (Le Major Becker), **Ernesto Colli** (Battistoni), **Gaetano Cimarosa** (1er soldat dans le fortin), **Umberto d'Orsi** (Le major Bruzzolini), **Salvatore Ricciardella** (Le caporal Ambrosio), **Ugo Fangareggi** (L'adjoint), **Luca Sportelli** (Colombani), **Leopoldo Trieste** (Le sergent du fort), **Luigi Bonos** (Un soldat italien sur la plage, crédité Luiggi Bonos), **Alexandre Mnouchkine** (L'homme en vélo-taxi, non crédité), **Tiberio Murgia** (Giuseppe , non crédité)

UN DIVERTISSEMENT PÉTARADANT À LA POUDRE DE MÉLANCOLIE

À sa sortie, le long-métrage est comparé à *La Grande vadrouille* ou à une version parodique d'*Un Taxi pour Tobrouk*. Pourtant le film est plus qu'une parodie ; il aborde avec originalité des thèmes chers à De Broca : l'éloge de la paresse, l'insouciance érigée en principe de vie, tout en laissant libre cours à la créativité de Dabadie (mention spéciale au gag de l'avion sans ailes qui roule au milieu des dunes).

Comédie sentimentale agrémentée de séquences spectaculaires et de quelques envolées poétiques, voire dramatiques, *La Poudre d'escampette* est appréciée par la critique. Pour Jacqueline Lajeunesse, « *les relations du trio échappent totalement à la vulgarité et atteignent même une nuit de Noël à une sorte de poésie candide. On retrouve là un certain Philippe de Broca* » (La Saison cinématographique, 1972) tandis que Guillemette Odicino, elle, écrit dans Télérama : « *Ce qui prime, pour de Broca, c'est la légèreté. Un divertissement pétaradant à la poudre de mélancolie.* »

Le public est conquis : le film attire 1,3 millions de spectateurs.

LORÈNE

« Ce soir ou demain, nous ne serons plus ensemble, vous chez vous, moi chez moi, et lui ailleurs. Nous sommes faits pour être trois souvenirs. »

Page de gauche, en haut
Michel Piccoli, Marlène Jobert et Michael York

Page de gauche, en bas
Tournage d'une séquence

Page de droite, en haut
Préparation d'un plan de *La Poudre d'escampette*. De gauche à droite : Michael York, Michel Piccoli (se rasant) et Philippe de Broca

Page de droite, en bas
De gauche à droite, Michel Piccoli, Philippe de Broca (au premier plan) et Michael York

Page de gauche, en haut
Philippe de Broca dirige Michel Piccoli et Michael York

Page de gauche, en bas
Marlène Jobert, Philippe de Broca
et Alexandre Mnouchkine

Page de droite, en haut
Michael York, Marlène Jobert et Michel Piccoli
entre deux prises

Page de droite, en bas
Tournage d'une séquence de *La Poudre d'escampette*

CHÈRE LOUISE

Quadragénaire divorcée et sans famille, Louise s'est installée à Annecy, où elle enseigne le dessin. Un jour, elle découvre ses deux chiens morts, empoisonnés par des voisins malveillants. Pour les enterrer, elle fait appel à un jeune immigré italien désœuvré et vivant d'expédients, un certain Luigi. Puis elle l'installe chez elle, lui trouve du travail, et tente d'améliorer son éducation. Luigi devient son amant, et l'esseulée s'attache profondément à cet être candide et infantile...

UNE PREMIÈRE POUR DE BROCA

Alors que Philippe de Broca est en train de tourner *La Poudre d'escampette*, Jean-Loup Dabadie lui fait lire un scénario tiré d'une nouvelle de Jean-Louis Curtis, *L'Éphèbe de Subiaco*, qu'il a adaptée pour la comédienne Jeanne Moreau. De Broca est aussitôt conquis. Pour la première fois, le cinéaste va mettre en scène un scénario qui n'est pas de sa main. *« J'ai été séduit par cette histoire d'une femme seule, professeur de dessin dans une petite ville de province et qui recueille, comme un chien perdu, un ouvrier italien presque analphabète et de vingt ans son cadet, auquel elle s'attache passionnément bien que tout les sépare... Je n'ai pas voulu collaborer à l'adaptation. J'aurais trouvé le moyen, même inconsciemment, de raconter ça d'une manière drôle » (France-Soir, 17 mai 1972)*

Réalisateur : Philippe de Broca, Assistant-réalisateur : Denis Amar, Production : Les Films Ariane P.E.C.F. (Paris) – Compania Cinématografica Champion (Rome), Producteurs : Alexandre Mnouchkine, Georges Dancigers, Producteur délégué : Georges Dancigers, Distributeur : Warner Columbia, Scénario : Jean-Loup Dabadie d'après la nouvelle « L'éphèbe de Subiaco » de Jean-Louis Curtis paru dans le recueil « Le Thé sous les cyprès », Adaptation et Dialogues : Jean-Loup Dabadie, Directeur de la photographie : Ricardo Aronovitch (Standard-Eastmancolor), Caméraman : Jean-Paul Schwartz, Opérateur : Michel Lebon, Montage : Françoise Javet assistée de Kouka Bernard, Michèle Nény et Isabel Garcia de Herreros, Musique : Georges Delerue, Piano : Odette Gartenlaub, Ingénieur du son : Jean Louis Ducarme assisté de Jean Nény, Décors : Constantin Méjinsky, Accessoiriste : Frédo Tsikinsan, Maquillage : Maud Bégon, Coiffeuse : Simone Knapp, Régisseur général : Alain Belmondo, Régisseurs adjoints : Alain Pancrazi, Nicole Carmet, Script : Suzanne Durrenberger, Photographie : Georges Pierre, Administration : Louis Trinquier, Janine Ruault, Attachée de presse : Gilbert Guez, Minéraux : Jean Lafargue minéralogiste à Annecy, Tournage : du 04 octobre au 7 décembre 1971 à Annecy, Durée : 105 minutes, Titre de tournage : Louise, Genre : Comédie dramatique, Sortie : 6 septembre 1972, Affichiste : Kerfyser, Box-office France : 262 776 entrées, Producteur actuel : Warner France

INTERPRÉTATION : **Jeanne Moreau** (Louise, professeur de dessin), **Julian Negulesco** (Luigi, émigré Italien), **Yves Robert** (Magnetto, le vendeur de cycles), **Didi Perego** (Frédérique), **Pipo Starnazza** (Le Padre), **Jill Larson** (Poussy), **Lucienne Legrand** (La logeuse), **Jenny Arasse** (Pauline), **Luce Fabiole** (Anna), **Louis Navarre** (Lucien Pulpon « le baryton »), **L'harmonie Chorale dirigée par Marcel Dijoud**, La troupe des Escholiers

UN FILM « EXOTIQUE »

Le film se tourne à l'automne 1971, dans la ville d'Annecy, choisie sciemment : « *Annecy, c'est le reflet de Louise,* raconte De Broca. *Une ville de province qui se renferme sur elle-même, dans ses brumes, dans son lac, qui ne gèle même pas. Tout est suave, un peu effacé. J'ai voulu ça, parce qu'on raconte l'histoire d'une passion impossible dans un monde qui s'efface comme le personnage de Louise.* » (Les Arts du Spectacle, 17 mai 1972)

Pour lui, c'est un dépaysement total. Cela le change de ses précédentes tribulations en Chine ou au Brésil, ce qui n'est pas pour lui déplaire : « *J'ai eu l'envie de faire quelque chose de très exotique, qui était un film sur l'âme d'une dame, d'une femme seule. C'est un scénario sur lequel j'ai travaillé en apportant certaines notes d'humour qu'il y a dans le film. C'était un défi*; je voulais *montrer (d'abord à moi-même) que j'étais capable de prendre un tempo différent, de rentrer dans l'âme d'un personnage et de ne pas continuellement faire des galipettes. Pour un metteur en scène, c'est indispensable de « prendre l'air ». Du moment que ça parle du « cœur », je me sens à l'aise. Je suis un garçon très pudique, ça me passionnait de faire ce film à travers un personnage féminin, à travers une grande comédienne comme Jeanne Moreau.* » (Les Arts du Spectacle, 17 mai 1972)

CHÈRE JEANNE MOREAU

Sans l'accord de la comédienne, Philippe de Broca n'aurait peut-être pas tourné ce long-métrage. C'était elle, ou rien. Il l'avait déjà sollicitée autrefois, lorsqu'il préparait *L'Amant de cinq jours*, mais elle avait refusé. Ils se côtoient finalement sur le plateau du *Plus vieux métier du monde*, ce qui renforce chez Broca le désir de collaborer plus longuement avec elle.

Chère Louise est l'occasion idéale : « *Nous avons tout de suite pensé à Jeanne Moreau pour jouer le rôle de Louise. Je ne devrais pas dire « jouer ». Jeanne est un personnage. Je n'ai pas eu une seule indication de scène à lui donner. Elle a aussitôt été cette femme digne, calme comme les eaux d'un lac, qui assume sa solitude et sur laquelle les émotions n'ont apparemment pas de prise, jusqu'à cette embellie dans la grisaille de sa vie. J'ai voulu avec* Chère Louise *faire un film pudique et délicat comme l'âme même de l'héroïne. Une sorte d'objet finement ciselé.* » (France-Soir, 17 mai 1972)

ACCUEIL HOULEUX AU FESTIVAL DE CANNES

Le long-métrage est sélectionné en compétition officielle au 25ème Festival de Cannes, en 1972, pour représenter la France, avec *Les Feux de la chandeleur* de Serge Korber et *Nous ne vieillirons pas ensemble* de Maurice Pialat.

Mais la quasi-totalité des critiques lui reproche sa mièvrerie et son sentimentalisme larmoyant. Une triste publicité qui desservira le film à sa sortie. Des années plus tard, Philippe de Broca n'aura rien oublié de cette exécution en règle : « *J'en garde un souvenir abominable. Personnellement, je tenais beaucoup à aller au Festival. Personne n'était très emballé par le film, mais on s'était dit que Jeanne aurait le prix d'interprétation féminine. J'ai même l'impression qu'il y a eu une sorte de cabale contre le film. J'ai passé une journée de cinéma hallucinante. Le film était d'abord présenté à onze heures du matin. Première séquence : Jeanne pose une fleur sur la tombe de sa mère, au cimetière de Varengeville; elle lève le nez en l'air et s'exclame : « Oh ! une mouette. » Elle est en gros plan. Ce n'est pas particulièrement drôle. Joli, simplement. Eh bien, à Cannes, cette scène a déclenché l'hilarité, et pas dans le bon sens ; moi qui aime faire rigoler les gens, ce jour-là, je trouvais ça plutôt déplacé. Le bide. Après la projection, on me dit : « Pas de conférence de presse, faites-vous oublier ! » Au déjeuner, mon vieux copain d'Algérie, Guy Tesseire, me dit : t'as fait ce film pour le pognon ou quoi ? Atroce ! Tous ces types invités à bouffer, démolissant le film. L'après-midi, annulation de toutes les conférences de presse. Bizarrement, le film fait un triomphe à la soirée en smoking. Je suis plus applaudi que le Fellini-Roma présenté la veille. Du coup, j'étais requinqué. J'ai invité des tas de copains à boire un verre. On a ri jusqu'à six heures du matin. Le lendemain, évidemment, le film a été éreinté dans les journaux. On ne l'a sorti qu'en septembre pour se faire oublier. Il faut dire aussi que les gens n'avaient peut-être pas envie qu'on leur raconte l'histoire d'une femme de quarante ans qui tombe amoureuse d'un jeune homme.* » *(Philippe de Broca, éditions Henri Veyrier, 1990)*

En définitive, *Chère Louise* est victime d'une incompréhension totale. Sans prendre le temps d'analyser le film objectivement, la critique lui fait un mauvais procès ; elle fait grief à Philippe de Broca d'aborder un registre grave, lui qui réussissait si bien les comédies pétillantes. On lui reproche de ne pas faire le poids face à *L'Affaire Mattei* de Francesco Rosi, également présenté à Cannes.

Et les rares soutiens, tel celui des Lettres Françaises *(« Traîné dans la boue,* Chère Louise *ne méritait sans doute pas cette indignité. Du moins pas plus que bien des films de la production courante. »)*, ne suffisent pas à sauver le film du naufrage. De Broca est profondément déçu, alors qu'il comptait beaucoup sur cette sélection à Cannes pour que son film, dont le sujet était « *fragile* » commercialement, fasse carrière en salle.

Le cinéaste accepte malgré tout la sentence, sans pour autant en assumer l'entière responsabilité, dans la mesure où il n'est pas l'auteur du scénario : « *J'ai bien plus tourné le film comme un exercice de style que comme une œuvre personnelle. Cela dit, j'ai été ravi de le faire. Ça m'intéressait d'être uniquement metteur en scène. Comme nous avions une petite équipe, et le temps – dix semaine de tournage dans un pays admirable –, on a fait très attention à l'image. C'est peut-être à partir de ce film que je me suis vraiment penché sur les problèmes de la photo.* » *(Philippe de Broca,* éditions Henri Veyrier, 1990*)*

Page de gauche
Philippe de Broca sur le tournage de *Chère Louise*

Page de droite, en haut
Philippe de Broca et son assistant Denis Amar entre deux prises

Page de droite, en bas
Philippe de Broca et ses deux comédiens : Jeanne Moreau et Julian Negulesco

LE MAGNIFIQUE

L'agent secret Bob Saint-Clar est envoyé en mission au Mexique afin de résoudre une affaire sur laquelle se joue « l'avenir du monde libre. » Il a tôt fait de séduire son contact, la voluptueuse Tatiana. Mais leur promenade romantique est interrompue par des nuées de tueurs qu'ils abattent par dizaines, lorsqu'apparaît, au milieu des cadavres, Madame Berger, qui, indifférente au carnage, entre pour passer l'aspirateur dans la pièce où François Merlin tente péniblement d'achever la rédaction de son quarante-troisième roman d'espionnage. Merlin ressemble comme un frère à Saint-Clar. Mais, autant l'agent secret est élégant, raffiné, dynamique et sportif, autant son créateur, mal rasé, et la tignasse emmêlée, est mou et timoré. Jusqu'au jour où une voisine, Christine, étudiante timide dont il s'est inspiré pour créer Tatiana, découvre ses romans et lui fait part de son intention d'écrire une thèse de sociologie sur l'ensemble de son œuvre...

UN SUJET MAGNIFIQUE MAIS COMPLEXE

Après les échecs successifs rencontrés par Philippe de Broca au box-office (*La Poudre d'escampette* en 1971, *Chère Louise* en 1972), Alexandre Mnouchkine et Robert Amon proposent au cinéaste un script écrit par Francis Veber qui lui permettrait de se refaire une santé. Le cinéaste n'est guère enthousiaste mais il finit par se rallier à l'idée : « *Cette histoire d'un romancier besogneux qui écrit à la chaîne des livres policiers au rythme de deux par mois pour payer ses factures et la pension alimentaire de son ex-femme, et qui s'identifie à son héros, le célèbre agent secret Bob Saint-Clar, c'était très séduisant. Mais j'ai eu peur de la difficulté que représentait le passage constant de la réalité à l'imagination. Je me suis dit, c'est rudement casse-gueule ! Et quand Belmondo est venu me demander de jouer le rôle, il a emporté ma décision. Il était tellement le personnage que je n'ai plus pensé aux pièges possibles. Ça n'a tout de même pas été du gâteau* ». (France-Soir, 4 décembre 1973)

Les difficultés commencent dès l'adaptation du scénario ; un désaccord éclate entre De Broca et Veber à propos du personnage double de Tatiana/Christine. De Broca souhaite étoffer ce personnage quasi inexistant dans le script original mais Veber n'accepte aucune de ses idées. Le réalisateur fait alors appel à ses fidèles complices, Daniel Boulanger et Jean-Paul Rappeneau, afin de retravailler – en douce – le script. De Broca impose ses souhaits, notamment en ce qui concerne le premier rôle féminin qui est intégralement remanié ; *la* pin-up « top-model » s'est muée en étudiante en sociologie.

Lorsqu'il découvre le résultat en projection privée, Francis Veber quitte la salle à l'issue de la seconde bobine et prévient qu'il ne signera pas le film : « *C'est un sujet que j'aime beaucoup et qui me tenait particulièrement à cœur,* explique-t-il. *Cet auteur qui se prend pour ses personnages, c'est un peu moi. Mais je n'ai vraiment pas aimé la façon dont il l'a réalisé. Mon plus mauvais souvenir de scénariste a un nom : Philippe de Broca. Je dois pourtant le remercier, car il fut un de ceux qui me poussèrent le plus efficacement à mettre en scène mes films moi-même.* » Un mal pour un bien, en quelque sorte. Philippe de Broca admet cependant que la plupart des éclats de rire liés à ce long-métrage reviennent à Veber. Ce qui n'empêchera pas ce dernier de mettre sa menace à exécution ; pour cette raison, aucun scénariste ni dialoguiste ne figure au générique du *Magnifique* – un cas unique dans l'histoire du cinéma français.

D'autres doutes surgissent pendant le tournage. Le choix de Jacqueline Bisset pour tenir tête à Belmondo, par exemple, n'est pas immédiat. C'est Mnouchkine qui, l'ayant remarquée dans *La Nuit américaine* de François Truffaut, fait cette proposition. Philippe de Broca accepte, non sans avoir hésité. « *Nous étions nombreux à nous demander si elle serait vraiment crédible en Tatiana, la femme fatale de rêve* » relate le maquilleur Charly Koubesserian. « *Le jour où je l'ai maquillée en Tatiana, je me suis rendu compte que cette fille, qui a des yeux superbes et possède un magnifique sourire, pouvait aller très loin dans la séduction. Sur elle, quel que soit le maquillage, rien n'est jamais vulgaire. Ainsi est-elle parfaitement capable de devenir une séductrice ravageuse, une vamp dans le sens pur du terme, et l'instant d'après, avec un autre maquillage, de redevenir l'étudiante tranquille.* » En plateau, l'actrice peine toutefois à obtenir les indications nécessaires à la construction de son personnage tel qu'elle en a l'habitude, et c'est en prenant un accent anglais sophistiqué qu'elle parvient à satisfaire De Broca. Elle précise : « *Pour moi, le rôle de l'espionne Tatiana, la femme snob, était le plus dur à jouer parce que je n'étais pas du tout sûre que l'accent que je prenais pour faire le côté un peu snob et idiote était le bon accent pour quelqu'un de français. Je ne parlais pas assez bien français, je me suis lancée là-dedans sans vraiment être sûre de savoir si je le faisais bien. Le deuxième rôle, celui de Christine, l'étudiante intellectuelle qui s'intéresse à François Merlin, j'avais plus de facilité à l'interpréter.* » (entretien avec les auteurs, 2019) Après coup, Jacqueline Bisset éprouvera quelques regrets : « *Si j'avais vu les films de Philippe de Broca avant de tourner avec lui, au lieu de l'emmerder en lui demandant les motivations de mon personnage, je lui aurais foutu la paix, et j'aurais joué comme une petite silhouette de dessin animé.* »

Réalisateur : Philippe de Broca, Assistants-réalisateurs : Tony Aboyantz, Claude Gorsky et Jésus Marin, Production : Les Films Ariane, Mondex Films et Cérito Films (Paris) / Oceania Produzioni Internazionali Cinematografiche et Rizzoli Film (Rome), Producteurs : Alexandre Mnouchkine et Georges Dancigers, Producteur Associé : Robert Amon , Producteur délégué : Alexandre Mnouchkine, Directeur de la production : Alain Belmondo, Distributeurs : C.C.F.C. : Compagnie Commerciale Française Cinématographique (Paris) et G.E.F. : Groupement des Éditeurs de Films (Paris), Scénario et dialogues : Francis Veber, Jean-Paul Rappeneau et Philippe de Broca (non crédités), Directeur de la photographie : René Mathelin (Panavision-Eastmancolor), Photographie sous-marine : Genaro Hurtado, Opérateur : Jean-Paul Schwartz assisté de Jean-Paul Cornu et Philippe Bordas, Montage : Henri Lanoë assisté de Monique André et Catherine Dubeau, Musique : Claude Bolling et Tomas Mondez Sosa pour « Cucurrucucu Paloma », Ingénieur du son : Jean Labussière et Jean Nény, Décors : François de Lamothe assisté de Jacques Brizio et Pierre Duquesne, Ensemblier : Robert Christidès, Costumes : Donfeld (pour Jacqueline Bisset), Cerruti (pour Jean-Paul Belmondo), Habilleuse : Paulette Breil et Monique Dury, Maquillage : Garbis « Charly » Koubesserian, Coiffeur : Marc Blanchard, Régisseur général : Alain Pancrazi, Script-girl : Suzanne Durrenberger, Photographie : Maurice Chapiron, Attachés de presse : René Château et Jacques Itah, Accessoiristes effets spéciaux : André Pierdel, Georges Iaconelli et Léon Ortega, Tournage : du 26 mars au 18 juin 1973 au Mexique (Playa Gemelas, au sud de Puerto Vallarta et au nord des « Los Arcos »), à Paris (la mosquée de Paris pour le décor de la mission de Bob Saint-Clar à Bagdad), le 17 de la rue des Tournelles (l'appartement de François Merlin), une résidence étudiante de la rue Tournefort (le Centre international de Sociologie), le Jardin des Plantes, les places de la Bastille et de la Concorde et le canal Saint-Martin et au studio d'Epinay pour le décor intérieur d'un temple mexicain, QG de l'organisation ennemie., Durée : 93 minutes, Premier titre : Comment détruire la réputation du plus célèbre agent secret du monde., Genre : Comédie, Sortie : 29 novembre 1973 (France), Visa d'exploitation : 41.018, Affichiste : Ferracci © ADAGP, Éditeur DVD et Blu Ray : Studiocanal, Box-office France : 2 803 412 entrées, Producteur actuel : Studiocanal

INTERPRÉTATION :**Jean-Paul Belmondo** (François Merlin, écrivain / Bob Saint-Clar, Agent secret), **Jacqueline Bisset** (Christine, sociologue / Tatiana,vamp), **Vittorio Caprioli** (Georges Charron, éditeur / Colonel Karpof, chef des services secrets albanais), **Monique Tarbes** (Madame Berger, la bonne de François Merlin), **Mario David** (Le contractuel myope qui verbalise), **Bruno Garcin** (Pilu, étudiant en sociologie), **Raymond Gérome** (Le général Pontaubert), **Jean Lefebvre** (Monsieur Boudard, l'électricien), **Hans Mayer** (Le Colonel Collins), **Fabrizio Moresco** (Rodriguez, l'agent mexicain), **André Weber** (Le premier plombier), **Hubert Deschamps** (Le vendeur de machine à écrire), **Bernard Musson** (L'interprète Tchèque-Français), **Thalie Fruges** (L'hôtesse de la maison d'édition de Charron), **René Barrera** (Le chinois / la mariée mexicaine), **Rodrigo A. Puebla** (Benson), **Jean-Pierre Rambal** (Le conférencier sur la bande dessinée), **Gäetan Noël** (Le joueur de boules), **Robert Berry** (Le commandant), **Laure Moutoussamy** (Une amie de Charron), **Micha Bayard** (la secrétaire de Charron), **Roger Muni** (Le médecin de l'aéroport), **Sébastien Floche** (Un interprète), **Victor Jarson**, **Caline Bautte**, **Claude Salino**, **Jean-Paul Sarre**, **Jacques Wajsmark**, **Max Desrau**, **Lucienne Legrand**, **Guy Simmonet**, **Michel Thomass** et non crédités : **Maurice Auzel** (Le mécano tué à coup de hache à l'aéroport), **Charly Koubesserian** (Le garde), **Raoul Guilad** (L'Albanais), **Etienne Assena** (Jean, le fils de François Merlin), **Alexandre Mnouchkine** (Un infirmier), **Philippe de Broca** (Le deuxième plombier)

Le Magnifique n'a, il est vrai, rien d'un film classique, et plus encore que les productions précédentes du cinéaste, dépasse toutes les limites : « *Je voulais faire une parodie de la violence, du sadisme, du sexe et de la cruauté, me venger de tout ce que je n'aime pas dans le cinéma d'aujourd'hui, faire un sort à ces héros que l'on voit mourir en tombant au ralenti et qui pissent le sang comme des fontaines*, explique le cinéaste. *Pour cela, il ne faut pas y aller en douceur, mais au contraire avec de gros sabots. Il faut en remettre et on en a remis ! Nous avons tiré plus de 10.000 balles de mitrailleuse et de revolver pendant les prises de vues et fait sauter une bonne demi-tonne d'explosifs. Nous n'avons pas lésiné non plus sur les effets : quand Jean-Paul abat une bande de tueurs dans une crypte, on nage dans un bain d'hémoglobine et lorsqu'il tire une balle dans la tête d'un de ses ennemis, le crâne de sa victime saute en l'air et sa cervelle retombe dans une assiette.* » (France-Soir, 4 décembre 1973)

UN TOURNAGE ÉPIQUE

Incroyablement divertissant, ce spectacle est toutefois le fruit d'un travail acharné et réalisé dans des conditions extrêmes. Avec des conséquences parfois fâcheuses, et d'inévitables ratés. Ainsi, lorsque l'équipe débarque à Acapulco, il n'y a plus que « des palmiers avachis, une végétation toute grise, moche, et assoiffée. Je ne savais plus où mettre la caméra », rapporte De Broca. En cause ? Les repérages, réalisés pendant la saison des pluies...

Certaines séquences nécessitent plusieurs jours de tournage, à l'instar de celle mettant en scène un agent secret dans une cabine téléphonique, terminant sa mission par dix mètres de fond dans des eaux infestées de requins. D'une complexité rare. Quant à Belmondo, une fois n'est pas coutume, il se blesse deux fois au cours de ses multiples cascades. Le premier accident a lieu au Mexique, où il se tord gravement la cheville après avoir sauté d'une voiture en marche : « *Quand Broca a conseillé à Jacqueline de rouler « à 50/60 », elle a cru qu'il parlait en miles et a lancé la voiture à 110 kilomètres à l'heure. Ce qui était beaucoup trop rapide et rendait le matelas de cartons inefficace à me réceptionner en douceur. Je me suis sérieusement croûté.* » (Jean-Paul Belmondo, *Mille vies valent mieux qu'une*, Fayard, 2016). Souffrant d'une foulure à la cheville gauche et d'une élongation du tendon, l'acteur se voit contraint de porter un plâtre dans l'attente d'une remise sur pied. Le deuxième, plus grave, intervient à Paris. Bébel doit traverser une verrière. Garantie en verre dit « chirurgical », celle-ci est censée se briser aisément, et sans blesser. Mais Jean-Paul se coupe à la jambe gauche et écope de douze points de suture.

C'est encore pire pour Jean Lefebvre, qui, de son côté, frôle la mort. C'est en tout cas ce qu'il affirme dans ses mémoires : « *J'avais une scène où je devais mourir, fusillé par Jean-Paul. Les Mexicains m'ont bourré d'explosifs. Ils ont passé deux heures à m'en mettre partout et on s'est préparés à tourner. Mais, au moment où De Broca était sur le point de dire « moteur » j'ai vu le type qui était derrière la caméra faire le signe de croix. J'ai été pris d'une peur panique et j'ai hurlé à de Broca d'arrêter tout. J'ai expliqué à mon metteur en scène ce que je venais de voir et je lui ai dit que tout cela n'avait pas l'air très sûr. De Broca m'a assuré que c'était le même cascadeur qui faisait les grands westerns américains, qu'il avait un talent fou en matière d'explosifs. Il avait beau dire, je n'étais pas rassuré pour autant. On a tourné et tout s'est très bien passé. Mais c'est quand même ce jour-là que j'ai eu la plus grande peur de ma vie. Et pendant ce temps, Belmondo hurlait de rire.* » (*Pourquoi ça n'arrive qu'à moi*, 1984)

L'ambiance demeure néanmoins festive. Le film marque les retrouvailles de De Broca et Belmondo, huit ans après *Les Tribulations d'un Chinois en Chine*. Un pur bonheur pour le réalisateur. « *C'est un vrai plaisir d'imaginer une scène pour Jean-Paul et de la lui voir jouer parce que, quand il la tourne, elle est vingt fois mieux.*

Page de droite, en haut
Jacqueline Bisset, Jean-Paul Belmondo et Philippe de Broca entre deux prises tournage du *Magnifique*

Page de droite, en bas
P. de Broca donne des indications à Jean-Paul Belmondo

Page de gauche, en haut
Philippe de Broca dirige Jacqueline Bisset

Page de gauche, en bas
Philippe de Broca et Jacqueline Bisset sur le tournage

Page de droite, en haut
Philippe de Broca et Jean-Paul Belmondo

Page de droite, en bas
Tournage du *Magnifique* :
Jean-Paul Belmondo et Vittorio Caprioli

Page de gauche, en haut
Jean-Paul Belmondo, Jacqueline Bisset, scène du film *Le Magnifique*

Page de gauche, au centre
Jacqueline Bisset dans le rôle de Christine, la sociologue

Page de gauche, en bas
Tournage d'une séquence à l'aéroport avec Maurice Auzel

Le nombre de fois où, alors que je connaissais le texte pour l'avoir écrit, il parvenait à m'étonner en le jouant, et me faisait éclater de rire! Car avec lui ce sont des éclats de rire constants. Je me souviens d'un cadreur qui se tordait de rire en regardant Jean-Paul, à tel point qu'il loupait des plans. Il me disait, par ailleurs, que Jean-Paul est fabuleux parce qu'il se cadre tout seul. Il a un sens très technique pour placer ses répliques, il ne pose aucune question sur l'endroit où se mettre et se place toujours à l'endroit exact. En plus de tout cela Belmondo a un charme fou. Il me fait rire parce que dans la vie, il se moque beaucoup de lui-même. Il est à hurler de rire. Dès que je le vois, je fonds. (*Belmondo* par Philippe Durant, 2011)

En marge du tournage un autre événement se prépare. Philippe de Broca et Jean-Paul Belmondo s'apprêtent en effet à fêter leurs quarante ans respectifs (ils sont nés avec trois semaines d'écart) ! Une soirée à la hauteur est organisée : « *On buvait de la tequila, qui rend très mexicain, très chaud, et on a commencé à prendre des haches de pompier et à abattre les palmiers qui étaient au bord de la piscine* » se souvient De Broca, non sans une certaine nostalgie. (Commentaire audio, issu du DVD, 2000). Bébel ajoute : « *Le soir du 9 avril (jour d'anniversaire de Jean-Paul, ndlr), nous avons dépassé toutes les limites dans l'hôtel. Cette fois, nous n'avons pas vidé la piscine, mais l'avons remplie. Avec tout ce qui nous tombait sous la main. D'abord les verres, puis les assiettes, puis les chaises, puis les tables, puis les gens – même ce pauvre Charly, qui ne savait pas nager... Un massacre en règle de l'équipement, un Fort Apache du mobilier. Le lendemain matin, encore totalement imbibé des boissons alcoolisées de la veille, j'ai utilisé les deux neurones encore valides dans mon cerveau pour aller présenter mes excuses à la patronne et lui demander la facture de la casse dont je comptais bien m'acquitter. Mais, alors que je l'interrogeais sur le montant qu'il me fallait régler, elle m'a répondu par une question :* « Est-ce que vous vous êtes bien amusé, monsieur Belmondo ? – Oh oui, comme un fou ! – Alors vous ne me devez rien. » *Plus de quarante après, que cette femme soit remerciée pour la noblesse de son geste.* » (Jean-Paul Belmondo, *Mille vies valent mieux qu'une*, Fayard, 2016)

AU CŒUR DE LA CULTURE POPULAIRE

Réussite éclatante, Le Magnifique séduit naturellement les critiques, d'hier à aujourd'hui : « *Avec malice et brio, Philippe de Broca propose deux films en un : comédie sociale et sentimentale pleine d'humour et d'invention; parodie d'espionnage, cocasse et speedée à souhait, avec gros bras, belles plantes et fusillades en milieu exotique. Ce drôle de va-et-vient entre fantasmes et réalité fait gaillardement l'éloge du rêve qui enrubanne de couleurs vives la grisaille. Quant à Jean-Paul Belmondo, il tient une forme olympique : et que je cabotine, et que je pirouette. Un vrai feu d'artifice.* » (Cécile Maury, Télérama, 3 octobre 2009).

Le long-métrage remporte un vif succès dans les salles françaises (avec près de trois millions d'entrées) et à l'étranger. Aujourd'hui il continue à séduire petits et grands à la télévision. Mieux encore, il demeure une référence absolue pour bon nombre d'artistes. Divers cinéastes, tel Michel Hazanavicius, lui rendent ouvertement hommage dans leurs propres films (cf la scène de la piscine dans *OSS 117 : Rio ne répond plus*, 2009), tandis que d'autres en reprennent tout bonnement le concept (la version hongkongaise de *Dr. Wai* signé Ching Siu-tung en 1996 montre un écrivain de pulp élaborer une nouvelle œuvre, au travers de laquelle il met en scène ses problèmes personnels). *Le Magnifique* est même célébré dans le domaine de la littérature (trois personnages d'un roman de Andreï Makine, *Au temps du fleuve Amour*, publié en 1994, le visionnent à plusieurs reprises) et, côté musique, il aura permis au disc-jockey Bob Sinclar (en réalité Christophe Le Friant) de trouver son nom de scène.

L'INCORRIGIBLE

À sa sortie de prison, où il vient de passer trois mois pour escroquerie, Victor Vauthier reprend illico ses activités, comme si de rien n'était. Mais sa rencontre avec Marie-Charlotte Pontalec, une déléguée de l'assistance post-pénale, va quelque peu bouleverser ses plans...

C'EST PAS PARCE QU'ON N'A RIEN À DIRE...

L'Incorrigible est né d'une rencontre entre Philippe de Broca et Michel Audiard, orchestrée par le producteur Robert Amon. Une rencontre qui aura tardé à se faire, comme en témoigne Philippe Lombard, qui a consacré plusieurs livres au célèbre scénariste surnommé le « P'tit Cycliste » : « *Cela avait déjà failli se produire au début des années 1960. Bob Amon avait suggéré à De Broca de collaborer avec le dialoguiste à la casquette. Mais sous l'influence intellectuelle de la Nouvelle Vague et – de son propre aveu – de Truffaut et Chabrol, il a refusé. En 1975, le même Amon lui dit que Michel Audiard est au fond du trou et que c'est le bon moment pour travailler avec lui. En effet, à cette époque, Audiard croule sous les dettes, ses derniers films en tant que réalisateur n'ont pas marché. De Broca a changé d'avis sur lui et accepte. (...) Ils sont partis à Dourdan, chez Audiard, qui a dit à De Broca : On va parler un jour ou deux pour voir si ça colle entre nous. Et ça a collé ! Même si pendant l'écriture, un événement tragique s'est produit et pas des moindres : la mort dans un accident de voiture de François, le fils d'Audiard. Philippe a voulu se retirer mais Michel l'a obligé à rester. Et c'est un des films les plus drôles d'Audiard...* »

Au départ, les deux hommes planchent sur un sujet écrit sur mesure pour Lino Ventura, l'histoire d'un ancien truand déchu qui reprend du poil de la bête et veut revenir aux « affaires ». Au cours d'une entrevue avec le comédien, De Broca lui raconte une des scènes prévues, où il sera... dame-pipi ! Consterné par l'idée, Ventura ne donnera jamais suite au projet. C'est alors qu'intervient Jean-Paul Belmondo, qui est en quête d'un nouveau sujet. Belmondo rêve d'une comédie où il pourrait se faire plaisir en termes de déguisements et de transformations, un peu dans l'esprit du célèbre artiste d'origine italienne, Leopoldo Fregoli. Audiard et De Broca partent de ce postulat et l'intègrent dans la trame d'un roman policier dont les producteurs Amon, Mnouchkine et Dancigers ont acquis les droits : *Ah ! mon pote*. Mais ils ne gardent de l'ouvrage qu'une infime partie : la scène du vol d'un triptyque. Suivant à la lettre les instructions de Bébel, le scénario, écrit en trois semaines, offre à l'acteur un véritable one-man show, lui permettant d'enfiler une multitude de costumes à une cadence infernale. On le découvre ainsi jardinier, travesti, dandy puis avocat ; marin, attaché d'ambassade ou chauffeur de taxi... pour son plus grand plaisir, et le nôtre.

Le film échappe cependant à De Broca. Celui-ci estime même qu'il a été entraîné vers un pur produit commercial alors qu'il avait en tête une œuvre plus ambitieuse. Dans un premier temps, le rôle interprété par Belmondo était assez proche de celui écrit par la suite pour Julien Guiomar. Mais Jean-Paul ne souhaitait pas jouer « *un pauvre type qui vit dans une roulotte.* » En résulte donc cet *Incorrigible* qui, selon les propres termes de son auteur, ne raconte « *rien de précis durant les trois premiers quarts, si ce n'est un type qui rentre chez lui, change de costume, et repart.* » Ce qui ne l'empêche pas d'apprécier ce côté « *magicien-acteur du personnage. C'est un thème qui me passionne, l'idée du masque.* »

Belmondo défend l'extravagance de son interprétation : « *Là, ce qui est bien, c'est que le personnage n'est plus un jeune homme et il continue à être comme ça. Je trouve ça très amusant à faire. Plus un type continue à mentir, à se mentir à lui-même, plus ça devient cocasse parce qu'il se met dans des situations encore plus ridicules et comiques.*

Moi, j'aime beaucoup les acteurs qui en font des tonnes. Je trouve que c'est plus difficile d'en faire que de ne pas en faire. Il y a une mode depuis quelques années : dès qu'un acteur ne fait rien, on trouve ça extraordinaire, on dit qu'il a une intensité fantastique. Arrivé sur un plateau, avoir la bonne humeur, garder le dynamisme, me semble beaucoup plus dur que de prendre une tête triste. J'ai joué beaucoup de rôles comme ça. Mais vous pouvez arriver en ayant mal au foie, en pensant au percepteur, et votre regard devient encore plus tragique. Tandis que dans le comique, on ne

Réalisateur : Philippe de Broca, Assistants-réalisateurs : Jean-Claude Ventura, Patricia Eberhard, Production : Les Films Ariane –Mondex Film – Cerito Film- Simar, Producteurs : Alexandre Mnouchkine, Georges Dancigers, Producteur Associé : Robert Amon, Directeur de la production : Raymond Leplont, Distributeur : G.E.F. – C.C.F.C., Scénario : Michel Audiard et Philippe de Broca d'après le roman « Ah mon Pote » d'Alex Varoux., Dialogues : Michel Audiard , Directeur de la photographie : Jean Penzer, Opérateur : Jean-Paul Schwartz assisté de François Lartigue et Michel Coteret, Montage : Françoise Javet assistée de Michèle Catonné, Montage son : Isabelle García de Herreros, Musique : Georges Delerue, Lyrcis : Herminie, Ingénieur du son : Daniel Brisseau assisté de Gérard de Lagarde, Décors : François de Lamothe, Décorateurs : Éric Moulard assisté de Jacques Bufnoir, Ensemblier : Robert Christidès, Costumes : Paulette Breil, Francesco Smalto pour Jean-Paul Belmondo, JH Farel pour Geneviève Bujold, Maquillage : Charly Koubesserian, Coiffeur : Marc Blanchard, Régisseur général : Nicole Carmet, Scripte : Élisabeth Rappeneau, Photographie : Vincent Rossell, Attaché de presse : René Chateau, Accessoiriste : Raymond Le Moigne., Tournage : 21 avril – 20 juin 1975, Durée : 95 minutes, Genre : Comédie, Aventure, Sortie : 15 octobre 1975, Visa d'exploitation : 44.186, Affichiste : Ferracci © ADAGP*, Éditeur DVD et Blu Ray : Studiocanal, Box-office France : 2 572 500 entrées, Producteur actuel : Studiocanal*

INTERPRÉTATION : **Jean-Paul Belmondo** (Victor Vauthier), **Geneviève Bujold** (Marie-Charlotte Pontalec), **Julien Guiomar** (Camille), **Charles Gérard** (Raoul), **Daniel Ceccaldi** (Le préfet de police), **Capucine** (Hélène Dupont-Moreau), **Andrea Ferréol** (Tatiana Negulesco), **Michel Beaune** (Le ministre des Affaires culturelles), **Alberto Simono** (Monsieur Pontalec), **Pascale Roberts** (Adrienne), **Maria Meriko** (Madame Florinda), **Dora Doll** (La caissière du bar des artistes), **Marc Dudicourt** (Le gardien du ministère), **Roger Riffard** (Le deuxième chauffeur de taxi), **Maurice Travail** (Le fonctionnaire des finances), **Catherine Alric** (Catherine), **Maurice Auzel** (Paulo), **Madeleine Barbulée** (La dame pipi), **Philippe Brizard** (L'expert en tableaux), **Véronique Dancier** (L'hôtesse du Plazza), **Robert Dalban** (Freddy), **Gérard Dournel** (Le premier chauffeur de taxi), **Anna Gaylor** (Madame Pontalec), **Catherine Lachens** (La fille au bureau des éducateurs), **Laure Moutoussamy** (La deuxième prostituée), **Jean-Pierre Rambal** (Lucien le domestique d'Hélène), **Bernadette Robert** (Lucette), Élisabeth Teissier (Sybille l'épouse de Robert)

Et non crédités : **Maurice Nasil** (Le portier de l'hôtel), **Michel Francini** (Robert, le plaisancier), **Claude Brulé** (M. Morrison), **Paulette Brulé** (Mme Morrison), **Pascal Rivault** (Gilberte), **Sébastien Floche** (Le premier libéré), **Bernard Musson** (Le second libéré), **Pierre Moncorbier** (Le sexagénaire), **François Viaur** (Le portier de la prison), **Georges Dupuis** (Le patron de la Bonne Santé), **Ibrahim Seck** (Le ministre africain), **Lucien Wouassi** (Le général africain), **Guy-Pierre Mineur** (Le notable africain), **Pierre Laronze**, **Gérard Malabat** (Le chasseur du Plazza), **Louisette Rousseau** (L'habilleuse de Tatiana), **Anémone** (Une prostituée), **Dany Bernard** (L'amant d'Hélène), **Michel Charrel** (Le mécano de Gennevilliers), **Hervé Joly** (Le garde du Palais de Justice), **Roger Muni** (Le valet du ministre), **Sylvain Salnave** (Le policier), **Georges Yacoubian** (Le flic de la rue Fontaine), **Hélène Cinque** (Une petite fille de Raoul), **Dominique Magloire** (Une petite fille de Raoul), **Julie Mate** (Une petite fille de Raoul), **Laetitia Alphand** (Une petite fille de Raoul)

peut pas faire ça, il faut avoir le tonus. En faire des tonnes, ça fait partie du métier d'acteur. Certes c'est désagréable, un acteur qui charge alors qu'il n'y a pas à charger, mais quand vous êtes dans des situations telles qu'on en voit dans le film de De Broca ou dans une pièce de Feydeau, je crois qu'un acteur a plus intérêt à appuyer sur la pédale que de ne rien faire. Il y a effectivement des films qui ne supportent pas non plus qu'on en fasse des tonnes. J'ai joué Stavisky, *il n'y avait aucune raison que je me mette à danser sur les tables. Je crois que si l'on reproche à un acteur d'en faire trop, c'est qu'il est à côté de la situation.* » (JT 13H, 14 octobre 1975) Et De Broca confirme : « *Jean-Paul Belmondo est un acteur bien commode, c'est une énorme vedette. Quoi qu'il fasse, les gens ont envie de le voir. C'est un acteur populaire, ce qui permet de monter facilement un film et comme en plus, c'est un des acteurs que je préfère, même s'il n'était pas une grosse vedette, j'aurais tourné énormément avec lui.* » (CLAP 3, 20 octobre 1975)

... QU'IL FAUT FERMER SA GUEULE !

Hélas, comme du temps de *Borsalino*, la sortie de *L'Incorrigible* est assombrie par plusieurs désaccords entre Jean-Paul Belmondo et Philippe de Broca.

Tout d'abord, à huit jours du tournage, Belmondo fait savoir par l'intermédiaire de son agent Gérard Lebovici – également celui de De Broca –, qu'il exige d'avoir son nom à cent pour cent sur l'affiche, et celui du réalisateur à soixante-quinze pour cent. Ensuite, De Broca aurait fait couper au montage une scène que Belmondo adorait. L'acteur étant aussi producteur, via sa société Cerito, la tension monte d'un cran. Sans parler d'une projection à laquelle Jean-Paul n'a pas été invité... Bref, leur relation se dégrade.

L'Incorrigible séduit néanmoins le public, cumulant 2.568.325 entrées en France. L'interprétation clownesque de sa vedette et les répliques mémorables signées Audiard demeurent encore dans tous les esprits.

Très critique à son égard, notamment dans sa deuxième partie qu'il juge ratée, Philippe de Broca change finalement d'avis lorsqu'il revoit le film au début des années 2000 dans le cadre d'un enregistrement pour des commentaires audio, disponibles sur ses éditions DVD.

Page de gauche
Scènes du film *L'Incorrigible*

Page de droite, en haut
Jean-Paul Belmondo ; photo pour la promotion du film

Page de droite, en bas
Philippe de Broca dirige Jean-Paul Belmondo. À droite (assis), Charles Gérard

MADAME FLORINDA

« Des hommes comme Victor, quand on en trouve un, on le garde. C'est une lanterne magique, Victor. Il ne vous a jamais fait voir la Mosquée Bleue ? »

MARIE-CHARLOTTE PONTALEC

« Où ça ? »

MADAME FLORINDA

« N'importe où ! Gennevilliers, Malakoff ! Une fois, il m'a fait traverser le Bosphore à Bougival ! »

VINCENT

Page de gauche
Philippe de Broca pendant le tournage
de *L'Incorrigible*

Page de droite
Philippe de Broca dirige Geneviève Bujold

JULIE
POT DE COLLE

Jean-Luc Farlot est le fondé de pouvoir d'une grande banque européenne. Ponctuel, efficace, il a toute la confiance de son patron, dont il doit prochainement épouser la sœur, Delphine. Son existence semble donc toute tracée. Un jour, il se rend au Maroc dans le cadre de son travail. Et là, tout s'écroule. Un concours de circonstance le conduit tout d'abord à aider Julie, qui vient de tuer son mari. Puis, parvenue à Paris, la jeune femme continue à envahir sa vie, au point d'en bousculer les différents codes...

UN VIEUX POTE ET UNE FOURMI RIGOLOTE

Pour Philippe de Broca, *Julie pot-de-colle* est une gageure. Il a pris le projet « en route » après son abandon par Guy Casaril et Édouard Molinaro. De Broca travaillait pourtant sur un autre film, *Ce cher Édouard* (qui deviendra sous peu *Le Cavaleur*), qu'il réservait à Yves Montand. Mais face au refus de ce dernier, et ne sachant pas par qui le remplacer, De Broca se rabat donc sur *Julie pot-de-colle*, prêt à être tourné, entre la France et le Maroc (un des pays que De Broca affectionne le plus au monde, ce qui a pu favoriser sa décision). C'est par ailleurs l'occasion de retrouver son vieux copain de régiment, Jean-Claude Brialy, qu'il a connu à Baden-Baden au Service Cinématographique des Armées, et Marlène Jobert : « *On m'avait dit que l'on me donnerait la Légion d'honneur si j'étais le premier metteur en scène au monde à faire deux films avec elle. On en refera peut-être un troisième. Elle est touchante, elle m'amuse ; c'est une fourmi rigolote.* » Même engouement de la part de la comédienne : « *J'aime bien travailler avec Philippe de Broca car il sait rendre vrais les rapports entre les personnages de ses films. Ce qui me plaît surtout chez lui, c'est son œil sur les gens. Il a l'œil du geste qu'il faut. Il a le sens du rythme, de la vie. Il a toutes les qualités qui permettent à un metteur en scène de réaliser de véritables comédies.* »

Brialy, pour sa part, croit beaucoup au projet : « *Philippe de Broca a un sens du rythme étonnant. Il tourne très vite — presque trop vite pour moi — parce qu'il est un remarquable technicien, mais un technicien qui a du cœur, une pudeur et une sensibilité rares. Philippe de Broca sait aller très loin dans certaines scènes sans jamais basculer dans la bêtise ou la vulgarité. C'est pour cela que les Américains aiment beaucoup les films qu'il tourne et j'espère pour lui que* Julie pot-de-colle *sera accueilli comme l'ont été* Le Diable par la queue *et* Le Roi de cœur. »

SUR LES TRACES DE CAPRA ET LUBITSCH

Le scénario de *Julie pot-de-colle* est l'adaptation d'un roman policier, *Chains of Pity* de Peter de Polnay, par Jean-Claude Carrière, collaborateur de Luis Buñuel, Miloš Forman, Marco Ferreri… Séduit par le sujet, De Broca le remanie légèrement avec le concours de son ami Jean-Paul Rappeneau ; il ambitionne de réaliser une comédie américaine « à la Capra ou à la Lubitsch », une histoire fondée sur des petits riens, dans laquelle une charmante enquiquineuse sème le trouble dans l'existence paisible d'un petit bourgeois : « *Je raconte l'histoire d'un homme qui mène une vie sinistre. Et j'aime bien la fantaisie qui survient dans une vie pas gaie. Au-delà des mésaventures d'un jeune homme bien rangé, empoisonné par une jeune femme un peu folle, ce sont deux mondes, deux conceptions de la vie que je confronte. Julie, interprétée par Marlène Jobert, n'est pas du tout une fille capricieuse. Elle a sa propre lucidité. Pour rendre service à celui qui l'a sauvée, elle décide de lui apprendre à vivre autrement, même si pour cela elle doit le démolir. Il y a beaucoup de gens à qui cela devrait arriver. Mon personnage masculin a beaucoup de chance* ». (*Le Quotidien de Paris*, 26 avril 1977)

Sans être la plus grande réussite de De Broca (lui-même n'avait pas une très haute idée de son film), *Julie pot-de-colle* n'en demeure pas moins un film attachant ; une comédie gentillette et amusante qui remplit parfaitement son rôle, celui de divertir avec finesse. Comme l'observe Jacques Meillant dans le Figaro à la sortie du film : « *Philippe de Broca, c'est un certain tour d'esprit et un style certain de la comédie à la française. Toutes ses qualités, la fantaisie, le doigté, l'imagination se retrouvent dans Julie. (…) Que les cartésiens et les pisse-froid s'abstiennent. Ceux qui ont aimé Les Jeux de l'amour, Le Diable par la queue et Les Caprices de Marie retrouveront avec plaisir le Broca de toujours.* »

Réalisateur : Philippe de Broca, Assistants-réalisateurs : Jean-Claude Ventura, Larbi Bennani, Production : Les Films de l 'Alma-SFP-FR3, Producteurs :, Producteur Associé : Simone Allouche, Producteur délégué : Serge Laski, Jean-Claude Fleury, Directeur de la production : Daniel Deschamps, Distributeur : S. N. Prodis, Scénario et dialogues : Jean-Claude Carrière d'après le roman « Chains of Pity » de Peter de Polnay, Directeur de la photographie : René Mathelin, Opérateur : Jean-Paul Berrou assisté de Georges Casha et Daniel Smague, Montage : Henri Lanoë assisté de Annick Menier et Renée Deschamps, Musique : Georges Delerue, Ingénieur du son : Jacques Rabeuf assisté de Michel Picardat, Mixage : Jean Nény, Bruitage : Jean-Pierre Lelong, Décors : François de Lamothe assisté de Hassan Selkane, Ensemblier : Claude Suné, Accessoiriste : Angelo Rizzi, Costumes : Paulette Breil, Francesco Smalto (pour Jean-Claude Brialy), Habilleuse : , Maquillage : Jacky Raynal, Léone Noël, Coiffeuse : Janique Roda, Régisseur général : Alain Arthur, Scripte : Suzanne Durrenberger, Photographie de plateau : Jean-Pierre Fizet, Georges Pierre, Attaché de presse : Claude le Gac, Tournage : 22 novembre 1976 – 15 janvier 1977, Extérieurs : Maroc, Paris et région parisienne, Durée : 95 minutes, Genre : Comédie, Sortie : 20 avril 1977, Visa d'exploitation : 46766, Affichiste : Trambouze, Éditeur DVD : Filmjuwelen (Alive), Sortie à la vente en DVD le 26 Février 2016 en Allemagne avec piste française sous le titre « Julie Klebt Wie Leim-Zaehme », Box-office France : 645 492 entrées, Producteur actuel : TF1 Droits Audiovisuels

INTERPRÉTATION : **Marlène Jobert** (Julie Chardon), **Jean-Claude Brialy** (Jean-Luc Farlot), **Christian Alers** (Serge Peyrac, l'assistant), **Philippe Rouleau** (François Chardon), **Alexandra Stewart** (Delphine), **Catherine Alric** (L'infirmière), **Salaheddine Ben Moussa** (Le chauffeur), **Jean-Claude Carrière** (Le conseiller), **Alain David** (Jacques), **Moulay El Alaoui** (Le commissaire marocain), **Anna Gaylor** (Mademoiselle Poinsot, la secrétaire), **Hélène Hilly** (Une concierge), **Maurice Illouz** (Akbach), **Mohamed Karouane** (L'inspecteur marocain), **René Kolldehoff** (Monsieur Heinzel), **Francis Lemaire** (Monsieur Tamer), **Albert Michel** (Un voyageur), **Antoine Mosin** (Le patron de l'hôtel), **Alexandre von Sivers** (Un secrétaire), **Georges Yacoubian** (Un technocrate), **Jacques Boudet** (Le commissaire de police), **Louis Navarre** (Le médecin), **David Gabison** (Jacques, un financier, le futur beau-frère)

JULIE CHARDON

« Le temps nous salit et vous comprenez, il faut se laver souvent et très fort, et quand on est seul, ce n'est pas facile »

JULIE CHARDON

« Écoutez, il faut commencer chaque journée calmement
comme si c'était la seule journée,
je connais quelqu'un qui disait ça. »

Page de gauche, en haut
Philippe de Broca et Marlène Jobert sur la plage

Page de gauche, en bas
Philippe de Broca pendant le tournage
de *Julie pot-de-colle* au Maroc

Page de droite, en haut
Philippe de Broca pendant le tournage

Page de droite, en bas
Marlène Jobert

Page de gauche, en haut
P. de Broca dirige Jean-Claude Brialy et Marlène Jobert dans *Julie pot-de-colle*

Page de gauche, en bas
Philippe de Broca et Marlène Jobert pendant le tournage au Maroc

Page de droite, en haut
Marlène Jobert et Jean-Claude Brialy

Page de droite, en bas
Philippe de Broca derrière la caméra

TENDRE POULET

C'est au cours d'un accident malencontreux que Lise Tanquerelle, commissaire à la PJ, retrouve une vieille connaissance, Antoine Lemercier. Tous deux tentent de se rapprocher à nouveau, mais le métier de Lise, qu'elle dissimule à Antoine, est contraignant, et leurs différents rendez-vous sont constamment perturbés.

LE PLAT DU JOUR : POULET FRANÇAIS

Après le succès mitigé de *Julie pot-de-colle*, Philippe de Broca se remet aussitôt au travail, et accepte une commande de son producteur Robert Amon : l'adaptation d'un roman policier intitulé *Le Frelon*, écrit par Jean-Paul Rouland et Claude Olivier. Premier volet d'une trilogie (composée par ailleurs de *La Fouine* et de *Poulet à l'italienne*), l'histoire met en scène une femme commissaire de police (un cas encore très isolé à l'époque) ; Annie Girardot est rapidement pressentie pour le rôle.

De Broca s'associe de nouveau à Michel Audiard pour écrire le scénario; tous deux décident de s'éloigner au maximum du texte d'origine, car ils sont davantage intéressés par l'idée d'insérer une bluette dans cette enquête policière. Audiard s'en explique : « *Nous avons été infidèles au roman car l'adaptation cinématographique implique l'infidélité. On a amené des petites variantes dans le sujet, mais l'essentiel, le moteur, qui était le commissaire de police femme que joue Annie Girardot, était évidemment dans le roman. C'était la raison même pour laquelle on a pris ce roman, et également la manière de tuer de l'assassin. Le titre du roman* Le Frelon *vient du fait que cet assassin tue à coups de poinçon. Il poinçonne les gens, et ça, on l'a conservé dans l'adaptation. Le personnage ajouté au roman est le personnage de Philippe Noiret. Dans le roman, il n'y a pas d'histoire amoureuse avec le commissaire Tanquerelle. On a créé un personnage de professeur gauchiste à la Sorbonne. C'est la carpe et le lapin. Le flic tombe amoureux d'une gauchiste. C'est la source des conflits principaux, pire que l'enquête policière. Tout ce qui arrive à Annie arrive à travers ses amours. C'est une partie qui a été assez divertissante à traiter. Avec Philippe de Broca, on s'entend bien, on travaille très vite. On rit des mêmes choses. Un travail en commun exige une espèce de connivence. J'aime beaucoup travailler avec De Broca.* » (Allons au cinéma, émission du 20 janvier 1978)

GIRARDOT/NOIRET, UN COUPLE MAGNIFIQUE

Le charme de *Tendre Poulet* doit beaucoup à ses interprètes principaux : d'un côté, Annie Girardot, enquêtrice survoltée, et de l'autre, Philippe Noiret, professeur nounours d'une inaltérable placidité, tous deux héros d'une *love story* atypique, menée sans temps mort, et nourrie de personnages secondaires savoureux : Hubert Deschamps, Raymond Gérôme, Monique Tarbès, Paulette Dubost, Simone Renant ou encore Guy Marchand.

Philippe de Broca revient sur l'originalité de ce couple : « *Normalement, on aurait dû inverser les rôles. Dans le film, au fond, Noiret avait un rôle de femme, plus passif, il se faisait draguer. Le rôle n'avait pas été écrit pour lui parce qu'il devait tourner* Coup de foudre. *Mais, j'ai quand même pensé à lui depuis le début. Je me suis décidé à lui rendre visite juste au moment où il apprenait l'arrêt définitif du film d'Enrico. Alors, je lui ai proposé le mien. Le couple Noiret-Girardot fonctionne bien : des Français moyens qui, au départ, ne font pas tellement rêver et que l'on a mis dans des situations qui, elles, font rêver.* » (*Philippe de Broca*, éditions Henri Veyrier, 1990)

TENDRE SUCCÈS

Drôle de volatile que ce film, difficile à ranger dans une catégorie précise. Même Audiard semble perturbé par la question : « *J'avouerais mon embarras si l'on me demandait de classer* Tendre Poulet, *poulette en l'occurrence, dans un genre cinématographique défini. Car enfin, en dépit d'une avalanche de meurtres, ce n'est pas un thriller, en dépit d'une cascade de malentendus amoureux, ce n'est pas un vaudeville; non, voyez-vous, j'appellerais plutôt cela une tragicomédie-sentimentalo-policière-à suspense-souriant. C'est peut-être un peu long, mais ça dit bien ce que ça veut dire.* » (Le Figaro, 14-15 janvier 1978) Quoi qu'il en soit, le public se rue en masse pour savourer ce *Tendre Poulet* qui cumule plus d'1,7 million d'entrées.

Réalisateur : Philippe de Broca, Assistants-réalisateurs : Jean-Claude Ventura, Jean-François Villemer, Philippe Cottinet, Production : Les Films Ariane - Mondex Film, Producteurs : George Dancigers, Alexandre Mnouchkine et Robert Amon, Producteur délégué : Alexandre Mnouchkine, Directeur de la production : Raymond Leplont, Secrétaire de production : Josselyne Bucciali, Administrateur de production : Janine Ruault, Distributeur : G.E.F - C.C.F.C., Scénario : Michel Audiard et Philippe de Broca d'après le roman « le commissaire Tanquerelle et le frelon » de Jean-Paul Rouland et Claude Olivier, Adaptation : Michel Audiard, Philippe de Broca, Dialogues : Michel Audiard, Directeur de la photographie : Jean-Paul Schwartz, Opérateur : Christian Guillouet assisté de François Lauliac et Michaël Oguntke, Montage : Françoise Javet assistée d'Isabel Garcia de Herreros et Martine Charasson, Musique : Georges Delerue, Ingénieur du son : Bernard Bats assisté de Bernard Rochut, Montage son : Renée Deschamps, Post-Synchronisation : Jacques Levy, Bruitage : Jean-Pierre Lelong, Mixage : Jean Nény, Décors : François de Lamothe assisté de Jacques Brizzio, Ensemblier : Robert Christidès, Accessoiristes : René Albouze assisté de Jean Colin, Tapissier : Jean-Paul Leau ,Costumes : Catherine Leterrier, Habilleuses : Yvette Bonnay assistée de Suzanne Pinoteau, Maquillage : Louis Bonnemaison, Coiffeuse : Alice Schwartz, Régisseur général : Bernard Blozinger assisté d'Alain Artur, Régisseur d'extérieur : Jacques Quinternet, Electricien : Michel Vocoret, Script-girl : Suzanne Durrenberger, Cascades : Michel Norman, Chef-machiniste : Marcel Gellier, Photographie : Georges Pierre, Attachée de presse : Victor Kercondcuff, Tournage : du 13 juin au 19 août 1977 à Paris, Honfleur et en Région Parisienne, Durée : 105 minutes, Titre de tournage : Le Frelon, puis Le commissaire a de jolies menottes, Genre : Comédie, Sortie : 18 janvier 1978, Visa d'exploitation : 47369, Affichiste : Ferracci © ADAGP, *Éditeur DVD et Blu Ray : TF1 Video, Box-office France : 1 790 827 entrées, Producteur actuel : TF1 Droits Audiovisuels*

INTERPRÉTATION : **Annie Girardot** (Lise Tanquerelle, commissaire de police), **Philippe Noiret** (Antoine Lemercier, professeur de grec), **Catherine Alric** (Christine Vallier), **Hubert Deschamps** (Monsieur Charmille), **Paulette Dubost** (Simone dite Mamie, père de Lise), **Roger Dumas** (L'inspecteur Marcel Guérin), **Raymond Gérome** (Le directeur de la P.J.), **Guy Marchand** (Le commissaire Beretti), **Simone Renant** (Suzanne dite Tantine, tante de Lise), **Georges Wilson** (Alexandre Mignonac), **Armelle Pourriche** (Catherine Tanquerelle, fille de Lise), **Henri Czarniak** (Cassard, Inspecteur), **Maurice Illouz** (Picot, Inspecteur), **Michel Norman** (Albert, Inspecteur), **Georges Riquier** (Le professeur Pelletier), **Alain David** (Le doyen Laverne), **Jean-Pierre Rambal** (Le serveur du restaurant), **Gabriel Jabbour** (Le médecin légiste), **Colette Duval** (La pharmacienne), **Francis Lemaire** (Antonio, le coiffeur), **Jacques Frantz** (Verdier), **Monique Tarbes** (la dame « Pipi »), **Anna Gaylor** (La concierge), **Jacqueline Doyen** (Madame Melun), **Sarah Sterling** (La grosse Berthe), **Roger Muni** (Le tailleur), **Michel Audiard** (La voix du Mainate), **Gilbert Richard** (Le speaker), **Bernard Spiegel** (Un journaliste), **Guy Antoni** (Monsieur de Grandville), **Guy di Rigo** (Maurice Rombard), **Philippe de Broca** (Un joueur de billard, non crédité)

Distribué aux États-Unis dans quelques salles sous le titre *Dear Inspector*, le long-métrage y reçoit d'excellentes critiques. Après avoir assisté à une projection, le producteur Dean Hargrove (*Columbo*, *Matlock*) en tire une série télévisée intitulée *Dear Detective*. Un épisode pilote de quatre-vingt-dix minutes est réalisé avec l'actrice Brenda Vaccaro dans le rôle de l'inspecteur Kate Hudson. Suivront quatre épisodes d'une heure, avant que la série ne soit annulée faute d'audience.

ANTOINE LEMERCIER

« Il y a une chose bizarre, c'est qu'à chaque fois qu'on a rendez-vous, il y a votre sac qui sonne, vous partez téléphoner et puis on assassine un parlementaire. »

Page de gauche, en haut
P. de Broca, assis sur l'escabeau, prépare un plan

Page de gauche, en bas
Scènes du film *Tendre Poulet*

Page de droite, en haut
Philippe de Broca

Page de droite, en bas
Philippe de Broca et Annie Girardot

κρατοῦσα
ἀρ οὐχ ὁμιλητὸν θράσος
δείσαι
πόλει
ον κακόν·

Page de gauche, en haut
Philippe de Broca durant le tournage de *Tendre Poulet*

Page de gauche, en bas
Philippe de Broca et Philippe Noiret

Page de droite, en haut
Philippe de Broca donne des indications à Annie Girardot

Page de droite, en bas
Philippe de Broca

ANTOINE LEMERCIER

« Je suis un vieux célibataire coincé entre Augustin et Aristote, entre les tisanes et les cantates. Et je crains fort que ma philosophie ne s'accommode mal de votre dynamisme. Croyez-moi, nous sommes la carpe et le lapin. »

Page de gauche, en haut
Scènes du film *Tendre Poulet*

Page de gauche, en bas
Tournage de la séquence du pique-nique ; à gauche ; Annie Girardot

Page de droite
De gauche à droite : Catherine Alric, Alexandre Mnouchkine, Philippe de Broca

DEMAIN
PANAVISION
R-200

Page de gauche, en haut
Alexandre Mnouchkine et Philippe de Broca sur le tournage de *Tendre Poulet*

Page de gauche, en bas
Philippe de Broca et Georges Wilson

Page de droite, en haut
Michel Audiard et Annie Girardot

Page de droite, en bas
Philippe Noiret, Philippe de Broca et Hubert Deschamps

LE CAVALEUR

Pianiste de renom, Édouard Choiseul, la cinquantaine, est contraint par Olga, son impresario, d'accompagner pour une virée au cœur de Paris les musiciens du Trio de Leningrad alors qu'il avait promis à Muriel, sa maîtresse du moment, de l'emmener aux sports d'hiver. Du Moulin Rouge où il offre une soirée à tout son monde, il appelle Marie-France, son épouse, pour lui expliquer que d'ennuyeuses contingences professionnelles le retiennent. Celle-ci le menace de quitter le domicile conjugal. Inquiet, Édouard plante là ses invités et rentre précipitamment chez lui. Mais à peine couché, il se souvient qu'une partition annotée dont il a besoin se trouve chez Lucienne, son ex-femme. Il court la chercher et passe une partie de la nuit à évoquer le bon vieux temps...

UN DRÔLE DE CAVALEUR

Sitôt *Tendre Poulet* achevé, Philippe de Broca et Michel Audiard s'accordent sur l'écriture d'un nouveau film, plus personnel encore. Le héros, Édouard Choiseul, a d'ailleurs l'âge du réalisateur et, comme lui, est en quête perpétuelle du bonheur. Pendant la promotion de ce long-métrage, De Broca se livre à des confidences : *« C'est l'histoire d'un homme dont le problème principal est d'avoir peur de la vie qui vient, et de l'âge par conséquent… Dans un film, on investit plus ou moins de soi-même, et, dans celui-là, j'en ai mis beaucoup… Dans mon esprit,* Le Cavaleur, *c'est un homme qui court, un homme pressé, plutôt qu'un homme qui court après des jupons. »* (Interview pour le JT de Marseille, 23 décembre 1978).

En cela, le film semble être la suite d'une de ses toutes premières comédies, *Le Farceur*. Mais De Broca se défend pour autant d'avoir signé une œuvre autobiographique, et souligne que ce *Cavaleur* ne lui ressemble pas outre mesure :

« Michel Audiard et moi nous l'avons imaginé à travers une mosaïque d'hommes que nous connaissons. C'est un égoïste. En tout cas, je ne voudrais pas être comme lui. Je voudrais savoir bien vieillir et ne pas être un vieux coureur gâteux. » (France-Soir, 16 janvier 1979)

Sous ses aspects frivoles, *Le Cavaleur* dissimule une certaine gravité. Le thème aurait même pu être traité en drame. Seulement voilà, De Broca ne peut s'empêcher de faire rire et de traiter son sujet avec légèreté. À la sortie du film, il s'en explique à Pierre Chatelier, dans les colonnes du journal Le Matin : *« Je ferai toujours marrer d'abord. Ce n'est pas ma faute si j'ai des origines bourgeoises et je regrette de ne pas pouvoir faire des films misérabilistes. Au départ, d'ailleurs, je voulais que mon héros, Édouard, soit un de ces pianistes qui courent le cacheton, un de ces musiciens que l'on voit toujours dans les séances d'enregistrement, qui passent d'un studio à l'autre, de la radio à l'Opéra, et ne parlent, pendant les poses, que d'assurance sociale ou de caisse de retraite. Mais, comme c'est finalement un type assez odieux, et qu'il fallait le rendre sympathique aux spectateurs, nous avons choisi de le faire vivre dans la beauté. » (29 janvier 1979)*

JEAN ROCHEFORT, LE TERRIBLE

À l'origine, le cinéaste envisage dans le rôle-titre Vittorio Gassman, puis Yves Montand. Mais cela ne se concrétise pas. Henri Lanoë, monteur du film, explique : *« Le producteur Alexandre Mnouchkine avait peur que Gassman ne soit pas compris à cause de son accent, et il a donc écarté l'idée. Philippe a ensuite pensé à Yves Montand, qui avait tournée dans le* Diable par la queue, *mais Yves Montand a refusé le film car il n'aimait pas l'idée que personnage subisse un échec amoureux. »* (Interview, 2015)

C'est donc à Jean Rochefort que revient l'honneur de cavaler sous la direction de De Broca. Pour autant, l'acteur ne partage pas complètement la vision du metteur en scène et, plutôt que de verser dans le « comico-pantalonnesque », il opte pour une interprétation fine et sensible. *Le Cavaleur* perd alors en drôlerie ce qu'il gagne en mélancolie. Et si, dans un premier temps, Philippe de Broca résiste à ce glissement, il finit tant bien que mal par l'accepter : *« Mes rapports avec Rochefort étaient catastrophiques. Mais, petit à petit, je me suis adapté à lui. Je ne pouvais pas le forcer à jouer des choses qu'il ne voulait pas faire. Il y a des effets comiques qu'il a sciemment refusés. Je tenais à cette rupture où il se regarde dans un miroir et arrête de faire l'idiot. Ce plan était pour moi le centre du film, et ça ne l'est plus. La rupture est moins forte puisque Rochefort avait déjà dramatisé dans les scènes précédentes. Ce n'est peut-être pas plus mal, les deux aspects auraient pu se nuire l'un l'autre ; je n'en sais rien. Jean me voyait comme un petit garçon qui aurait écrit une belle histoire sans très bien la dominer. Il était gêné par mon besoin de faire vite et drôle, sans s'attendrir ; mon rêve, évidemment,*

Réalisateur : Philippe de Broca, Assistants-réalisateurs : Jean-Claude Ventura, Emmanuel Gust, Production : Les Films Ariane – Mondex Film – FR3, Producteurs : George Dancigers, Alexandre Mnouchkine, Producteur Associé : Robert Amon, Producteur délégué : , Directeur de la production : Raymond Leplont, Secrétaire de production : Jeanne-Marie Liron, Distributeur : G.E.F – C.C.F.C., Scénario : Michel Audiard et Philippe de Broca, Dialogues : Michel Audiard, Directeur de la photographie : Jean-Paul Schwartz, Opérateur : Yves Agostini assisté de Philippe Bordas, Montage : Henri Lanoë assisté d'Isabel Garcia de Herreros, Musique : Ludwig van Beethoven : extraits du premier mouvement du concerto pour piano et orchestre numéro 4 en sol majeur. Robert Schumann : extraits de l'Intermezzo du Carnaval de Vienne et du concerto italien. Jean-Sébastien Bach, Jacques Offenbach et Georges Delerue, Ingénieur du son : Jean Labussière assisté de Pierre Davoust, Monteuse son : Renée Deschamps assistée de Annick Ménier, Bruitage : Daniel Couteau, Perchman : Pierre Davoust, Mixage : Jean Nény, Alex Pront, Décors : Éric Moulard, Ensemblier : Roger Joint, Accessoiriste : Philippe Cottinet, Tapissier : Francis Pesquer, Costumes : Catherine Leterrier, Habilleuse : Monique Tourret, Maquillage : Jean-Pierre Eychenne, Coiffeuse : Alice Schwartz, Régisseur général : Nicole Carmet, Régisseurs d'extérieurs : Roger Plaisance et Alain Laude assistés de Jean-Pierre Hazi, Chef-électricien : Michel Vocoret, Chef-machiniste : Marcel Gellier, Photographie : Jean-Pierre Fizet, Administration : Janine Ruault, Attachée de presse : Sandrine Beauvais, Tournage : du 16 août au 31 octobre 1978, en Bretagne (l'île de Boëdic, Pluneret), Paris et Région Parisienne, Durée : 104 minutes, Titre de tournage : Ce cher Édouard, Genre : Comédie, Sortie : 17 janvier 1979, Visa d'exploitation : 49726, Affichiste : Ferracci © ADAGP, Éditeur DVD et Blu Ray : TF1 Video, Box-office France : 1 038 413 entrées, Producteur actuel : TF1 Droits Audiovisuels

INTERPRÉTATION : **Jean Rochefort** (Édouard Choiseul), **Nicole Garcia** (Marie-France, sa femme), **Danielle Darrieux** (Suzanne Taylor, grand-mère de Valentine), **Annie Girardot** (Lucienne, ex-femme d'Édouard), **Catherine Alric** (Murielle Picoche), **Catherine Leprince** (Valentine), **Carole Lixon** (Pompom, fille d'Édouard et de Lucienne), **Jean Desailly** (Charles-Edmond, mari de Lucienne), **Jacques Jouanneau** (Adrien Le Goff), **Lila Kedrova** (Olga), **Jean-Claude Ventura** (Le chef de gare), **Lucienne Legrand** (La mère de Marie-France), **Philippe Castelli** (Marcel), **Dominique Probst** (Le chef d'orchestre), **Raoul Guylad** (Vova, premier russe), **Thomas Hnevsa** (Sacha, deuxième russe), **Oleg Oboldouieff** (Gricha, troisième russe), **Peggy Besson** (Première petite fille), **Julie Besson** (Deuxième petite fille), **Anna-Emile Roy** (Troisième petite fille), **François Viaur** (Le concierge du conservatoire), **Benjamen** (Le client de la librairie), **Marie Guilbert** (Madame Pons), **Gaëtan Noël** (Julien, le maître d'hôtel), **Serge Coursan** (Raoul de Figeac, l'oncle de Valentine), **José Noguéro** (Marquis André d'Albufera), **Yvon de Broca** (Comte Henri de la Guérinière), **Michel Degand** (Jean-Luc Tillard Duval, le jeune nudiste), **Madeleine Colin** (Josiane, secrétaire d'Olga), **Xavier Saint-Macary** (Maître Georges Jussieu), **Georges Anderson** (Monsieur Baltimore), **Anna Gaylor** (Madame Da Silva, la concierge d'Édouard), **Jean-Marie Bon** (L'ami de Le Goff, amateur de Calvados), **Raymond Leplont** (Monsieur Leplont, le client du magasin d'Adrien qui sert Édouard), **Florent Boffard** (André Le Goff, fils d'Adrien), et non crédités : **Michel Oudart** (L'élève garçon), **Catherine Floch** (L'élève Brigitte), **Frédérique Lafond** (L'amie de Valentine), **Eurydice** (Madame Baltimore), **Alain Gomis** (Stanislas, le fils des Baltimore), **Mame Awa Indoye** (Églantine, la fille de Baltimore), **Gilbert Prenneron** (L'ingénieur du son), **Arnaud Bompis** (Le fiancé chevelu de Valentine), **Philippe Cachet** (Le mari de Pompom)

serait de faire rire beaucoup sur un sujet bouleversant. Je me souviens avec effroi du premier jour du tournage. Je mettais en place un plan devant la Gare de Lyon. J'indiquais un peu le jeu des personnages, j'allais, je venais, et j'entends soudain Jean ricaner dans sa moustache en disant : « Ne vous inquiétez pas chers amis, je ne vais certainement pas jouer comme lui. » *Ce genre de choses m'a marqué, mais le film en a peut-être bénéficié.* » *(Philippe de Broca,* éditions Henri Veyrier, 1990*)* Et l'acteur de préciser : « *Le personnage que j'interprète, Édouard, est un homme de mon âge, qui est pianiste et cavaleur. Il cavale après les femmes et aussi après la vie. C'est le moment intéressant pour un homme, où il a encore des possibilités, où il a envie d'exister. C'est un moment qui peut être comique ou tragique. Nous l'avons traité de façon drôle et cocasse, mais derrière cette cocasserie, il y a des petits moments grinçants.* » (Ciné Regards, émission du 22 octobre 1978*)*

UN FINAL SOMPTUEUX

À la fin du film, le plan séquence où toutes les femmes de la vie d'Édouard apparaissent en surimpression dans le cadre, le tout accompagné du concerto pour piano n°4 en sol Majeur de Beethoven, est une des grandes réussites du *Cavaleur*. Une prouesse technique et artistique, dont Philippe de Broca explique l'élaboration : « *C'était d'un seul coup l'histoire de toute la vie d'un bonhomme, une sorte d'image globale. Et puis, à l'occasion du mariage de sa fille, tout le monde est là, tous les gens qu'il a aimés, qu'il aime encore – car quand on a aimé, on aime toujours –, tous sont réunis. Couper cela n'était pas possible ! Ce n'était pas une coquetterie technique ; dans un plan unique, il y a une espèce de vertu. Couper, c'est plus facile, ça simplifie, ça accélère, mais c'est un artifice. Comme je voulais quand même avoir des visages très proches, j'ai fait des surimpressions.* » *(Philippe de Broca,* éditions Henri Veyrier, 1990*)*.

SUCCÈS PLEIN

Le Cavaleur fait un tabac. Les critiques l'encensent, à commencer par Pierre Murat pour Le Figaro : « Le Cavaleur, *c'est De Broca retrouvé… L'allégresse de* L'Homme de Rio *(avec l'enthousiasmant couple Belmondo – Françoise Dorléac !) doublée de la tendresse souriante des* Caprices de Marie… *Non pas le rire pour le rire, gras et gros, épais et vulgaire de la « comédie à la française » de sinistre réputation. Mais une fantaisie où la gravité se dissimule sous une pirouette et la vérité du sentiment sous une grimace à peine triste. Un peu comme chez Michel Deville ou Jean-Paul Rappeneau qui manient, eux aussi, le sourire et l'amertume, ou chez certains auteurs américains de jadis – on hésite presque à prononcer les noms de Lubitsch, de Minnelli… Et pourtant…* »

Le public fait un accueil triomphal au film qui engrange plus d'un million d'entrées. Jean Rochefort estime néanmoins que le titre a freiné la carrière du film : « *Les gens qui s'attendaient à voir un film fripon et léger ont été fort déçus et ceux qui voulaient voir une comédie à la française, amusante et pleine d'un humour de qualité, comme seul Philippe de Broca peut en faire (avec Yves Robert) ne sont pas venus à cause du titre.* » (Ciné Revue, avril 1981) Une opinion que n'est pas loin de partager Henri Lanoë : « *Quand j'ai lu le scénario, j'ai dit à Philippe :* « Le titre, c'est *L'Art de la fugue* ». *Il a été emballé, mais il n'a pas réussi à convaincre la production, qui préférait* Le Cavaleur. » (Entretien, 2015)

Quant à la profession, elle décerne à Nicole Garcia le César de la meilleure actrice dans un second rôle, en février 1980.

Page de droite, en haut à gauche
Philippe de Broca au piano, donnant des indications à Jean Rochefort

Page de droite, en haut à droite
Scènes du film *Le Cavaleur*

Page de droite, en bas
De gauche à droite : Michel Audiard de passage sur le plateau, Jean Rochefort et Philippe de Broca

HOT DOGS

MARIE-FRANCE

« Tu as couché avec les meilleures amies de tes femmes et avec les femmes de tes meilleurs amis.
Ce qui fait que tu n'as plus d'amis et que te voilà sans femme aujourd'hui. Tu es seul, mon pauvre Édouard, c'est bien normal. »

Page de gauche, en haut
Philippe de Broca et Annie Girardot

Page de gauche, en bas
Catherine Alric, Philippe de Broca et Jean Rochefort

Page de droite, en haut
Philippe de Broca et Jean Rochefort

Page de droite, en bas
Tournage d'une séquence du *Cavaleur* avec Jean Rochefort

SUZANNE

« On parle souvent des privilèges de l'âge.
Quels sont-ils, veux-tu me dire ?
La paix des sens, chez les autres, on appelle ça le gâtisme. »

Page de gauche, en haut
Scènes du film *Le Cavaleur*

Page de gauche, en bas
P. de Broca dirige Jean Rochefort dans la scène du mariage

Page de droite
P. de Broca pendant le tournage

PANAVISION
R-200°
PANAVISION

SUZANNE

« Tu n'es certainement pas heureux. À ton âge, les hommes heureux ont du ventre et parlent de football, pas de Mozart »

Page de gauche, en haut
P. de Broca et Jean Rochefort

Page de gauche, en bas
De gauche à droite, au premier plan : Catherine Leprince, Catherine Alric, Philippe de Broca. Au second plan : Nicole Garcia, Jean Rochefort, Annie Girardot, Jean Desailly et Jacques Joanneau

Page de droite, en haut
Philippe de Broca derrière la caméra

Page de droite, en bas
Jean Rochefort, Annie Girardot et Philippe de Broca

Philippe de Broca vu par...

Emmanuel Gust
Assistant réalisateur sur *Le Cavaleur, On a volé la cuisse de Jupiter, Louisiane*

J'ai rencontré Philippe de Broca par l'intermédiaire de Jean-Claude Ventura (son assistant sur *L'incorrigible, Julie pot-de-colle, Tendre Poulet, Le Cavaleur, Chouans !). Il m'avait appelé pour faire Ce Cher Edouard*, qui deviendra *Le Cavaleur* produit par Mnouchkine et Dancigers.

Philippe de Broca était quelqu'un de délicat, cultivé et très fin, très humain dans ses relations avec les autres, à tel point que *Le Cavaleur* reste l'un de mes plus beaux souvenirs de cinéma en tant qu'assistant. Ce que j'aimais chez lui, c'est qu'il se passionnait pour les décors. Il était capable d'écouter une autre musique que celle qu'il avait sélectionnée ; s'il estimait que cette musique était bonne, il la prenait.

Les scènes qui ont pour décor l'entrée de l'appartement de Rochefort (l'entrée, le porche, la concierge et le début des escaliers) ont été tournées place des Victoires. Celles qui se déroulent en haut de l'escalier et dans l'appartement ont été filmées au château de Gambais, à une soixantaine de kilomètres de Paris. C'et là qu'a lieu le concert de Danièle Darrieux.

De Broca est un technicien ; c'est la première fois que je voyais un réalisateur arriver sur un plateau, prendre le viseur, faire répéter les comédiens et découper. Si l'on avait prévu une journée pour tourner une ou plusieurs séquences, il faisait rentrer son découpage dans la journée. Il avait vu le plan de travail avant. C'est dans ce sens que je le considère comme un technicien.

Par ailleurs cet homme extrêmement cultivé pouvait converser sur des sujets autres que le cinéma, il s'intéressait à la littérature et à la musique. À ma grande surprise, il était toujours bien habillé quand il arrivait sur un plateau ; pour lui l'apparence comptait. Quand nous avons fait la photo de l'équipe du film à l'Observatoire de Paris, on était tous bien habillés. Si nous allions dans un lieu qui mérite le respect, il voulait que cela se traduise par notre attitude,mais aussi par notre aspect extérieur. Le jour où j'ai vu Marcel Gellier (le chef machiniste) en chemise blanche, cela m'a fait un choc ; c'est Philippe qui aimait ça, et bien qu'il ne l'ait imposé à personne, très vite le pli a été pris.

Le cadreur était Yves Agostini et Marcel Gellier était le machiniste d'Yves Agostini. Le matin, Agostini à ses côtés, Philippe De Broca faisait le découpage avec le viseur. Il savait que telle ou telle séquence allait demander une journée. Il avait vu le plan de travail et il disait oui, non, donne-moi un peu plus de temps-là, mais on n'a pas dépassé le temps imparti. Il était vif en tout. Vif pour réfléchir, pour amener une situation, alerte pour découper et tourner. C'était un lutin d'une vivacité inouïe. Il ne disait pas « Coupez », il faisait un bruit pour signifier qu'il était satisfait et il passait à autre chose. Il avait de l'énergie à revendre.

Ce n'était pas la même méthode de travail que Claude Lelouch. Lelouch va vite, il tourne très rapidement, il parle avec les comédiens, mais il y a la caméra entre eux et lui. De Broca passait du temps avec les comédiens, mais il était assis à côté de la caméra *et* il attendait qu'on lui dise « c'est prêt ». C'est dans ce sens qu'il était technicien ; lorsque nous arrivions sur un décor, il savait que la préparation allait prendre du temps et il attendait. C'était très agréable pour un assistant ; il attendait patiemment qu'on le sollicite, il s'asseyait et discutait avec les acteurs.

Il avait l'élégance de dire qu'il y avait toujours des choses plus importantes que ce que l'on faisait. C'était un gentilhomme au sens noble du terme.

Vincent Bercholz

Stagiaire régie sur le film *Le Cavaleur et directeur de Production sur le téléfilm Le jardin des plantes*

Ma première collaboration avec Philippe de Broca a été pour le film *Le Cavaleur*. À cette époque, même quand on était stagiaire, on était pris en considération par l'équipe technique. C'était tout-à-fait le cas sur ce tournage. Philippe de Broca m'a dit un jour : « *Dans le cinéma, il y a deux catégories de personnes, ceux qui comprennent tout de suite et ceux qui ne comprennent jamais rien !* ». Cette phrase m'a marqué et m'est restée en mémoire toute ma vie.

Il était cabotin dans sa façon de parler. Par exemple, lorsqu'on lui demandait comment il choisissait les décors, les costumes… il répondait « *Je n'ai aucun goût mais j'ai des goûts très sûrs* ». En réalité, il savait exactement ce qu'il voulait.

Dans la mise en scène, il était très précis, et stupéfiait tout le monde. Il était très exalté lorsqu'une prise était terminée. Philippe était aussi d'une grande vélocité, à peine avait-il fini une prise qu'il commençait le plan suivant.

L'ambiance entre les comédiens était excellente. Alexandre Mnouchkine, le producteur,était extraordinaire, c'était un type remarquable. Au sujet d'un film, il disait : « *Il ne faut pas voir ce que ça coûte mais ce que ça rapporte !* »

Sur le film, c'était un amusement permanent, il y avait quelque chose de magique dans l'air. Il y a toujours eu un dynamisme dans ses films.

Entretien avec Luc Larriba, 2012

ON A VOLÉ LA CUISSE DE JUPITER

Professeur de grec, Antoine Lemercier emmène son épouse, Lise, en voyage de noces en Grèce, afin de l'initier à sa spécialité. Sur place, ils font la connaissance d'un jeune archéologue, Charles-Hubert Pochet, qui vient tout juste de mettre à jour un fragment de statue : les hanches et les fesses d'une Aphrodite. Mais, la nuit-même, le marbre antique est dérobé...

DE LA SUITE DANS LES IDÉES

Pour ses vingt ans de cinéma, Philippe de Broca s'offre une suite, d'ailleurs la seule de sa carrière. *Tendre Poulet* ayant connu un joli succès, et l'univers s'y prêtant, il reprend le couple Girardot/Noiret pour tourner la suite des aventures de la commissaire de police Lise Tanquerelle et d'Antoine Lemercier. Mais, à l'inverse de son prédécesseur, ce deuxième scénario titré *On a volé la cuisse de Jupiter* s'affranchit pleinement des romans policiers écrits par Jean-Paul Rouland et Claude Olivier. Avec l'aide de Jean-Paul Rappeneau, De Broca et Michel Audiard imaginent une intrigue inédite.

« J'étais parti de l'idée de confronter un couple de quadragénaires à des situations angoissantes », raconte Philippe de Broca (Le Figaro, 30 janvier 1980). Le résultat s'apparente aux bandes dessinées franco-belges de notre enfance, quelque part entre Tintin et Les Pieds Nickelés. L'exotisme, la beauté des paysages et les péripéties en cascade rappelle aussi *L'Homme de Rio*. *« Pour préparer un film*, développe De Broca, *je mets dans un chapeau tous les éléments de divertissement qu'un film peut proposer : aventure, exotisme, gags… en essayant de trouver à chaque fois un cocktail original qui me fasse plaisir. Par exemple, pour* La Cuisse de Jupiter, *nous avons choisi la Grèce comme lieu de l'action : le héros (Philippe Noiret) n'est-il pas professeur de grec ? Nous avons écrit le scénario avec des guides de voyages et des cartes postales. Ce matériel nous proposait le décor dont nous avions besoin : non pas la Grèce réelle, mais la Grèce telle que la rêvent des milliers de touristes. Un film comme cela, c'est fait pour donner du plaisir, du bonheur. On l'écrit pendant l'hiver pour un public qui le verra l'hiver suivant. Il est plus facile d'imaginer à quoi il rêve, ce public, au cœur de l'hiver ; et on s'amuse soi-même à imaginer de grandes plages de sable fin sous le soleil. »* (Le Point, 1980)

Le long-métrage démarre sur les chapeaux de roues avec une séquence pré-générique, façon James Bond « à la française » : on y voit le commissaire faire une descente au pas de charge dans un bar, avant de se rendre à son propre mariage et de partir ensuite en voyage de noces. D'emblée, le ton est donné : *« Ce genre d'histoire*, précise de Broca, *doit commencer avec un bateau qui lève l'ancre ou un Boeing qui décolle. Il y a l'exotisme, les paysages ; le cinéma seul peut entraîner le spectateur aussi loin dans l'imaginaire. Et la couleur joue un rôle considérable. »* (Le Figaro, 30 janvier 1980)

Catherine Alric fait ici son grand retour, avec un rôle différent et plus dense que dans le film précédent, tandis que Francis Perrin rejoint la joyeuse troupe pour camper un irrésistible personnage bégayant à qui mieux-mieux.

À noter, également, la présence du producteur Alexandre Mnouchkine dans le rôle du méchant trafiquant d'armes au nom difficilement prononçable (Blankenberg), ce qui donne lieu à un gag récurrent, sans oublier Marc Dudicourt ou encore Roger Carel, dont les numéros à la limite de la parodie réjouissent le spectateur. Dudicourt, qui interprète le policier grec, témoigne : *« Je me souviens de la scène de l'interrogatoire d'Annie Girardot. Philippe voulait que je prenne un accent grec. C'était très amusant à jouer. Une scène de comédie, un peu folle… il ne me disait jamais d'en faire un peu moins, mais toujours un peu plus ! »* (entretien avec Luc Larriba)

Tous sont ravis de participer au projet, à commencer par Noiret, très enthousiaste : *« Au départ, personne n'est pour les suites. Et puis, au bout d'un moment, on finit tous par se dire que c'est peut-être dommage d'abandonner à tout jamais un couple qui a aussi bien fonctionné, auquel on s'est attaché et qui nous a donné tant de plaisir… C'est vrai, j'ai eu envie de remettre ça ! »* (*Philippe Noiret*, Dominique Maillet, éditions Henri Veyrier, 1989)

Réalisateur : Réalisateur : Philippe de Broca, Assistants-réalisateurs : Bernard Bolzinger, Antonis Michaleas et Emmanuel Gust, Production : Les Films Ariane – Mondex Film – F.R.3, Producteurs : George Dancigers, Alexandre Mnouchkine et Robert Amon, Producteur délégué : Alexandre Mnouchkine, Directeurs de la production : Yannis Petropoulakis, Raymond Leplont, Administrateurs de production : Antjela Petropoulakis, Janine Ruault et Louis Trinquier, Distributeur : G.E.F – C.C.F.C., Scénario : Michel Audiard et Philippe de Broca d'après des personnages créés par Jean-Paul Rouland et Claude Olivier, Dialogues : Michel Audiard, Directeur de la photographie : Jean-Paul Schwartz, Opérateur : Patrice Wyers assisté de Philippe Bordas et Sifis Koudouros, Montage : Henri Lanoë assisté d'Isabel Garcia de Herreros et Martine Costes, Musique : Georges Hatzinassios, Ingénieur du son : Jean Labussière assisté de Pierre Davoust, Montage son : Renée Deschamps, Mixage : Jean Nény, Décors : Mikes Karapiperis, Éric Moulard, Accessoiriste : Stavros Mantas, Costumes : Catherine Leterrier, Habilleuses : Yvette Bonnay, Maquillage : Jean-Pierre Eychenne, Coiffeuse : Alice Schwartz, Régisseur général : Michalis Lambrinos, Electricien : Michel Vocoret, Script : Patrick Aubree, Cascades : Daniel Vérité, Roland Neunreuther, Machiniste : Marcel Gellier, Photographe de plateau : Michèle Laurent, Effets spéciaux : Yannis Samiotis, Tournage : du 3 septembre au 14 novembre 1979 en Grèce (Athènes, Corfou, Parga, Meteores, Livadia) et à Paris, Durée : 102 minutes, Genre : Comédie, Sortie : 6 février 1980, Visa d'exploitation : 51364, Affichiste : René Ferracci et Yves Thos © ADAGP, *Éditeur DVD et Blu Ray : TF1 Video, Box-office France : 1 598 854 entrées, Producteur actuel : TF1 Droits Audiovisuels*

INTERPRÉTATION : **Annie Girardot** (Lise Tanquerelle, commissaire de police), **Philippe Noiret** (Antoine Lemercier, professeur de grec), **Catherine Alric** (Agnès Pochet), **Francis Perrin** (Charles-Hubert Pochet), **Marc Dudicourt** (Le commissaire Spiratos), **Paulette Dubost** (La mère de Lise), **Roger Carel** (Sacharias, le conservateur), **Anna Gaylor** (Germaine, la femme du touriste Français), **Gabriel Cattand** (Le maire), **Philippe Brizard** (Raoul, le touriste Français), **Nikos Tsachiridis** (Stéphano, Le premier tueur), **Nikos Dafnis** (Aristote), Vassilis Colovos (L'inspecteur de police), et, non crédités : **Alexandre Mnouchkine** (Hermann Von Blankenberg), **Michel Muller** (Un inspecteur de police), **David Gabison** (Le doyen Lavergne), **Sylvain Lévignac** (Frédo), **Eric Vasberg** (Le chauffeur de la voiture de police à Paris)

MEILLEUR QUE L'ORIGINAL ?

Plus rythmé et plus drôle que *Tendre Poulet*, *On a volé la cuisse de Jupiter* permet à Philippe de Broca de renouer avec ses envolées burlesques d'antan. D'Athènes aux Météores, en passant par Corfou, le dépaysement est total.

D'aucuns regrettent la délicate mélancolie du premier volet. Il est vrai que, dans cette suite, tout n'est qu'extravagance et fantaisie, ce qui offre l'avantage d'éviter les redites. Au final, le film remporte un succès quasi équivalent à celui de *Tendre Poulet*, avec près de 1,6 millions d'entrées, soit à peine moins que l'original.

Page de gauche
Philippe Noiret, Annie Girardot et P. de Broca sur le tournage en Grèce de *On a volé la cuisse de Jupiter*

Page de droite, en haut
Philippe de Broca dirige les comédiens

Page de droite, en bas
P. de Broca dirige Philippe Noiret et Francis Perrin

Page de gauche
Philippe de Broca et Catherine Alric sur le tournage du film *On a volé la cuisse de Jupiter*

Page de droite, en haut
Tournage d'une séquence avec Philippe Noiret

Page de droite, en bas
Philippe de Broca, Philippe Noiret et Annie Girardot

Philippe de Broca vu par...

Francis Perrin

En 1977, Philippe de Broca et Michel Audiard avaient fortement mis mon excitation en éveil en m'annonçant qu'ils étaient en train de m'écrire dans *Tendre Poulet* le « superbe » rôle de l'adjoint de la commissaire Tanquerelle jouée par Annie Girardot avec Philippe Noiret comme autre partenaire. Deux mois plus tard, ils m'invitaient une nouvelle fois à déjeuner pour me déclarer, honteux et confus, que le « superbe » rôle était maintenant réduit à quelques apparitions épisodiques et qu'ils n'oseraient pas me le proposer même si je leur demandais à genoux. Devant ma déception, ils me promirent de se rattraper sur un prochain film. Je n'y ai pas trop cru mais, au début de l'année 1979, Philippe de Broca m'envoya le scénario de *On a volé la cuisse de Jupiter.* dans lequel je découvris avec délice le personnage de Charles-Hubert Pochet, mitonné aux petits oignons par un Audiard et un de Broca au mieux de leur inspiration. Je rejoignis donc le trio Annie Girardot-Philippe Noiret-Catherine Alric pour ne plus former qu'un quatuor. Dix semaines de tournage de mi-septembre à mi-décembre. Dans une froide et morne banlieue du Nord de la France ? Non pas ! En Grèce, des Météores à Corfou, en passant par Athènes, de Thèbes à Corinthe, de Livadia à Parga.

Dix semaines idylliques avec un temps clément de belle arrière-saison. Tourner avec Philippe de Broca était pour moi un rêve qui se réalisait et qui restera un de mes plus beaux souvenirs de cinéma. Je n'oublierai jamais son exigence, sa précision, son sens inné du rythme, son invention permanente, son enthousiasme, sa bonne humeur contagieuse, son regard malicieux toujours en éveil, son émerveillement d'avoir obtenu de ses acteurs ce qu'il savait être la bonne intonation ou le bon mouvement. La comédie est un art difficile qui demande des dons exceptionnels que Philippe possédait déjà au début de sa carrière de réalisateur avec des films fins et subtils : Les Jeux de l'Amour, *Le Farceur. Un monsieur de compagnie.*

Il nous a laissé des films-bijoux qui ne perdent rien de leur valeur avec le temps : *L'Homme de Rio*, *Les Tribulations d'un Chinois en Chine*, *Cartouche*, *Le Magnifique*, *Le Diable par la queue*, *Le Roi de cœur*, *le Cavaleur* ... Des films qui ne se démoderont jamais et que l'on revoit des dizaines de fois en famille avec un plaisir toujours renouvelé.

12 Juin 2019.

Francis Perrin

PSY

Ancien soixante-huitard, Marc vit avec Colette dans la demeure familiale de celle-ci, où il organise des week-ends de psychothérapie de groupe, discipline dans laquelle il s'est reconverti. Il est persuadé qu'il gagnera ainsi assez d'argent pour partir en Afrique et y apaiser sa soif d'aventures. Un jour, débarque à l'improviste une de ses ex, Marlène, qui cherche un refuge après un braquage raté.

LE GOÛT DU CHANGEMENT

Avec *Psy*, Philippe de Broca sort de son rôle confortable de réalisateur de comédies enjouées, pour aborder une tout autre forme, ce qui n'est pas pour lui déplaire : « *Je tiens beaucoup à alterner les genres. Après* Tendre Poulet *qui était une comédie policière, j'avais réalisé* Le Cavaleur *qui était plus personnel, puis* On a volé la cuisse de Jupiter *qui était un film d'aventures... disons comiques. J'avais envie de me renouveler, d'où* Psy*, cette histoire qui se passe dans une maison où des gens viennent chercher une solution à leurs problèmes psychologiques. En même temps, je me fichais complètement de l'aspect anecdotique du milieu psy. Ce qui m'amusait, c'était de prendre des gens qui se rencontrent dans une maison, remuer le tout et voir ce qui arrive. (...) D'abord, j'avais envie de faire un film avec beaucoup de comédiens et puis je voulais connaître de nouvelles têtes. Tourner avec Dewaere, c'était déjà un peu abandonner ma « bande de quinquagénaires » (à laquelle je n'allais pas tarder à appartenir d'ailleurs, et avec qui je tournerai de toute façon de nouveau). C'était un petit coup de neuf, quoi ! (...) Au départ, il fallait quelqu'un qui soit une tête d'affiche. J'avais vu presque tout ce que Patrick Dewaere avait tourné et je trouvais que c'était un comédien remarquable. Finalement, l'histoire du choix des acteurs, c'est une question de chimie. Quand je prépare un film, je mets des photos les unes à côté des autres et je vois si ça « colle ». Et là, entre Anny Duperey, avec son côté fort et sain, et Patrick avec son aspect fragile, j'ai trouvé qu'il y avait un complément !* » (*Philippe de Broca*, éditions Henri Veyrier, 1990)

DE BROCA CRAQUE... POUR LAUZIER

Au départ, il s'agit d'une commande du producteur Alexandre Mnouchkine, qui cherche à associer De Broca à l'auteur en vogue Gérard Lauzier. La bande dessinée de ce dernier, *Je vais Craquer* !!! a été adaptée en 1980 au grand écran par François Leterrier. Interprété par Christian Clavier, Nathalie Baye, Anémone et Marc Porel, le film, qui dépeint un jeune cadre dynamique rêvant de devenir écrivain, a séduit le public. Un an plus tard, Mnouchkine confie donc *à De Broca l'adaptation d'une autre BD de* Lauzier, *Psy*. Ou la satire d'une psychothérapie de groupe à travers le regard de Marc, ancien soixante-huitard brillamment campé par Patrick Dewaere.

Après plusieurs comédies *échevelées*, De Broca reprend son souffle et pose ses caméras au sein d'un espace clos : « *J'aime bien suivre une histoire à travers celle de gens très différents. Et ici, il y a une confrontation tonique entre ceux du « groupe » – intellectuels, écolos, frustrés, complexés – et les gangsters en cavale, primaires, amateurs de bouffe et d'alcool. Il m'arrive d'avoir envie de tourner dans un monde clos. Je l'ai fait pour* Le Diable par la queue, *pour* Le Roi de cœur. *Il suffit de trouver le mécanisme pour que les gens se retrouvent dans un décor unique, puis il faut entrecroiser les intrigues et faire s'affronter les caractères. Une comédie de mœurs contemporaine comme* Psy *se prête bien à ce jeu.* » (Cinéma français, N°40, décembre 1980)

À priori l'alliance Lauzier/de Broca a de quoi surprendre. Rien ne laissait présager un rapprochement entre ces deux trublions, au style très distinct. Mais, une fois le long-métrage visionné, personne ne s'en plaint. D'un côté, l'humour grinçant de Lauzier, et de l'autre, celui plus tendre, voire bucolique, de Philippe de Broca, donnent au film une couleur atypique, totalement à part dans l'œuvre du cinéaste : « *Moi je suis plutôt un gentil, un indulgent, un tendre, tandis que Lauzier est un décortiqueur de sentiments. Il travaille au scalpel et pose sur les gens un regard clinique qui ne laisse guère de place à l'affectivité. Son observation de la société est presque scientifique, la mienne plutôt sentimentale. Cependant, comme nous avons le même sens de l'humour, cela devrait donner un film très excitant.* » (Cinéma français n°40, décembre 1980) Le résultat est à la hauteur de l'espérance, d'autant que le film est remarquablement interprété par Patrick Dewaere et Anny Duperey, nouveaux venus dans la galaxie de De Broca.

Réalisateur : Philippe de Broca, Assistant-réalisateur : Denys Granier-Deferre, Production : Les Films Ariane – Antenne 2, Producteurs : Georges Dancigers, Alexandre Mnouchkine, Producteur exécutif : Jean Nachbaur, Directeur de la production : Raymond Leplont, Administrateur : Janine Ruault, Secrétaire de production : Jacqueline Delhomme, Distributeur : C. C. F. C., Scénario et dialogues : Gérard Lauzier d'après sa bande dessinée : « Psy », Directeur de la photographie : Jean-Paul Schwartz, Assistants opérateurs : Philippe Bordas, Jean-Marie Levron, Thierry Schwartz, Montage image : Françoise Javet assistée de Martine Costes, Montage son : Michèle Catonné, Catherine Dubeau, Mixeurs : Vincent Arnardi, Jean Nény, Musique : Mort Shuman – Éditions Industrial Music, Ingénieur du son : Jean Labussière assisté de Pierre Davoust, Bruitage : Jean-Pierre Lelong, Décors : Éric Moulard assisté de Jean Pazzottu, Ensemblier : Robert Christidès, Costumes : Catherine Leterrier, Habilleuse : Janine Fauvel, Maquillage : Jean-Pierre Eychenne assisté de Muriel Paupere, Coiffeur : Jean-Max Guérin, Régisseur général : Michel Bernède, Accessoiristes : Michel Suné, Jean Colin, Eclairage : Michel Vocoret, Machinerie : Marcel Gellier, Scripte : Suzanne Durrenberger, Photographe de plateau : Étienne George, Casting : Margot Capelier, Attachés de presse : Jacques Itah, Bruno Barde, Tournage : 19 – 29 septembre 1980, Durée : 90 minutes, Genre : Comédie, Sortie : 4 février 1981, Visa d'exploitation : 52901, Affichiste : Ferracci © ADAGP, Éditeur DVD : LCJ Éditions, Sortie à la Vente en DVD le 18 Septembre 2009, Box-office Paris : 196 257 entrées en huit semaines dans 28 salles parisiennes, Box-office France : 641 332 entrées, Producteur actuel : TF1 Droits Audiovisuels

INTERPRÉTATION : **Patrick Dewaere** (Marc), **Anny Duperey** (Colette), **Aline Bertrand** (Suzanne), **Dominique Besnehard** (Michel), **Michel Creton** (Bob), **Jean-Pierre Darroussin** (Jacques), **Catherine Frot** (Babette), **Jennifer** (Marlène), **Charlotte Maury** (Sybille), **Michel Muller** (Félix), **Jean-François Stévenin** (Jo), **Max Vialle** (Jérôme)

STARS CONFIRMÉES... OU EN DEVENIR

Également à l'affiche, deux débutants, Catherine Frot et Jean-Pierre Darroussin dont De Broca, doté d'un sacré flair, pressentait qu'ils feraient une brillante carrière. Répondant aux questions de Luc Honorez, journaliste au quotidien belge Le Soir, le cinéaste confie : « *Darroussin (...) c'est un futur grand. J'ai envie de me frotter à cette nouvelle génération. Si je veux rester jeune d'esprit, je ne peux m'enfermer tout le temps avec mes sympathiques quinquagénaires : Jean Rochefort, Annie Girardot et Philippe Noiret* », ajoutant : « *Avez-vous remarqué Catherine Frot dans Psy ? Elle va faire parler d'elle.* » Visionnaire. Des années plus tard, Frot raconte : « Psy *fut l'un de mes premiers tournages de comédie au cinéma. J'avais été recommandée par Margaux Capellier, une grande directrice de casting et une femme au caractère bien trempé. Philippe était en train de préparer son film et dans le bureau de production, l'ambiance était déjà survoltée. D'emblée il me dit que je serai parfaite dans le rôle, qu'il n'y a pas à hésiter ! Puis il m'annonce que mon camarade Jean-Pierre Darroussin – lui et moi sortions tout juste du Conservatoire – va faire partie de l'équipe de la psychothérapie de groupe dirigée par Patrick Dewaere, qu'il y aura aussi Dominique Besnehard et que nous allons bien nous amuser. Et cela a été le cas ; c'était une ambiance festive comme je n'en ai plus jamais retrouvé! Il faut dire que c'était une époque très confortable pour les tournages, car il y avait plus d'argent qu'aujourd'hui pour faire un film. J'ai aimé rencontrer Patrick Dewaere qui était très attentionné envers Jean-Pierre Darroussin et moi-même ; il nous posait des questions sur le groupe avec lequel nous travaillions à l'époque, « Le chapeau rouge », cela l'intéressait. Quant à Philippe de Broca, ce que j'appréciais en lui, c'était son côté gourmand de cinéma, très vivant, farceur et très communicatif avec les acteurs. Il aimait tourner vite, tellement vite qu'il nous arrivait même de finir la journée avant l'heure! Je l'ai retrouvé bien des années plus tard, pour son dernier film* « Vipère au Poing ».

Darroussin se souvient : « *Philippe s'amusait sur le plateau, il n'était pas du tout stressé et ça rassurait les jeunes comédiens. Il était très décontracté, il n'y avait pas de différence entre la répétition et le tournage. Il était très accueillant de la façon dont on jouait, on sentait que ces personnages l'amusaient beaucoup.* » (Entretien avec Luc Larriba, 2020)

En 2018, Anny Duperey, invitée du Festival 2 Valenciennes qui organise une soirée en hommage à la comédienne, évoque *Psy*, pourtant absent de la sélection. Elle le fait avec le bagout qui la caractérise : « *J'avais suggéré des films que les gens ne voient pas ou plus jamais. Il y avait un film de De Broca, avec Patrick Dewaere qui était vachement bien. C'est dommage de ne pas pouvoir faire découvrir des choses que les gens ne verront pas...* » (ecran-et-toile.com)

Page de gauche
Patrick Dewaere et Philippe de Broca

Page de droite, en haut
Philippe de Broca et Patrick Dewaere, moments de complicité

Page de droite, en bas
Au premier plan, de gauche à droite : Jean-Pierre Daroussin, Patrick Dewaere et Dominique Besnehard. Au second plan, à droite : Catherine Frot

Page de gauche
Préparation d'une séquence de *Psy* avec Patrick Dewaere

Page de droite
Philippe de Broca dirige Patrick Dewaere. À gauche, Annie Duperey, à droite Dominique Besnehard

L'AFRICAIN

Charlotte travaille pour une agence de voyages parisienne, et doit concevoir un nouveau club de vacances. Elle décide de l'établir dans l'Afrique des grands lacs, au contact des pygmées. Elle s'y rend donc, et, sur place, tombe nez à nez avec son mari, qu'elle n'a pas vu depuis des années.

MERCI, CLAUDE BERRI !

Auteur et réalisateur, Claude Berri est aussi un producteur incontournable qui a chaperonné les films de nombreux cinéastes, de Maurice Pialat (*L'Enfance nue*) à Jean Yanne (*Deux heures moins le quart avant Jésus Christ*), en passant par Pascal Thomas (*Pleure pas la bouche pleine*), Serge Gainsbourg (*Je t'aime moi non plus*), Roman Polanski (*Tess*) ou Claude Zidi (*Inspecteur La Bavure*). Attiré par une éventuelle collaboration avec De Broca, Berri soumet à celui-ci un projet d'envergure, *Bleu, Blanc, Rouge*, une grande fresque se déroulant après la Révolution Française. Voilà qui tombe à point pour Philippe de Broca, qui sort de l'échec de *Psy* ; il se plonge dans l'écriture du scénario avec son complice de toujours, Daniel Boulanger. Au bout du compte, Claude Berri n'est guère emballé, et change son fusil d'épaule. Pourquoi ne pas réaliser un film divertissant situé dans un contexte dépaysant, par exemple en Afrique ?

Philippe de Broca est séduit par l'idée, d'autant que cette terre ne lui est pas étrangère. Après avoir couvert la guerre d'Algérie, lorsqu'il était au Service Cinématographique des Armées, où il fut par ailleurs le témoin de scènes atroces, il était ensuite reparti explorer le continent africain où il a réalisé plusieurs documentaires. Bien qu'il soit resté fidèle à ses producteurs, Alexandre Mnouchkine et Georges Dancigers qui, eux-mêmes, lui ont fait confiance depuis *L'Amant de cinq jours*, Philippe de Broca finit par accepter la proposition de Claude Berri. Sur ses conseils, il s'associe au scénariste Gérard Brach, Daniel Boulanger n'étant plus disponible.

CLAUDE SAUTET, GARDIEN DE LA SAVANE

L'Africain naît cependant dans la douleur. Entre Philippe de Broca et Gérard Brach, l'entente n'est pas idéale. De Broca l'affirme haut et fort, dans le cadre d'un portrait qui lui est consacré sur la chaîne TF1 en 1981, en mettant l'accent sur leurs personnalités diamétralement opposées. À tel point que, déçu par la première version du script écrite par Brach, de Broca décide de s'envoler seul, un mois durant, au Zaïre, pour y chercher l'inspiration. À son retour, il reprend l'écriture à zéro… aidé sur la fin par Claude Sautet, dont le prochain film, *Garçon !* avec Yves Montand, a été retardé d'un an. Très investi dans ce travail de consultation du scénario, Sautet suivra le projet jusqu'au montage.

Comme à son habitude, Philippe de Broca s'investit au plus haut point dans le développement de ce vingtième long-métrage, et l'agrémente de touches personnelles. Comme Victor, son personnage principal, De Broca est attaché à la protection de la nature et à la défense des animaux, et milite pour le WWLF (World Wildlife Fund) : « *C'est très important de respecter et de protéger la nature*, explique de Broca. *Cela rend plus humain. C'est un des thèmes du film. Mais ça doit aller de pair avec le progrès. Je n'aime pas l'écologie rétrograde.* »

PHILIPPE NOIRET… HÉROS DE LA CINQUANTAINE FAÇON « DE BROCA »

Pour Philippe de Broca, offrir le premier rôle masculin de *L'Africain*, un baroudeur de cinquante ans, à son acteur fétiche Jean-Paul Belmondo, est une évidence. Côté héroïne, on pressent Catherine Deneuve, sœur d'une certaine… Françoise Dorléac. Un bel écho à *L'Homme de Rio*. Las, Belmondo décline la proposition. Il est encore à l'heure des rôles physiques (*Le Professionnel*, *L'As des as*) et cet *Africain* ne répond absolument pas à ses attentes du moment. De Broca avouera, quelques années plus tard, garder un mauvais souvenir de ce refus : « *Il n'a pas voulu, je ne sais pas pourquoi… Peut-être parce qu'il y avait un rôle de femme aussi important que le sien ! Et puis, il trouvait le personnage trop vieux.* » (*Philippe de Broca*, éditions Veyrier, 1990)

Réalisateur : Philippe de Broca, Assistants-réalisateurs : Bernard Bolzinger,, Frederic Blum et Aimable Sabushi, Réalisateur animalier deuxième équipe : Simon Trévor, Production : Renn Productions, Producteur : Claude Berri, Producteur exécutif : Pierre Grunstein, Directeur de la production : Michel Nicolini, Administrateurs de production : Colette Suder et Pauline Montel , Assistante de production : Janou Shammas, Distributeur : A.M.L.F., Scénario : Gérard Brach et Philippe de Broca, Directeur de la photographie : Jean Penzer., Opérateur : Yves Agostini assisté de Michel Coteret et Éric Vallée, Opérateur deuxième équipe, prises de vues aériennes : Guy Delattre, Montage : Henri Lanoë assisté de Sylvie Pontoizeau et Philippe Wampfler, Montage son : Renée Deschamps et Janine Oudoul, Musique : Georges Delerue, Chansons : « Jambo Bwana » par le groupe Them Mushrooms, « Summertime » de George et Iva Gershwin, Ingénieur du son : Jean Labussière assisté de Pierre Davoust, Mixage : Jacques Maumont, Bruitage : Daniel Couteau, Doublage : Gilbert Crozet, Enregistrement : Joël Beldent, Assistants au son : Pierre Davoust et Gérard Manneveau, Décors : François de Lamothe assisté de Jean-Claude Bourdin, Chef constructeur : Georges Bouillette, Décorateur exécutant : François Marcepoil, Accessoiriste : René Albouze, Costumes : Sylvie Gautrelet et Ursula Rodel (pour Catherine Deneuve), Habilleuses : Christiane Fageol pour Catherine Deneuve, Yvette Bonnay pour Philippe Noiret, Maquillage : Jackie Reynal, Coiffeur : Jean-Pierre Berroyer, Casting : Margot Capelier, Régisseurs : Jean-Louis Godfroy et Véronique Colucci, Script-girl : Hélène Sébillotte, Chef électricien : André Nove, Chef machiniste : Marcel Gellier, Photographie : Georges Pierre, Attachés de presse : Josée Bénabent-Loiseau, et Jean-Pierre Vincent, Cascades : Daniel Vérité, Cascadeurs : Patrick Cauderlier, Charles Cattiez et Pierre Gernez, Conseiller aviation : Marc Epstein, Cascades avion : Tony Dyer, Tony Abercrombie Dick, Conseiller animaux : Tor Allan, Réalisateur animalier deuxième équipe : Simon Trevor, Tournage : du 23 août au 14 décembre 1982 (Extérieurs : Paris et en Afrique : Kenya et Zaïre), Durée : 100 minutes, Titre de tournage : Sur la piste des éléphants, Genre : Comédie, Sortie : 2 mars 1983, Visa d'exploitation : 56167, Affichiste : Jean Claude Labret studio LPC, Éditeur DVD et Blu-Ray : Pathé, Sortie à la Vente en DVD et en Blu-Ray le 10 Septembre 2014, Box-office Paris : 457 305 entrées en 11 semaines dans 44 salles parisiennes, Box-office France : 1 786 300 entrées, Producteur actuel : Pathé

INTERPRÉTATION : **Philippe Noiret** (Victor), **Catherine Deneuve** (Charlotte), **Jean-François Balmer** (Paul Planchet), **Jacques François** (Patterson), **Joseph Momo** (Bako), **Vivian Reed** (Eugénie), **Jean Benguigui** (Poulakis), **Gordon Heath** (Le ministre), **Raymond Aquilon** (Le commandant), **Gisèle Charpentier** (La matrone), **Pierre Michael** (Le PDG), **Maxime Dufeu** (Un cadre)

Le réalisateur se tourne alors vers Philippe Noiret. Un choix a priori suprenant mais, au fond, en adéquation parfaite avec le De Broca des années 1980, plus tendre et plus posé. Belmondo a été son héros de la trentaine, Noiret devient celui de la cinquantaine. Contrairement à Belmondo, il est charmé par l'histoire : « *Mon personnage, Victor, est un amoureux de la nature, des grands espaces et des animaux sauvages. Il a trouvé une paix, un équilibre, une tranquillité dans une société aux relations humaines dépourvues d'artifices, tout en comblant son désir de se rendre utile. Philippe de Broca a mis beaucoup de lui dans Victor ; comme lui, De Broca ne tient pas en place, déborde de vitalité, d'activité, se passionne pour l'Afrique et sa faune. C'est un aristocrate très sensible au confort, à la beauté, aux objets, à une certaine sensualité de vie. J'ai des points communs avec lui : j'aime la nature, la vie en dehors des villes, les chiens et les chevaux.* » (Le Figaro, interviewé par Brigitte Baudin, 28 février 1983). Noiret accepte le rôle avec joie, accentuant ainsi davantage ce lien d'amitié qui l'unit avec Philippe de Broca depuis *Les Caprices de Marie* (1970), et régulièrement confirmé (*Tendre Poulet* en 1978, puis *On a volé la cuisse de Jupiter* en 1980). Face à Dominique Maillet, il précise : « *Ce qui me plaisait, c'était le côté* Tintin en Afrique. *C'est vraiment un film qu'on a tourné en souhaitant que les spectateurs prennent le plaisir qu'on a pris à le faire. Et si nous avons mis nos pieds dans des empreintes déjà existantes, c'est peut-être lié au cinéma de genre…* » (*Philippe Noiret*, éditions Henri Veyrier, 1989)

UNE AVENTURE À PLUS D'UN TITRE

La préparation de *L'Africain* n'est pas de tout repos. L'équipe sillonne d'abord le Gabon, le Cameroun, la Centre-Afrique… avant d'élire le Kenya comme lieu de tournage. Une destination excitante par sa beauté et ses richesses, mais dont le choix ne sera pas sans conséquence, notamment d'un point de vue technique : « *La difficulté rencontrée en Afrique, c'est que le soleil est vite au zénith et pour la lumière ça devient vite compliqué,* se remémore Jean Penzer dans une interview (2015). *J'ai été obligé de refaire plusieurs prises en mettant une sorte de toiture car la lumière ne mettait pas en valeur les acteurs. La lumière était très dure. Nous étions presque sous l'équateur.* »

À cela s'ajoutent les directives d'un Philippe de Broca toujours sur la brèche, ce qui ne facilite guère le travail de l'équipe, comme le raconte Michel Coteret, premier assistant opérateur : « *Philippe de Broca travaillait très vite, un peu trop vite pour les techniciens. Pour lui, un plan tourné était un plan fini. Il se précipitait dans le champ lorsque la prise se finissait. Je me souviens, sur ce film, on tournait dans les marécages, il trouvait que la pirogue n'avançait pas assez vite, il voulait voir un point de vue. Nous avions de l'eau jusqu'aux genoux. Il descend et, manque de chance, il y avait un trou. Il disparaît dans l'eau, il y avait juste une main levée avec son viseur que l'on voyait ! C'est une partie de l'équipe qui l'a remonté à la surface.* » Il ajoute cependant : « *Il n'y avait pas de story-board, mais Philippe savait très bien ce qu'il faisait. On ne faisait pas de plan au hasard, sans improvisation. C'était très clair dans sa tête. Il aimait discuter du montage et du découpage, et je lui demandais ce qu'il allait monter en fonction des séquences tournées. Il avait une expérience technique qui lui permettait de pratiquer de cette façon. Il travaillait très vite, on n'avait pas trop le temps de parler entre les prises. On discutait beaucoup pendant la préparation. (…) Ce n'était pas un réalisateur compliqué. Il indiquait juste les déplacements aux acteurs.* » (Entretien avec Luc Larriba, 2013)

En dépit des écueils rencontrés pendant le tournage, les protagonistes en conservent un excellent souvenir. Philippe Noiret garde surtout en mémoire sa rencontre avec la tribu de pygmées qui joue un rôle-clef dans l'histoire : « *Ils tournaient en échange de nourriture pour six mois ou un an ! En fait, ils se sont beaucoup amusés et ont très vite saisi de quoi il retournait. Y compris ce qu'était le champ de ma caméra par exemple !*

Page de gauche
Scènes du film *L'Africain*

Page de droite, en haut
Tournage d'une séquence. Dans la voiture :
Jean-François Balmer, Catherine Deneuve

Page de droite, en bas
Philippe de Broca pendant le tournage au Kenya.
À droite (assis), Philippe Noiret et Catherine Deneuve

Page de gauche, en haut
Philippe de Broca, le viseur à la main

Page de gauche, en bas
Philippe Noiret et Catherine Deneuve pendant le tournage de *L'Africain*

Page de droite
Préparation d'un plan ; Philippe de Broca et Catherine Deneuve

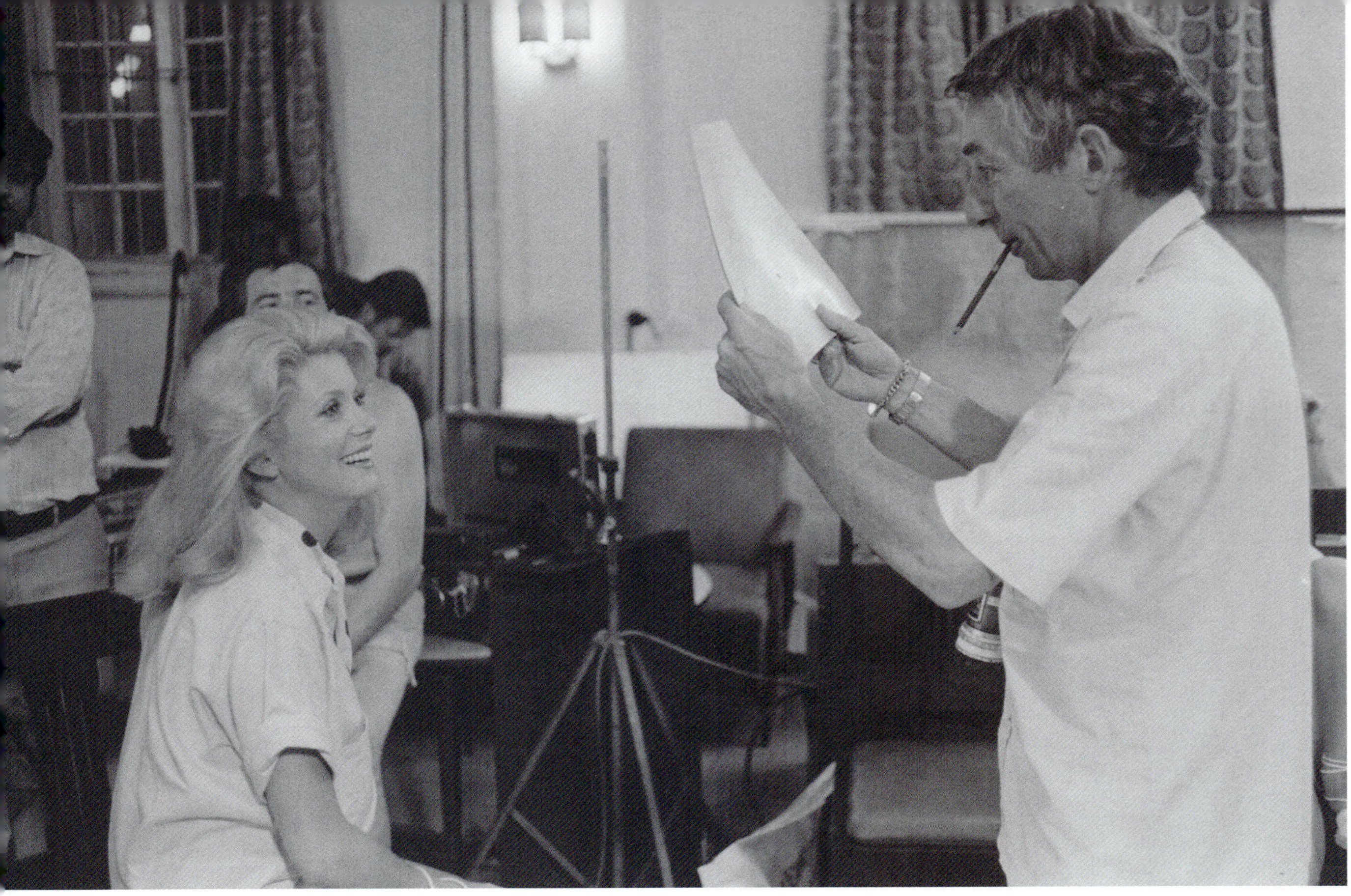

Quand ils se savaient sortis, ils s'arrêtaient d'eux-mêmes ! » sans oublier de dire un mot sur son illustre partenaire : « *C'est un bonheur extraordinaire de tourner avec Catherine. Sans compter que c'est une organisatrice née ! Où qu'elle soit, au bout de vingt-quatre ou quarante-huit heures, elle sait tout : qui est qui, qui fait quoi, où on peut dîner pour changer de la cantine… Et puis elle trouve un avion, un pilote, elle vous emmène en week-end… Il n'y a qu'à se laisser conduire ! C'est vraiment quelqu'un que j'aime…* » (*Philippe Noiret*, éditions Henri Veyrier, 1989)

DÉCEPTION À SA SORTIE

Curieusement, *L'Africain* ne rencontre pas le succès escompté lors sa sortie en salles. Il sera, fort heureusement, redécouvert et apprécié par le public lors de ses nombreuses diffusions télévisées. Il faut dire que cette course-poursuite entre deux ex-époux toujours épris l'un de l'autre, doublée d'un affrontement contre d'affreux trafiquants d'ivoire, a été descendue par la critique. Libération n'y est pas allé avec le dos de la cuillère : « *Philippe Noiret fait l'éléphant dans le bazar (…) Juste avant, la trop brève apparition des pygmées avait été une vraie détente : cadrant les petits hommes, la caméra coupait les têtes de Deneuve et Noiret !* » À contrario, le critique Pierre Billard écrit : « *Noiret en bon nounours intrépide, Deneuve en emmerdeuse infroissable reprennent leur meilleur emploi inauguré jadis dans l'inoubliable* Vie de château *de Jean-Paul Rappeneau. La pétulance de leur querelle d'amoureux nourrit de ses gags un vrai film d'aventures, un western écologique où, au-delà de la protection des derniers troupeaux d'animaux sauvages, c'est d'une dernière bataille pour le paradis qu'il s'agit.* » Il en faut pour tous les goûts.

L'Africain est bien plus qu'une pâle copie du *Sauvage*, (réalisé par Jean-Paul Rappeneau, avec Yves Montand et Catherine Deneuve), comme certains lui en ont fait le reproche. L'œuvre ressemble fortement à son auteur et foisonne de sujets qui lui sont chers : le goût pour la liberté, le rêve d'évasion permanent… Sans oublier le thème de la famille recomposée et fantasque : Victor, perdu dans un petit village africain, vivant sur un vieux rafiot faisant office d'épicerie, entouré de sa nouvelle compagne, Eugénie, et de ses nombreux enfants ; un vieil Anglais, directeur du parc naturel, brillamment campé par l'inénarrable Jacques François. C'est en quelque sorte une version exotique du *Farceur…*

À noter que Gérard Jugnot aurait dû, lui aussi, faire partie de cette folle épopée, sous le costume de Planchet, l'assistant – collant – de Charlotte. De Broca adorait l'idée de ce duo original. Mais Deneuve, elle, s'y est opposée, lui préférant Jean-François Balmer.

Page de gauche, en haut
Moments de complicité : Phiippe de Broca, Catherine Deneuve

Page de gauche, en bas
Philippe de Broca et ses comédiens : Joseph Momo et Vivian Reed

Page de droite
Scènes du film *L'Africain*

Page de gauche, en haut
De gauche à droite : Jacques François, Philippe Noiret et Philippe de Broca

Page de gauche, en bas
Catherine Deneuve avant le tournage d'une séquence de *l'Africain*

Page de droite, en haut
Autour du feu : de gauche à droite, Philippe de Broca, Catherine Deneuve et Jean-François Balmer

Page de droite, en bas
Philippe de Broca dirige une scène au bord de la rivière, au Kenya

LOUISIANE

Après un long séjour en France, Virginia revient vivre en Louisiane où, propriétaire de Bagatelle, elle se bat pour défendre sa plantation, face à l'hostilité de ceux qui l'entourent, et à la guerre de Sécession. Elle sera aidée par Clarence, avec qui elle vit un amour impossible.

DE BROCA À LA RESCOUSSE

En mai 1983, le président de la chaîne Antenne 2, Pierre Desgraupes, demande l'aide de Philippe de Broca pour venir à bout d'une production dantesque, *Louisiane*. Le tournage commencé depuis près d'un mois connaît d'immenses difficultés : non seulement un ouragan a dévasté les décors, mais le réalisateur, Jacques Demy, a jeté l'éponge, épuisé par ces conditions extrêmes et par sa vive mésentente avec l'actrice principale, Margot Kidder. Bien avant Demy, un autre réalisateur, Étienne Perier, s'est déjà cassé les dents sur le projet. Après avoir participé à l'adaptation des romans, *Louisiane* et *Fausse-Rivière*, Perier a lâché le projet pour cause de désaccord avec l'auteur, Maurice Denuzière.

Qui va succéder à Jacques Demy ? Le nom d'Édouard Molinaro est évoqué mais De Broca semble le mieux à même de répondre au défi. D'ailleurs il accepte aussitôt la proposition : *« J'avais vaguement lu le bouquin de Denuzières. Je me suis dit : le XIXème siècle, les plantations de coton, le Sud, les esclaves... Tout ça, si Demy l'a pris, ça ne doit pas être mauvais. Je connaissais le producteur. J'ai dit oui après avoir lu un synopsis, car je n'ai lu le scénario, qui faisait six heures, que dans l'avion. Je pâlissais en le lisant car c'était un mélodrame absolument tragique. Quoique je ne le trouvais pas mauvais. C'était écrit comme un feuilleton, avec des rebondissements. On m'a donc appelé un vendredi soir, le samedi j'étais pris par le mariage de ma nièce. J'ai pris l'avion lundi et je suis arrivé mardi pour tourner. » (Philippe de Broca, éditions Henri Veyrier 1990).* Il ajoute : *« J'aime bien sortir des sujets étriqués français où nous enferment les limites des budgets hexagonaux. Quand je suis arrivé en Louisiane, les acteurs étaient déjà dans leurs rôles et le film commencé. Moi, je sortais d'un scénario que j'ai abandonné pour l'occasion, l'histoire d'une Africaine luttant obstinément pour garder sa terre en pleine époque de décolonisation. Finalement, je n'étais pas loin du sujet. Ce qui m'a essentiellement motivé, c'est l'obstination de Virginia, se bagarrant de toutes ses forces pour être la gardienne maîtresse de « Bagatelle. »*

Une fois sur place, Philippe de Broca découvre une équipe de techniciens canadiens totalement déprimés. Il reprend immédiatement les choses en main, demande une seconde caméra et renforce les troupes. L'heure n'est plus au mégotage : la mission de De Broca est de tourner un film de six heures... en seulement dix semaines ! Dès le premier jour, il assure ses fonctions haut la main et gagne près de vingt-quatre heures sur le plan de travail initial, avec l'aide du talentueux chef-opérateur Michel Brault. Le comédien Raymond Pellegrin se souvient : *« J'ai eu l'impression de revivre* Autant en emporte le vent. *Philippe de Broca sur un tournage est irremplaçable. Il est d'une force physique et intellectuelle... on arrivait à tourner neuf minutes utiles par jour. »* (Mardi Cinéma, émission du 21 janvier 1984) Cela contribue à rassurer l'équipe et les prises de vue s'achèveront dans une ambiance plus légère. De Broca séduit même Margot Kidder pendant le tournage. Les deux tourtereaux se marieront à l'issue de cette aventure, mais divorceront peu de temps après.

Coproduction internationale conçue pour le cinéma et la télévision, *Louisiane* est assurément une œuvre à part dans la carrière du cinéaste. C'est la première et dernière fois qu'il reprend un tournage en cours de route, et il en tire d'ailleurs un grand plaisir. Néanmoins la presse française rejette le film en bloc. Les critiques espéraient sans doute retrouver le souffle des fictions précédentes mais le pari était difficile à tenir : soixante minutes tournées par Jacques Demy ont été intégrées au montage et mélangées aux plans de De Broca, ce qui donne un résultat non déplaisant mais inévitablement bâtard.

Réalisateur : Philippe de Broca, Assistants-réalisateurs : Pierre Magny, Jacques Méthé, Madeleine Henrie, Michael Pitalo, Paris : Emmanuel Gust, Marie Fernandez, Réalisateur deuxième équipe : Pierre Magny, Production : I.C.C (International Cinéma Corporation) – Ciné Louisiana Inc (Montréal)/Filmax – Antenne 2 (Paris)/RAI TV2 (Rome), Producteurs délégués : John Kemeny, Denis Héroux, Coproducteurs : Gabriel Boustani et Nader Atassi, Producteur associé : Paulo De Oliveira, Producteur exécutif : Susan Cavan, Directeurs de la production : Stéphane Reichel, (Canada) Michel Nicolini (France), Secrétaire de production : Becky Horne, Distributeur : Parafrance, Scénario et dialogues : Dominique Fabre, Étienne Périer et Charles Israël d'après les romans « Louisiane » et « Fausse Rivière » de Maurice Denuzière, Directeurs de la photographie : Michel Brault, Guy Delattre, Opérateurs : Al Smith, Yves Agostini, Montage : Henri Lanoë assisté de Jocelyne Genest, Musique : Claude Bolling, Éditions Hortensia, Ingénieurs du son : Richard Lightstone, et Jean-Charles Ruault, assistés de Jim Thompson., Mixage : Michel Barlier, Bruitage : Terry Burke, Décors : Jack McAdam assisté de Randy Moore et Ivo Christante, Ensembliers : Linda Allen, Accessoiristes : Gilles Aird, Marc Corriveau, Jeanne Bulliard, Costumes : John Hay, Christian Gasc et Bernard Minne, assistés de Renée April, Blanche Boileau, Habilleurs : Luc Leflaguais, Francesca Chamberland, Nancy Heck et Françoise Maréchal, Maquillage : Stéphane Dupuis, Suzanne Benoit (pour Margot Kidder), Josianne Deschamps, Joan Isaacson, Karl Wesson, Coiffures : Aldo Signoretti pour Margot Kidder, Gaëtan Noiseux et Leslie Anne Anderson, Casting : Mike Fenton et Jane Feinberg, Valérie Massalas, Régisseurs : Peter Brey et Annie Bartanowski, Scripte : Johanne Tolley-Harwood, Nathalie Vierny, Chef électricien : Jack Brandis, Électriciens : Ira Cohen, Frieder Hochheim, Machinistes : Johnny Daoust, Emmanuel Lépine, Pierre Charpentier, Photographie : Takashi Seida, Attachée de presse : Yvette Camp, Effets spéciaux : Thomas Fisher, Tournage : du 30 mars au 31 juillet 1983, Durée : 186 minutes, Durée version télévisée : 52 minutes x 6 épisodes, Genre : Romance, Sortie : 25 janvier 1984, Visa d'exploitation : 56.963, Affichiste : Yves Thos et Philippe Lemoine, Box-office France : 885 492 entrées, Producteur actuel : Filmax

INTERPRÉTATION : **Margot Kidder** (Virginia Tregan), **Ian Charleson** (Clarence Dandridge), **Victor Lanoux** (Baron Charles de Vigors), **Andréa Ferréol** (Mignette), **Len Cariou** (Edmond Oswald), **Raymond Pellegrin** (Philippe Morley), **Lloyd Bochner** (Adrien de Damvillier), **Hilly Hicks** (Brent), **Corinne Marchand** (Anne MacGregor), **Ken Pogue** (Docteur Murphy), **Angus MacInnes** (Albert Schoeller), **Akosua Busia** (Ivy), **Jim Bearden** (Percy Templeton), **Larry Lewis** (Adrien Junior), **Ron Lewis** (Pierre), **Alex Liggett** (Adrien Junior, jeune), **Matthew Breeding** (Pierre, jeune), **Scott Burnette** (Fabian), **Kellie Brassette** (Julie), **Tara Winder** (Ivy, jeune), **Mark Polley** (Adrien MacGregor Junior), **Timothy Patterson** (Joe), **Michael J. Reynolds** (Général Bank), **Ron Gural** (Bradley), **Pat Perkins** (Netta), **Becki Davis** (Betty Templeton), **Valerian Smith** (Theodore), **Carey Holliday** (Un prospecteur), **Graham Paul** (Le patriote sudiste), **B.J. Hopper** (Le capitaine du Delta Prince), **Bryan Wrye** (Le premier jeune homme), **Jerry Leggio** (Le banquier), **Dominique Briand** (Marc), **Tony Joudrier** (Le premier ami de Marc), **Jacques Brucher** (Le deuxième ami de Marc), **Beata Tyszkiewicz** (La comtesse), **Clément Harari** (Le bijoutier), **Laure Casteil** (La servante), **Lyle Joyce** (Le portier), **Charles Marosi** (Le valet), **Stocker Fontelieu** (L'enchanteur), Layton Martens (Bascom), **David Braselman** (Le soldat), **Richard Sheffield** (Scout), **Tody Bernard** (L'homme de la cabane), **Louis Herthum** (L'étudiant), **Ronnie Stutes** et **Charles Smith** (Les passagers), **Sparky Horne** (Le mécanicien du Delta Prince), **Allen MacCarty** (Le premier gageur), **Byron Molstedt** (Le second gageur), **Greg Elam** (Un cascadeur), **Gray Johnson**, **John Scott**, **Danny Singleton**, **Hank Calia**, **Erik Cord** (Les cascadeurs), **Philippe de Broca** (un escrimeur non crédité dans un flash-back)

Page de gauche, en haut
Philippe de Broca sur le tournage

Page de gauche, en bas
Victor Lanoux et Philippe de Broca

Page de droite, haut
Margot Kidder et Philippe de Broca

Page de droite, bas
P. de Broca prépare une séquence de *Louisiane*

LA GITANE

Directeur d'une agence bancaire dans une petite ville de l'Oise, Hubert Durieux a bien du mal à mener une vie tranquille, étouffé par de multiples femmes : son ex, sa fille, sa maîtresse, sa secrétaire... Durieux reporte donc son affection sur une Traction Avant Citroën qu'il entretient et bichonne avec amour. Mais voilà qu'elle lui est volée par une bande de petits gitans menée par une adolescente rebelle, Mona Romani.

L'AMORCE D'UN CONTE DE FÉE

Lorsqu'il s'attèle à *La Gitane*, Philippe de Broca sort d'une période difficile ; tourmenté par des problèmes sentimentaux, il doit aussi abandonner un projet de film dont l'intrigue se rapproche d'un peu trop près de celle d'*Une femme ou deux* signé Daniel Vigne, avec Gérard Depardieu et Sigourney Weaver, récemment sorti sur les écrans ; en outre, il fait face à des soucis financiers. Tout cela l'incite à reprendre un scénario de Jean-Loup Hubert – sur une proposition du producteur Alain Terzian – bien qu'il le trouve très mauvais. Il n'en garde qu'une base vaguement policière et élabore une toute nouvelle version qu'il intitule *La Gitane*. À l'origine, l'histoire violente et dramatique était centrée autour d'une sauvageonne qui envoûte un banquier dans le seul but de braquer son établissement. De Broca en change le ton et fait de l'héroïne une gitane, car « *il fallait que cette femme soit un mythe, une fée pleine de drôlerie, qui vit dans l'instant et ne vient de nulle part* ». Il ajoute : « *Mon plaisir, c'est de faire des comédies de mœurs drôles avec des moments de vérité qui permettent l'émotion, sans souci d'actualité immédiate.* La Gitane *est un conte de fées qui pourrait être amer mais que je prends sur le ton du sourire. Je m'inspire de choses que j'ai vécues, comme avoir aimé une femme et ne plus l'aimer. Au lieu d'un affrontement violent, je leur fais déboucher un évier.* » (Dossier de presse)

LE LABEL « DE BROCA » SELON SES COMÉDIENS

Côté casting, à peine l'écriture du script a-t-elle débuté que Claude Brasseur est pressenti dans le rôle du banquier Hubert Durieux. L'acteur est ravi. « *Il y a longtemps que j'avais envie de travailler avec Philippe de Broca. Nous nous connaissions mais l'opportunité ne s'était pas encore présentée. Broca est le seul metteur en scène français qui n'a jamais renié sa profession de foi : la comédie. Avec lui, je sais où je vais. Le label « De Broca » signifie quelque chose.* » (Le Figaro, 6 septembre 1985) Claude Brasseur ajoutera plus tard : « *La rencontre avec Philippe de Broca fut merveilleuse de complicité ! J'aime ses films depuis longtemps et quand j'ai lu le scénario de* La Gitane, *j'ai su que c'était dans la lignée des grands « De Broca ». Et puis j'ai découvert l'homme : courtois, raffiné, gentleman... Au bout d'un moment, il n'avait plus besoin de finir ses phrases, on a le même humour. De Broca, sur ce film, ça a été ma liane. Je me suis accroché à lui en toute confiance.* » (Dossier de presse)

En revanche, Valérie Kaprisky, elle, n'est choisie qu'une fois l'écriture achevée. Le personnage de la belle gitane tombe à point nommé pour elle ; après avoir interprété une série de personnages extrêmement torturés – comme dans *La Femme publique* de Andrzej Zulawski – et, surtout, après être restée quinze mois sans tourner, l'actrice souhaite jouer dans une vraie comédie. Elle explique : « *Quand j'ai lu* La Gitane, *j'avais envie de faire une comédie subtile et j'ai été séduite par le comique des situations et le rythme de De Broca.* La Gitane, *c'est une tragédie qu'il filme avec le regard de la dérision. (...) J'ai vu beaucoup de films de lui et j'aimais ses personnages féminins, marrants non par bêtise mais par leurs réparties et leur sens de l'humour.* » Elle décrit l'ambiance sur le plateau : « [De Broca] *est un metteur en scène très impatient qui tourne très vite et a la hantise d'ennuyer les gens. Sur le tournage, il était souvent satisfait à la première prise. Cette énergie donne à son film un rythme formidable. Quand on avait envie d'essayer autre chose, on se mettait d'accord avec le cameraman pour qu'il évoque la possibilité d'un petit problème technique. On a beaucoup rusé sur* La Gitane. *Et Philippe de Broca n'était pas dupe...* » (Dossier de presse)

Kaprisky n'était pourtant pas le premier choix du cinéaste. Au départ, l'auteur réalisateur envisageait plutôt Victoria Abril : « *Je n'avais pas très envie de Valérie Kaprisky, mais à l'époque elle était une petite vedette, une de ces petites vedettes qu'on lance comme ça sur le marché à toute vitesse et dont on exagère la situation. Quand Alain Terzian m'a*

Réalisateur : Philippe de Broca, Assistants-réalisateurs : Michel Thibaud, Frédéric Planchon, Production : T. Films – Films A2, Producteur : Alain Terzian, Directeurs de la production : Françoise Galfre, Philippe Lièvre, Distributeur : A. M. L. F., Scénario original : Jean-Loup Hubert, Adaptation et dialogues : Philippe de Broca, Directeur de la photographie : Robert Fraisse, Opérateur : Yves Agostini assisté de Pierre Ferry et Sylvie Carcedo-Dreujou, Montage : Françoise Javet assistée de Martine Fleury, Montage son : Michèle Neny assistée de Catherine Bernard, Musique : Claude Bolling, Éditions T.Films, Orchestration : Maurice Coignard, Ingénieurs du son : Jean-Charles Ruault, Jean-Paul Loublier, assistés de Dominique Duchatelle, Bruitage : Daniel Couteau assisté de Gérard Manneveau, Décors : Dominique André, Ensemblier : Danielle Mainard, Accessoiriste : Raymond Le Moigne, Costumes : Olga Squeri Berluti pour Valérie Kaprisky, assistée de Cécile Balme. Karl Lagerfeld pour Stéphane Audran, Habilleuses : Irénée Martin, Anna Banchelin-Kubik, Maquillage : Muriel Baurens, Coiffeur : Daniel Mourgues, Régisseurs : Claude Parnet assisté de Patricia Zimmermann, Scripte : Suzanne Durrenberger, Photographie de plateau : Jean-Jacques Lapeyronnie, Casting : Fabienne Bichet, Attaché de presse : Dominique Segall, Cascades : Roland Neunreuther, Daniel Vérité, Tournage : 12 août – 4 octobre 1985, Titre de tournage : Le Crocodile, Extérieurs : Paris et région parisienne, Durée : 90 minutes, Genre : Comédie, Sortie : 12 février 1986, Visa d'exploitation : 59960, Affichiste : Philippe Lemoine, Éditeur VHS : Film Office, Sortie à la Vente en VHS le 01 Octobre 1997, Inédit en DVD, Box-office Paris : 252 795 entrées en sept semaines dans 46 salles parisiennes, Box-office France : 1 248 434 entrées, Producteur actuel : MK2

INTERPRÉTATION : **Claude Brasseur** (Hubert Durieux), **Valérie Kaprisky** (Mona Romani), **Martin Lamotte** (Le commissaire), **Stéphane Audran** (Brigitte), **Clémentine Célarié** (Elsa), **Marie-Anne Chazel** (Mademoiselle Chaprot), **Jacques Legras** (Pilu), **Valérie Rojan** (Florence Durieux), **Rosine Cadoret** (Madame Chaumard), **Henri Virlojeux** (Le vieux gitan), **Maurice Travail** (Le général), **Lionel de Bar** (Le décoré), **Éliane Barral** (Isabella), **Didier Briscadieux** (Ricardo), **Patrick Cartié** (Le journaliste), **Bernard Clémentin** (Le préfet), **Anna Gaylor** (La générale), **Sylvie Huguel** (La bonne femme), **Gaëlle Legrand** (Madame Binet), **Claire Magnin** (L'employée des PTT), **René Morard** (Le gardien du musée), **René Marjac** (Le pharmacien), **Julien Rochefort** (Le facteur), **Philippe Brizard** (Un banquier), **Alain Terzian** (Un banquier), **Sabrina Legrand** (Manuelita), **Éric Varelas** (José), **Gaëtan Noel**, **Marc Samuel**, **Daniel Le Bonnois** (1er flic église), **Alain Guillot** (2ème Flic église), **Philippe de Broca** (Un client de la banque)

dit que Valérie Kaprisky voulait faire une comédie, ça m'a semblé bien qu'une jeune actrice puisse s'intéresser à une comédie. Elle a une force certaine, une présence, mais je ne suis pas sûr qu'elle ait ce don mystérieux de la comédie.» (Philippe de Broca, éditions Henri Veyrier, 1990)

UNE ROMANCE... MISOGYNE ET PROFONDE

Le film s'ouvre sur une réplique de Brasseur, clamée face à la caméra : « *Moi, les bonnes femmes, faut pas qu'elles m'emmerdent !* » Le ton est donné. En réalisant un long-métrage « tellement systématiquement misogyne que ça en devient drôle », De Broca prend l'exact contre-pied du *Cavaleur*, où toutes les femmes paraissent admirables, compréhensives, généreuses... bref, dénuées de tout défaut. Ici, à l'inverse, le très débordé Durieux est entouré de personnages féminins gratinés : une épouse divorcée et enquiquineuse qui le réquisitionne pour un oui ou un non (Stéphane Audran) ; une maitresse nymphomane et hystérique, courtisane de sous-préfecture (Clémentine Célarié) ; une secrétaire aigrie, vieille fille discrètement amoureuse, dévouée mais envahissante (Marie-Anne Chazel) ; sa fille, geignarde, s'estimant mal mariée et se plaignant inlassablement auprès de son papa (Valérie Rojan) ; sans oublier, bien sûr, la gitane qui va lui en faire voir de toutes les couleurs. Pour reprendre les propos de Philippe de Broca, « *C'est un homme épongé, tordu comme une serpillière par les femmes.* »

Toutefois, *La Gitane* n'est pas une comédie frivole comme le cinéma français en produit à la pelle. Comme dans tous ses films, de Broca parvient à donner à ce divertissement une certaine profondeur : « *Je raconte l'histoire d'un type étouffé par son existence bourgeoise, trop organisée, et qui s'aperçoit qu'il n'est pas fait pour cela. De banquier, il va devenir nomade, se laissant entrainer malgré lui dans une folle aventure et apprendre la fantaisie et le plaisir de vivre. Avec ce film, je renoue avec l'esprit du* Cavaleur, *c'est-à-dire de la comédie personnelle. Le thème ressemble à celui de* L'Arrangement. *J'avais beaucoup aimé le film de Kazan. Mais, là, je traite le sujet en comédie. Je peins les gitans comme des personnages descendus de la lune, la tête dans les étoiles. Mona, par exemple, est magicienne, elle prévoit l'avenir et fait rentrer Durieux dans le monde de l'imaginaire et de la féerie.* » (Le Figaro, 6 septembre 1985)

LA GITANE OUBLIÉE

Agréable divertissement, bien rythmé et porté par un excellent casting, *La Gitane* est néanmoins quelque peu tombée dans l'oubli, malgré son million d'entrées en 1986.

Il faut avouer que de Broca n'a pas su retrouver sa flamme habituelle, ce qui donne à cette énième comédie romanesque un souffle plus éphémère que d'habitude. Et au fil des ans, Valérie Kaprisky a perdu son statut de vedette, ce qui a contribué à faire oublier le film. Le traitement de son personnage, très en retrait par rapport à celui de Claude Brasseur, ne la favorise guère. *La Gitane* aurait pu (ou aurait dû !) être une version féminine de *L'Incorrigible*. Or il n'en est rien. Doit-on y voir une erreur de De Broca ? Le metteur en scène reconnaît que seule la première partie du film est vraiment réussie, tout en nuançant : « *Ce film est l'illustration de ma philosophie. Quand on vieillit, on s'encroûte, on ronchonne, et les moments de plaisir sont comme des charrettes que l'on traîne. On ne peut plus vraiment jouir de quoi que ce soit sans râler. Mais l'amour transforme tout et nous rend notre jeunesse. On fait des folies, on a vingt ans à nouveau.* La Gitane *est, je crois, un de mes bons films. Une façon de se moquer des hommes amoureux. On pourrait pleurer de ce qui arrive à Claude Brasseur, mais on en rit. Il perd tout pour la gitane, mais il le fait de gaieté de cœur.* » (France Soir, 10 février 1986)

Page de gauche
Scènes du film *La Gitane*

Page de droite, en haut
Philippe de Broca en tournage à Pontoise

Page de droite, au centre
Philippe de Broca entre deux prises

Page de droite, en bas
Scènes du film

La grande lessive de Grenoble

05
CLAUDE

Page de gauche, en haut
Philippe de Broca, Gaëlle Legrand ; tournage de *La Gitane*

Page de gauche, en bas
De gauche à droite : Philippe de Broca, Gaëlle Legrand, Marie-Anne Chazel, Claude Brasseur

Page de droite, en haut
Philippe de Broca

Page de droite, en bas
Valérie Kaprisky

CHOUANS !

1793. La Terreur s'abat sur la France. Savinien de Kerfadec a élevé ses deux fils légitimes et une enfant trouvée, Céline, dans la haine de la guerre. Sur la terre vendéenne meurtrie par les combats, les frères sont écartelés entre les camps opposés. L'un épouse la cause des révolutionnaires, les « Bleus », l'autre celle des Chouans, les « Blancs », au désespoir du père et de Céline...

LE PROJET D'UNE VIE, OU PRESQUE

Depuis 1975, Philippe de Broca rêve d'un grand film épique. Il envisage de tourner l'histoire du vrai *Cyrano de Bergerac*, avec Jean-Paul Belmondo. Hélas, le projet n'aboutit pas. Le cinéaste poursuit dans la même veine et, avec ses co-scénaristes Daniel Boulanger et Jérôme Tonnerre, il imagine des personnages de la trempe de Cyrano, plongés au cœur d'un conflit civil, et plus précisément de la guerre de Vendée pendant la Révolution française. Ainsi naît *Chouans !* qui permet à Philippe de Broca de renouer avec l'environnement de son enfance : la Bretagne.

Amorcé à l'aube des années 1980, le scénario tarde cependant à voir le jour et ce n'est finalement qu'en 1986, au moment de la sortie de *La Gitane*, que De Broca présente le texte achevé à l'un de ses vieux amis, Maurice Illouz, lequel embarque le producteur Ariel Zeitoun dans l'aventure. Et dans l'attente que tout cela se concrétise, De Broca choisit de ne rien faire : « *Je me suis dit : c'est celui-là que je veux faire. Tant que je ne l'aurai pas tourné, je ne serai pas libéré* » affirme-t-il alors. Il spécifie par ailleurs : « *J'ai les Chouans dans la tête depuis toujours. C'est le genre d'histoire dont je rêve depuis que j'ai huit ans. J'ai tenté de la matérialiser il y a vingt ans, en tournant* Cartouche *puis* Le Roi de cœur, *mais je n'ai pas réussi, depuis, à retrouver cette veine d'inspiration. Et par la suite, plus personne n'a voulu investir dans ce genre de film. Voilà donc sept ans que ce projet est en route. Je m'y suis accroché ; je n'y peux rien, mais je suis un inguérissable décadent, beaucoup plus à l'aise devant les châteaux que devant les murs d'usine. Si je le pouvais, je tournerais tous mes films en costumes... J'ai voulu retrouver le souffle épique qui animait Hugo et Stendhal au XIXème siècle. Un style oublié, la comédie héroïque, l'ambiance cape et épée... Désormais, je veux être pris au sérieux. Je ne veux plus être considéré comme un dilettante du cinéma français. À présent, je suis studieux. J'ai passé sept années de ma vie à accoucher des Chouans, quatre mois à tourner ce film... J'ai maintenant 54 ans et j'ai l'impression de ne rien avoir appris depuis que je fais du cinéma.* » (VSD, 22 octobre 1987)

DEUX VERSIONS SINON RIEN

Le tournage de *Chouans!* débute en août 1987, dans de beaux châteaux du Golfe du Morbihan. La production ne lésine pas sur les moyens : soixante millions de francs de budget, quatre mois de tournage, cinq mille figurants, plus d'un millier de costumes recréés par Yvonne Sassinot de Nesles, la styliste de *Danton* et d'*Un amour de Swann*...

Pour amortir ces coûts vertigineux et limiter les risques, le film est tourné en deux versions : l'une de deux heures et demie réservée aux salles de cinéma, et l'autre de quatre heures, destinée à la télévision (sous forme de quatre téléfilms de 55 minutes chacun, diffusés du 12 janvier au 2 février 1990 sur Antenne 2) : « *Pour* Chouans! *Il y a une version de trois heures et demie dans laquelle je pouvais couper une demi-heure sans que la cohésion en souffre,* observe De Broca. *Mais j'ai été obligé de couper une autre demi-heure. Le film aurait dû faire trois heures et pas deux heures et demie. Mais trois heures, ce n'est pas facile à exploiter. Le sortir en deux fois, c'est hasardeux. Mais, à l'époque, ça ne se pratiquait pas. Enfin, toute cette charcuterie est abominable. Au montage, nous avons enlevé d'un commun accord des éléments de comédie, principalement toute une première partie relative à l'enfance et l'adolescence des jeunes gens. 1789, les droits de l'homme, la joie, etc. Le film devait ensuite évoluer du soleil et la gaieté vers le noir de l'An II* » (*Philippe de Broca*, éditions Henri Veyrier, *1990)*

Philippe Noiret garde un mauvais souvenir de ce bidouillage insensé : « *Quand j'ai vu la version courte, ça a été une désolation terrible, j'ai déprimé pendant huit jours parce que tout le film se trouve déséquilibré. On a toujours des regrets, mais là, il y a des choses essentielles qui ont disparu, comme tout le côté gaieté et joie de vivre d'avant*

Réalisateur : Philippe de Broca, Assistants-réalisateurs : Laurent Laubier, Christian Merret-Palmair, Réalisateur deuxième équipe : Jean-Claude Ventura, Production : Partner's Production – Films A2 – Canal+ – C.N.C, Producteur : Ariel Zeitoun, Producteurs exécutifs : Maurice Illouz, Daniel Deschamps, Directeurs de la production : Maurice Illouz, Daniel Deschamps, Scénario : Daniel Boulanger, Philippe de Broca, Adaptation : Jérôme Tonnerre, Dialogues : Daniel Boulanger, Directeur de la photographie : Bernard Zitzemann, Opérateur : Daniel Leterrier assisté de Jean-Charles Cameau, Sophie Charrière, Denis Siestrunck, Guy Delattre et Yves Mirkine, Perchmen : Pierre Davoust, Jean-Louis Lebras, Montage : Henri Lanoë assisté de Monique André, Renée Deschamps, Olivia Lumbroso, Catherine Bonetat et Janine Oudoul, Musique : Georges Delerue, Son : Jean-Charles Ruault assisté de Pierre Davoust, Mixage : Joël Beldent, Jacques Thomas-Gérard, Bruitage : Jérôme Lévy, Alain Lévy, Décors : Jacques Bufnoir assisté de Bénédict Beaugé et Thomas Chevalier, Ensembliers : Tony Egry, Marie-Noëlle Giraud, Costumes : Yvonne Sassinot de Nesle assistée de Anne de Laugardière, Véronique Dubouilh, Jean-Daniel Vuillermoz, Agnès Lamourre et Patrick Teroitin, , Habilleuses : Monique Dury, Yvette Bonnay, Maquillage : Évelyne Biot, Cédric Gérard et Michel Deruelle, Coiffeur : Jean-Pierre Berroyer, Gabriel Pélardy, Casting : Shula Seigfried, France Arnaud, Alain Kerveillant, Philippe Boennec, Claude Morice, Régisseur général : Yves Dutheil assisté de Alfred Lot, Olivier Helie et Maxime Bochner, Scripte : Carole Fèvre, Électriciens : Jean-Pierre Baronsky assisté de Richard Vidal, Éric Baraillon et Michel Garcon, Machinistes : René Pequignot assisté de Michel Venot, Daniel Maynard et Jean-Marie Pequignot, Photographie : Jean-Pierre Fizet, Photographie deuxième équipe : Guy Delattre, Attaché de presse : Dominique Segall assisté d'Isabelle Sauvanon, Effets spéciaux : Georges Demetreau, Cascades : Daniel Perche, Mario Luraschi, Tournage : du 21 juillet au 3 novembre 1987 en Bretagne : Auray, Belle-Ile-en-Mer, Locronan, Domaine de Trévarez à Saint-Goazec (Finistère), Durée : 145 minutes, Durée version télévisée : 52 minutes x 4 épisodes. Genre : Cape et Épée, Sortie : 23 mars 1988, Visa d'exploitation : 53797, Affichiste : Jean-Pierre Fizet et Luc Roux, Box-office France : 1 634 829 entrées, Producteur actuel : Studiocanal

INTERPRÉTATION : **Philippe Noiret** (Savinien de Kerfadec), **Sophie Marceau** (Céline), **Lambert Wilson** (Tarquin), **Stéphane Freiss** (Aurèle), **Jean-Pierre Cassel** (Baron de Tiffauges), **Roger Dumas** (Bouchard), **Jean Parédès** (Le chapelain), **Raoul Billerey** (Grospierre), **Charlotte de Turckheim** (Olympe de Saint-Gildas), **Clotilde Delvaux** (Jeanne), **Isabelle Gélinas** (Viviane), **Jacques Herlin** (Marquis de Saint-Gildas), **Jacques Jouanneau** (Blaise), **Maxime Leroux** (Le prêtre réfractaire), **Vincent Schmitt** (Loïc), **Claude Aufaure** (Croque de Sel), **Jacqueline Doyen** (L'abbesse), **Vincent de Bouard** (Yvon), **Mickael Gempart** (Le général), **Luc-Antoine Diquero** (Le sergent Pierrot), **Michel Degand** (Le prêtre jureur), **Emmanuelle Meyssignac** (Clémence), **Gwenaelle David** (Céline à 10 ans), **Jérôme Ortais** (Aurèle à 10 ans), **Louis-Marie Seguela** (Tarquin à 10 ans), **Frédéric Saurel** (Le fils Bouchard), **Yvane Daoudi** (Madame Bouchard), **Maiti Lebelle** (Une marquise), **Jean Zaluski** (Louis XVI), **Mario Luraschi** (Le messager), **Éric Vignier** (Le secrétaire de Tarquin), **Julien Rochefort** (Le sergent-chef), **Yann Guillemot** (Alain Guégan), **Jude Le Paboul** (L'aubergiste), **Yvon Back** (Le garde rescapé), **Jean Le Scouarnec** (Guérande), **Philippe de Broca** (Le docteur Leguellec) et le groupe folklorique Kevrenn'alre

la révolution. Résultat, ça ne donne quasiment plus d'évolution au personnage, ce qui est toujours emmerdant ! En même temps, je ne vois pas comment on peut « contrôler » tout ça. On n'arrive pas sur un plateau un jour en disant : « Là, on fait de la télévision et là du cinéma ! » Comment faire ? Je ne sais pas. » (Philippe Noiret, Dominique Maillet, éditions Henri Veyrier, 1989)

RAPPORTS TENDUS AVEC LE PRODUCTEUR

Entre De Broca et son producteur Ariel Zeitoun, l'entente n'est guère au beau fixe. *« On s'est beaucoup bagarrés à l'écriture parce que nous n'avions pas la même conception des choses »* observe le réalisateur. *« Je voulais que mon héros, Stéphane Freiss, soit léger, qu'il ne soit pas un tueur. Je n'arrêtais pas de lui dire que tuer est ignoble, que rien ne le justifie. Il me répondait que dans mon histoire, ça devait être le cas. Je ne pouvais pas accepter que le fils du personnage incarné par Noiret ne soit pas un homme de paix. On a beaucoup discuté là-dessus. De plus, le film a un côté anticlérical. Je voulais que mon héros se dise athée. Je prétends être un homme de droite et Ariel se voulant un homme de gauche, je pensais que cet aspect ne le gênerait pas. Or, Ariel est profondément croyant. Mais il a accepté mes choix après des discussions qui m'ont aidé, en fait, à renforcer certaines choses. Il finissait par accepter mon point de vue car il disait que c'était mon film, pas le sien. Il est dur, ne permet pas de dépenses inutiles (ce en quoi il a raison) mais je retravaillerais volontiers avec lui, quoique ce ne soit pas reposant. »* (Philippe de Broca, éditions Henri Veyrier, 1990)

De son côté, Ariel Zeitoun constate : « On a eu un petit désaccord au niveau du montage. Il y avait des scènes qui étaient dans la série télévisée, que Philippe voulait rapatrier dans le film, ce qui finissait par déséquilibrer les deux projets. C'était aussi une demande de Noiret, et finalement j'ai refusé. Ce qui m'a valu une petite brouille avec les deux... » (entretien avec Luc Larriba, 2020)

UN CASTING QUATRE ÉTOILES ET D'HEUREUSES RETROUVAILLES

Outre une reconstitution historique d'envergure, *Chouans !* s'offre une distribution éclatante. En tête, Philippe Noiret, Sophie Marceau, Lambert Wilson, et Stéphane Freiss. Noiret se souvient de cette épopée : *« Ça a été une aventure exceptionnelle. Il y a eu une réunion de personnes qui ne se connaissaient pas toutes, de différentes générations, je parle des acteurs. On a passé quatre mois ensemble, et ça a été quatre mois de vrai bonheur. On s'est retrouvés comme une troupe de cinéma, car même les rôles secondaires étaient présents sur toute la durée du film. »* (Les étoiles du Cinéma, France Inter, 26 novembre 1987) Pour autant, le casting n'a pas été simple, précise l'un des co-scénaristes, Jérôme Tonnerre : « Chouans! *a mis du temps à se monter. La recherche du financement et du casting était fastidieuse. Noiret était acquis, mais Philippe cherchait les trois jeunes héros. Lambert Wilson est arrivé assez vite. Quand Philippe a trouvé Stéphane Freiss, il était très heureux. La figure du « jeune homme » est très importante dans ses films. C'est souvent son double, comme Cassel l'avait été, jusqu'à un étrange mimétisme physique. En Stéphane Freiss, il l'avait trouvé encore une fois. Je me souviens que j'avais vu une jeune fille à la télévision, charmante et spirituelle, qui aurait pu incarner le personnage de Céline. Je ne sais plus si Philippe avait déjà essayé d'approcher Sophie Marceau, ou si elle n'avait pas encore donné de réponse, mais cette fille-là, Philippe l'avait également repérée, car sa voix rauque lui rappelait celle de Françoise Dorléac, et c'était Carla Bruni. Je ne suis pas certain, cependant, qu'il l'ait contactée. De toute façon, la présence de Sophie Marceau, à l'époque, était impérative pour monter le film. »*

Cette méga production marque également les retrouvailles de Philippe de Broca avec son premier acteur fétiche, Jean-Pierre Cassel. Après quatre films communs (*Les Jeux de l'amour*, *L'Amant de cinq jours*, *Le Farceur* et *Un monsieur de compagnie*), ils sont – curieusement – restés séparés durant vingt-trois ans. C'est avec grand plaisir que De Broca retrouve sa « vieille maîtresse », comme il surnomme Cassel, et lui confie un rôle aux antipodes des précédents : l'ignoble baron de Tiffauges, l'un des meneurs de l'armée royale et catholique, hautain et sanguinaire.

UN FILM POLITIQUE ?

Si les critiques ont souvent été dures avec Philippe de Broca, elles se montrent particulièrement virulentes lorsque *Chouans !* sort sur les écrans. Beaucoup y voient un film de droite, et donc opportuniste, à un mois des élections présidentielles. Pire, certains évoquent une « propagande électorale » alors que l'œuvre ne délivre aucun message politique particulier.

Le succès est tout de même au rendez-vous, et de Broca accomplit avec brio l'un de ses plus grands rêves.

Page de gauche
Scènes du film *Chouans !*

Page de droite, en haut
Philippe de Broca

Page de droite, en bas
Philippe de Broca dirige Sophie Marceau et Lambert Wilson

SAVINIEN DE KERFADEC

« Sais-tu bien ce qu'est le mariage, Aurèle ? Je vais te le dire. Tu te lèves le matin, ta femme est là. Tu passes à table à midi, ta femme est là. Tu la prends dans ton lit le soir, elle est toujours là. Le Lundi, le mardi, toute la semaine. En septembre, en janvier, l'été, l'hiver, elle est toujours là. Un an, deux ans, dix ans, trente ans et puis elle a perdu ses cheveux, ses joues ne sont plus que ravines, elle n'a plus de dents mais elle est toujours la plus belle, irremplaçable. »

Page de gauche, en haut
Sophie Marceau et Philippe Noiret

Page de gauche, en bas
Philippe de Broca sur le tournage de *Chouans !* en Bretagne

Page de droite
Tournage d'une séquence

PANAVISION
PANAFLEX
PANAVISION
PANAFLEX

Philippe de Broca vu par...

Stéphane Freiss
Acteur dans *Chouans!* et *Les Mille et une Nuits*

Philippe de Broca s'est beaucoup identifié *à* moi, au jeune homme que j'étais et qu'il n'était plus. Le jeune homme qu'il retrouvait pratiquement tel quel après les films faits avec Cassel et Belmondo. J'appartenais à cette lignée.

C'était une rencontre improbable. Le directeur de casting m'appelle pour me dire qu'il y a un film en préparation avec Marceau et Noiret. J'étais un jeune acteur qui montait mais qui n'avait pas fait ses preuves ; et j'avais très peu tourné. C'était l'époque où un certain cinéma commençait à passer la main. Deray, Molinaro, Philippe de Broca commençaient à être dépassés par un cinéma plus social, qui épousait plus les problèmes de société que ce qu'ils écrivaient, même s'ils le faisaient avec panache, audace et folie. Querfadec, ce n'est pas moi. Pas du tout. Je n'ai jamais été ce personnage mais il y a eu une rencontre entre ce personnage et une grande partie du public. J'ai reçu des tonnes de lettres de beaucoup de gens qui s'identifiaient à moi car, à travers ce rôle, j'incarnais un désir de vie, de fraîcheur et d'insouciance. Et cela faisait du bien à un moment où on commençait à en perdre. On était dans une phase de morosité dans la société, il y avait le sida, le chômage, l'immigration... Et d'une certaine manière, le film commençait à parler de tout cela. Le môme va aux États-Unis, il en revient. On raconte cette révolution vue par des gens qui sont contre l'ouverture, qui veulent garder leurs privilèges. On est dans un rapport sociétal qui n'a pas beaucoup évolué, c'est toujours d'actualité.

Je me présente au casting qui se passe bien. Philippe voulait me revoir pour le dernier choix. Il y avait Patrick Bruel, Vincent Pérez et un autre. Je savais que les trois autres étaient plus forts que moi au box-office. Comme je n'avais rien à perdre et que je ne mesurais pas l'enjeu du film, je suis arrivé avec une certaine insouciance. J'avais appris le texte, je rentre dans son bureau. Il était assis à sa table sur laquelle il y avait des feuilles, des stylos et une règle. Et à un moment donné, je prends la règle, me lève et le mets en joue avec, comme si c'était une épée. Je le vois sourire et je deviens complètement le personnage. Lui, très surpris, recule un peu. Je monte sur la chaise puis sur la table. Et il m'a choisi. C'était la scène où mon personnage revient d'Amérique et où il ouvre le coffre. Je n'avais pas une grande expérience du cinéma. Je n'étais pas un acteur très mûr *et* il m'a vraiment pris sous son aile.

Philippe était une pile électrique sur le tournage. On a beaucoup tourné de répétitions. Le chef opérateur s'arrachait les cheveux. On faisait des répétitions filmées en sachant que c'était une prise. La caméra était parfois à peine posée. Mais lorsque l'équipe l'installait, on savait qu'il ne fallait pas se planter. Quand on mettait la caméra avec la lumière, tout le monde se regardait pour savoir s'il y avait le minimum et après on passait à un plan suivant. Le chef opérateur allait voir Philippe pour lui dire de refaire une prise mais cela convenait très bien à Philippe comme ça. Nous, on faisait attention à ne pas se prendre les pieds dans le tapis.

Il maîtrisait tout. Il y avait une forme de provocation dans sa manière d'avancer, et aussi d'inconscience. Un mélange d'excitation et de provocation. Sa manière de travailler, c'était une façon de faire un pied de nez à la vie en disant : normalement ça doit se faire comme ci et bien moi, je fais comme ça. C'était aussi une façon d'éviter que le ciment durcisse. Finalement, répéter, jouer, répéter encore, refaire des scènes, des prises, c'est faire ce qu'on faisait partout et ça ne lui ressemblait pas.

Il ne pouvait pas rester en place. Il m'avait dit que si l'on pouvait inventer une pilule pour sauter le repas, il n'y aurait plus de repas et il gagnerait un temps fou. Ce n'était pas un épicurien, quelqu'un qui se pose et qui goûte. Il ne savait pas se poser. C'était à la fois très excitant, amusant et attachant car il m'aimait beaucoup ; mais c'était aussi déconcertant, voire déroutant. C'était frustrant car parfois je n'avais pas le temps d'aller au bout de ce que je voulais faire. Comme je jouais très généreusement, il y a des choses qui passaient. Il y a plein de scènes où j'aurais aimé faire autre chose mais il ne m'en donnait pas le temps. Il me renvoyait tellement la sensation que je n'avais aucun doute à me faire.

Philippe m'aimait vraiment. Je n'en tire aucune fierté. Il me voulait vraiment du bien. Il avait aussi beaucoup d'estime pour Lambert Wilson. À l'époque j'étais très centré sur moi-même, follement heureux d'être au coeur de l'attention, et de le vivre pleinement, sans limites. Ce qui était dans la lumière du personnage que me donnait Philippe, c'était fantastique. J'ai eu de bons rapports avec Lambert Wilson mais nous étions différents. Il n'y a pas deux êtres plus opposés que Lambert et moi. Ce qui collait parfaitement *à* nos personnages. Ce n'est pas avec lui que j'avais le plus de complicité mais il n'y a eu aucun accroc entre nous sur le plateau. En revanche, je me suis beaucoup plus marré avec Jean-Pierre Cassel.

J'ai vécu à Vert chez Philippe. Sa maison était un paradis. Il aimait les belles choses. On cuisinait ensemble. J'étais comme un fils. J'ai dormi là-bas un grand nombre de fois. On allait aux champignons ensemble. Je lui faisais des remarques, comme un fils à son père. Il m'a donné une chose qui m'a servi toute ma vie : ne pas être petit dans ce qu'on donne à voir des personnages ; être dans la générosité, dans le plein de l'action, de l'émotion qu'on a à vivre. Ne pas être gêné d'être flamboyant et beau, et dans le même temps, être noir, douloureux, complexe. Ce contrepoids n'était pas dans le personnage de Chouans, mais il m'a donné confiance en moi. Ça a marché car il avait compris qui j'étais et il s'en est servi de manière très maligne. Il a mis le doigt sur autre chose que je n'aurais pas exploitée de la même manière. Un rôle comme ça, *à* ce moment-là, c'était une occasion unique de sortir de moi, ou plutôt d'être en plein moi, avec une force intérieure. J'ai interprété un personnage qui n'avait pas tant de gravité que cela mais qui en a à la fin du film. Grâce à Philippe, j'ai fait cet exercice d'apprentissage, qui consiste à ne rien craindre, *à* tout donner dans un élan généreux et assumé de ce qu'on doit faire.

Entre Chouans et Shéhérazade, nous nous sommes vus tout le temps. Ça s'est gâté après Shéhérazade. Il écrivait le film. À ce moment-là, Philippe vivait difficilement et douloureusement sa relation avec Valérie Rojan. Chaque jour qui précédait le tournage, il rajoutait dans le script de l'aigreur à mon personnage ; c'était l'aigreur que lui inspiraient les rapports qui se dégradaient de jour en jour avec Rojan.

Ce n'était plus le rôle tel qu'il me l'avait vendu. Aladin, le personnage, avait mon âge mais parlait comme un désenchanté. Philippe me voulait soudain comme cela, alors que des désenchantés, il y en avait d'autres dans le film. On a eu des moments de désaccord. À Vert, il m'avait lu les premières scènes. Il y avait encore quelque chose dans la veine et la couleur de mon personnage de Chouans. Un Aladin qui croit en la vie, qui va faire l'expérience de la vraie vie et déchanter jusqu'à se retrouver aliéné au sens propre, puis disparaître. Le personnage qu'il était en train de réécrire me plaisait moins. Mais je n'allais pas lui dire non, car j'étais très attaché à lui. Je me disais aussi que c'était Philippe et qu'il avait sûrement raison. Il avait sûrement une idée derrière la tête que je ne voyais pas. Il suffisait que je me laisse porter. Sur le tournage des 1001 nuits, comme il n'était pas heureux dans sa vie personnelle, c'était compliqué. Il y avait quelque chose qui se tendait. Ce n'était plus léger et on l'a tous un peu vécu. Le film raconte un épisode compliqué de sa vie. Il y a quelque chose de désenchanté dans cet Aladin qui n'était pas le point de départ dans l'écriture. On s'est perdus de vue sans s'être disputés. S'il avait continué de faire un tel cinéma, je l'aurais suivi.

Entretien avec Luc Larriba, 2020

LES 1001 NUITS

Jimmy Genious est un astrologue de Bagdad, aux alentours de l'an 1000. Un soir, il défie Allah qui, pour le punir, l'envoie dans l'Angleterre du XXe siècle. Et seul l'allumage d'une lampe pourra le ramener chez lui. Conjointement, le calife découvre que sa femme est infidèle et jure désormais d'exécuter le lendemain de chaque nuit de noces la reine qu'il aura choisie la veille. Une esclave, Shéhérazade, s'apprête à subir ce triste sort. Mais, détentrice de la fameuse lampe, elle parvient à s'enfuir avec l'aide de Jimmy. Le début de grandes aventures, et d'histoires féériques en tout genre...

1001 INVENTIONS

À l'origine, *Les 1001 nuits* est une commande du producteur André Djaoui, à qui l'on doit, entre autres, *L'Amant de Lady Chatterley* de Just Jaeckin (1981), *Au nom de tous les miens* de Robert Enrico (1983), *La Famille* de Ettore Scola (1986) ou encore *Une nuit à l'Assemblée nationale* de Jean-Pierre Mocky (1988). Un projet de taille, auquel Philippe de Broca accepte de se frotter, non sans mal : « *J'ai lu le bouquin que je trouve très ennuyeux, mais il y avait l'idée de cette femme qui raconte des histoires pour sauver sa tête, l'exotisme, la magie, la féerie. Je pensais qu'il y avait quelque chose à en tirer. Je me dis, avec l'esprit italien… On contacte alors Age et Scarpelli que je tiens, avec un troisième, Ruggero Maccari, comme les plus grands scénaristes du monde. À la fin de* Chouans! *je devais avoir un premier scénario livré et, ô stupeur, je tombe sur quelque chose que j'estime intournable. Je suis effondré ; et je dis au producteur :* « Je ne fais pas ça. » *Mais comme j'avais un contrat, je me suis mis à travailler avec Jérôme Tonnerre qui était venu en renfort sur Chouans! alors que j'étais sur le scénario comme en train de mâcher un vieux chewing-gum. Et, très vite, on a trouvé une idée originale, celle de garder l'histoire de Shéhérazade qui va mourir : elle a la tête sur le billot, et les enfants du bourreau venus voir leur papa travailler, qui la trouvent jolie, demandent ce qu'elle a fait, et elle commence à raconter son histoire. Je me suis basé complètement sur le personnage féminin qui est l'équivalent de mon personnage masculin habituel. C'est une fille énergique, vivante, drôle, qui est toutes les femmes à la fois. Elle veut avoir un mari, des enfants, mais aussi parcourir le monde et tout connaître. C'est une aventurière. On ne sait jamais si l'histoire qu'elle raconte n'est pas, en fin de compte, le film qu'on voit à la télévision. Je suis assez content du film. Je sais qu'il est drôle. Les personnages sont très vrais, dans une fantaisie totale. C'est un film sur l'imaginaire. L'imaginaire que crée la télévision, le cinéma, ou quelqu'un qui raconte. On ne sait jamais où est le vrai.* » (*Philippe de Broca*, éditions Henri Veyrier, 1990) Il ajoute : « *J'ai dû inventer et il m'est venu cette idée amusante que le génie était en fait un homme du XXème siècle qui était condamné à vivre dans le futur, dans la pluie, à Londres, et qui ne pouvait avoir de contact avec son passé qu'à travers la télévision. Quand il retournait dans les temps anciens, on le voyait lui, mais pas tout ce qui était moderne. (…) C'était plein de petites idées rigolotes.* » *(Philippe de Broca, interview du DVD)*

Des idées qui lui sont très personnelles : « *La nuit la plus merveilleuse de mon existence, ça a été le 21 juillet 1969 quand Armstrong a marché sur la lune. J'ai passé une nuit magique, où j'étais fier d'être un homme, d'appartenir à ces gens qui avaient réalisé un exploit technique et humain, pour moi, c'était le plus grand jour de l'humanité, et je l'ai mis dans mon film. Le voyage de Sinbad le marin qui, dans mon film, n'a jamais voyagé et ne fait que raconter des histoires de voyage, c'est celui d'un homme qui débarque au 20ème siècle et qui voit à la télévision cette nuit fabuleuse. Et qui accomplit donc le plus beau des voyages. En partant de là, je me suis dit : dans mon film, la magie ça va être le 20ème siècle. Dès le moment où j'ai trouvé ça, c'est parti tout seul, pour faire une grande fantaisie.* » *(*Douze Quatorze Centre Est, 14 avril 1990*)*

UN CASTING ÉTOILÉ

Pour illustrer ses *1001 nuits*, Philippe de Broca met les petits plats dans les grands. Outre une Splendid' distribution française, composée en premier lieu de Gérard Jugnot dans le rôle du Génie, et de Thierry Lhermitte dans celui du Calife, auxquels s'ajoutent Stéphane Freiss (Aladin) et Roger Carel (le méchant Vizir), le metteur en scène fait appel à une légende du cinéma italien, Vittorio Gassman, ainsi qu'à une jeune débutante d'origine britannique, la magnifique Catherine Zeta-Jones. De Broca précise : « *Au départ, je voulais Mathilda May, mais elle n'avait pas l'air emballée et moi non plus. Je me suis alors dit que ce serait bien que Shéhérazade soit inconnue… Pourquoi lui mettre un*

Réalisateur : Philippe de Broca, Assistants-réalisateurs : Patrick Jaquillard, Driss Tahri, Louna Grid, Ahmed Boulane, Jean-Charles Smith, Production : Cinémax - Télémax - Antenne 2 TV France - Films A2 (Paris) - RAI 2 (Rome) - Telepool Club Investissement Media, Producteur : André Djaoui, Producteurs exécutifs : Claudio Mancini, Sarim Fassi Fihri, Producteur délégué : Maurice Illouz, Producteur associé : Ritza Brown, Directeur de la production : Bernard Farrel, Secrétaires de production : Laurence Vercel assistée de Waffa Badri et Amina Ronda, Distributeur : UGC, Scénario : Philippe de Broca, Jérôme Tonnerre, Adaptation et Dialogues : Philippe de Broca, Directeur de la photographie : Jean Tournier (Standard-Eastmancolor), Opérateur : Jean-Claude Bourgoin assisté de Jean-Claude Gaillard, Jean Coudsi, Mustapha Stitou et Fouad Bourbouh, Montage : Henri Lanoë assisté de Laure Castelnau, Olivia Lumbroso, Sylvie Petat et Julie Jouaffre, Trucages optiques : Eurocitel-Excalibur , Images de Synthèses : Ex Machna, Trucages mécaniques : Tony Small, Jérôme Krowicki, Luc Ringer, Stafford Saarbach, Marie Barret, Veronique Malaval, Arnaud Beaute, Daniel Buthiaux et François Roux, Musique : Gabriel Yared , Orchestre de Paris dirigé par Michel Gannot, Orchestration : Maurice Coignard et Gabriel Yared, Direction musiciens orientaux : Mohammed Larbi, Ingénieurs du son : Gérard Barra, Laurent Quaglio, Claude Villand, Bernard Leroux, Claude Ermelin assistés de Pierre Davoust et Mbarek Bourbouh, Bruitage : Jean Pierre Lelong assisté de Mario Melchiorri et Jack Jullian, Post Synchronisation : Alphabet Productions : Francis Violette, Jean François Gaquerel et Patrick Marre, Décors : François de Lamothe assisté d'Henri Sonnois, Thomas Chevalier, Jean-Jacques Tabah, Guy Auge, Bernard Geanty, Hervé Geanty, Francis Pesquer, Fredéric Pesquer, Frédérique Pesquer, Gedeon Rudrauf, Alain Gosse, Albert Carigi, Philippe Auclair et Alexandre de Broca, Ensembliers : Tony Egry, Nady Chauviret, Accessoiristes : Gilles Segurel, Hassan Kerkaba, Costumes : Jacques Fonteray assisté d'Anne de Laugadière, Laurence Brignon, Claude Ghene, Jean-Daniel Vuillermoz, Mimi Gayo, Tina Morel, Agnès Lamourre, Saïd Ghaine, Nezha Dakhil, Jean-Marie de Baecque et Myriam Fiacre, Habilleuses : Mimi Gayo, Martine Morel, Maquillage : Paul Le Marinel assisté d'Annick Legout et Leila Benbrahim, Coiffeur : Jean-Pierre Berroyer assisté de Fabienne Bressan, Casting : Shula Siegfried et Teresa Topolski, Régisseur : Yves Dutheil assisté d'Olivier Hélie, Philippe Chaussende, Mustapha Ziraoui, Saïd Saydaoui, Elizabeth Bonnereau et Emmanuel Roussille, Scriptes : Jacqueline Gamard, Carolines Saillo, Électriciens : Jean-Claude Gage assisté de Roland Dondin, Alain Dondin, Pascal Lombardo, Abderahman El Yania, Salah Laarissi et Abdelillah

Laghrissi, Machinistes : Gilbert Darraux assisté de Eugene Martin, Jamal Amiri, Brahim Mezchi et Mohamed Bizzi, Photographie : Jean-Pierre Fizet, Administration : Marie-Odile Bertot assisté de Françoise Gavalda, Louis Trinquier, Driss Jabrane et Jean-François Bertot, Attachés de presse : Dominique Segall, Stéphane Gateau, Effets spéciaux : Christian Guillon assisté de Pascal Charpentier, Chorégraphie : Arthur Plasschaert, Cascade : Daniel Vérité, Tournage : du 17 avril au 1er août 1989 en extérieurs au Maroc et du 18 août au 22 septembre pour les transparences, Durée : 97 minutes, Durée version télévisée : 195 minutes, Titre de tournage : Shéhérazade, Genre : Conte fantastique, Sortie : 11 avril 1990, Visa d'exploitation : 67656, Box-office Paris : 72 409 entrées, Box-office France : 254 739 entrées, Producteur actuel : Coficine

INTERPRÉTATION : **Thierry Lhermitte** (Le roi), **Gérard Jugnot** (Jimmy Genious), **Stéphane Freiss** (Aladin), **Vittorio Gassman** (Sinbad le Marin), **Catherine Zeta Jones** (Shéhérazade), **Roger Carel** (Le grand vizir), **Marc Dudicourt** (Pour la version télévisée : L'émir), **Georges Montillier** (Haroun), **Alfredo Pea** (Agib), **Valérie Rojan** (Pour la version télévisée : Aïcha), **Éric Metayer** (Abdullah), **Joy Graham** (Mme Wilson), **Maurice Lane** (M. Wilson), **Tim Holm** (L'inspecteur en chef), **Raymond Aquilon** (Le grand eunuque), **Florence Pelly** (La fille du grand vizir), **Fayçal Smaili** (Aziz), **Omar Zerrei** (Azaz), **Omar Chenbout** (Le grand imam), **Tahar Al Asbahani** (Le grand chambellan), **Abdelkader Lofti** (Le gros commerçant), **Maurice Illouz** (Le bourgeois), **Mohamed Majd** (L'aveugle), **Faruda Khelfa** (La reine)

visage ? Plusieurs actrices françaises étaient possibles. Mais leur visage trop connu, trop proche du quotidien des spectateurs, n'aurait pas fait rêver. Je me suis bagarré pour que ce soit une inconnue. Comme, à l'époque, le film devait être tourné en anglais (il a finalement été tourné en double version; française et anglaise), je suis allé à Londres. Elle a débarqué le premier matin du casting et je me suis dit : c'est elle ! Ce fut un coup de foudre, comme ça ! En plus, j'ai eu la chance de la voir au théâtre, puisqu'elle jouait le rôle principal dans une comédie musicale, une reprise de 42nd Street, *où elle était géniale. Drôle, belle, dix-neuf ans. J'ai passé l'hiver à convaincre le producteur qu'elle était le personnage. Et je ne l'ai pas regretté. Elle a tout. Je n'ai plus eu envie de tourner avec une autre fille. Adorable en plus. Charmante avec tout le monde. Avec un don, une énergie, un charme. Elle n'avait jamais fait de télévision ou de cinéma dans sa vie, mais avec la discipline de la danse, elle a été professionnelle dès le premier jour. » (Philippe de Broca*, éditions Henri Veyrier, 1990) Des années plus tard, la comédienne croisera à nouveau De Broca, au Festival de Deauville. Le rejoignant à sa table un soir pour dîner, elle fait la connaissance d'un autre convive, qui n'est autre que… Michael Douglas. Elle épousera ce dernier peu de temps après. Régulièrement, lors d'interviews, Catherine Zeta-Jones répète à qui veut l'entendre que Philippe de Broca lui a porté bonheur dans la vie. Comme un prolongement du conte des *1001 nuits*…

Gérard Jugnot a d'heureux souvenirs de cette folle aventure : « *Sur le tournage, Philippe a eu une crise d'appendicite aigue, il s'est fait opérer et cinq jours après il était revenu sur son plateau dans une chaise roulante en hurlant « Moteur ». Il avait une énergie folle. C'était un grand travailleur mais il ne supportait pas le « labeur » dans le sens où lorsque ça commençait à ne plus être brillant, plutôt du travail forcé, il n'aimait pas. Ses plus grandes réussites sont celles qu'il a faites de façon légère, comme* Le Diable par la queue, *qui est l'un de ses meilleurs films parce qu'il avait la grâce. Cette qualité de recherche de la grâce et de la légèreté l'amenait parfois à aller un peu trop vite. Il faisait au maximum deux prises. Ça obligeait les acteurs à être toujours dans le coup. Il allait très vite entre les séquences. Si ça lui plaisait, il fonçait avec son viseur préparer le prochain plan. Il fallait le suivre, les techniciens étaient épuisés, tellement il fallait qu'il aille vite. Il dirigeait de la même façon toute la distribution. Il choisissait bien ses acteurs et il nous indiquait une direction. Il fallait le faire rire, le séduire. (…) C'est un de mes plus beaux souvenirs de tournage. Philippe était très drôle. Il racontait pleins d'anecdotes sur ses autres films. C'était un homme délicieux. Sa vie avec les femmes était… comme un film de De Broca ! Il a eu de belles histoires et des tas de chagrins d'amour parce qu'il était un peu un cœur d'artichaut. C'est quelqu'un de très affectif, qui tombait amoureux très, trop vite.* » (entretien avec Luc Larriba, 2019)

Thierry Lhermitte confirme : « *Je me souviens du tournage des* 1001 nuits *parce que c'était un tournage merveilleux, au Maroc principalement à Ouarzazate, avec plein d'acteurs formidables, et Philippe, son énergie et son amour du cinéma et de la rigolade. (…) Avec les acteurs, il était très direct. Il disait ce qu'il pensait avec beaucoup de sincérité et d'amour, donc on l'acceptait même quand c'était un peu brutal. On s'est vus fréquemment après* Les 1001 nuits, *j'ai été, je crois, à deux de ses mariages. On a dîné fréquemment ensemble, c'était vraiment un compagnon merveilleux, toujours avec une énergie débordante, le sourire, un côté très direct et bien souvent à l'emporte-pièce.* » (Entretien avec les auteurs, 2019)

UNE PRODUCTION DANTESQUE

Rarement cité en exemple, *Les 1001 nuits* de Philippe de Broca aura pourtant marqué son époque, observe Jean Coudsi, assistant-opérateur : « *L'idée de départ de* Shéhérazade *était de faire un long-métrage et une version pour la télévision. C'était une des plus grosses productions de l'époque. Il y avait déjà trois semaines d'essais (préparation*

Page de droite, en haut
Tournage des *Mille et une nuits*

Page de droite, en bas
Philippe de Broca dirige Vittorio Gassman et Catherine Zeta-Jones

SHEHERAZADE
DE BROCA
TOURNIER
200
1

MALTA

Page de gauche, en haut à gauche
Philippe de Broca

Page de gauche, en haut à droite
Tournage à Malte avec Vittorio Gassman et Catherine Zeta-Jones

Page de gauche, en bas
Philippe de Broca entre deux prises

des caméras, calage des optiques, préparation des accessoires...), le but était de tout tester afin de n'avoir aucun souci lors du tournage. Nous utilisions trois caméras tout le temps, en 35mm Panavision. C'était un des premiers tournages dans lequel il y avait énormément de trucages : numériques, optiques, mécaniques, par autoscopie, par incrustation (sur fond bleu et vert). On a travaillé sur toutes les formes de trucage pour l'époque. Philippe adorait les trucages. »

Parallèlement, le décorateur François de Lamothe réalise de vraies prouesses, en reconstituant non seulement le palais du calife et la ville de Bagdad... mais aussi une rue – pluvieuse – de Londres (!), le tout au beau milieu d'une usine désaffectée de dix mille mètres carrés, située dans la zone industrielle de Mohammedia, à dix-sept kilomètres de Casablanca.

Ce n'est pas tout : trois mois de travail s'avèrent par ailleurs nécessaires... pour une seule journée de tournage ! Cela concerne la séquence de la « moto invisible » : « *Pour cette scène d'évasion*, raconte Christian Guillon, le responsable des effets spéciaux, *on devait voir Stéphane Freiss et Catherine Zeta-Jones chevaucher une moto invisible. On a creusé une tranchée. Au fond, on a placé un rail. La tranchée a été recouverte avec des planches cachées sous le sable et fermée par des lèvres en caoutchouc, qui peuvent s'entrouvrir. À l'intérieur : un petit chariot motorisé, surmonté d'une tige de métal qui sort de la tranchée. Le comédien, corseté, porte sous ses vêtements une selle de métal qui s'emboîte sur la tige. Il commande les freins et le moteur de son pied droit.* » Quant au petit morceau d'acier visible entre ses pieds et le sol, il est caché derrière un miroir, qui reflète le sable. Un puissant jet de poussière simule la fumée du pot d'échappement et achève de donner l'illusion que les deux motards flottent en l'air. Précisons au passage que *Les 1001 Nuits* est le troisième film français de l'Histoire à avoir recours aux images de synthèse.

Enfin, pour couronner le tout, le film est tourné en deux versions : l'une, française, et la seconde, anglaise. Ce qui entraîne des problèmes pratiques surtout lorsque le réalisateur est du genre à enchaîner les prises. Le coproducteur Maurice Illouz se souvient : « *Ce qui était compliqué, ce n'était pas que Catherine parle français mais que les acteurs Gérard Jugnot et Thierry Lhermitte parlent anglais, Lhermitte parlait anglais mais pas Jugnot. Il y avait deux, trois prises en français et une prise en anglais, deux maxi. Philippe tourne très vite parce que, disait-il, sur un plateau, quand les acteurs savent que tu feras trois prises, ils vont être bons dès la deuxième prise et excellents à la troisième. S'ils savent que tu vas faire jusqu'à* quinze à vingt prises, ils vont en garder sous le coude pour ne pas s'user. *C'était une très belle expérience.* »

UN DIVERTISSEMENT EN DEMI-TEINTE

Superproduction de 80 millions de francs, le film dépasse tout juste les 250.000 entrées. C'est un échec cinglant, une cruelle déception.

Cependant, l'œuvre sera diffusée sur Antenne 2 au début des années 1990 dans une version longue, plus riche et plus étoffée, sous forme de quatre épisodes de 50 minutes.

À noter que la version présente sur le DVD est celle qui a été diffusée dans les salles de cinéma.

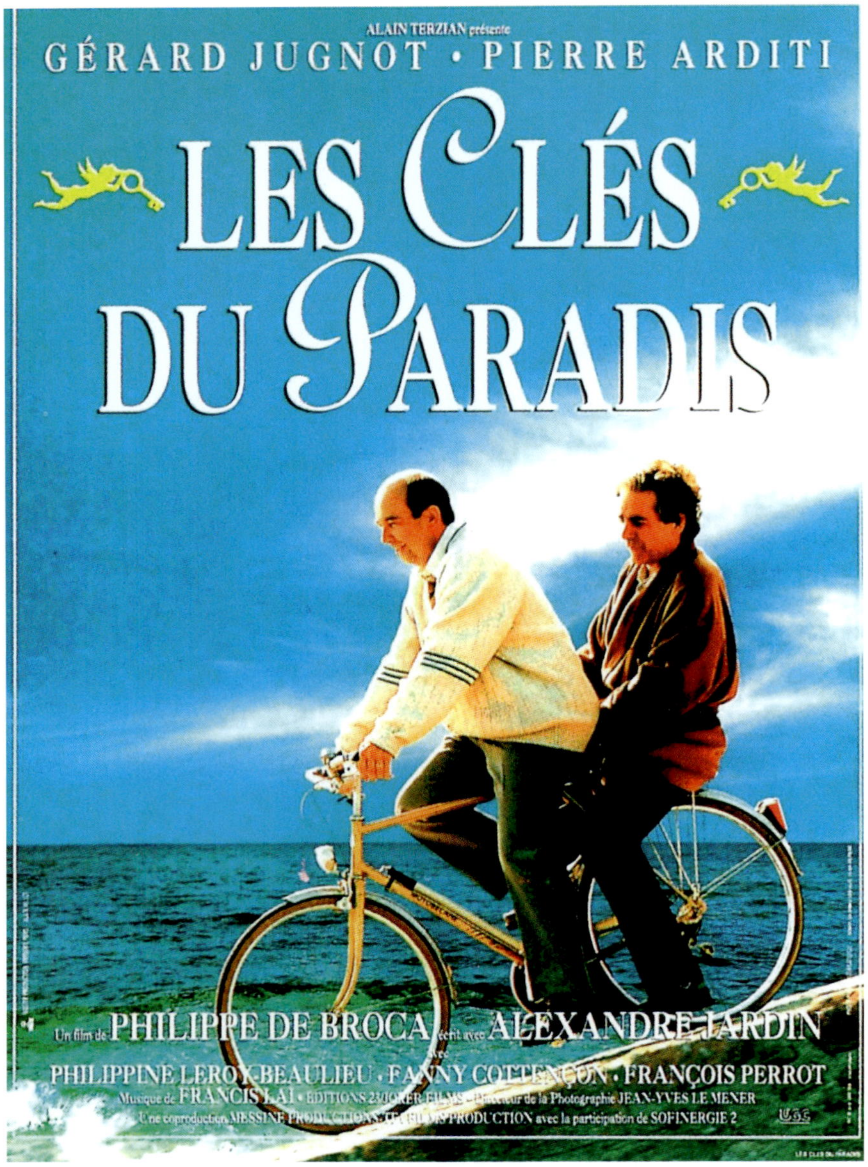

LES CLÉS DU PARADIS

Gaspard Cavaillac, écrivain au succès déclinant, propose à son frère Paul, professeur de français poissard, d'échanger sa vie avec la sienne. Celui-ci accepte et, dès lors, de réels changements s'opèrent, pour l'un comme pour l'autre…

UNE NOUVELLE FAMILLE

Charmante comédie sentimentale, saupoudrée d'une pointe de mélancolie, *Les Clés du paradis*, le vingt-cinquième long-métrage de Philippe de Broca, offre un bel écho à une fable peu connue signée Jean de La Fontaine, *Le Savetier et le financier* : « *Mon voisin est fort pauvre, mais il est fort joyeux. Quant à moi je suis riche, mais je suis cafardeux. Au savetier j'irai porter tous mes trésors, en échange j'aurai les clefs du paradis.* »

De Broca détaille l'origine du projet : « *Au départ, j'avais l'intention d'adapter* Le Zèbre *d'Alexandre Jardin mais les droits avaient déjà été achetés. Nous avons alors eu l'idée d'écrire un film ensemble. Lorsqu'Alexandre me raconta l'histoire de ces deux types qui s'échangent leur identité, cela a fait tilt. Le sujet m'intéressait beaucoup. Avec un de mes amis réalisateur de télévision en province, nous rêvons parfois de permuter. J'aspire ainsi à mener son existence familiale calme et sereine, moi qui suis toujours entre deux divorces. Lui serait plutôt tenté par le cinéma. Outre ce thème, j'aborde de nouveau le problème de la chance et de la malchance.... De cette distribution des cartes qui fait osciller notre destin d'un côté ou de l'autre. Je ne crois guère en l'astrologie mais une chose est sûre : il y a des périodes où l'on émet de bonnes ondes, où tout semble facile et d'autres où les cieux vous sont irrémédiablement contraires. Je symbolise ainsi le malheur qui s'acharne sur mes personnages, tout particulièrement sur Gaspard, sous la forme d'un goéland. Comme par hasard, le jour où l'on se retrouve cocu, la plomberie de la maison saute. Ce film sera donc une comédie de mœurs dans la verve du* Cavaleur *ou du* Diable par la queue. *Avec de la dérision mais aussi un fond de gravité.* » (Le Figaro, 15 juin 1991)

LES CLÉS DE DE BROCA

Gaspard partage de nombreux traits avec De Broca, et il n'est pas sans nous rappeler Victor du *Cavaleur*, surtout dans les premières scènes où le personnage, toujours pressé, fait plusieurs choses à la fois : il répond aux questions d'un journaliste brésilien et règle divers détails avec son secrétaire, sa femme de ménage, son avocat... plus « ses » deux femmes, l'actuelle et la future. Il a aussi une éditrice prénommée Olga, tout comme l'imprésario du fameux Victor.

De Broca y insuffle par ailleurs d'autres éléments relatifs à sa propre vie, tels que l'amour de la Bretagne, ou son goût pour les courses de voiliers. Celui des deux héros dans le film, le Moana, appartient justement au réalisateur, et la réplique prononcée par Gaspard lorsqu'il s'apprête à prendre la mer en dépit de la tempête annoncée : « Si je disparais en mer, je ferais graver sur ma tombe cette épitaphe : J'ai assez ri ! » est celle que Philippe de Broca fera inscrire sur la sienne.

Côté interprétation, Philippe de Broca choisit Gérard Jugnot, qu'il n'avait pu recruter pour *L'Africain* mais avec lequel il souhaitait travailler, et le pétillant Pierre Arditi. Un duo original et efficace. Arditi évoque l'ambiance de travail : « *C'était un tournage gracieux. Une fois, Jugnot et moi voulions refaire une prise, Philippe disait que ce n'était pas la peine. On a refait la prise mais il ne voulait pas la voir et il est parti du plateau. Je ne sais pas si c'est celle-là qui a été montée. Lorsqu'il considérait qu'il avait ce qu'il voulait, ce n'était pas la peine de continuer. C'est quelqu'un qui fonctionnait beaucoup à l'instinct. Il voulait rester un enfant qui s'amuse et pas un intellectuel qui réfléchit. L'insouciance primait par-dessus tout. Il était très à l'aise dans la mise en scène. Il voulait qu'on vive, pas qu'on ait l'air de travailler. Quand il tournait ses films, il s'amusait et il voulait que ses acteurs s'amusent avec lui.* »

Les rôles féminins sont tenus par deux nouvelles venues au sein de son univers, Philippine Leroy-Beaulieu et Fanny Cottençon. Cette dernière garde un souvenir ému de leur rencontre : « Philippe de Broca avait un talent inouï. Le premier jour de tournage sur

Réalisateur : Philippe de Broca, Assistants-réalisateurs : Paul Gueu, Sidonie Seydoux, Simon Lelouch, Carole Fevre, Shula Siegfried, Celina Blanc, Production : TF1 Films Production, Messine Productions en association avec Sofinergie 2, Producteur délégué : Alain Terzian (Alter Films), Directeurs de la production : Agnès Chaulier, Philippe Lièvre, Distributeur : UGC, Scénario et dialogues : Philippe de Broca, Alexandre Jardin, Directeur de la photographie : Jean-Yves Le Mener, Opérateur : Berto, Assistants opérateur : Christophe Beaucarne, Jean-Pierre Fizet, Christophe Legal, Philippe Jourdain, Chef machiniste : André Atellian, Machnistes : Michel Benoit, Claude Bourdais, Eric Nové, Chef électricien : Alain Cousseau, Electriciens : Olivier Neveu, Jean-Claude Temporelli, Montage : Hugues Darmois, Assistantes monteuses : Colette Beltran, Dominique Pouzadoux, Monteuse son : Reine Wekstein, Musique : Francis Lai, Arrangement : Christian Jaubert – Éditions 23 / Joker films, Chanson interprétée par Nicole Croisille, paroles Pierre-André Rousselet, Ingénieur du son : Jean-Charles Ruault, Mixage : François Groult, Assistant son : Pierre Davoust, Bruiteur : Laurent Lévy, Post-synchronisation : Jacques Lévy, Décors : Tony Egry assisté de Jean-Jacques Tabah, Frédérique Lauzier, Michel Grimaud, Costumes : Sophie Marcou, Sylvie Marcou assisté de Frédérique Santerre, Maquillage, Coiffure : Paul Le Marinel, Fabienne Bressan, Régisseur général : Richard Nataf, Cascades : Roland Neunreuther, Philippe Neunreuther, Alain Guerillot, Maitre d'armes : Pascal Lopez, Conseillers navals : Patrick Le Galles, Jimmy Viant, Alexandre de Broca, Scripte : Carole Fèvre, Photographe de plateau : Jean-Pierre Fizet, Attachés de presse : Dominique Segall, Richard Grandpierre, Tournage : 27 mai – juin 1991 Quiberon, Morbihan, Durée : 100 minutes, Genre : Comédie, Sortie : 30 Octobre 1991, Visa d'exploitation : 76 522, Affichiste : Fréderic Pons et Alan Millet Inédit en DVD, Box-office France : 304 402 entrées, Producteur actuel : Messine

INTERPRÉTATION : **Gérard Jugnot** (Paul Caveilhac), **Pierre Arditi** (Gaspard Caveilhac), **Philippine Leroy-Beaulieu** (Marie), **Fanny Cottençon** (Isabelle), **François Perrot** (Boileau), **Micheline Dax** (Olga), **Natacha Amal** (Charlotte), **Jacques Jouanneau** (Le président du yacht-club), **Isabelle Mergault** (La fleuriste), **Clément Harari** (Le notaire), **Alain Terzian** (Raoul, le libraire), **Anna Gaylor** (La mère de Marie), **Rose Thiéry** (La directrice), **Daniel Berlioux** (Le neurologue), **Jean-Marie Blin** (Le psychiatre), **Vincent Cassel** (Le garçon de café), **Emmanuelle Elkabbach** (Une infirmière psychiatrique), **Alexandre Jardin** (Jeune écrivain chez Olga), **Aurélia Alcaïs, Michèle Alessandri, Philippe Beglia, Stéphane Boucher, Patrick Dupont-Deshais, Max Fournel, Danielle Glerant, Morgane Hebert, Rafael Hime, Lola Jouanneau, Serge Le Lay, Patrick Lizana, Colette Maire, Claire Marsden, Christian Merret-Palmair, Gaëtan Noël, Patrick Paroux, Didier Roset, Louis-Marie Seguela, Yvan Skrotzky, Benoît Vergne, Vincent Winterhalter**

Les Clés du paradis, *tout le monde était là. Acteurs, auteur, producteur, techniciens. On commence à 9h et à 9h05 il avait mis en boîte une séquence. Il disait :* « Comme ça, je leur montre ce que c'est. » *C'était un challenge pour montrer à l'équipe qu'il fallait y aller. Il jouait comme un enfant avec un petit train. Il avait vraiment la grâce. À l'époque, on ne passait pas des essais. Il connaissait les acteurs. Il choisissait en fonction de ses envies et la production acceptait. Sur le tournage, l'ambiance était sérieuse. Il n'aimait pas que les acteurs aient des fous rires. Il les arrêtait dès que cela partait. C'était très bon enfant. Il instaurait une bonne humeur. On peut faire les choses tout en s'amusant. Il mettait en scène plus qu'il ne dirigeait. Il faisait confiance. Il avait un sens du rythme hallucinant. Il se mettait sous la caméra et quand il aimait on le savait, car on l'entendait rire. Quand il n'aimait pas, il coupait, se tournait vers toute l'équipe et leur disait : « Je me suis ennuyé là, non ? » Il avait raison.* » (entretien avec Luc Larriba, 2019)

Une importante galerie de personnages secondaires complète la distribution : François Perrot, secrétaire imperturbable, Micheline Dax, éditrice et caricature de Françoise Verny, Jacques Jouanneau, irrésistible président d'un yacht-club, sans oublier le jeune Vincent Cassel, ici en garçon de café, et dont la présence est un joli clin d'œil à son père Jean-Pierre.

Tout cela ne conduit malheureusement pas *Les Clés du paradis* au sommet du du box-office. Le long-métrage est un échec, dépassant de peu le score des *1001 Nuits*, avec seulement 300.000 entrées.

En conséquence, Philippe de Broca s'éloigne six années durant des plateaux de cinéma, et se réfugie à la télévision pour laquelle il tourne quatre fictions.

Page de gauche, en haut
Scènes du film *Les Clés du paradis*

Page de gauche, en bas
Scènes du film *Les Clés du paradis*

Page de droite, en haut
Gérard Jugnot et Philippine Leroy-Beaulieu

Page de droite, en bas
Tournage du film

Philippe de Broca vu par...

Pierre Arditi

Mon premier souvenir de Philippe de Broca est un souvenir de spectateur. J'ai commencé à aimer le cinéma de De Broca lorsque je n'étais pas encore acteur. Je me souviens des premiers films avec Jean-Pierre Cassel. Mon père nous emmenait au cinéma et il aimait beaucoup De Broca. Il trouvait que c'était un cinéaste très atypique et un vrai auteur. Il y a des films qui sont des classiques absolus, comme Le roi de cœur qui est un chef-d'œuvre. C'est un film qui avait moins bien marché que les autres, qui était très ambitieux, avec un scénario écrit par Boulanger.

J'ai d'abord aimé De Broca sans le connaitre, parce qu'il employait des acteurs qui étaient mes idoles (Cassel, Belmondo, Brialy), toute cette bande-là était nos héros. J'aimais aussi son « cousin germain » Jean-Paul Rappeneau, même s'ils n'ont pas la même nature. Ce qui était formidable chez De Broca, c'est que non seulement il racontait des choses, mais c'était à la fois poétique, amusant, avec un fond sur l'amitié qui était vraiment épatant. Un autre film que j'ai vu au cinéma et qui m'avait emballé, je n'étais pas encore acteur, c'est Le diable par la queue. Je trouvais qu'il y avait de la grâce dans ses films. C'était quelqu'un de gracieux.

Lorsque je suis devenu acteur, j'ai eu envie de travailler avec lui. Je l'admirais, il m'amusait. Il était iconoclaste, j'adorais ça. Il n'était pas dans un cinéma convenu. Il est resté un jeune homme jusqu'à la fin... cette immaturité si désirable qui faisait que je l'aimais. De Broca est resté un enfant toute sa vie, ce qui est une vertu pour moi.

J'ai retrouvé, en travaillant avec lui sur le film Les clés du paradis, ce que j'avais vu dans ses films, quand je ne le connaissais pas. Il avait envie de jouer comme les enfants jouent. On s'est merveilleusement accordés. Il était venu me voir pour me demander si je voulais lire un scénario écrit par Alexandre Jardin. J'avais énormément envie de travailler avec lui, j'avais trouvé le scénario pas mal et j'ai accepté tout de suite. Il m'avait vu jouer au théâtre et il m'avait apprécié. Très vite, on s'est bien entendus, c'était plutôt placé sous le signe de l'affection, de l'amitié entre hommes. Il avait un très beau bateau qu'on voit d'ailleurs dans le film. C'était un « voileux » breton, un passionné de la mer.

Ce film a été jalonné de choses un peu personnelles, je me souviens que durant le tournage, j'ai marié mon ami Jugnot à la scripte. On était sur l'Ile de Houat, et je lui ai dit de se lancer et de lui déclarer sa flamme. Leur liaison a duré longtemps, ça a été une relation forte.

Philippe de Broca n'avait pas un esprit sérieux et c'est pour cela que tout ce qu'il a fait est délicieux. Jean Paul Belmondo était un matériau idéal pour De Broca. D'abord parce qu'il a une palette très large et parce que c'est un galopin. Entre galopins, ils se sont entendus immédiatement. Belmondo était encore plus enfant que lui.

Pour ma part, je me suis très bien entendu avec Philippe. Un jour durant le tournage, il m'a dit « tu es mon double ». Malheureusement, le film n'a pas très bien marché. Nous n'avons pas retravaillé ensemble par la suite mais il est resté dans ma vie. J'ai gardé de très bons rapports avec lui jusqu'à la fin. Entretien avec Luc Larriba, 2019

Alexandre Jardin
Scénariste *sur Les Clés du paradis*

J'avais le sentiment qu'on était des amis de toujours, car d'emblée une grande amitié est née entre nous. Nous faisons partie de la même famille de pensée, nous parvenons à dire des choses graves avec légèreté. Philippe est l'un des êtres les plus poétiques que j'ai rencontrés de ma vie. Il était naturellement dans la poésie. Un jour, j'arrive à Vert et il y avait un bulldozer qui creusait un champ en bas de la maison et qui tournait autour d'un arbre. J'étais un peu surpris. Je lui demande ce qu'il fait. Il me répond : « J'ai une fille, je creuse un lac et je vais détourner la rivière pour que cela fasse une île avec un arbre ». Je ne connais personne d'autre qui fabriquerait une île pour sa fille. Une autre fois, nous étions dans les ruines d'une abbaye. On était là avec des gâteaux, du champagne et on ne comprenait pas ce qu'on faisait là. La nuit tombe. La musique de Georges Delerue retentit et pendant deux heures, sur la musique de son ami, il a tiré un feu d'artifice. Il a flambé une fortune dans le ciel pour dire au revoir à son copain.

Avant d'être un poète de cinéma, c'est un poète de la vie. Il n'avait rien à voir avec un certain cinéma vulgaire. On avait des rapports à la fois professionnels et amicaux, par moments ette amitié était comme un cadeau. Je regrette qu'il n'ait pas refait un film avec la puissance poétique du *Roi de cœur*. Je lui ai apporté un sujet que j'avais construit et cela a donné le téléfilm *Le Jardin des plantes* qui a une poésie incroyable. Je lui ai donné quatre pages. J'avais envie que Philippe refasse *Le Roi de cœur*, un film imprégné de sa poésie, sans aucune préoccupation commerciale. Dans ce contexte là, ça ne pouvait pas être un film de cinéma, ce fut un téléfilm.

Le Jardin des plantes, ce fut incroyablement Philippe. Je n'ai pas participé à l'écriture. J'avais envie qu'il s'y investisse pleinement. On se voyait très souvent. On avait loué une maison ensemble à Auray en Bretagne. Philippe a appris à naviguer très tard dans sa vie. Il continuait d'apprendre. Il y a peu de gens qui se mettent à apprendre, passé soixante ans. On cherchait à injecter une rencontre poétique dans *Les Clés du paradis*. Mais les gens que nous avons embarqués là-dedans n'étaient pas sur la même longueur d'onde. Ça n'a pas donné le film qu'on espérait. Les acteurs n'appartenaient pas à la poésie de Philippe, bien qu'ils soient formidables. Il y avait une forme de dissonance. Alors que quelqu'un comme Jean Rochefort appartient entièrement à l'univers de De Broca.

Sur le tournage, Philippe n'était pas en accord avec les acteurs. Il pensait que l'essentiel de la direction d'acteurs se limitait au casting. Quand je lui ai demandé de rectifier des choses, cela l'a énervé. Il se sentait en dissonance avec les comédiens. Pour l'écriture, il n'y a pas eu de méthode. Ça me faisait très plaisir de passer du temps avec lui, d'imaginer des choses. Il m'a marqué profondément car sa poésie n'était pas réservée à son métier. Sa façon d'être débordait du cadre et emplissait toute sa vie, un peu comme Charles Trenet qui chantait tout le temps et, de temps en temps, enregistrait ce qu'il chantait. Philipe ne réservait pas sa part de création au film tourné. Il était un peu comme mon père. Ce sont des gens essentiellement poétiques. La drôlerie, la comédie étaient une élégance, une manière de nier la vulgarité de la vie.

Quand j'ai mis en scène Fanfan, il m'avait un peu expliqué la mise en scène avec des principes extraordinairement simples. En disant qu'il fallait essayer d'intégrer les trois dimensions de la vie et lutter contre l'image plate en lui redonnant constamment une profondeur. Il m'avait dit de me méfier des deux dimensions. Tu dois remettre une troisième dimension constamment, disait-il. Un plan de Visconti a une profondeur prodigieuse, ce ne sont jamais des images à plat.

Un jour, je lui demande comment il choisit où il va poser sa caméra. Il m'a répondu cette phrase extraordinaire : « Je la pose là où je vois bien ! » Cela a l'air d'une boutade alors que c'est d'une grande profondeur

Pour *Le Jardin des plantes*, il ne m'a pas sollicité pour qu'on l'adapte ensemble. L'idée de la propriété du sujet ne pouvait pas exister. Parfois, il y a des contrats, mais ce n'était pas notre manière de fonctionner.

Dans *Le Roi de cœur*, il y a une poésie qui chasse le réel à chaque image, jusqu'à ce plan prodigieux où tous les fous retournent volontairement dans l'asile en jetant les costumes de la société et où l'anglais revient tout nu pour se faire interner avec sa cage à oiseau, et surtout protéger les normaux. Rien n'a été plus bizarre que cette réputation de cinéaste commercial qui collait aux basques de Philippe. Ça le gênait. *Le Magnifique* est un chef-d'œuvre. C'est vraiment un inventeur de mondes, quelqu'un qui récuse le réel.

Dans sa vie, il était contre le réel car, dans celui-ci, il y avait le désastre de ses rapports amoureux permanents et en même temps une ironie. Un jour il m'a dit : avec Marthe, on a fait Alexandre en se quittant et en faisant l'amour une dernière fois, c'est un cadeau de rupture. Il ne cachait pas ses faiblesses et ses émotions et, de ce fait, je l'ai vu blessé, meurtri. C'est assez rare chez les hommes de sa génération. Il se sentait humilié d'aller au restaurant tout seul, après s'être fait quitter par une de ses femmes. Il trouvait qu'un homme seul au restaurant, c'est l'image du chagrin. Il n'y avait pas d'émotion interdite. Il y avait une grande différence d'âge entre nous deux mais Philippe n'était pas une image paternelle, c'était comme un frère. Quand il est tombé malade, il n'avait pas envie que je vienne le voir, que je le voie dans cet état. Il a eu une esthétique de vie, une forme d'élégance complète de la rupture et de la rencontre.

J'étais à chaque fois désolé quand une femme le blessait. J'aurais été uS ne femme, je lui aurais tout pardonné parce que c'était un être très rare, un poète réel. Mais en même temps, il a dû souffrir d'être totalement méconnu comme metteur en scène, de passer pour un faiseur de machines commerciales. Dans des films qu'il a faits par-dessus la jambe et qui n'étaient pas très réussis, il y a constamment trois ou quatre thèmes prodigieux, par exemple dans *La gitane*. La scène du cambriolage avec les enfants qui marchent sur les mains, on est dans la poésie pure. Même quand ça prend l'eau, parce que, pour des raisons personnelles, il est un peu en souffrance et ne travaille pas assez, à un moment donné la poésie reprend toujours le dessus et il signe des scènes d'une grande qualité. Dans *Fanfan* il y a une scène qui l'avait enchanté, où les deux héros vivent chacun derrière un miroir sans tain. Il m'avait dit que j'aurais dû faire plus de scènes dans cet esprit, avec ce décor.

Philippe est un très grand poète et un antidote contre la vulgarité.

Entretien avec Luc Larriba, 2019

Philippe de Broca vu par...

Bruno Troublé

Philippe a toujours eu une passion pour la mer et les bateaux. Son grand-père avait acheté l'île de Boëdic dans le golfe du Morbihan, île qu'il avait ensuite revendue, et il adorait cette région. Philippe y a tourné plusieurs films, notamment *Chouans!* et *Les Clés du paradis*. Il avait son bateau dans son hangar à côté de chez moi, et on s'est liés d'amitié. Je m'occupais de son bateau quand il n'était pas là.

Alexandra est une grande amie de ma femme, et il l'a rencontrée chez moi, dans la cuisine de ma maison. Quelques mois plus tard, il a décidé de l'épouser. Il tenait à se marier dans ma cuisine puisque c'est là qu'il l'avait connue. On ne pouvait y tenir qu'à douze et pourtant, on était au moins quatre-vingts pour le mariage ! La maison étant au bord de l'eau, une tente avait été montée à l'extérieur, sur l'eau. Elle avait des parois en cristal pour qu'on puisse voir la mer. Philippe adorant les pétards et les fusées, il avait acheté une petite boite de feux d'artifices, qu'il avait posée sur un petit muret à cinquante mètres de la tente. Ça commençait à partir de tous les côtés, il était ravi, tout le monde applaudissait mais soudain la boite est tombée du muret. Et les pétards ont fusé à l'horizontale en traversant les parois en cristal de la tente. Les gens étaient à quatre pattes sous les tables pour se protéger. Personne n'a été blessé mais c'était à mourir de rire. C'était typiquement du De Broca.

Il était maladroit comme tout, il mettait son téléphone dans la poche de sa chemise et quand il se penchait, le téléphone tombait à l'eau. Il était persuadé que le téléphone sécherait et remarcherait si on le mettait dans le four pendant un quart d'heure. Il l'a fait et tout à fondu. C'était un merveilleux copain, très drôle.

À la fin de sa vie, à l'hôpital américain, il faisait rigoler tout le monde. Il m'a dit : « Je suis une métastase à mille pattes donc dans trois semaines je suis mort, il faut absolument que ce soit toi qui t'occupes de mon enterrement. » Il rigolait, mais c'était une situation délicate, je ne pouvais pas commencer à m'en occuper alors qu'il n'était pas encore mort. Il insistait pour être enterré dans le golfe du Morbihan, sur une île. Je suis parti en visiter et n'ai essuyé que des refus, il n'y avait plus de place dans les cimetières et on ne voulait pas de gens qui n'habitaient pas sur les îles. Au bout de quinze jours - il n'était pas encore mort - j'ai trouvé un endroit qu'il adorait : la pointe des poulains à Belle-Île. Tout près, à Sauzon, il y avait un nouveau cimetière.

Les obsèques ont eu lieu à l'Eglise Saint Roch à Paris et après on a tous pris le TGV pour aller l'enterrer à Belle-Île au mois de Novembre. On a rouvert pour l'occasion un restaurant à Sauzon. Après l'enterrement, on a tous déjeuné là-bas et les quatre épouses présentes ont partagé l'addition.

Philippe reste pour moi un modèle dans la façon dont il a abordé la mort, sans se départir de son humour. Il m'avait dit une très belle phrase « Tu sais, Bruno, j'ai été conçu en neuf mois et je vais mourir en neuf mois ».

Entretien avec les auteurs, 2020

LE BOSSU

Héritier du duc Philippe de Nevers, son cousin Gonzague lui tend une embuscade, fait enlever son épouse et tente de faire disparaître le fruit de leur union, afin de s'accaparer ce qu'il estime lui revenir. Présent sur les lieux, le chevalier de Lagardère parvient néanmoins à sauver le bébé et jure de venger son ami Philippe, mort sous ses yeux...

SI TU NE VIENS PAS AU CINÉMA, LE CINÉMA REVIENDRA À TOI !

Malgré deux échecs consécutifs sur grand écran, et une longue parenthèse télévisée, Philippe de Broca reçoit une alléchante proposition du producteur Patrick Godeau : mettre en scène pour le cinéma une nouvelle version du *Bossu*, le célèbre roman de Paul Féval, certes maintes fois porté à l'écran, mais dont le public ne se lasse pas. Le réalisateur note à ce sujet dans les colonnes du Figaro : « *Je crois que les vertus du* Bossu *ne s'épuisent pas. C'est le mystère des œuvres populaires. Là, tout en gardant le côté cape et épée, on renouvelle le sujet en y apportant des éléments modernes, sentimentaux et financiers. Gonzague est un agioteur que Lagardère va ruiner. On s'est beaucoup documenté sur l'affaire Law et la folie des spéculateurs de la rue Quincampoix, de sorte que notre* Bossu *aura une intrigue financière qui peut faire concurrence à Sulitzer. Et il y a aussi un beau sujet sentimental : Aurore tombe amoureuse de Lagardère, qui l'a élevée comme sa fille, lorsqu'elle apprend qu'il n'est pas son père. Dans une histoire simple et pleine d'action, cet amour apporte des nuances étranges et compliquées.* » Le sujet séduit d'autant plus le cinéaste qu'il fut champion d'escrime au cours de son enfance.

Cette énième interprétation du *Bossu* par de Broca et deux autres complices, Jean Cosmos et Jérôme Tonnerre, connaît des débuts laborieux. Les auteurs travaillent sur une bonne vingtaine de moutures avant qu'une version finale ne soit enfin retenue. L'incontournable réplique « Si tu ne viens pas à Lagardère, Lagardère ira à toi ! » a bien entendu été conservée, mais les auteurs ont pris des libertés par rapport au roman. La rencontre de Lagardère avec le duc de Nevers gagne en intensité, tandis que les relations entre Lagardère et Aurore, la fille du duc, sont judicieusement abrégées. Autre modernisation notable : l'évocation de la fièvre monétaire (dans sa version papier) qui, au 18ème siècle, s'empare d'ores et déjà du peuple de Paris. De Broca précise : « Il ne s'agissait pas de tourner un remake des précédentes versions cinéma mais *de faire une adaptation moderne et originale du roman-feuilleton de Paul Féval. Je n'ai d'ailleurs revu aucune des adaptations précédentes et n'ai pas relu le roman pour garder mes souvenirs de jeune homme qui l'avait dévoré avec grand plaisir. Nous avons mis du temps à écrire le scénario. Nous avons formé un trio. Jérôme Tonnerre était l'horloger. Jean Cosmos se consacrait davantage aux dialogues. Mon point de vue était clair. Il fallait plus respecter Féval dans l'esprit que dans la lettre, tout en conservant les ingrédients clés : la fidélité à un serment, la vengeance, le travestissement, la relation Aurore / Lagardère, l'agiotaqe de la rue Quincampoix.* » (Note d'intention, Dossier de presse)

Ces « trahisons » ne sont cependant pas du goût de Fabrice Luchini, révèle Jérôme Tonnerre : « *Fabrice Luchini a émis des réserves sur le scénario. Philippe était exaspéré à l'idée de devoir discuter avec un acteur. Il n'aimait ni les conflits ni les pinaillages. Aussi j'ai dû me dévouer pour retravailler les scènes avec Fabrice. C'était passionnant mais compliqué. Par exemple, il refusait de porter une perruque. Quand on joue un noble sous l'Ancien Régime, on est censé en porter une. Il ne voulait pas non plus se battre en duel. Il a fallu le convaincre que ça faisait partie du genre cape et d'épée, et qu'il ne serait pas ridicule. On a opté finalement pour un compromis, un duel avec une part d'autodérision. Ma référence, pour son personnage, était Marcel Herrand dans* Les Enfants du paradis, *une sorte de dandy ironique.* »

Une fois le script validé par tous, un important budget de 143 millions de francs est alloué au projet pour quatre mois de tournage. Luxueuses conditions, à la hauteur des ambitions et du casting. Dans le rôle-titre, Daniel Auteuil s'amuse comme un fou et, quoique plus jeune que le personnage, il s'empare du rôle avec finesse, sans tomber dans la caricature : « *J'ai voulu composer mon personnage de Bossu, plutôt qu'il ne disparaisse sous des tonnes de latex* » souligne le comédien. « *Avec Michel Deruelle, nous avons mis au point un maquillage léger, juste un faux nez. (...) Ce qui m'a amusé dans le rôle, moi qui adore me transformer, c'est la double transformation. Je me*

Réalisateur : Philippe de Broca, Assistant-réalisateur : Serge Boutleroff, Production : Alicéléo, TF1 Films Production, DA Films, Gemini Filmproduktions, Prima Films, Producteur : Patrick Godeau, Producteurs exécutifs : Françoise Galfré, Vittorio Cecchi Gori, Producteur délégué : Patrick Godeau, Directeur de la production : Catherine Lapoujade, Secrétaire de production : Marguerite Lemarchand, Administrateurs de production : Nora Salhi, Zora Salhi et Stéphane Beissy, Distributeur : Pathé Distribution, Scénario : Philippe de Broca, Jean Cosmos, Jérôme Tonnerre d'après l'œuvre de Paul Féval, Dialogues : Jean Cosmos, Directeur de la photographie : Jean-François Robin, Opérateur : Yves Agostini assisté de Alain Dutartre, Jean-Pierre Hautecoeur, Isabelle Ferrandis, Jean-Paul Agostini et Adriana Bernal, Montage : Henri Lanoë, Assistantes montage : Claude Roulier, Julie Decondé, Musique : Philippe Sarde, Musique additionnelle : Pietro Mascagni (Intermezzo orchestral, tiré de Cavalleria Rusticana, 1890), Son : Henri Morelle, Assistants au Son : Olivier Burgaud, Marianne Roussy, Montage Son : Laurent Quaglio, Mixage : William Flageollet assisté de Loïc Moniotte, Bruitage : Laurent Levy assisté de Pascal Mezière, Post Synchronisation : Jacques Levy assisté d'Isabelle Tat, Décors : Bernard Vézat assisté de Bertrand Seitz et Daniele Sauge Lagrange, Administratrice Décoration : Fabienne Beaudeau, Story-Board : Alexandre de Broca, Ensemblières : Francoise Doré, Janou Shammas, Accessoiristes : Bernard Warnas, Yvan Casidanus, Costumes : Christian Gasc assisté de Florence Sadaune et Edwige Morel D'Harleux, Maquillage : Michel Deruelle assisté de Hervé Soulié, Michelle Contantinides et Paul Le Marinel, Maquillage Effets Spéciaux : Benoit Lestang assisté de Emmanuel Pitois, Coiffeur : Jean-Pierre Berroyer assisté de Bettina Keller et Christiane Berroyer, Casting : Lissa Pillu assisté de Pierrick Faour, Catherine Deserbais et Geneviève Acien, Régisseur général : Michel Jullien, Régisseur d'Extérieurs : Jean Circa, Mathias Herman, Laurent Graticola, Daniel Dacomo et Thierry Magniez, Scripte : Sophie Thevenet-Becker, Constructeurs : Jean-Marc Druais, Thomas Godelle, Électriciens : Jean-Pierre Baronsky, Eric Baraillon, Richard Vidal et Marc Nové, Machinistes : Guy Canu, Thierry Canu, Philippe Canu, Laurent Duquesnoy et

Patrick Pamart, Photographie : Jean-François Robin, Photographe de Plateau : Jean-Marie Leroy (Sygma), Effets spéciaux : Georges Demetrau assisté de Olivier Delage et Olivier Zeninski, Armuriers : Christophe Maratier assisté de Remy Jouvin-Bessière, Conseiller cascades et Maitre d'armes : Michel Carliez, Assistants de Claude Carliez : Daniel Breton, Albert Goldberg, Conseiller équestre : Mario Luraschi, Assistante de Mario Luraschi : Joëlle Baland, Tournage : de Mars à Juin 1997 pour les extérieurs au Fort Queyras, au Mans, en région Parisienne (Kremlin-Bicêtre, Château de Ponchartrain...), Durée : 120 minutes, Genre : Cape et Épée, Sortie : 3 décembre 1997, Visa d'exploitation : 85712, Affichiste : Photographe Catherine Cabrol et agence Les quatre lunes, Éditeur DVD et Blu Ray : TF1 Video, Box-office France : 2 358 320 entrées, Producteur actuel : TF1 Films Production

INTERPRÉTATION : **Daniel Auteuil** (Lagardère, Le Bossu), **Fabrice Luchini** (Comte Philippe de Gonzague), **Marie Gillain** (Aurore de Nevers), **Vincent Perez** (Duc Philippe de Nevers), **Philippe Noiret** (Philippe d'Orléans), **Yann Collette** (Peyrolles), **Jean-François Stévenin** (Cocardasse), **Didier Pain** (Passepoil), **Claire Nebout** (Blanche de Caylus), **James Thierré** (Marcello), **Jacques Sereys** (Le marquis de Caylus), **François Levantal** (Le messager), **Charlie Nelson** (Esope), **Urbain Cancelier** (Argenson), **Renato Scarpa** (Paolo), **Ludovica Tinghi** (Ornella), **Sacha Bourdo** (Giuseppe), **Margot Marguerite** (Bergues), **Jean Antolinos** (Magistrat), **Simon Doniol-Valcroze** (Agioteur d'ursulines), **Xavier Doumen** (Spadassin cour de Ferme), **Etienne Draber** (Un courtier), **Gérard Gros** (Desparon), **Jean le Rouzic** (Le chapelain Caylus), **Thierry Nenez** (Le domestique Caylus), **Jacques Villa** (Chambellan), **Kal Baguera, Jean-Pierre Loustau, Armand de Baudry D'Asson, Philippe Louvat, Jean-Marc Bertre, Aminata Maiga, Jacky Boiron, Gérard Mauborgne, Benoit Bollée, Daniel Milgram, Bruno Cadillon, Luc Palun, Colette Casside, Jean-Louis Raynaud, Geneviève Delanne, Sylvain Retif, Thierry Delhomme, Robert Oliver, Fabien Delisle, Thomas Roux, Laurent Gauthier, Delphine Serina, Roberto Gazoline, Patrick Steltzer, Didier Grignon, Franck Trillot, Pascal Laillet, Ambre Valade, Eric Larzat, Anna Gaylor** et les enfants : **Carla Chaleil-Salmon, Eleonore Godeau, Lisa Leroy-Laugier, Alice Godeau, Louise Koubi, Laura Asoini, Giula Demont, Ayrton Grimaud**

transforme à la fois en Lagardère et en « Bossu ». Derrière le faux nez, le maquillage, la perruque, la bosse, je voulais qu'on voie percer la vraie sensibilité de Lagardère... J'ai joué à fond ce personnage qui opère un virage à 180 degrés. Petit voyou teigneux au début, la confiance que lui porte le duc de Nevers le transporte et le transforme. Il fait tout pour en être digne. » (France Soir, 29 novembre 1997)

Le reste de la distribution est à l'unisson : Vincent Perez, parfait de décontraction sous le costume du duc (« *semblant se foutre de tout mais se battant merveilleusement* » dira de Broca), Marie Gillain, à la fois lumineuse et entraînante, sans oublier Fabrice Luchini, sobrement mais superbement méchant. Quant à Philippe Noiret, il reprend le rôle du régent Philippe d'Orléans, qu'il avait déjà endossé en 1975 dans *Que la fête commence!* de Bertrand Tavernier.

LA BOSSE DU SUCCÈS

Grâce au *Bossu*, Philippe de Broca retrouve l'estime de la critique. Il signe un film aux dialogues tranchés et à la mise en scène inventive, dans la droite ligne de ses plus éclatantes réussites, *Cartouche* ou *L'Homme de Rio. Le Bossu* version de Broca, est désormais considéré comme un classique du genre. Dans le dossier de presse, le cinéaste confie : « *Louis XIV disait à Le Nôtre en découvrant les jardins de Versailles :* « Vous auriez dû mettre un peu d'enfance là-dedans ». *J'ai voulu faire un film gai avec une belle ambiance.* Le Bossu *symbolise la France, mêle Paris à la Province, la modernité au classicisme. Aujourd'hui, devant le travail terminé, je pense avoir respecté les règles du genre tout en jouant avec, et je suis allé au bout de mon rêve d'enfant.* » Il ajoute : « *Je me suis beaucoup inspiré du western pour faire* Le Bossu. *Le film en costume permet aussi d'essayer de retrouver un idéal héroïque, le héros altruiste, celui qui défend le bien, des choses aussi simples que cela... En travaillant avec Jean Cosmos et Jérôme Tonnerre sur le scénario, sans se le dire vraiment d'ailleurs, on voulait faire un «grand film français». Pourtant, beaucoup de mes références venaient du cinéma américain; particulièrement l'organisation du duel dans le western américain.* » (Le Monde, 4 décembre 1997)

Le succès en salles n'est pas immédiat mais grâce au bouche-à-oreille, *Le Bossu* gagne le cœur du public et maintient une belle moyenne de 500.000 entrées par semaine, jusqu'à atteindre près de 2.360.000 entrées au total.

Seul regret : la profession ne salue pas suffisamment la réussite de cette œuvre. Lors de la cérémonie des César en 1998, le film remporte un seul prix, le César des Meilleurs Costumes pour Christian Gasc, alors que neuf nominations lui avaient été décernées. La concurrence d'*On connaît la chanson, œuvre d'*Alain Resnais, était trop forte. À noter au passage que, cette année-là, chaque metteur en scène des longs-métrages nommés dans la catégorie « Meilleur Film » l'était également dans la catégorie « Meilleur Réalisateur », à l'exception de... Philippe de Broca. L'on ne peut s'empêcher d'y voir une réelle injustice.

Page de droite, en haut
Philippe de Broca (assis sous la caméra) dirige Marie Gillain et Didier Pain (à droite)

Page de droite, en bas
Philippe de Broca et Daniel Auteuil sur le tournage du *Bossu*

Page de gauche, en haut à gauche
Scènes du film *Le Bossu*

Page de gauche, en haut à droite
En haut à droite, Daniel Auteuil (dans le rôle de Lagardère)

Page de gauche,au centre
Daniel Auteuil (dans le rôle du Bossu)

Page de gauche,en bas
Daniel Auteuil et Philippe Noiret entre deux prises

Page de droite, en haut
Philippe de Broca

Page de droite, en bas à gauche
Vincent Perez et P. de Broca

Page de droite, en bas à droite
Scènes du film

Philippe de Broca vu par...

Claire Nebout

Philippe de Broca était un homme charmant qui aimait les belles femmes. Un côté séducteur avec beaucoup de pudeur. Le tournage était comme un jeu. Il tenait son plateau d'une main de maître et tout cela se passait avec beaucoup d'harmonie, de joie, de légèreté ; rien n'était impossible. J'en garde un souvenir prodigieux. Tout en étant directif et professionnel, il avait tourné énormément et connaissait bien son métier. De ce fait, tout paraissait facile, léger. On était comme dans une cour d'école.

Il avait un regard d'enfant, émerveillé de ce qu'il pouvait entreprendre et de ce qui se jouait devant lui. Il n'y avait pas de lourdeur. Personne ne pouvait l'empêcher de s'offrir un tel spectacle. Un grand film, avec beaucoup de vedettes. Il gérait cela de façon très enjoué. C'était ludique.

J'avais été repérée dans le film Beaumarchais l'insolent et la série La rivière des espérances. Donc des films historiques. Il savait embellir les acteurs. Même lorsqu'il se transforme en bossu, Daniel Auteuil est à son avantage. De Broca avait cette faculté de s'entourer de gens compétents. Il n'était jamais en retard ; il adorait finir à l'heure.

Il y avait eu un problème de neige. Toute la nuit les assistants avaient pulvérisé de la neige pour la scène du duel entre Nevers et Peyrolles. Un décor majestueux. On était comme dans un conte, loin de la réalité. C'est toujours enchanteur.

Philippe Noiret appelait Philippe « clic clac Kodak ». Il entretenait tellement bien son plateau, il fédérait. C'était une boule d'énergie, quelqu'un de très vif. Il ne fallait pas perdre son temps. Ce n'était pas une course contre la mort, c'est une personne qui profitait pleinement du moment et il fallait que ça roule.

On avait appris à danser et il assistait aux répétitions. Tout le monde voulait faire au mieux ; chacun donnait le meilleur de soi-même car il savait nous mettre en confiance. C'était quelqu'un de très ouvert, sympathique, humain, chaleureux. On ne se sentait pas complexé ni angoissé. C'était un film de cape et d'épée dépoussiéré et plus moderne que les films avec Jean Marais.

Il avait renouvelé l'histoire tout en conservant la dramaturgie. Il y avait quelque chose de lumineux et de plus moderne dans le script. Philippe de Broca parlait aux vedettes comme à la boulangère du coin. C'était quelqu'un de bien éduqué, de très cultivé qui aimait les costumes et les décors et portait beaucoup d'attention à chaque chose.

Le personnage de Vincent Perez me semble très proche de Philippe. Il a un côté drôle, léger et désinvolte. Un farceur intrépide dans la lignée des films avec Belmondo. Une générosité sans compter, très sincère. Il voulait que ses acteurs soient comme ça, comme lui. Sincère et énergique. Un côté ludique et enfantin. Il fédérait quelque chose de léger, de joyeux. C'était un bon vivant.

Marie Gillain

À l'époque du film *Le Bossu*, j'étais une très jeune fille. Quand on a fait les essais au studio de Bry-sur-Marne, j'ai vraiment ressenti l'enjeu à ce moment-là. Il y avait quelque chose d'important qui se jouait pour De Broca et pour moi. L'impression qu'il dégageait était un peu celle de ses films. Une apparente facilité. Dans la façon de transmettre, il n'y avait pas, a priori, de grande exigence mais sûrement l'avait-il pour lui-même. Un peu comme : « On fait un film, c'est un mouvement naturel ». Je n'ai jamais ressenti de pression, comme s'il avait tout misé sur moi et mon personnage. J'ai plus de souvenirs lors de l'entraînement avec Michel Carliez, des scènes de cape et d'épée, des scènes avec Daniel Auteuil et Fabrice Luchini.

Mes coéquipiers étaient des acteurs très confirmés. J'ai rencontré James Thierrée, le petit-fils de Charlot, qui joue un rôle dans la troupe de cirque. C'est lui qui avait chorégraphié toutes les scènes de spectacle. On était comme deux ados. Je me suis retrouvée dans un film d'une autre génération que la mienne. Il y a une maîtrise. Il faut un sacré talent pour faire un film comme ça. L'expression de cette exigence pour arriver à ce résultat, je ne l'ai pas du tout sentie. Il y a de vraies scènes d'acteur. L'on sentait que De Broca s'était entouré de gens de grande qualité, dans l'écriture des dialogues, pour qu'il se passe quelque chose de fluide. Son talent, c'était d'avoir réuni cette équipe.

Philippe avait cette expérience qui donne de l'assurance, il savait ce qu'il voulait.

Pour lui, le film représentait un gros enjeu, une grosse machine, et il se baladait là-dedans en toute simplicité. C'était un film qui vous fait apprendre votre métier car nous étions un peu livrés à nous-mêmes. Cela a été un apprentissage. D'une certaine façon, il faut avoir une grande confiance dans les gens engagés et pas beaucoup d'ego. Il faisait partie de cette génération de cinéastes qui, en choisissant un acteur, lui fait confiance. Cela m'a appris à être prête dès les premières prises. On faisait ensemble, entre comédiens, tout ce travail de direction d'acteurs.

Philippe de Broca était un grand homme de cinéma mais je ne mesurais pas cela. J'étais heureuse de jouer dans ce film dont j'avais adoré le scénario.

Vincent Perez

Daniel Auteuil et Philippe Godeau voulaient que je fasse le rôle. Ils étaient à l'origine d'un rendez-vous chez Philippe de Broca. De but en blanc, ce dernier me dit : « On a un problème ; moi, je ne veux pas de vous, je ne vous vois pas dans le rôle, je veux Thierry Lhermitte ; mais étant donné que vous êtes imposé par la production et par Daniel Auteuil, il va falloir qu'on fasse avec. » C'était direct. J'ai trouvé ça sympa, franc du collier. Ça m'a mis la pression.

J'adorais son cinéma. Il y avait une évidence que ce rôle me revienne. J'avais déjà croisé Daniel Auteuil sur le tournage de *La Reine Margot.*

J'avais une expertise du film d'époque. Je me glissais facilement dans ce genre, car je savais manier l'épée et j'avais de l'expérience dans le combat. Il y avait des duels et c'était important que cela ait de la gueule. On a beaucoup travaillé avec Michel Carliez. J'avais la passion du duel et je prenais du plaisir à cela.

C'étaient des chorégraphies très précises qu'on apprend par cœur, sans improvisation. Les duels sont des moments à prendre au sérieux même si les épées sont en aluminium. À partir du moment où on travaille un duel, il n'y a pas de place pour la plaisanterie.

Le personnage de Nevers est au-dessus de tout, il est dans un monde un peu naïf. C'est l'incarnation de l'aristocrate, qui pense que si les gens qui dorment sous les ponts, c'est parce que c'est romantique ou que cela leur plaît.

On faisait une deuxième prise pour les assurances. « On ne monte pas deux prises, on n'en monte qu'une. Il n'y en a qu'une qui reste au montage, pourquoi en faire une deuxième ? » disait De Broca. À la fin de la première prise, il est tombé amoureux de moi et m'a adoré. J'étais rentré dans son système. Ensuite, il m'a proposé deux films dont *Amazone.*

J'étais très proche de Daniel Auteuil. On passait du temps ensemble, on était les « mauvais garnements ». J'avais une dimension dans le rôle qui correspondait à la touche « De Broca ». On rigolait beaucoup tout en étant concentré.

Philippe de Broca travaillait sans que cela se voie. Il donnait l'impression de ne pas travailler, et faisait des choses parce que ça l'amusait, alors qu'il y avait un vrai travail, une démarche, une revendication dans son cinéma. Quand on regarde *L'Homme de Rio*, on sent qu'il a envie de bousculer les conventions, les choses établies, un peu trop sages. C'était sa marque de fabrique *: il était à* la limite de la déconnade. Cela correspondait bien à Jean-Paul Belmondo qui ne se prenait pas trop au sérieux non plus. C'était une vraie démarche artistique. Philippe de Broca était le pendant français du cinéma des Monty Python.

Philippe allait très vite, il était rapide. Si une prise est mauvaise, tant pis, on avance, on ne va pas revenir en arrière ; c'était son credo. Faire une seule prise, c'est obliger l'acteur à être prêt, à être direct, à ne pas se poser de questions. Être prêt, cela signifie avoir tout intégré. Et quand on y va, on ne pense plus. C'est moins drôle quand on est dans le contrôle.

Nevers était un rôle sur mesure pour moi. Ce qui me reste de Philippe de Broca c'est sa bonhomie. Il avait un regard doux et bienveillant, c'était un être charmant et élégant.

Philippe de Broca vu par...

Patrick Godeau
Producteur

Philippe de Broca fait partie des metteurs en scènes qui ont besoin de temps pour être reconnus. Je suis absolument certain qu'avec le temps, il sera de plus en plus apprécié.

Je pars très souvent d'une idée, d'un livre et après je cherche le scénariste, le metteur en scène, les acteurs. Très jeune, j'avais aimé *Le Bossu* avec Jean Marais et Bourvil. Je me demandais qui pourrait faire un film sur ce thème. J'avais remarqué certains films de Tavernier, dont le scénariste était Jean Cosmos. J'ai appelé ce dernier, et il accepté de se lancer dans l'écriture bien qu'il n'y ait pas encore de metteur en scène. J'ai proposé le sujet à plusieurs réalisateurs du « top 20 » de ces années-là. Le seul qui a dit oui était Claude Miller, mais sa démarche ne me paraissait pas sincère et je ne l'ai pas retenu.

Puis j'ai pensé à Philippe de Broca qui a accepté. J'avais rendez-vous au Fouquet's avec lui et il me dit : « Vous avez pensé à moi parce qu'il n'y avait plus personne ? » Il avait sa cravate, son gilet, ses couleurs gaies qui partent dans tous les sens. Mon meilleur film produit, c'est *Le Bossu*. La personne la moins tordue dans ce milieu, c'est De Broca. Le gamin le plus insolent que j'ai connu – et plus âgé que moi – c'est lui. Les plus belles engueulades, c'est aussi avec lui.

De Broca, c'est un enfant, c'est Mozart. Les débuts de la coopération entre le scénariste Jean Cosmos et Philippe de Broca ont été homériques. Cosmos avait travaillé pendant un an et demi tout seul ; Philippe est arrivé et a chamboulé tout son travail, car ça n'allait pas assez vite.

Il n'est pas sûr que De Broca ait voulu Auteuil pour le rôle. De Broca était très à l'aise avec le personnage de Vincent Perez ; de fait, si l'on regarde Vincent, c'est Philippe. Ça bouge tout le temps ; ça saute des femmes, ça s'habille et se déshabille, tout en faisant cliqueter l'épée. C'est Philippe tout craché et ce sont ses films.

Sur le tournage du *Bossu* il y avait un chef d'orchestre : De Broca. Il a orchestré avec légèreté cette grosse machinerie. Quand il s'ennuie, il donne des coups de pied. Avec Luchini, les relations n'étaient pas formidables. Luchini le regardait comme une mangouste prête à avaler sa proie. Luchini ne voulait pas se battre, pas apprendre. À force, il est passé pour quelqu'un de veule, et cela a donné une couleur au personnage. Il ne s'est pas battu et en ne se battant pas, de mon point de vue il a renouvelé le genre.

J'aurais pu être le fils de Philippe ; et moi, j'avais l'impression d'avoir un fils. De Broca ne mettait pas le désir en avant mais chez lui, le désir était le moteur de tout, même ce n'était pas conscient. Dès qu'il n'y en avait plus, il s'embêtait et il partait.

Il aurait pu faire un film comme *Breakfast at Tiffany's*. Il y a une grande richesse dans ce film. On n'explique rien mais je trouve que ces petites fissures là, indicibles, ces subtilités-là, Philippe les avait en lui. L'héroïne dans *Breakfast at Tiffany's*, c'est De Broca au féminin. Il n'aimait pas du tout ce qui était introspectif mais il aurait très bien pu le faire, à travers un personnage féminin. Si j'avais pu faire un film avec lui après, j'aurais bien aimé partir dans cette voie. Philippe avait cette élégance, ce côté « on avance, on fonce et surtout on ne parle pas de son état. »

Entretien avec Luc Larriba, 2019

AMAZONE

Édouard, un vieux baroudeur français, a refait sa vie parmi une tribu indienne, au beau milieu de la jungle amazonienne. Un jour, il trouve une petite fille « tombée du ciel » et tente vainement de s'en débarrasser. Parallèlement, une scientifique quelque peu excentrique débarque dans les environs, à la recherche d'un objet extraterrestre, et rencontre Édouard. Ensemble, ils vont faire une incroyable découverte...

LE RETOUR DE BÉBEL

Amazone marque les retrouvailles – tant attendues – de Philippe de Broca avec l'un de ses acteurs fétiches. La plupart des films tournés avec Jean-Paul Belmondo sont effectivement entrés dans la légende. Et c'est aussi à ses côtés que le cinéaste a connu ses plus gros succès. Or, il aura fallu attendre vingt-cinq ans avant que ce duo gagnant ne se reforme une sixième fois. La raison de cet éloignement ? Une dispute idiote survenue en marge du montage de *L'Incorrigible*, en 1975. Belmondo en précisera plus tard la cause : *« Un plan court que je trouvais drôle et pas lui. Il l'a ôté. On n'était pas à s'attraper, à se pendre aux becs de gaz, mais cela a mis un petit froid. Il a continué à faire ses films. Et moi, les miens. » (Le Figaro, 19 juillet 2000)*. Un début de réconciliation s'était opéré à l'aube des années 1980, lorsque de Broca préparait *L'Africain* et qu'il envisageait Jean-Paul dans le rôle-titre. En vain, hélas.

Le scénario d'*Amazone*, coécrit avec Serge Frydman (fidèle complice de Patrice Leconte), s'intitule d'abord *Lulu*. L'intrigue, De Broca l'a en tête depuis longtemps : « *Un soir, alors que je dînais avec Steven Spielberg, qui me confiait qu'il avait* vu L'Homme de Rio *à neuf reprises, je lui ai parlé d'une comédie où les extraterrestres seraient la vedette. Spielberg m'a écouté puisqu'il a fait* E.T. *Mais l'idée me trottait dans la tête et nous avons imaginé l'histoire d'Édouard, un homme qui vit seul, sans femme, ni enfant, dans la forêt amazonienne et qui est du genre bougon. Jusqu'au jour où débarque Margot, une sorte de Mata-Hari. C'est Arielle Dombasle qui l'incarne. Ils n'arrêtent pas de s'engueuler... Mais voilà qu'au cours d'un orage arrive une véritable extra-terrestre, âgée de huit ans, Lulu, jouée par une petite fille, prénommée Thylda. Grâce à elle, Édouard et Margot vont s'apprivoiser. » (*Le Parisien, 16 août 2000*)*

Au départ, De Broca ne comptait pas faire appel à Belmondo pour interpréter le personnage d'Édouard. C'est le producteur du film, Alain Sarde, qui, après avoir croisé la vedette à Saint-Germain-des Près, le lui suggère. Un rendez-vous s'organise donc, et Philippe de Broca est aussitôt conquis par la nouvelle apparence du comédien : « *Un homme aux cheveux blancs très courts, au visage de vieux loup solitaire et en pleine forme physique* » témoigne-t-il. Idéal, en somme, pour le rôle. Par chance, Belmondo l'accepte d'emblée : *« J'ai accepté de participer à cette aventure, d'abord parce qu'il y avait de l'amitié qui nous unissait, Philippe de Broca et moi. Nous avons pratiquement débuté ensemble, ça crée des liens. Nous partagions la même façon de travailler, dans la bonne humeur, la même approche du métier. Ensuite il y avait son talent. De Broca n'était pas n'importe qui : il y avait des antécédents ! Et puis, il y avait l'envie de tourner à Cuba. C'était un pays que je ne connaissais pas et j'avais très envie d'y passer plusieurs semaines. Enfin, il y avait l'attrait de jouer avec une fillette de huit ans, ce qui ne m'est pas arrivé souvent. Tout cela formait un challenge formidable. Sur le papier... »* (*Belmondo*, Philippe Durant, 2011)

UN PARI PERDU D'AVANCE ?

D'abord envisagé en Inde, le tournage a finalement lieu à Cuba. Et l'excitation est, de prime abord, à son comble. Après Rio, la Chine et le Mexique (*Le Magnifique*), cette énième destination promet un fabuleux spectacle... Malheureusement, les conditions ne sont pas au rendez-vous, relate Jean-François Robin, le chef-opérateur du film : *« J'avais reçu le scénario, qui était très bien, plutôt plaisant, mais la production a cconsidérablement réduit le budget. Philippe a donc eu cette contrainte de ne pas avoir le budget nécessaire pour le film. C'est un film dont l'histoire devait se dérouler dans la forêt vierge en Amazonie, et la production a décidé de tourner le film à Cuba parce que soi-disant les conditions étaient formidables, mais le problème c'est qu'il n'y avait pas de forêt. C'était un premier problème. On a ramé énormément pour trouver des décors ressemblant à une forêt, on a trouvé un ancien jardin zoologique*

Réalisateur : Philippe de Broca, Assistants-réalisateurs : Denis Bergonhe, Alina Pombo Alonso, Mayra de la Caridad Segura Cabrera, Marianne Capian, Ileana Rafaela Perez Ludena, Juan Carlos Tellez Ramos, Tania Rosa Ceballos Vazquez, Lourdes Guzman Sanchez, Sandra Salazar Blay, Production : Les Films Alain Sarde, TF1 Films Production, PHF Films (Espagne) avec la participation de Canal + et du Studio Images, Directeurs de Production : Alain Centonze, Francisco Alfredo Cabrera Rode, Producteur délégué : Alain Sarde, Producteur Exécutif : Christine Gozlan, Assistants à la production : Jorge Garcia Lorenzo, Carlos Tomas de la Huerta Fonseca, Luis Ernesto Flores Gonzales, Carlos Arturo Barber Veliz, Jorge Javier Gonzales Fernandez, Alberto Alejandro Reytor Fernandez, Carlos Vives Santana, Administrateur de production : Yann Nerot, Secrétaires de production : Miriam Martinez Muniz, Laure Darie, Stagiaires à la production : Luis Coto Hernandez, Michel Vives Sanchez, Carlos Loreto Gonzales Calero, Arlen Yera Hernandez, Carlos Miguel Camacho San José, Distribution : Studio Canal +, Scénario : Philippe de Broca, Dialogues : Serge Frydman, Image : Jean-François Robin – A.F.C, Assistants opérateurs : Pierric Gantelmi D'ille, Francisco Javier Hernandez Dominguez, Francisco Hernandez Mendizabal, Opérateur vidéo : Jesus Rodriguez, Montage : Henri Lanoë, Stagiaire monteuse : Mélanie Braux, Musique : Alexandre Desplat (Harmonica : Mauricio Einhorn, Violon solo : Dominique Lemonnier, Trompette solo : Christian Martinez, Piano : Frédéric Gaillardet), Son : Henri Morelle, Jean-François Auger, Laurent Quaglio assistés de Pierre Tucat, Montage son : Chantal Reynaud Quaglio assistée de Claude Roulier, Décors : Aramis Balebona Recio, Carlos Urdanivia Hurtado, Ensemblière Perine Barré, Accessoiristes : Raul Perez Ochotorena, José David Amat Matos, Ignacio Valdes Sarracent, Costumes : Paulette Breil, Liz Alvarez Marti assistées de Norma San Juan! Valdes, Nélida Maria Puig Pelaez, Maquillage : Charly Koubesserian assisté de Magaly Pompa Batista et Martha Diaz Alvarez, Coiffeur : Francisco Dionisio Aguilar Garaboa, Casting : Dan Berthier , Régie : Nathalie Freige, Martin Coiffier, Karine Pichon Raphael, Julio César Ricardo Ginarte, Claire Le Saint, Cadreur : Oscar Valdes Espinosa, Photographie : Emilie de la Hosseraye, Comptables : Vivian Pompo Alonso, Ingrid Perez Hernandez, Post-Synchronisation : Jacques Levy assisté de Françoise Maulny Levy, Isabelle Tat, Assistant son à la post-synchronisation : Jean-Louis Le Bras, Jacques Ballay, Bruiteur : Jean-Pierre Lelong assisté de

Mario Malchiorri, Ingénieur du son au bruitage : Thierry Lebon, Assistant son au mixage : Marie Massiani, Recorders : Gregory Poncelet, Stephan Lucas, Etalonneur : Pierre Reali, Consultant DTS : Hervé Roux, Attachés de presse : Dominique Segall, Astrid Gavard, Médecin : Barbara Montero Barcelo, Electriciens : Ivan Scull Sanchez, Machiniste : Luis Juara Blen, Effets spéciaux : Gilberto Martinez Gomez, José Antonio Galan Ginarte, Jorge David Montesino Nogueira, Cascadeurs : Daniel Verité, Alain Guerillot, Tournage : du 04 septembre jusqu'en novembre 1999 Cuba., Durée : 85 minutes, Titre de tournage : L'Étoile filante, Genre : Comédie, Sortie : 19 juillet 2000, Visa d'exploitation : 97 916, Affichiste : Agence H et K, Éditeur DVD : Studiocanal, Box-office France : 76 225 entrées, Producteur actuel : Studiocanal

INTERPRÉTATION : **Jean-Paul Belmondo** (Édouard), **Arielle Dombasle** (Margaux), **Patrick Bouchitey** (Jeff Benard), **Thylda Barès** (Lulu), **André Penvern** (Le colonel de Villeneuve), **Jackie de la Nuez** (Le vieux Chef), **Ronny Bandomo Casanova** (Le petit garçon), **Carlos Padron** (Le médecin du laboratoire), **Fernando Echevarria** (Le chinois), **Daniel Hernandez** (Le chauffeur de taxi), **Hector Echemendia** (Le premier scientifique), **Salvador Palomino** (Le deuxième scientifique), **Alberto Noel Pena** (Le troisième scientifique), **Oscar Bringas** (Le machiniste du train), **Carlos Massola** (Le premier Rambo), **Leonardo Darias** (Le deuxième Rambo), **Ernesto Queral** (Le troisième Rambo), **Alberto Reytor** (Le quatrième Rambo), **Ismael Morales** (Le guerrier Indien)

à l'abandon à Cienfuegos, ça avait des allures de forêt mais ce n'était pas l'Amazonie ! Le manque de forêt s'est fait tellement ressentir que nous sommes rentrés à Paris et repartis deux semaines après au Venezuela, pour filmer des forêts et les chutes de Canaïma afin d'avoir des images fortes et exotiques. On n'a pas eu de chance car c'était au moment d'un terrible glissement de terrain à Caracas qui a causé 20.000 morts. On était dans le sud à 800 kilomètres, mais c'était terrible du point de vue de l'équipe qui était morte d'inquiétude pour leur famille. On avait fait les repérages en pleine saison sèche, en avril-mai 1999, et on a tourné en septembre-octobre et c'était la saison humide. Il a beaucoup plu, c'était une catastrophe, on était dans la boue, un cauchemar. Durant la préparation, on avait pensé à un porte-avion pour les scènes d'actions à la fin du film mais avec la restriction du budget par la production, ça a été remplacé par un train. On avait une vieille locomotive à vapeur dont on avait peur qu'elle explose tous les jours... on s'arrachait les cheveux ! C'était difficile. On essayait de trouver des solutions pour remonter le moral de Philippe car là, je l'ai vu un peu perdu. En plus, on s'était fait escroquer par les cubains, ce qui avait aggravé le climat général. Ce n'était pas l'enthousiasme qu'il y avait sur Le Bossu *car on sentait bien que ce film était plus faible. Jean-Paul Belmondo était un peu fatigué, pas dans une forme éblouissante, sinon il y avait une bonne ambiance entre les comédiens. Le film aurait pu être bien mais il a été gâché par de mauvaises conditions économiques. »* (entretien avec les auteurs, 2020)

Pire : *Amazone* n'est distribué que dans dix salles sur l'ensemble de la capitale, et ce au beau milieu de l'été 2000. Un tel événement (de Broca-Belmondo-Amazonie) méritait mieux. Avec une exploitation si réduite, l'échec est inévitable. *Amazone* totalise péniblement 76.225 entrées sur le sol français. Jamais Philippe de Broca n'avait connu pareille défaite. Le coup est dur, et marque par ailleurs l'ultime chapitre de la collaboration entre Bébel et de Broca.Triste conclusion.

Page de gauche
Scènes du film

Page de droite, en haut
Philippe de Broca sur le tournage d'*Amazone*

Page de droite, en bas
Philippe de Broca et Jean-Paul Belmondo entre deux prises

CUBA

CUBA

Page de gauche, en haut
Scènes du film
Philippe de Broca dirige Jean-Paul Belmondo

Page de gauche, en bas
Le metteur en scène se repose entre deux prises

Page de droite, en haut
Philippe de Broca

Page de droite, en bas
L'équipe technique et les comédiens
Au centre : Jean-Paul Belmondo

1551

VIPÈRE AU POING

Jean Rezeau et son frère aîné vivent heureux à la Belle-Angerie, le château familial. Mais la mort de leur grand-mère provoque le retour d'Indochine de leurs parents, et sonne le glas de leur enfance...

L'ULTIME RETOUR DE PHILIPPE DE BROCA AU CINÉMA

Alors que Philippe de Broca commence à s'intéresser de près au théâtre, il est sollicité par la scénariste et productrice Olga Vincent, afin de réadapter pour le grand écran *Vipère au poing*, le célèbre roman d'Hervé Bazin. Paru en 1948, l'ouvrage largement autobiographique avait déjà été adapté pour la télévision au début des années 1970 par Pierre Cardinal, avec Alice Sapritch dans le rôle de l'épouvantable Folcoche et Marcel Cuvelier dans celui de son époux.

Olga Vincent explique pourquoi elle a pensé à Philippe de Broca : « *Un homme de comédie dans une histoire à priori dramatique, cela ne pouvait être que riche. Enfin, j'adore* Le Cavaleur *pour son désenchantement. Et puis j'avais vu* Le Jardin des plantes *où l'on suivait une histoire du point de vue d'une petite fille.* »

De Broca accepte, mais à une condition : trouver dans l'œuvre de Bazin des éléments qui éclairent et expliquent le comportement de la mère. Il déclare ainsi, à Dominique Borde dans les colonnes du *Figaro* : « *J'ai relu le livre et j'ai pensé qu'il était intéressant de se braquer sur le monde des enfants et de prendre leur point de vue. J'ai fouillé aussi dans la vie de Bazin qui ouvre et ferme le film avec une scène authentique. Sa mère est réellement morte chez lui des années plus tard et il lui a fermé les yeux. J'ai rencontré aussi la dernière épouse de l'écrivain, qui m'a dit qu'il avait beaucoup exagéré la méchanceté de sa mère. J'ai enfin ajouté quelques scènes comme celle sur les rapports conjugaux du couple. Une façon d'humaniser le personnage.* »

UNE ADAPTATION À LA FOIS LIBRE ET FIDÈLE

Si Philippe de Broca reprend des scènes entières du roman, il y ajoute cependant une bonne dose d'humour, faisant de Folcoche (une contraction de « folle » et de « cochonne ») une cousine des marâtres des contes de Grimm ou de la Mère Mac'Miche de la Comtesse de Ségur. Une mère si cruelle qu'elle en est ridicule, et c'est cet aspect-là que de Broca cherche à souligner.

Pour ce rôle, le choix de Catherine Frot s'est vite imposé à De Broca : « *J'ai tout de suite pensé qu'elle pourrait jouer les méchantes sans être uniquement méchante, et que cela rendrait le film plus intéressant, voire émouvant, et c'était un des enjeux de l'entreprise. Sans édulcorer le moins du monde la monstruosité du personnage, on a tout fait pour le rendre plus complexe.* » (Dossier de presse) Vingt-trois ans après *Psy*, Philippe de Broca retrouve donc avec plaisir celle en qui il avait placé de grands espoirs. Que de chemin parcouru depuis... Pour préparer ce nouveau rôle, la comédienne s'inspire de l'allure des femmes des années 1930. Elle confie : « *J'avais envie d'aller vers des choses un peu démoniaques, hors normes, théâtrales même. Je me suis inspirée de photos des années 1920-1930. Certains visages de femmes comme Sarah Bernhardt, Colette. La préparation physique, l'allure, le maquillage, la coiffure... tout cela a été très important. J'ai pensé aussi à l'expressivité du jeu de l'acteur dans le cinéma muet.* »

Le cinéaste est également ravi de travailler aux côtés de Jacques Villeret : « *Quand on me l'a suggéré, j'ai sauté au plafond! Il est remarquable dans un rôle veule et peu séduisant. Mais je suis tellement lâche avec les femmes que je lui donne quelques excuses... Comme Daniel Auteuil, il fait peu de choses et, d'un coup d'œil, il exprime beaucoup.* » (Le Figaro)

Réalisateur : Philippe de Broca, Production : Rezo films- Ramona productions- zéphyr films- France 3 Cinéma, Producteurs : Olga Vincent, Jean-Michel Rey, Philippe Liégeois, Coproducteurs : Chris Curling et Phil Robertson, Adaptation et dialogues : Philippe de Broca et Olga Vincent d'après le roman d'Hervé Bazin, Directeur de la photographie : Yves Lafaye, Musique originale : Brian Lock, Premier assistant réalisateur : Badreddine Mokrani, Scripte : Marie Florence Roncayolo, Cadreur : Lorenzo Donati, Assistants opérateurs : Claude Debroux, Francine Filatrio., Ingénieur du son : Jean-Jacques Ferran, Assistant : Olivier Varenne, Chefs décorateurs : Christian Siret, Milly Burns, Accessoiristes de plateau : Guy Vanderplaesten, Jenny Lawrence Smith, Costumière : Sylvie de Segonzac, Habilleuse : Clarisse Fretard, Directeurs de production : Pierre Vallon, Handy Stebbing, Régisseurs : Andrew Cooke, Pierre Dufour, Casting : Marie-Christine Lafosse, Sarah Crowe, Chef maquilleuse : Chantal Leothier, Chef coiffeur : Patrick Villain, Chefs constructeurs : John Watt, Cyril Cornillier, Chefs électriciens : Jim Howe, Bob Horsefield, Chefs machinistes : Rob Barlow Gilles Springmann, Photographe de plateau : Suzy Alnutt, Chef monteuse : Anna Ruiz, Assistant monteur : Pascal Latil, Étalonneur : Jean Durand, Chef monteur son : François Fayard, Mixeur : Bernard le Roux, Directrice de post-production : Eve Albertini, Tournage : Octobre / Novembre 2003 en France à Mézières-sur-Oise (Aisne), Saint-Sulpice-de-Favières (Essonne), Rochefort-sur-Yvelines (Yvelines), Cormeilles-en-Parisis (Val d'Oise, pénitentier), Crécy-la-Chapelle (Seine-et-Marne), Paris et en Angleterre dans le Dorset (manoir La Belle Angerie) et à Londres , Durée : 96 minutes, Genre : drame, Sortie : 6 octobre 2004 (France), Visa d'exploitation : 106220, Affichiste : Pierre Collier, Éditeur DVD : France Televisions Éditions, Box-office France : 1 204 134 entrées, Producteur actuel : Orange

INTERPRÉTATION : **Catherine Frot** (Paule « Folcoche » Rézeau), **Jacques Villeret** (Jacques Rézeau), **Jules Sitruk** (Jean « Brasse-Bouillon » Rézeau), **Cherie Lunghi** (Miss Chilton), **Hannah Taylor-Gordon** (Fine), **Richard Bremmer** (Abbé Traquet), **Sabine Haudepin** (Tante Thérèse), **William Touil** (Ferdinand « Freddie » Rézeau), **Wojciech Pszoniak** (Père Volitza), **Pierre Stévenin** (Marcel « Cropette » Rézeau), **Annick Alane** (Grand-mère Rézeau), **Paul Le Person** (Le père Létendard), **Alexia Barlier** (Kitty), **Amélie Lerma** (Henriette), **Dominique Paturel** (M. Pluvignec), **Macha Béranger** (Mme Pluvignec), **André Penvern** (Félicien,le maître d'hôtel), **Stephen Waters** (Blaise), **Anna Gaylor** (Mme Chadu,la concierge), **Étienne Draber** (Le docteur Lormier), **Philippe de Broca** (L'invité à la fête), **David Gabison** (L'évêque), **Marie-Florence Roncayolo** (La bonne de Thérèse), **René Morard** (Le vendeur de marrons), **Pierre Wallon** (Le docteur de Madame Bazin), **Christian Siret** (Le prêtre de Madame Bazin), **Angela Waters** (Josette, la jeune servante), **Marten Sims** (Le jardinier), **Danya Harding** (Le cuisinier), **Ron Mills** (Le chauffeur), **Claude Sitruk** (Hervé Bazin), **Denis Podalydès** (Le narrateur), **Gérard Rakotoarivony**, **Louis Laguerre**, **Freddie Citadelle**, **Claude Pironneau**, **Philippe Chagne** (Les musiciens au bal nègre)

FINI DE CAVALER

Le tournage de *Vipère au poing* se déroule pendant six semaines en Angleterre, puis deux autres à Paris. Philippe de Broca a le temps et les moyens (sept millions d'euros de budget) de réaliser le film qu'il désire. Et, pour la première fois de sa carrière, le cinéaste opte pour une mise en scène calme, sans pour autant aboutir à un résultat ennuyeux : « *C'est vrai*, reconnaît De Broca dans Le Figaro, *je tourne souvent avec un métronome parce qu'avec les comédies il faut aller vite pour estomper la minceur du sujet. J'ai toujours peur d'emmerder le spectateur. Mais ici, je me suis mis un frein et j'ai tourné les scènes avec deux caméras pour plus de sécurité. Je voulais que le récit coule.* »

SUCCÈS PUBLIC ET LANGUES DE VIPÈRE

Parmi tous les journalistes qui découvrent le film en avant-première, peu sont enthousiastes. Ils semblent déçus par une adaptation qu'ils jugent banale : « *Une illustration, qualité France, pas déshonorante mais sans âme* » (Aden), « *La vipère a perdu de son venin* » (Les Echos), « *Le film n'a pas le mordant, l'excitation, ce frémissement nerveux qui parcourt le roman. Les faits sont là. Manque le style. Cette vipère ne mord pas vraiment* » (Le Figaro), « *Un film en sépia, à voir comme un conte de sorcières pour adultes et enfants* » (Le Figaro Magazine), « *Une banale chronique, aussitôt vue, aussitôt oubliée* » (MCinéma.com), « *Contrat rempli... le film se laisse voir sans se pousser ni du coude ni du col. Certains jours, on se dit que c'est une qualité.* » (Le Nouvel observateur), « Vipère au poing *représente à nouveau la petitesse d'esprit d'une bonne partie de la production française : chéquier généreux pour œuvre cinématographique télévisuelle sans risque et sans originalité.* » (Positif), « *Adaptation trop sage du roman cruel d'Hervé Bazin.* » (Télérama), « *Cette* Vipère au poing *ne révolutionnera pas le 7e art, mais elle incarne bien les avantages d'un certain classicisme* » (Le Temps), « *Il y a un glacis, sinon de gentillesse ou, du moins, de supportable indifférence qui tombe sur le film et enlève la férocité de cette affaire. On devrait être terrifié, déchiré parce que c'était de la haine. Les images sont beaucoup plus jolies que ce que le film doit dire* » (Danièle Heymann, Le Masque et la plume).

Qu'importe. Grâce à la complicité de Catherine Frot et de Jacques Villeret, Philippe de Broca garde un souvenir heureux de ce tournage. La comédienne précise : « *Ce film a été une vraie rencontre entre Philippe et Jacques Villeret. C'était une vraie amitié ; on avait l'impression qu'ils se connaissaient depuis toujours alors que c'était la première fois qu'ils travaillaient ensemble. C'était incroyable. Je me souviens de la soirée de fin de tournage, ils étaient collés ensemble. On aurait dit deux frères. Ils s'entendaient à merveille. (...) Philippe était toujours dans l'émerveillement des acteurs et des actrices en général. La féminité au cinéma, c'était tout ce qu'il aimait. Il appartenait à une autre époque, avec un charme, une fantaisie et une envie de cinéma énorme. C'est extraordinaire. Il a vraiment fait des choses merveilleuses dans le cinéma au niveau de la comédie. Il avait aussi ce regard drôle, dans la vie.* » (entretien avec Luc Larriba, 2019)

Sorti à la fin du mois d'octobre 2004, *Vipère au poing* totalise en quelques semaines plus d'un million d'entrées. Philippe de Broca s'éteint peu après la sortie du long-métrage, le 24 novembre...

Et résonne encore en nous ce dialogue issu du film :

Jean : *Pourquoi t'es toujours pressée, grand-mère ?*

Grand-mère Rézeau : *Parce que la vie est courte, très courte, surtout à la fin...*

Page de gauche
Scènes du film *Vipère au poing*

Page de droite, en haut
Philippe de Broca derrière la caméra

Page de droite, au centre
Philippe de Broca sur une échelle, le viseur à la main

Page de droite, en bas
Jacques Villeret

Philippe de Broca vu par...

Jean-Michel Rey
Producteur et distributeur de *Vipère au poing*

C'est à Olga Vincent et Jean-Pierre Alessandri que je dois la chance d'avoir rencontré et accompagné jusqu'à ses derniers jours Philippe de Broca.

Ils m'ont proposé, après avoir largement développé l'écriture du scénario, de les rejoindre comme co-producteur délégué, producteur exécutif et distributeur de l'adaptation de *Vipère au poing* d'Hervé Bazin.

J'ai produit une trentaine de films, j'en ai distribué plus de trois cents, sous l'égide de Rezo films, mais *Vipère au poing* restera sans conteste l'une de mes plus belles aventures, si ce n'est la plus belle.

Une aventure de cinéma bien sûr, mais aussi – et surtout – une aventure humaine.

Pourtant la réputation de Philippe avait largement de quoi m'effrayer !

Incorrigible, provocateur, plutôt de droite, intransigeant, colérique, têtu ...et autres anathèmes encore, oubliés depuis.

Tout cela, c'était le vernis.

Mais lorsqu'on grattait le vernis, un autre homme apparaissait : doux, attentif aux autres, généreux, incroyablement drôle, cultivé, et donc profondément attachant.

Après avoir fêté le million d'entrées de *Vipère au Poing*, notre relation professionnelle s'est enrichie d'un lien amical ; une amitié s'est installée, faite de complicités, de confidences très intimes sur nos vies, les femmes, ses femmes, la maladie, le sexe, la mort, les enfants, sa fille Jade ....

De longues conversations, des déjeuners que je ne voulais pas voir se terminer ....

Les derniers jours, quand je passais le voir à l'hôpital américain à Neuilly, en rentrant dans sa chambre, un sourire éclairait son visage :

« Allez, on y va ? »

On traversait l'hôpital, avec sa perfusion sur roulette, et on prenait l'ascenseur pour descendre dans le jardin.

Et là, on allumait une cigarette, geste évidemment rigoureusement interdit, qui rendait cette cigarette forcément bien meilleure qu'une autre.

On fumait en cachette, comme des collégiens. Ça le faisait marrer de défier l'autorité :

« Font chier, ces cons, de m'empêcher de fumer, à quoi ça sert maintenant ! »

J'ai beaucoup aimé cet homme, avec ses contradictions, sa grande gueule et son cœur énorme ...

D'autres diront son talent incroyable de metteur en scène et de directeur d'acteurs, et parleront de ses films devenus cultes.

Pour ma part, je retiens surtout son sourire malicieux et doux, si doux.

Jean-Michel Rey, 2020

RÉALISATEUR TÉLÉVISION

1993
Regarde-moi quand je te quitte
Tournage : 28 janvier au 24 février 1993
Diffusion TV : 1er octobre 1993 (CANAL+), 12 octobre 1994 (France 2)

1994
Le Jardin des plantes
Tournage : 16 mai au 24 juin 1994
Diffusion TV : 19/11/1994 (CANAL+)

1995
Les Hommes et les femmes sont faits pour vivre heureux... mais pas ensemble
Diffusion TV : 30 septembre 1995 (France 3)

1996
Le Veilleur de nuit
Diffusion TV : 27 décembre 1996 (Canal +), 29 juillet 1998 (France 2)

2001
Madame Sans-Gêne
Tournage : 18 juin au 20 juillet 2001 et Raccords 30 Août 2001
Date de diffusion : 11 février 2002 (TF1)

2002
Y aura pas école demain
Tournage : 20 Août au 17 septembre 2002
Diffusion TV : 18 février 2003 (France 3)

2003
Un Amour en kit
Diffusion TV : 1er novembre 2003 (France 3)

2003
Le Menteur
Tournage : 31 Mars au 29 Avril 2003 – Diffusion TV : 29 janvier 2005 (France 3)

REGARDE-MOI QUAND JE TE QUITTE

Pierre aime Angélique qui, elle, ne l'aime plus. Aujourd'hui, Angélique aime Bernard, lequel vient tout juste de quitter Eve. Une situation somme toute banale. Pour autant, les amoureux déçus n'entendent pas se résigner aussi facilement…

Suite à l'échec (terrible) des *Les Clés du paradis* en 1991, Philippe de Broca se tourne vers la télévision. Une première dans son immense carrière. Cela dit, tourner pour le petit écran n'est pas une humiliation car un certain nombre de ses confrères s'y sont frottés (Joël Séria, Édouard Molinaro, Georges Lautner…).

Regarde-moi quand je te quitte est un sujet de Philippe le Dem que le producteur Alain Clert remet un jour entre les mains de De Broca : « *Philippe a eu connaissance du scénario et il a accepté tout de suite de le faire. Il n'a pas retouché une ligne. Il m'a dit :* « Ça ne raconte pas grand-chose mais c'est une bulle de champagne, ça me fait rire, allons-y ! » (entretien avec Luc Larriba, 2020). En résulte un gentil vaudeville à la sauce bordelaise, parfaitement bien conçu et au rythme trépidant. Quant à la distribution, elle est impeccable, comme toujours, qu'il s'agisse des premiers rôles (Patrick Chesnais, déchaîné, et Isabelle Gélinas, aussi irrésistible qu'émouvante) ou des seconds (inoubliable Jean Rougerie). Chesnais se souvient de cette aventure : « *Avec Isabelle Gélinas, on envisageait de faire une lecture du scénario, comme ça se fait régulièrement, avant de tourner. Je sentais que De Broca était réfractaire, que ça ne servirait à rien selon lui, qu'il considérait que l'instant où nous tournerions, c'est ça qui était important. Avant, c'était se prendre la tête. On a fait quand même une lecture à force d'insister. Il en a été très content. C'était le contraire d'un dilettante. C'était le plaisir de la vie qui comptait avant tout… C'était un type sérieux. On commençait à 9h et il fallait qu'à 9h05 il y ait déjà un plan en magasin. Il disait qu'à 9h05, il voulait déjà une séquence en boîte. Ce n'était pas toujours le cas, mais très vite on y est parvenus. Ça ne trainaillait pas. Souvent le démarrage d'une journée de tournage à neuf heures c'est un peu mou, un peu lent. Il faut que tout le monde se mette en place. Avec lui, on ne perdait pas de temps. Le reste, on s'en fout. Une ombre n'a pas d'importance. Ce qui compte c'est ce qui s'est passé entre les acteurs.* » Il précise : « *Ce que j'aimais chez Philippe de Broca se situe au-delà de la direction d'acteurs. C'était l'homme. Laurent Terzieff disait que la différence entre deux acteurs de même niveau, c'est l'homme. J'en dirais autant d'un metteur en scène de cinéma. L'homme qu'il était, le regard sur le monde, les gens, je me sentais proche de lui. Il aimait la vie et le plaisir de la vie et ça se sent dans ses films. Il aimait les femmes, manger, bien boire, s'amuser, rigoler. Il installait une complicité et une envie de partage, de rire, dans les choses de la vie. Au-delà de la direction d'acteurs, qui ne veut pas dire grand-chose, c'est ce qu'il était, lui. Il nous indiquait le chemin et nous donnait l'envie de jouer, de faire quelque chose avec lui.* » (entretien avec Luc Larriba, 2019)

Lors de sa diffusion, le 20 octobre 1994 sur France 2, *Regarde-moi quand je te quitte* attire une large audience, près de six millions de téléspectateurs, battant au passage la chaîne concurrente TF1 qui misait sur une émission de variétés présentée par Jean-Pierre Foucault. La critique lui rend hommage. Pour Télérama, « *Philippe de Broca a réuni des atouts maîtres pour en faire un remarquable téléfilm. Patrick Chesnais s'adapte avec une simplicité inouïe à la drôlerie ou au tragique. Du grand Chesnais. Un grand téléfilm donc.* » Quant à la rédaction de Télé 7 Jours, elle estime que le réalisateur « *retrouve le rythme et la justesse propre à ses comédies d'antan* », aidé par une « *histoire originale* », des « *dialogues croustillants* », sans oublier des « *comédiens parfaits.* » Autrement dit, une réussite éclatante.

Réalisateur : Philippe de Broca, Scénariste : Philippe Le Dem, Productrice exécutive : Charline de Lépine, Coproduction internationale : Danielle-Marie Peeters, Directrice de production : Edith Colnel, Administratrice de production : Françoise Bouillon-Pommerolle, Secrétaire de production : Anne-Marie Damo, 1er assistant réalisateur : Bernrard Seitx, 2ème assistant réalisateur : Anne-Marie Denis assistée d'Odile Balme, Musique du film : Charles Court, Directeur de la photographie : Bernard Zitzermann, Ingénieur du son : Jean-Charles Ruault, 1er assistant son : Bertrand Come, Coordinateur des cascades : Rémy Julienne, Cascadeurs : Pascal Garnier, Dominique Julienne, Marilyne Lebec, Chef décoratrice : Michèle Susini, Chef monteuse : Marie-Claude Lacambre, Assistante monteuse : Elodie Saunier assistée de Valérie Mérie, Chefs costumières : Sylvie Marcou, Sophie Marcou, Habilleuse : Tess Hammami, Chef maquilleuse : Martine Allouch-Fernandez, Chef coiffeuse : Annie Cator, Scripte : Nathalie Alquier, Régisseur général : Emmanuel Agostini, Régisseur adjoint : Eric Rodriguez assisté de Michèle Giacobbi, Roger Samson, Cadreur : Guy Famechon, 1er assistant opérateur : Sophie Charrière, 2ème assistant opérateur : Fabienne Delaleau, Bruiteur : Pascal Chauvin, Mixeur : Paul Bertault, Chef électricien : Alain Payet, Electricien : Alain Martigny, Chef machiniste : Philippe Grunebaum, Machiniste : Pascal Payet, Sociétés de production : Canal+, France 2, Son et Lumière, Télévision Suisse-Romande, Format : Couleur - 1,33:1 - 35 mm - Son mono, Genre : Comédie, Durée : 78 minutes, Diffusion : 20 octobre 1994 (France 2)

INTERPRÉTATION : Isabelle Gélinas (Ève), **Patrick Chesnais** (Pierre), **Élisa Servier** (Angélique), **Marc Maury** (Bernard), **Étienne Draber** (Prudent), **Geoffroy Thiebaut** (Chalmin), **Sophie Mounicot** (Rebecca), **André Penvern** (Le commissaire), **Jean Rougerie** (Monsieur Désir), **Anna Gaylor** (Une dame), **Andrée Damant** (Une autre dame), **Daniel Villattes** (Un client), **Georges Berdot** (Un clochard), **Frédéric Darie** (L'interne), **Vincent Moscato** (Le fiancé de Rebecca), **Gérard Renoux** (Le maître d'hôtel), **Rémy Julienne** (Le conducteur de la dépanneuse), **Dany Claverie-Lucas** (La fleuriste), **Gérard Lecouvey** (Le planton), **Virginie Vignon** (Une passante), **Teddy Bilis** (Un vieux monsieur), **Bernard Blancan** (Le concierge), **Yves Bolot** (Le vendeur de bijoux), **Frédéric Foucault** (Le barman), **Didier Jeaunaud** (Jacky), **Patrice Thibaud** (Le serveur de la gare), **Li Weng-Feng** (Le chinois), **Alem** (L'ouvrier)

Philippe de Broca dirige Geoffroy Thiebaut et Etienne Draber

LE JARDIN DES PLANTES

Réalisateur : Philippe de Broca, Assistant réalisateur : Alfred Lot, Production : Canal+, Centre National de la Cinématographie (CNC), Maecenas Film- und Fernseh GmbH, Mafilm, Son et Lumière, TF1 Films Production, Vereinigte Film Partners, Producteurs : Yves Pasquier, Harald Reichebner, Jànos Zsombolyai, Producteur délégué : Alain Clert, Directeur de la production : Vincent Bercholz, Exportation / Vente internationale : August entertainment, Scénario et dialogues : Philippe de Broca, Alexandre Jardin (non crédité au générique), Directeur de la photographie : Janos Kende, Montage : Marie-Claude Lacambre, Musique : Charles Court - Éditions UNE MUSIQUE - COPPELIA, Ingénieur du son : Bruno Charier, Mixeur : François Groult, Décors : François de Lamothe, Costumes : Sophie Marcou, Maquillage : Claire Ballereau, Régisseur France : Daniel Dubois, Régisseurs Hongrie : Ildiko Kovaks, Itsvan Nedeczky, Script-girl : Nathalie Alquier, Direction artistique TF1 : Claude de Givray, Dominique Deviosse-Nayrole, Photographie de plateau : Philippe Besnard, Durée : 93 minutes, Genre : comédie, Première diffusion : Canal+, puis TF1, Sortie en France : 19/11/1994, Sortie États-Unis : 30/08/1996

INTERPRÉTATION : **Claude Rich** (Fernand Bornard), **Salomé Stévenin** (Philippine Bornard), **Samuel Labarthe** (Armand), **Rose Thiéry** (Jeanne), **Gert Burkard** (Wenders), **Catherine Jacob** (Micheline), **André Penvern** (Périgord), **Zoltan Gera** (Marcel), **Istvan Meszaros**, (Paulo), **Didier Lafaye** (Hirondelle), **Cyril Montana** (FFI Notre Dame), **Tamas Dunai** (Capitaine Jones), **Janos Szikora** (Docteur Blauschild), **Janos Kulka** (Colonel Bastien)

En 1944, peu avant la libération de Paris. Fernand Bonnard, directeur du Muséum d'Histoire Naturelle, se dispute avec son fils Armand. Peu de temps après, celui-ci est arrêté par les Allemands, et exécuté le soir même devant son père....

À l'origine, *Le Jardin des plantes* est un sujet que Philippe de Broca tente de monter au cinéma. En vain. L'œuvre finira par voir le jour grâce à la télévision (et la chaîne Canal Plus), tout en se voyant attribuer une diffusion dans les salles obscures outre-Rhin, à la suite du cofinancement du projet par l'Allemagne. C'est une réflexion d'Alexandre Jardin, l'auteur de *Fanfan*, qui a lancé Philippe de Broca dans cette nouvelle aventure. Une fois n'est pas coutume, le réalisateur est l'unique auteur du scénario. : « *Jardin m'a parlé d'un mort à qui l'on fabriquait de toutes pièces une fausse vie après sa disparition, afin d'épargner du chagrin à ses proches. De nos jours, les causes de mort ne manquent pas : accidents, sida. J'ai préféré la dernière guerre, qui a marqué mon enfance, et fait partie de mon univers.* »

Le tournage se déroule avec une grande souplesse, relate le producteur Alain Clert : « *Philippe a préparé, tourné et monté ce film dans un bonheur total, car le thème du scénario était celui de la lâcheté humaine, thème qui le passionnait, et dont il assumait totalement la distribution... Puis, comme toujours avec Philippe, le tournage s'est passé sans conflit, avec une rapidité telle que c'était moi, le producteur, qui lui rappelait qu'il disposait de temps pour tourner.* ». La comédienne Salomé Stévenin, alors jeune débutante, se remémore cette expérience avec émotion : « *Casting* du Jardin des plantes, *j'ai neuf ans. Ma mère m'a fait deux petites nattes. Pantalon rouge bordeaux à pois bleus et mon texte appris et répété pendant des jours... j'ai le cœur qui tape très fort.*

— Bonjour.
— Bonjour. J'te préviens, j'aime pas les enfants.

Puis il me regarde avec son franc sourire, c'est lui : Philippe de Broca. Nous jouons la scène tous les deux. Il est sérieux, et en même temps, on s'amuse. J'adore ça. D'un air entendu, il me demande : « Tu sais grimper aux arbres ? » *Euh... oui, et Philippe lance au directeur de production :* « Vincent, je vous présente Philippine. » *Je n'ose pas y croire, il m'a choisie... Philippe m'a fait vivre des aventures extraordinaires, m'a appris mille et une choses sur tout, la vie, les poules, les canards, les églises... Dans son film, il me fait voler au-dessus d'un lac, m'embarque dans l'obscurité des catacombes, me fait grimper au sommet des églises, marcher sur les toits, câliner un orang outan, exploser un décor à la dynamite. La neige en bulles de savon... et les gros Studios de Budapest et de Berlin pour nous tous seuls. Ce tournage est l'une des plus belles choses qui me soit arrivée.* »

Ci-contre
Scènes du film

Le ton du film est grave, sans concession, mais se moque aussi allègrement de tous les tabous de l'époque. Dans ce terrible contexte qu'est l'Occupation allemande, De Broca parvient à maintenir un équilibre parfait entre moments légers, voire fantaisistes (à l'image des jeux guerriers du grand-père avec sa petite fille) et d'autres terriblement plus dramatiques, avec ce qu'il faut d'émotion et de tendresse. Le metteur en scène livre ici une partie de lui-même et de son enfance ; car il a grandi au cœur du quartier Latin d'où il entendait rugir les lions de ce même jardin des plantes. Projeté à la Cinémathèque en 2015, à l'occasion d'un hommage consacré à Philippe de Broca, l'œuvre y est célébrée à sa juste valeur. Comme l'observe Claude Rich : « *Le caractère de Philippe, c'est ce film, c'est-à-dire que c'est en même temps le tendre, le gentil, le drôle, le grave.* »

Parmi les critiques les plus élogieuses, citons celle du journal Le Monde : « *Une tragédie de l'Occupation aux allures de conte de fées. Claude Rich nous aide à franchir avec beaucoup d'aisance les frontières du réel et du pur imaginaire, poétique ou cocasse.* ». *Le Jardin des plantes* est assurément l'une des *œuvres* incontournables de de Broca. Le long-métrage a reçu le Prix du Public au Festival de télévision de Monte-Carlo en 1995.

Page de droite, en haut
Salomé Stévenin

Page de droite, à gauche
Samuel Labarthe et Salomé Stévenin

Page de droite, à droite
Claude Rich

Page suivante
Plan de travail

PLAN DE TRAVAIL DU : 3 MAI 94

Producteur délégué :

SON & LUMIERE

LE JARDIN DES PLANTES

Coproducteur : TF 1
CANAL +
VEREINIGTE FILM PARTNER
SOCIETE DES CREATEURS DE MAFILM

Producteur exécutif : Alain CLERT

Réalisateur : Philippe de BROCA

Directeur de Production : Vincent BERCHOLZ
1er Assistant Réal. : Alfred LOT
Scripte : Nathalie ALQUIER
Directeur de la photographie : Janos KENDE
Ingénieur du son : Bruno CHARIER
Chef Décorateur : François de LAMOTHE
Costumière : Sophie MARCOU

(Colonne suivante coupée au bord de la page : JARDIN DES PLANTES - CHAUDIERE)

N°	ROLES	COMEDIENS	C	16	17	18	19	20	21	22	23	24	25	26	27	28	29	30	31
	MOIS			MAI															
	JOUR DE TOURNAGE			1	2	3	4	5	6			7	8	9	10	11		12	13
	JOUR			LU	MA	ME	JE	VE	SA	DI	LU	MA	ME	JE	VE	SA	DI	LU	MA
	DATE			16	17	18	19	20	21	22	23	24	25	26	27	28	29	30	31
	PAYS											HONGRIE							
	STUDIO											ZOO DE BUDAPEST							
				GARE D'AUSTERLITZ	GARE D'AUSTERLITZ	EXT. GRANDE SERRE NOTRE-DAME - PARVIS RUE ABRI - UNE RUE DE PARIS HOTEL MEURICE	SALON DE THE MONT-VALERIEN	CATACOMBES - OSSUAIRE ECHELLE MEURICE KOMANDANTUR	ABRI CATACOMBES -CHEMINEE ECOLE CARREFOUR - BORNE	PENTECOTE		JARDIN DES PLANTES CAGE DU SINGE	JARDIN DES PLANTES MENAGERIE - BORD DE L'ETANG PLATANE	JARDIN DES PLANTES MIRADOR - PRESQU'ILE	JARDIN DES PLANTES POTAGER - PRESQU'ILE - MIRADOR - PIED DU MIRADOR	JARDIN DES PLANTES PIED DU MIRADOR - MIRADOR CAGES		JARDIN DES PLANTES MIRADOR - PIED DU MIRADOR	JARDIN DES PLANTES MENAGERIE
				110	110	2 36 F 14 16 P 89 68	8 33	66 67 69 30 31 32	15 114 115 116 111 109			51 83 12 B	119 A 84 A 84 93 F	76	60 62 64 9 12 A	49 101 A 103 2 A 11 A		63 72 74 78 A 118 A 47 P 86 A 80 44 P	104 112 11 19
	INT /EXT JOUR/NUIT			EXT NUIT	EXT. NUIT	EXT. JOUR NUIT	INT. EXT. JOUR NUIT	INT. JOUR NUIT	INT NUIT			EXT JOUR	INT. EXT. JOUR NUIT	EXT JOUR	EXT. JOUR	EXT JOUR		EXT JOUR	INT. JOUR NUIT
	HORAIRES (à titre indicatif)			20 H 00 04 H 00	20 H 00 04 H 00	16 H 00 01 H 00	15 H 00 24 H 00	15 H 00 24 H 00	12 H 00 19 H 30			10 H 00 19 H 00	13 H 00 22 H 00	10 H 00 19 H 00	12 H 00 19 H 30	12 H 00 19 H 30		13 H 00 22 H 00	10 H 00 19 H 00
				●	●	◗	◗	◗					○					○	
1	FERNAND	Claude RICH	28	1	1	1	1	1	1			1	1	1	1	1			1
2	PHILIPPINE	Salomé STEVENIN	26			2	2	2	2			2	2	2	2	2			2
3	JEANNE	Rose THIERY	15			3			3				3						3
4	ARMAND	Samuel LABARTH	7				4	4											4
5	MICHELINE	Catherine JACOB	3																
6	MARCEL		12			6			6			6	6		6	6			6
7	PERIGORD		5																7
8	WENDERS		6												8	8		8	8
9	SWARTZ		4												9	9		9	9
10	PAULO		9			10			10			10	10		10	10			10
11	LA SŒUR		2																
12	CAPITAINE JONES		3													12			12
13	DR BLAUSCHILD		3													13			13
14	SARAH BLAUSCHILD		3													14			14
15	COLONEL BASTIEN		5	15	15				15										15
16	TYPE DE L'ABRI 1		2			16			16										
17	TYPE DE L'ABRI 2		2			17			17										
18	HOMME GESTAPO GARE		2	18	18														
19	OFFICIER SS		1					19											
20	LE CANTONNIER		1				20												
21	L'HIRONDELLE		1																
22	LE METTEUR EN SCENE		1																
23	LE SOUS OFFICIER GARE		2	23	23														
24	OFFICIER ALLEMAND GARE		2	24	24														
25	UN FFI NOTRE-DAME		1																
26	CLOWN		1																
	TOTAL DES CACHETS / TOTAL DES CACHETS PAR JOUR		147	5	5	7	4	4	8			4	5	2	6	9		2	13
	FIGURATION	FIGURANTS EN UNIFORME	82	16	6	12	18	9					2	3	2	2			
		HOMMES	141	36	7	16	9	7	6			2	1	3	3	6			
		FEMMES	112	35	6	10	7	1	10			5	1	2	3	5			
		ENFANTS	79	13	2	6	1		6			3	2	4	3	3			
		SILHOUETTES	17				1	1							1	5			4
	TOTAL FIGURATION / TOTAL FIGURATION PAR JOUR		431	100	21	44	36	18	22			10	6	12	12	21			4
	ANIMAUX	CHATS	1																
		CHIENS	2	×	×														
		DROMADAIRE	2												×	×			
		GRUE COURONNEE	1													×			
		GUENON	2									×	×						
		HIPOPOTAME	1																×
		LION	1															×	
		PERCE-OREILLE	1									×							
		PERRUCHES	2									×							
		PETIT DE LA GUENON	2									×	×						
		PIGEON VOYAGEUR	1												×				
		TORTUE	1																
	VEHICULES	2 MOTOS MILITAIRES	1																
		AMBULANCE	1			×													
		CAMION ALLEMAND EXECUTION	2				×	×											
		VOITURE CIVILE	1			×													
		CAMION MILITAIRE ABRI	1			×													
		CITROEN ARMAND	1																
		CITROEN PERIGORD	2																
		LOCOMOTIVE	2	×	×														
		MERCEDES	2	×	×														
		MERCEDES DECAPOTEE	1																
		SIDE-CAR	2				×	×											
		TRAIN DE LUXE	2	×	×														
		VEDETTE ALLEMANDE	1																
		VELO FERNAND	7			×	×	×											
		VELO PHILIPPINE	6			×													
		VELO TAXI	1																
		VOITURE A CHEVAL	2																
		VOITURE MILIT. MICHELINE	1																
		VOITURE MILIT. MONT VALERIEN	1				×												
		CAMION LIVRAISON CHICANE	1																
		WAGONS A BESTIAUX	2	×	×														
		BICYCLETTES FIGURATION	3			×													
	EFFETS SPECIAUX & DIVERS	ARMES	104	17	6	18	11	10	1						2	2		2	1
		ARMES PRATICABLES	25	2	2		13									2			
		CASCADEUR	2		×		×												
		ETINCELLES PROJECTEUR	1															×	
		EXPLOSION	2		×				×										
		FUMEE	7	×	×	×	×	×	×										
		IMPACTS	4		×		×									×			
		MAQUILLAGE SPECIAL	5	×	×		×		×										×
		NEIGE	11			×	×	×				×			×	×		×	
		NEIGE TOMBANTE	1					×											
		PLUIE	2									×	×						
		POURSUITE LUMIERE	2															×	
		RETOUCHEUR PHOTO	4				×												
		SOL MOUILLE	4	×	×							×	×						
		TETE D'HIPOPOTAME	1																×
		VOL DE PHILIPPINE	1											×					
	DATE			16	17	18	19	20	21	22	23	24	25	26	27	28	29	30	31
	JOUR			LU	MA	ME	JE	VE	SA	DI	LU	MA	ME	JE	VE	SA	DI	LU	MA
	JOUR DE TOURNAGE			1	2	3	4	5	6			7	8	9	10	11		12	13
	MOIS			MAI															

JUIN

15	16	17		18	19	20	21	22			23	24	25	26						27	28	29
JE	VE	SA	DI	LU	MA	ME	JE	VE	SA	DI	LU	MA	ME	JE	VE	SA	DI	LU	MA	ME	JE	VE
2	3	4	5	6	7	8	9	10	11	12	13	14	15	16	17	18	19	20	21	22	23	24
STUDIO											ALLEMAGNE									FRANCE		
MAISON DU CONSERVATEUR	MAISON DU CONSERVATEUR	MAISON DU CONSERVATEUR CIRQUE		MAISON DU CONSERVATEUR	MAISON DU CONSERVATEUR	MAISON DU CONSERVATEUR	MAISON DU CONSERVATEUR	THEATRE JARDIN DES PLANTES - PLATANE	VOYAGE BUDAPEST - BERLIN		GRENIER DU MUSEUM MUSEE DE PALEONTHOLOGIE	FORET TROPICALE BASSIN - JARDIN DES PLANTES	COLLEGE COUR - PARLOIR - DEVANT	COLLEGE COUR - DORTOIR - COULOIR	VOYAGE BERLIN - PARIS			INTERRUPTION DE TOURNAGE		JARDIN DES PLANTES GRILLE D'ENTREE DEVANT LA MAISON - DIVERS	JARDIN DES PLANTES GRILLE D'ENTREE DEVANT LA MAISON - ALLEE	NOTRE-DAME
18 21	25 26 27 29 34 35 41 58	38 56 57		59 61 70 77 79 81	94 58 A 85 91 92	100 102 106 113 107	46 52 53	37 95 96 119			71 73 73 A 75 65 108	1 50 97 99 47 S	4 3 6 7 39	117 5 42 40						70 A 48 54 55 98 101 105 59 A 58 B 47 F 93 A 86 90	12 C 16 F 17 23 28 22 45 44 F 24 A	118 36 P 87 88
INT NUIT	INT EXT NUIT	INT NUIT		INT JOUR NUIT	INT JOUR NUIT	INT JOUR NUIT	INT JOUR NUIT	INT EXT JOUR NUIT			INT EXT JOUR NUIT	INT EXT JOUR	INT EXT JOUR NUIT	INT EXT JOUR NUIT						EXT JOUR NUIT	INT EXT JOUR NUIT	EXT JOUR NUIT
09 H 00 18 H 00	09 H 00 18 H 00	09 H 00 18 H 00		09 H 00 18 H 00	09 H 00 18 H 00	09 H 00 18 H 00	09 H 00 18 H 00	09 H 00 18 H 00			09 H 00 18 H 00	09 H 00 18 H 00	14 H 00 23 H 00	12 H 00 19 H 30								
													○							○	○	◗
1	1	1		1	1	1	1	1			1	1	1	1						1	1	1
2	2	2		2	2	2	2	2			2	2	2	2						2	2	2
3	3	3		3	3	3	3	3												3	3	
4													4								4	
							5	5												5		
	6							6												6	6	
					7	7														7		7
								8				8										
								10														
													11	11								
						12																
						13																
						14																
								15														
																					21	
								22														
																						25
		28																				
4	4	4		3	4	7	4	9			2	3	4	3						6	6	4
								11													1	
		1				2		8			2		1							22	4	5
		2						4					10	5						6		
		2						1					19	11						3		
						4		1														
		5				6		25			2		30	16						31	5	5
																						×
												×										
												×										
								×														
													×									
																				×	×	
								×														
																						×
	×												×								×	×
×													×							×	×	×
																					×	
													×								×	
																				×		
																				×		
													×								5	
					3	4					1									20		6
																				6		
														×								
																				×		
													×								×	×
																					×	
×	×				×																	
2	3	4	5	6	7	8	9	10	11	12	13	14	15	16	17	18	19	20	21	22	23	24
JE	VE	SA	DI	LU	MA	ME	JE	VE	SA	DI	LU	MA	ME	JE	VE	SA	DI	LU	MA	ME	JE	VE
15	16	17		18	19	20	21	22			23	24	25	26						27	28	29

JUIN

Philippe de Broca vu par...

Charles Court

Compositeur de la musique des films : *Regarde-moi quand je te quitte*, *Le Jardin des plantes*, *Les Hommes et les femmes sont faits pour vivre heureux... mais pas ensemble*, *Y aura pas école demain*, *Un amour en kit*, *Le Menteur*.

Ma rencontre avec Philippe de Broca s'est faite par l'intermédiaire de la maison de production Son et Lumière pour le téléfilm *Regarde-moi quand je te quitte*, en 1994. J'avais déjà composé pour cette société, qui a donc soufflé mon nom à Philippe. Il a écouté plusieurs de mes thèmes sur une cassette démo, ça lui a beaucoup plu, à lui et à sa femme Alexandra. Tout s'est noué dans un élan d'enthousiasme.

Sur cette première collaboration, il m'a donné une carte blanche totale, on a simplement déterminé les emplacements à mettre en musique. La musique était écrite pour orchestre symphonique ; je suis parti l'enregistrer dans un pays de l'Est, seul, sans Philippe. Puis elle a été montée sur le film, on s'est installés en projection dans une salle avec un grand écran, chose qui ne se faisait déjà plus à l'époque en télévision. Il n'avait rien entendu de la partition, même pas des maquettes. Il m'avait simplement dit : « Lance-toi, on verra bien le résultat ! » C'était une énorme prise de risque, a fortiori sur un téléfilm. Coup de chance, il a aimé la partition. Néanmoins, par la suite, il a été plus précis, il venait me voir à l'avance et je lui faisais entendre des maquettes. On a fait six films ensemble.

C'était quelqu'un qui aimait rire et faire rire. La fantaisie de ses films se retrouvait dans son personnage. Sa devise était : « Il me faut un fou rire par jour ! » Il était un peu désolé que les écoles de cinéma ne l'appellent jamais pour parler de son travail. Là dessus, il avait une petite amertume.... Il pensait à juste titre avoir des choses à exprimer sur son approche de la comédie. Ne pas pouvoir transmettre son expérience aux futurs cinéastes le frustrait. Il aimait mon inspiration parce qu'elle contient toujours une touche nostalgique, mélancolique, même dans les musiques censées être légères. Sur *Le Jardin des plantes*, un sujet assez grave, j'ai perçu qu'il avait au fond de lui une blessure. Il n'en parlait pas mais, à l'occasion de ce film, il me l'a avoué entre les lignes. *Le Jardin des plantes* lui permettait de révéler quelque chose qui touchait à son enfance, à l'Occupation, quelque chose d'essentiel, d'intime.

Il abordait la télévision de la même manière que le cinéma, au départ, en tout cas. Dans les deux configurations, il tournait aussi vite. Il ne m'a jamais fait refaire une musique. Et pourtant, sur le dernier téléfilm, *Le Menteur*, j'ai senti qu'il y avait deux ou trois thèmes qui ne l'emballaient pas outre mesure... mais il ne m'a pas demandé de les reprendre. Sur *Regarde-moi quand je te quitte*, il avait encore gardé les habitudes du cinéma, avec une certaine marge de manœuvre. Et puis, tout doucement, au bout de son sixième téléfilm, il a compris que les moyens étaient de plus en plus restreints, qu'il fallait aller vite, qu'on ne pouvait pas refaire une prise ou demander au compositeur de revoir partiellement sa copie. Je ne dirais pas qu'il y avait une lassitude, une érosion, mais un peu, tout de même...

Au final, Philippe est quelqu'un qui m'a beaucoup apporté. Il m'a fait confiance, il aimait mon écriture. Chaque fois qu'il m'appelait, j'étais fébrile à l'idée de le retrouver. Je connaissais ses films, son passé et son univers, ce qui me motivait d'autant plus. J'aimais son esprit positif et pince-sans rire, sa droiture, sa façon rétro de s'habiller, avec son costume trois pièces. Il avait horreur des gens qui le traitaient avec un excès de déférence, ça l'agaçait profondément. Au contraire, il adorait qu'on le provoque, qu'on le chambre. Au mixage d'un téléfilm, il y avait une séquence avec des gémissements. Je me suis permis de lui dire : « S'il y a des gens qui passent dans le couloir, ils vont penser : "Ça y est, De Broca s'est mis au porno ! "» Il aurait pu mal le prendre ; au contraire, il a éclaté de rire ! Un jour, il m'a déclaré : « J'ai perdu Georges Delerue mais je t'ai rencontré. » Je n'oublierai jamais cette phrase : c'est le plus beau compliment que m'ait jamais fait un metteur en scène.

Propos recueillis par Luc Larriba, 2013

LES HOMMES ET LES FEMMES SONT FAITS POUR VIVRE HEUREUX MAIS PAS ENSEMBLE

Réalisateur : Philippe de Broca,, Assistants-réalisateurs : Jean-Marc Benguigui, Bernard Garant, Sarah Baur, Production : Canal+, France 2 (FR2), Son et Lumière, Producteur délégué : Alain Clert, Directrice de la production : Jacqueline Louis, Administration générale : Chantal Seveno, Eliane Gomes, Secrétaire de Production : Sarah Baur, Administrateur de production : Driss Bous'hib, Scénario, adaptation et dialogues : Philippe Le Dem, Directeur de la photographie : Patrice Payen, Montage : Marie-Claude Lacambre, Musique : Charles Court – Éditions LA BANDE SON, Electriciens : Bruno Dussart, Christian Wolfs, Régisseur général : Vincent Canart, Régisseur adjoint : Lauurence Hekkers, Régisseurs : Didier Lechien, Payanotis Mylonas, Bonbon, Durée : 95 minutes, Genre : Comédie, Diffusion TV : 30 septembre 1995 (France 3)

INTERPRÉTATION : **Bernard Le Coq** (Alfred), **Fanny Cottençon** (Maurane / Catherine), **Florence Pernel** (Clara), **Jean-Pierre Castaldi** (Charles), **Didier Pain** (Max), **Daniel Prévost** (Kerman), **Gérard Rinaldi** (L'huissier), **Laurence Bibot** (Agnès Brillot), **Laurence d'Amelio** (La secrétaire), **Bert André** (Le père de Catherine), **Marie-Josée Megank** (La mère de Catherine), **Jean-Henri Compère** (L'amant de Catherine), **Jan Schulter** (Le frère de Catherine), **Pierre Géranio** (Le contrôleur fiscal), **Jean-Paul Landresse** (Le directeur du théâtre), **Malina Maliszewska**, **Pierre Sartenaer**, **Alain Gilles** (Les employés de banque), **Tshilombo Lubambu**, **Angelo Dello**, **Spedale Catalano** (Les agents de police), **Manuela Servais** (La vendeuse Kleenex), **Philippe de Broca** (Le quidam)

Alfred, directeur d'une maison d'édition, vit heureux aux côtés de Maurane. Mais un jour, lassé par cette quotidienneté dénuée de tout problème, il annonce à la jeune femme son souhait de se séparer d'elle... pour pouvoir la reconquérir et ainsi re-dynamiter leur couple. Une idée qu'il soumet comme ça, sur un coup de tête, en vue d'une éventuelle et prochaine concrétisation. Seulement le lendemain, Alfred découvre avec stupeur que Maurane a disparu et se lance aussitôt à sa recherche. Peinant à retrouver sa trace, il s'affole, désespère, jusqu'à ce qu'il rencontre Catherine Wolf, écrivaine inconnue, et qui ressemble trait pour trait à Maurane...

Les Hommes... traite d'un sujet universel, à savoir l'usure d'un couple, composé ici de *« deux ombres vivant sous le soleil des habitudes, deux amortisseurs mous et détendus. »* Bernard Lecoq, le héros masculin de cette histoire aux côtés de Fanny Cottençon, explique ce qui l'a séduit dans le projet : *« Le scénario était très drôle, c'était une excellente histoire, ce qui était essentiel. Et le fait de tourner à Bruxelles, on était dans un cocon, dans un endroit que j'aime beaucoup. Puis, j'ai retrouvé Fanny Cottençon, et mes copains Jean-Pierre Castaldi et Daniel Prévost que j'appréciais énormément. »* Il s'attarde ensuite sur De Broca : *« Philippe, c'est un grand metteur en scène qui ne se prenait pas au sérieux mais qui faisait les choses très sérieusement avec toujours cette légèreté, ce plaisir de raconter des histoires et de montrer les personnages sous tous leurs aspects, parfois ridicules. J'étais content de tourner avec cet homme et de le connaître. On n'était pas amis intimes mais je crois qu'on a eu une très bonne relation et il était plutôt content de notre collaboration. Ça m'a beaucoup touché. »* (Entretien avec les auteurs, 2019)

Les situations sont cocasses, les dialogues savoureux et les acteurs irrésistibles, à commencer par le quatuor de tête (Bernard Lecoq, Fanny Cottençon, Didier Pain et Florence Pernel). Les caractères secondaires sont remarquablement interprétés par Daniel Prévost, Jean-Pierre Castaldi, Didier Pain... sans oublier le regretté Gérard Rinaldi, étonnant dans le rôle d'un huissier neurasthénique... et danseur de claquettes ! *Les Hommes et les femmes sont faits pour vivre heureux... mais pas ensemble* est un petit bijou de comédie, qui aurait pu avoir sa place sur grand écran.

LE VEILLEUR DE NUIT

Elle est la maîtresse d'un homme âgé très riche. Monsieur la comble de cadeaux, mais il n'est pas souvent là, et Elle s'ennuie. Elle finit par se trouver un amant, et coule des jours heureux avec lui. Monsieur s'en rend compte, mais au lieu de s'y opposer, encourage la relation et demande à l'amant de le tenir informé…

Le Veilleur de nuit, pièce méconnue signée Sacha Guitry, est ici mis en scène avec élégance et raffinement par un Philippe de Broca inspiré. Karine Bensa, second assistant réalisateur, se souvient : *« Le texte de Guitry était délicieux, les décors et les costumes créés par Christian Lacroix, sublimes. L'ambiance sur le tournage était parfaite et d'une grande sérénité. L'entente entre les deux Philippe était impressionnante. Philippe Noiret était d'une discrétion, d'une classe folle et d'un charisme incroyable. Impeccablement habillé tous les jours, conduisant lui-même sa voiture adorée pour venir sur le plateau (voiture que personne ne pouvait toucher ou garer sauf un assistant soigneusement choisi par lui). Philippe venait saluer de Broca et les techniciens sur le plateau avant d'aller au HMC…tout était d'une grande classe ! »*

L'intrigue, qui part d'une situation de boulevard classique, offre aux acteurs toute une série de situations piquantes et de dialogues savoureux. De Broca retrouve ici son fidèle complice Philippe Noiret. Le couple que forme ce dernier avec la délicieuse Sabine Azéma, déjà réuni en 1989 dans *La Vie et rien d'autre* de Bertrand Tavernier, fonctionne une fois de plus à merveille.

Le 27 décembre 1996, Canal + diffuse pour la première fois le *Veilleur de nuit*, avant une diffusion en clair sur France 2 en juillet 1998. Les critiques sont dithyrambiques :

« Le scénario est un pur classique du théâtre de boulevard : une cocotte entretenue par un vieux monsieur riche le trompe avec un séduisant jeune homme. Et la bonne commente avec un accent du terroir! La mécanique parfaite de Guitry fonctionne toujours même si, parfois, ces jeux de l'amour semblent un peu désuets, gentiment ennuyeux. Une infusion de verveine servie dans une fine porcelaine. Heureusement, le vieux monsieur riche débarque sans prévenir et Philippe Noiret, c'est lui, éblouissant comme d'habitude, donne au breuvage une tout autre saveur. Les palmiers du jardin d'hiver et les chapeaux-cloches retrouvent tout leur charme. Surprise : c'est lui, le cocu, qui va mener la danse. « Je suis un vieux malin qui profite de son malheur », prévient-il. Et il en profitera bien. Avec sagesse, humour et intelligence. Comme il se doit pour un membre de l'Institut ! » (Le Parisien, Claudine Segur)

« Albert Mathieu, qui dirige les programmes de fiction sur Canal+, a redécouvert un beau jour la sagesse indiscutable de Sacha Guitry, sa fantaisie et sa bonne humeur, une des valeurs les plus indispensables pour supporter nos temps difficiles. S'étant associé avec Toscan du Plantier pour acquérir les droits de six des meilleures pièces de Guitry, il a confié la moins connue d'entre elles, Le Veilleur de nuit, à Philippe de Broca, qui est un excentrique d'aujourd'hui comme Guitry en était un hier. Heureux mariage. Broca aborde la pièce avec ses collaborateurs habituels, en particulier son décorateur François de Lamothe, et Philippe Noiret, l'un de ses acteurs fétiches. Si l'on ajoute Sabine Azéma, Catherine Arditi et Éric Métayer, on obtient une synthèse réussie entre la fable doublement notable de Guitry et une gaieté familière qui n'a guère d'équivalent dans la télévision actuelle » (Nouvel Obs, Alain Riou)

Réalisateur : Philippe de Broca, Assistants-réalisateurs : Nicole Larrieu, Karine Bensa, Production : SFP Cinéma, Ellipse - France 2, Canal+, Producteur exécutif : Jean-Pierre Fayer, Cléo Daran, Chargé de production : Denis Mazars, Adjointe de production : Nicole Chauveau, Secrétaires de production : Corinne Roger, Jeanne Abbassi, Scénario et dialogues : Sacha Guitry, Directeur de la photographie : Jean-Bernard Aurouet, Cadreur : Jean-Louis Angelini, Assistants Opérateurs : Christian Decreton, Bertrand Mouly, Montage : Maguy Alziardi, Montage son : Marcel Lassechere, Bruitage : Jacky Dufour, Musique : Claude Bolling, Ingénieur du son : Michel Boulen, Assistant son : Dominique Lacour, Décors : François de Lamothe, Assistante décoratrice : Ghislaine Decroix, Ensemblier : Périne Barre, Peintre du paravent : Alexandre de Broca, Costumier : Gilles Bodu-Lemoine, Création des costumes : Pierre-Jean Larroque, Habilleuse : Marie-Claude Negre, Maquillage : Jackie Reynal, Coiffeur : Jocelyne Millet, Chef Electricien : Guy Filhol, Electriciens : Patrick Gaudry, Jean Adin, Chef machiniste : Michel Chardon, Machiniste : Philippe Laurent, Régisseur général : Patrick Ferant, Assistants régie : Sébastien Brun, Lisa Chassagnac, Scripte : Nicole Facon, Photographie : Monika Jeziorowska, Accessoiristes : Yves Seigneuriet, Pierre Bandini, Durée : 75 minutes, Genre : Pièce de Théâtre, Diffusion TV : 27 décembre 1996 (Canal +), 29 juillet 1998 (France 2)

INTERPRÉTATION : **Philippe Noiret** (Monsieur), **Sabine Azéma** (Elle), **Éric Métayer** (Jean), **Catherine Arditi** (Félicie, la bonne), **Alexandra Kazan** (La grande femme maigre), **Maud Rayer** (La femme fanée), **Sophie Bouilloux** (La petite brune), **Georges Montillier** (L'invité), **Baptiste Roussillon** (Le gros garçon blond), **Mathieu Dion** (Le jeune homme), **Patrick Dos Santos** (Le pianiste noir)

MADAME SANS GÊNE (TV)

Réalisateur : Philippe de Broca, 1er assistant réalisateur : Badreddine Mokrani, 2nde assistante réalisateur : Pauline Tonneau Rosati, Scénario, adaptation et dialogues : Édouard Molinaro, Jean-Louis Benoît, Pierre Fabre d'après la pièce de Victorien Sardou et Emile Moreau, Directeur de la photographie : Yves Lafaye, Cadreur : Claude Debroux, Assistants opérateurs : Céline Guenancia, Agnès Letessier, Virginie Bontemps, Musique originale : Alexandre Desplat, Ingénieur du son : Alain Sempé, Perchistes : Yves Leveque, Claire Anne Largeron, Montage : Anna Ruiz, Chef décorateur : Christian Siret, Décoration : Valéry Markov, Alexandra de Marquet, Nicolas Terres, Sébastien Innizan, Philippe Bienaime, Sylvain Marquet, Ognian Dimov, Camille Falque, Costumes : Edith Vesperini, Chef costumière : Minh Truong, Habilleurs : Françoise Dubois, Naima Lagrange, Mathé Pontanier, Stéphane Van Dorpe, Philippe-Camille Brunat, Mai Lan Chapiron, Anna Enne Pienescu, Chef maquilleuse : Sophie Harvey, Maquilleuses : Véronique Clochepin, Michèle Micolod, Lise Gaillaguet, Chef coiffeuse : Catherine Leblanc, Coiffeurs : Joëlle Dominique, Laurent Cazeau, Françoise Fichet, Christiane Berroyer, Claudie Bellot, Annie Arguedas, Ensemblier : Laurent Dupre, Chef machiniste : Olivier Goelen, Machinistes : Alain Elskens, Dimitrios Doulkeridis, Mourad Bouhdiba, Chef électricien : Alessio Anzalone, Electriciens : Khalid Meziane, Abdelouahad Meziane, Yann Ody, Monteur son : Pascal Latil, Mixeur : François Groult, Bruiteur : Jonathan Liebling, Chorégraphe : Corinne Devaux, Scripte : Marie-Florence Roncayolo, Accessoiriste de plateau : Bernard Ducrocq, Production : TF1 - SEPTEMBRE PRODUCTIONS - JLA PRODUCTIONS, Producteur délégué : Jean Nainchrik, Directeur de production : Patrice Onfray, Administratrice de production : Valérie Salles, Assistante de production : Sarah Sénéor, Régisseur général : Stéphane Gueniche, Régisseurs adjoints : Frédéric Bellee, Grégory Ecale, Christophe Mullot, Caroline Lahousse, Stéphanie Valle, Didier Cosson, Attachée de presse : Nicole Sonneville, Photographe TF1 : Etienne Chognard, Tournage : 18 juin au 20 juillet 2001 et raccords 30 août 2001, Genre : Comédie, romance, Durée : 85 minutes, Date de diffusion : 11 février 2002

INTERPRÉTATION : **Mathilde Seigner** (Madame Sans-Gêne), **Bruno Solo** (Napoléon Bonaparte), **Bruno Slagmulder** (Maréchal Joseph Lefèbvre), **Philippe Volter** (Fouché), **Clément Sibony** (Neipperg), **Julie Delarme** (Marie-Louise d'Autriche), **Danièle Lebrun** (Letizia Bonaparte), **Gwendoline Hamon** (Pauline Bonaparte), **Alexandra Mercouroff** (Caroline Bonaparte), **Laurent Zimmermann** (Roustan), **Christine Citti** (Sophie), **Till Bahlmann** (Lambert), **Fred Nony** (Jasmin), **Yves-Robert Viala** (Le cardinal), **Jurgen Mash** (Le sous-officier autrichien), **Olivier Sabin** (Le cavalier missive), **Eric Moreau** (Un policier de Fouché) (non crédité), **Court Young** (Maréchal) (non crédité)

1809 : Catherine Lefebvre, la femme du maréchal, soigne et console sans ménager sa peine, sur le champ de bataille de Wagram. En marge, ses manières familières lui valent le surnom de « Madame Sans-Gêne ».

Au moment où Philippe de Broca réalise ce téléfilm, le texte de *Madame Sans-Gêne* est à la mode ; c'est l'époque où la comédienne Clémentine Célarié joue le rôle chaque soir au théâtre Antoine, à Paris, dans une mise en scène signée Alain Sachs. À l'origine, le personnage est issu d'une pièce de théâtre, créée par Victorien Sardou et Emile Moreau en 1893. Ou le symbole d'un certain esprit français, volontiers frondeur et bousculant les institutions. Bon nombre d'artistes se sont frottés à cet illustre caractère, et pas des moindres : Madeleine Renaud et Jacqueline Maillan sur les planches, Gloria Swanson, Arletty et Sophia Loren au cinéma, sans oublier Sophie Desmarets à la télévision. *Madame Sans-Gêne* est devenu un classique.

Cette nouvelle adaptation, signée Édouard Molinaro (qui devait préalablement en assurer la réalisation), Jean-Louis Benoît et Pierre Fabre, modernise le texte et apporte un certain décalage au sujet, tant au niveau des personnages que des répliques résolument modernes.

De plus, Philippe de Broca insuffle au projet ce rythme enlevé qu'il maîtrise si bien, et choisit des acteurs hors pair. Outre Mathilde Seigner, « Sans-Gêne » parfaite, on se laisse séduire par la composition de Bruno Solo, très convaincant dans le rôle de Napoléon. De cette aventure aux côtés du cinéaste, l'acteur retient : « *J'étais ému, honoré, fier, de regarder Philippe de Broca derrière sa caméra avec ses techniciens, n'hésitant jamais sur la manière de positionner sa caméra… Il avait toujours la bonne réaction et prenait toujours la bonne décision. Il n'était jamais pris de court, gérer l'imprévu lui plaisait, son cinéma était imprévisible et lui l'était aussi. J'étais impressionné par sa méthode de travail. Il tournait très vite, et cela nécessitait une réelle exigence de la part des comédiens. Je me souviens d'une scène très compliquée, dans laquelle je dictais trois lettres, comme le faisait Napoléon. J'avais donc trois textes différents. Philippe ne voulait tourner la scène qu'une seule fois afin de garder le rythme et la spontanéité de la première prise. Il faisait confiance aux comédiens. Dans la mesure du possible, si la première prise lui plaisait, il ne voyait pas l'intérêt d'en faire une autre. Il nous disait :* « Le cinéma, c'est du montage, arrêtez de croire que vos êtes au centre de tout. » *C'est une leçon d'humilité et d'expérience… Ce n'était pas de la paresse, ni la volonté de terminer à 17h, simplement il ne voulait pas faire pour faire, s'il estimait avoir déjà la bonne prise.* » Badreddine Mokrani, assistant réalisateur sur le projet, confirme : « *Débordant d'enthousiasme, Philippe était impatient. Il s'ennuyait très vite. Si une prise manquait un peu de rythme, il commençait à s'endormir sur son fauteuil en grommelant :* « Bon, je m'ennuie ! On la refait avec du rythme » *Et lorsqu'un comédien venait le voir pour lui demander d'en refaire une, il répondait :* « Non, il fallait la faire mieux avant ! » *Par peur de l'ennui, il fallait que ça aille vite avec lui. Dès qu'une prise était tournée, il faisait son cri pour dire qu'elle était bonne et il était déjà de l'autre côté du plateau pour préparer le plan suivant, alors que les techniciens, eux, prenaient le temps de s'assurer qu'il n'y avait pas de problème sur ce qui venait d'être fait.* » (Entretien avec Luc Larriba, 2020)

Ci-contre, en haut
Philippe de Broca pendant le tournage

Y AURA PAS ÉCOLE DEMAIN

Fraîchement élu maire de Cornillon, le médecin Antoine Moreau remercie ses électeurs, et s'engage à ré-ouvrir l'école du village. Il profite aussi de l'occasion pour faire part de son mariage prochain avec Cécile, sa concubine. Mais celle-ci, vexée de ne pas avoir été consultée auparavant, décline l'offre et annonce son départ pour Dakar où l'attend un poste d'enseignante, laissant dès lors le nouvel édile seul et humilié. Deux ans plus tard, l'établissement scolaire est enfin prêt à rouvrir ses portes. Mais un problème se pose : il manque trois élèves pour constituer une classe complète. Avant l'arrivée de l'inspecteur d'académie, Antoine se met donc en quête d'une famille susceptible d'intégrer le village…

Téléfilm sans prétention mais efficace, *Y aura pas école demain* lorgne parfois du côté de *L'Emmerdeur*, confrontant Roland Giraud, élu colérique, à Bruno Slagmulder, monsieur Catastrophe en puissance. Autre clin d'œil à l'univers de Francis Veber, le thème de la malchance qui peut frapper une personne puis une autre. C'est ce qui, de prime abord, séduit de Broca dans le sujet : « *La maladresse et la malchance sont de bons ressorts comiques. Le réalisme ne m'intéresse pas. J'assume parfaitement ce côté excessif : c'est comme ça qu'on fait rire. Un acteur n'en fait jamais trop, du moment qu'il n'est pas à côté de la plaque. La vie est tellement morne, je préfère l'accentuer.* » (Entretien paru dans Le Parisien) Bruno Slagmulder précise d'ailleurs : « *Philippe m'avait dit que je lui faisais penser au fils spirituel de Jacques Brel et Pierre Richard. Je lui disais que c'était exactement ce que je voulais faire et qu'il fallait que ce personnage ait les bras trop longs, ce qui le faisait rire. On a pris un costume un peu plus court pour donner l'impression d'avoir les membres un peu plus longs. Je voulais aussi qu'il fasse des grands pas, qu'il balance ses bras le long du corps pour donner l'impression de quelqu'un qui ne s'arrête jamais, c'était une sorte de tornade. C'était là aussi totalement un personnage naturel, spontané, premier degré, une sorte de flèche, de mec qui fonce. Il aimait bien ça, Philippe, il n'aimait pas la pose, les acteurs qui se contrôlent. Je ne me prenais jamais la tête avec le personnage. Je fonçais, je lui proposais des choses et il adorait ça.* »

Le film est salué par la critique. Pour Télé-Loisirs, par exemple, « Bruno *Slagmulder et Roland Giraud forment un duo épatant dans cette comédie bien enlevée.* » Ce à quoi Ghislaine Andréani, de Télé 7 Jours, ajoute : « *Réalisation soignée, personnages pittoresques interprétés avec talent, situations cocasses et rythme enlevé donnent beaucoup de relief à cette gracieuse comédie.* »

Cette fiction est régulièrement diffusée sur la TNT.

Réalisateur : Philippe de Broca, Assistants-réalisateurs : Philippe Morice, Lionel Siegwald, Vanessa Bozza, Production : France 3, TV5 Monde, La chaîne Festival, La Télévision Suisse Romande, Producteurs délégués : Guy Job, Caroline Solanillas assistés de Charles Antoine Bourdeau, Directeurs de la production : Michel Mintrot, Jean-Michel Taillefer, Secrétaire de Production : Danièle Barroyer, Administratrice de Production : Marie-Hélène Zahra, Scénario, adaptation et dialogues : Corinne Klomp et Pierre Leyssieux , Adaptation : Philippe de Broca, Directeur de la photographie et cadreur : Yves Lafaye, Cadreur : Serge Dell'Amicco, Assistants Opérateurs : Jean-Baptiste Rohmer, Jean-Marie Perrot, Sandra Ducourneau, Montage : Marie-Dominique Danjou assistée de Lucie Lahoute, Montage son : Caroline Descamps, Musique : Charles Court – Éditions S.P.P. MUSIC, Ingénieur du son : Claude Bertrand, Perchiste : Bastien Guille, Bruitage : Gadou Naudin, Mixage: Jean-François Holuigue, Décors : Martine Faure, Assistant décoration : Michel Lagrange, Costumes : Sophie Marcou (chef), Camille Bastien, Habilleuse : Marie Bernard, Maquillage : Isabelle Bertaud Patoscka (chef), Emile Hua, Myriam Da Silva, Coiffeur : Nathalie Champigny (chef), David Angot, Chef Electricien : Sébastien Lizot, Electriciens : Jean-Pierre Ammar, Eric Garzena, Laurent Manouvilliers, Michael Herbinier, Chef machiniste : Guillaume Schmidt, Machinistes : Hervé Ribatto, Nicolas Turchet, Régisseur général : Etienne Leduc, Régisseur adjoint : Charlotte Grange, Régisseurs : Béatrice Hervoche, Iann Lecorre, Christelle Brosset, Scriptes : Cécile Tournoux, Stéphanie Bruet, Distribution artistique : Max Morel, Maya Sevleyan, Marilyne Nobili, Distribution figuration : Cendrine Lapuyade, Photographie : Stéphane Masson, Tournage : 20 août au 17 septembre 2002, Aix en Provence, Lançon de Provence, Cornillon-Confoux, Saint-Chamas, Durée : 90 minutes, Genre : Comédie, Diffusion TV : 18 février 2003 (France 3)

INTERPRÉTATION : **Roland Giraud** (Antoine Moreau), **Bruno Slagmulder** (Victor Amblard), **Delphine Rich** *(Cécile)*, **Clémence Boue** (Marie Amblard), **Antoine Coesens** (François Bouchard), **Catherine Lecoq** *(Sandrine Bouchard)*, **Vivianne Cayol** (Jeanne), **Nathalie Vignes** (Nathalie L'épicière), **Jérome Rigaut** (Le Postier), **Georges Néri** (Rémi, Patron De Café), **Bruno Bonomo** (Monsieur Picaud), **Sophie Avon** (Directrice De L'A.N.P.E.), **Richard Guedj** (Marcel Flandrin), **Dominique Ratonnat** (Banquier), **Frédéric Chamlla** (Inspecteur Académie), **Jean-Paul Journot** (Demandeur D'emploi), **Dominique Ratonnat** (Ecographe Bègue), **Philippe Morice** (Patron Salon De Thé)

Et les enfants : **Arthur Pellissier** (Julien Amblard), **Tom Benracassa** (Mathieu Amblard), **Ludivine Manca** (Elsa Amblard), **Marine Saenz** (Carole Bouchard)

Page de gauche, en haut
Philippe de Broca et Bruno Slagmulder (à gauche) entre deux prises

Page de gauche, en haut
Equipe de Y 'aura pas d'école demain

Philippe de Broca vu par...

Vanessa Bozza
Assistante-réalisatrice sur *Y'aura pas d'école demain* et *Le Menteur*

Les premières heures de tournage avec lui m'ont marquée. Je devais bloquer une petite route, afin de protéger le champ de la caméra du passage des voitures et des piétons. Lorsque Philippe de Broca m'a aperçue en agent de la circulation, il s'est fâché devant toute l'équipe. Pour lui, le rôle du troisième assistant n'était pas de bloquer la route. Je devais être à ses côtés, derrière la caméra. « C'est comme cela qu'on apprend ce métier, a-t-il déclaré, c'est comme ça que je l'ai appris ! » En réalité, il fallait être sous l'appareil, et non derrière ; car, pendant les prises de vue, Philippe de Broca s'asseyait sur un cube placé sous l'objectif, entre les pieds de la caméra. Il avait horreur du retour vidéo, trop synthétique. Il devait éprouver physiquement chaque plan, être au cœur de l'action et faire ce travail un peu à « l'ancienne ». J'ai réalisé à cet instant que j'allais passer des semaines passionnantes avec l'immense Philippe de Broca qui avait fait ses débuts en tant qu'assistant de François Truffaut.

Un jour, alors que nous devions tourner une scène dans la rivière, le second assistant m'a demandé d'apporter une paire de cuissardes car il pressentait que Philippe, impatient, pourrait se mettre à l'eau au moment de la mise en place du plan. Je suis allée chercher les bottes mais en revenant, j'ai vu sur la berge les chaussures de Philippe, son pull marin et ses effets personnels. Il avait été plus rapide que moi et se trouvait déjà au beau milieu de la rivière ! Avec de l'eau jusqu'à la taille, son viseur collé à l'œil. Malgré nos cinquante ans de différence, il était vif comme l'éclair.

Les courts moments que je passais parfois à le raccompagner, en fin de journée, resteront ancrés dans ma mémoire. Il fonçait vers sa voiture attitrée, une belle Citroën C5. Si je n'étais pas à la portière avant lui, il pestait : « Allons, mon petit, il faut aller plus vite ! ». C'était l'occasion pour moi de lui glisser que je désirais devenir monteuse de film. « Alors, mon petit, m'a-t-il dit, si vous voulez devenir monteuse, il faudra faire un peu de script et continuer d'être assistante à la mise en scène. » J'ai suivi ses conseils. Il m'a ensuite recrutée comme assistante-monteuse sur l'un de ses téléfilms. Je suis finalement devenue monteuse et je n'oublierai jamais Philippe de Broca. (Vanessa Bozza, 2020)

Page de gauche, en haut
Philippe de Broca

Page de gauche, en haut
De gauche à droite : Bruno Slagmulder,
Philippe de Broca, Roland Giraud et Delphine Rich

UN AMOUR EN KIT

Réalisateur : Philippe de Broca, Assistants-réalisateurs : Pauline Tonneau-Rosati, Guillaume Malandrin, Benjamin Sornin de Leysat, Production : Cinétévé - France 3 / AT Production/ R.T.B.F. (Télévision Belge), Producteur : Fabienne Servan Schreiber, Co-Producteurs : Arnauld de Battice, Sylvain Goldberg, Producteur Associé : Anne Leduc (R.T.B.F.), Producteur exécutif : Jean-Pierre Fayer, Directeur de la production : Patrick Ferant, Christophe Louis, Assistante de Production : Sandrine Ranaivosata, Chargée de Production : Gwennaëlle Libert, Secrétaire de Production : Hélène Lambotte , Administrateurs de Production : Thierry Chapat, Jean-Yves Dupuis , Distributeur : AB International, Scénario, adaptation et dialogues : Philippe Madral , Directeur de la photographie : Patrice Payen, Cadreur : Ella Van Den Hove, Assistants Opérateurs : Olivier Servais, Julie Lemasson, Montage : Marie-Dominique Danjou, Montage son : Frédéric Maury, Musique : Charles Court - Éditions Cinétévé, Ingénieur du son : Henri Morelle, Assistant son : Stéphane Morelle, Bruitage : Gadou Naudin, Mixage : Jean-François Holuigue, Décors : Chris Cornil, Assistante décoration : Séverine Closset, Ensemblier : Olivier Van Leer, Costumes : Sophie Marcou, Habilleuses : Katleen Decoster, Astrid Traissac, Maquillage : Sonia Image, Coiffeur : Lelia Delval, Chef Electricien : Marcel Bulterijs, Electricien : Michel Maesmaeker, Chef machiniste : Jacques Borguet, Machinistes : Stéphane Thiry, Bob Levy, Régisseur général : Pierre Grandjean, Régisseur adjoint : Frédéric Windels, Régisseurs : Nicolas Ovyn, Sébastien Grégoire, Vanessa Collart, Olivier Legendre, Scripte : Marie-Florence Roncayolo, Photographie : Nathalie Mazeas, Attachés de presse : Michael Morlon (Cinétévé), Joëlle Tercinet (France 3), Tournage : 2002 - France/Belgique, Durée : 90 minutes, Genre : Comédie, Romance, Diffusion TV : 1er novembre 2003

INTERPRÉTATION : **Bruno Slagmulder** (Roland Galuchet), **Élodie Navarre** (Delphine), **Gérard Rinaldi** (Jeff), **Roger Dumas** (Raoul Galuchet), **Gérard Vivès** (Brando), **Karine Belly** (Paola), **Julien Blommaert** (Le Président du gymnase), **Mirella Detiers** (La mère), **Sylvain Goldberg** (Le banquier), **Stéphane De Groodt** (L'huissier), **Christian Merret-Palmair** (Le camelot), **Max Morel** (Homme HLM), **Benjamin Sornin de Leysat** (Le gardien de nuit), **Xavier Vanderstraeten** (Charlie), **Philippe Vauchel** (Le Flamand), **Sandra Zidani** (La Flamande), **Philippe de Broca** (Client du café, apparition non créditée)

Modeste gardien d'un camping du nord de la France, Roland, 30 ans, est un célibataire endurci. Pourtant, quand il rencontre Delphine, 25 ans, il est convaincu d'avoir trouvé la femme de sa vie. Delphine est elle-même rapidement conquise par la gentillesse et la sincérité de Roland, et le jeune couple décide de s'installer ensemble. Quelque temps plus tard, Delphine tombe enceinte et, le camping ayant fermé pour l'hiver, Roland est obligé de trouver rapidement un nouvel emploi. Mais sans revenus fixes, les deux tourtereaux peinent à trouver un logement. C'est alors que Jeff, vieil ami de Roland et infatigable bonimenteur, le pousse à acheter une des maisons en kit dont il est le revendeur exclusif.

En lisant le scénario d'*Un Amour en kit*, Philippe de Broca perçoit d'emblée l'occasion de renouer avec des thèmes qui lui sont chers : la famille au sens large (parents et amis), et « la maison du bonheur » où vit ensemble une communauté hétéroclite.

Lorsque le journaliste Cédric Petit (La Libre Belgique) lui demande pourquoi un grand metteur en scène se rabat sur un « simple » film télévisé, de Broca réplique : « *Les producteurs de cinéma ne se précipitent pas à ma porte. On me considère peut-être comme un gâteux. De toute façon, cela me rajeunit de travailler pour la télévision. Les contraintes budgétaires et climatiques me poussent à faire preuve d'une inventivité que la lourdeur d'un tournage pour le cinéma étouffe parfois* » avant d'évoquer cet *Amour en kit* : « *Pas question pour moi de tourner ce scénario de façon pessimiste. Je veux donner une vision : quand on n'a aucune culture, pas d'argent, on peut s'en tirer. Comme je déteste le réalisme, je conçois ce film comme une fable, qui dévoile une façon d'aller vers un monde imaginaire...* »

Le tout fort bien servi par de talentueux comédiens. Mention spéciale à Gérard Rinaldi, parfait en représentant minable et légèrement escroc (aux faux airs d'Yves Montand), ainsi qu'à Roger Dumas, que l'on a plaisir à retrouver chez de Broca pour la quatrième fois (après *L'Homme de Rio*, *Tendre Poulet*, *Chouans !*) et ce, dans le rôle inattendu d'un ancien militaire devenu raciste.

Quant au tournage, il est, comme toujours, enjoué et plaisant, ce dont témoigne le comédien Bruno Slagmulder : « *Sur le plateau, Philippe était un enfant, je me rappelle cet œil bleu qu'il avait et qui frisait. Il était toujours tiré à quatre épingles, c'était un peu son image de réalisateur. Il était toujours en costume trois pièces sur les tournages, à l'ancienne, les chaussures cirées, qu'on soit dans la boue ou n'importe où. Ça faisait partie un peu du folklore, il appartient à une époque où on mettait des cravates et où les réalisateurs étaient bien sapés. C'était quelqu'un qui avait gardé une grande fraicheur ; j'y pense souvent et je me dis que j'aimerai bien vieillir comme lui. Il approchait des 70 ans mais était très alerte, physiquement en forme. C'était un rieur, un gosse, il a gardé cette curiosité, cette fraicheur dans son regard sur la vie, les gens et sur lui-même.* »

Ci-contre
Gérard Rinaldi et Philippe de Broca

LE MENTEUR (TV)

Richard, rédacteur en chef d'un journal et d'une chaîne de radio en province, est un joyeux quadragénaire qui a réussi jusque-là à échapper à la plupart de ses responsabilités, notamment vis-à-vis de son fils de 13 ans, Thomas. Pour l'heure, partagé entre ses activités professionnelles et sa relation amoureuse avec la jeune Laure, il n'a guère le temps de penser à autre chose. Le journal traverse cependant une mauvaise passe et Geneviève, sa mère, principale actionnaire de sa station de radio, refuse obstinément d'investir sur ses fonds propres pour la moderniser. Un jour, Richard se voit contraint de remplacer à l'antenne l'invité du jour, un père célibataire, abandonné par son épouse. Au même moment, à l'autre bout de la ville, au bord de la dépression, Valérie, la mère de Thomas, tombe sur l'émission et entend les fanfaronnades de Richard. C'en est trop pour elle ! Elle se précipite au studio, Thomas et sa demi-sœur sous les bras, et les confie à Richard. Il veut jouer les pères modèles, qu'il s'en occupe ! Elle, elle part en vacances !

Dernier téléfilm réalisé par Philippe de Broca, *Le Menteur* met en scène un personnage cher au cinéaste et qui jalonne bon nombre de ses œuvres passées : celui du héros menteur, immature, lâche et irresponsable... mais drôle.

Comme Jean-Pierre Cassel dans *Le Farceur* (1961), Eric Métayer est ici en mouvement perpétuel, ce qui donne au film une puissante énergie comique. À ses côtés, la légendaire Judith Magre et le facétieux Jean-Luc Bideau. *« Un sacré trio de comédiens de théâtre avec, en prime, la caméra de Philippe de Broca, qui leur laisse toute latitude. » observe Télé Loisir.*

Le Menteur est mené tambour battant et reste un agréable divertissement. La « touche » de De Broca surgit au détour de certaines scènes, notamment celles entre le héros et son père, ou son fils.

Réalisateur : Philippe de Broca, Assistants Réalisateur : Philippe Morice, Fanny Claux, Vanessa Bozza, Emmanuelle Quilliet, Production : FUTUR TV avec la participation de la Télévision Suisse Romande et le concours du CNC, Directeur de Production : Michel Mintrot, Production : Guy Job, Caroline Solanillas assistés de Charles-Antoine Bourdeau, Administratrice de production : Cathy Vallée, Secrétaire de production : Danièle Barroyer, Scénario, Adaptation et Dialogues : Michel Rivlin et Xavier Matthieu, Musique originale : Charles Court, Éditions S.P.P. Music, Chef opérateur : Serge Dell'Amico , Cadreur : Lorenzo Donati, Assistants opérateur : Jean-Baptiste Rohmer, Pierre Siedel, Jean-Marie Perrot, Chef opérateur son : Philippe Sacier, Perchiste : Bastien Guille, Mixage : Denis Leleux, Montage son : Bertrand Catrice, Bruitage : Gadou Naudin, Etalonnage : Ludovic Decrequy, Jérôme Billaut, Chef Décorateur : Gerald Fauritte, Premier assistant décorateur : François Peyon, Chef Monteuse : Marie-Dominique Danjou assisté d'Anthony Bellagamba, Costumes : Chantal Castelli, Chef maquilleuse : Christine Cardarapolli assistée d'Isabelle Buriasco, Emilie Hua, Coiffeur perruquier : Antoine Amador, Accessoiriste de plateau : Dominique Grillet, Régisseur d'extérieur : Christian Napoleoni, Chef constructeur : Pascal Rouland, Cascades : Alain Brochery, Chef électricien : Patrick Rotilly, Electriciens : Jean-Marc Bellien, Erick Finoelst, Michael Herbinier, Chef machiniste : Guillaume Schmidt, Machiniste : Hervé Ribatto, Régisseur général : Patrick Dorflein, Régisseurs adjoint : Olivier Coquillon, Béatrice Hervoche, Iann Lecorre, Michel Bovis, Scriptes : Cathy Tomasi, Stéphanie Bruet, Photographe : Stéphane Masson, Distribution artistique : Annyck Dufrene, Maya Sevleyan, Distribution figuration : Catherine Lapuyade, Tournage : 31 mars au 29 avril 2003 - Marseille, Durée : 88 minutes, Genre : Comédie, Diffusion TV : 29 janvier 2005 (France 3)

INTERPRÉTATION : **Eric Métayer** (Richard), **Jean-Luc Bideau** (André), **Judith Magre** (Geneviève, la mère de Richard), **Arthur Masse** (Thomas), **Dominique Ratonnat** (Serge), **Clémence Boué** (Valérie, la mère de Thomas), **Laurence Ashhley** (Laure), **Anna Gaylor** (Mère de Laure), **Nathalie Vignes** (Françoise), **Paul Fructus** (Édouard), **Jean-Jérôme Esposito** (Martin), **Thierry Paul** (Manuel), **Florence Brunet** (Infirmière chef), **Amandine Carmona**, **Stéphane Cochini** (Ambulancier) (crédité Stéphane Cocchini), **Christiane Conil**, **Bruno Esposito** (Maquettiste), **Camille Figuereo** (Infirmière Marianne), **Stéphane Guieu** (Infirmière Dauphine), **Gertrude Hubert** (Infirmière MarieThérèse), **Bernard Llopis** (Gérard), **Ludivine Manca** (Cécile), **Gérard Palu** (Médecin journal), **Jérôme Rigaut** (Grégory), **Maya Sevleyvan** (Gynécologue) (crédité Maya Sevleyan), **Clarisse Tennessy** (La serveuse), **Pascale Crespym** (Madame Rose), **Linda Troller** (Hôtesse gare maritime), **Julie Brunet** (Copine de Thomas), **Tom Tricari** (Copain de Thomas)

Philippe de Broca vu par...

Eric Métayer

J'ai tourné trois fois avec Philippe de Broca, dans *Les 1001 Nuits*, *Le Veilleur de nuit* et *Le Menteur*, où je joue un personnage de faux-cul qui est un peu sa marque. Il y avait très peu de réalisateurs de cinéma comme lui : jamais de tension sur son plateau. Extrêmement calme, il savait ce qu'il voulait et on finissait à l'heure, parfois même en avance. On savait qu'il était satisfait du travail à sa manière de dire « Coupez ! ».

Sur le tournage du *Menteur*, nous sommes restés vingt-deux jours à Marseille. Un week-end où ni lui ni moi n'étions remontés à Paris, nous avons loué un voilier pour naviguer dans les calanques de Cassis. Le gros temps est survenu dans la nuit. J'ai veillé au grain. Lui le savait et a dormi sur ses deux oreilles. Il faisait confiance. Il fait partie aujourd'hui, avec mon père, des gens qui me manquent. Le jour de ses obsèques, la foule a applaudi son cercueil à la sortie de l'église pour saluer le grand bonhomme qui partait. Comme un comique gentleman ! Le Parisien – 29 janvier 2005

Judith Magre

Je n'avais jamais travaillé avec lui avant *Le Menteur*. Philippe était quelqu'un de profondément pessimiste, drôle, émouvant et sensible tout à la fois. Avec lui, tout se passait dans la décontraction. Je n'ai que de beaux souvenirs de ce tournage. Il savait vous indiquer ce qu'il attendait de vous avec une très grande courtoisie. Cet écorché vif aimait les femmes sur lesquelles il savait porter un regard tendre.

Jean-Luc Bideau

Lorsqu'il m'a contacté, j'étais perplexe. Parce que je suis progressiste et que lui était à droite, obsédé par la Révolution et tout ce qui a suivi. Mais je l'ai tout de suite trouvé très sympathique. Sur le plateau, il aurait pu nous la jouer star. Pas du tout ! On avait du plaisir à déjeuner en sa compagnie, à échanger. Lorsqu'il nous a tous réunis pour *Le Menteur*, nous étions très motivés parce que déjà morts de rire à la lecture du scénario. Entretiens avec Mireille Paraillou, Le Parisien, 29 novembre 2005

ANNEXES

Box office

Les cinq plus grands succès au box-office de Philippe de Broca sont les films tournés dans les années soixante et soixante-dix avec Jean-Paul Belmondo, et qui lui assurent une consécration internationale.

Propulsé par le succès du film *A bout de souffle*, Jean-Paul Belmondo est à l'époque l'acteur le plus populaire du cinéma français. Il alterne les comédies à grand public et les films policiers, et assure lui-même ses cascades. Les comédies réalisées par Philippe de Broca restent à ce jour des références dans la filmographie de Belmondo.

Le Bossu marquera le retour de Philippe de Broca à la mise en scène cinématographique, après ses premières expériences à la télévision, et sera un succès critique et public.

Les films interprétés par Philippe Noiret (*Tendre Poulet, L'Africain, Chouans et On a volé la cuisse de Jupiter*), qui sortiront au cours des années soixante-dix et quatre-vingt, seront également bien reçus par le public et permettront de renforcer l'image populaire du metteur en scène.

Son dernier film *Vipère au poing* lui permettra de dépasser la barre du million de spectateurs et sera l'une de ses dernières joies... Il disparaîtra quelques semaines seulement après la sortie du film.

Les premiers films, avec son ami et complice Jean-Pierre Cassel dans le rôle vedette, ne dépasseront pas 700 000 entrées et éloigneront le cinéaste vers d'autres horizons. Il trouvera en Jean-Paul Belmondo un autre alter ego, plus prisé du public.

Au début des années soixante-dix, Philippe de Broca s'aventure vers un cinéma moins fantaisiste et plus sérieux en réalisant *Chère Louise*. Le film sera boudé lors de sa sortie mais il mérite d'être redécouvert à sa juste valeur.

Ses films favoris, les plus personnels, *Le roi de cœur* et *Le Cavaleur*, ne rencontreront pas leur public, même s'ils restent incontournables dans l'œuvre du cinéaste. Il est paradoxal que son chef d'œuvre *Le roi de cœur* se retrouve à l'avant-dernier rang du classement au box-office.

La fin des années quatre-vingt et le début des années quatre-vingt-dix représentent une période difficile ; à la suite des échecs successifs des *Clés du paradis* et des *1001 nuits*. Philippe de Broca se tourne vers la télévision.

1964	L'Homme de Rio	4 800 626 entrées
1962	Cartouche	3 610 402 entrées
1973	Le Magnifique	2 803 412 entrées
1965	Les Tribulations d'un Chinois en Chine	2 701 748 entrées
1975	L'Incorrigible	2 568 325 entrées
1997	Le Bossu	2 358 320 entrées
1978	Tendre Poulet	1 790 827 entrées
1983	L'Africain	1 786 300 entrées
1988	Chouans !	1 634 829 entrées
1969	Le Diable par la queue	1 620 703 entrées
1980	On a volé la cuisse de Jupiter	1 598 854 entrées
1963	Les Veinards (sketch 3)	1 511 419 entrées
1971	La Poudre d'escampette	1 335 578 entrées
1962	Les 7 péchés capitaux (sketch 6)	1 265 620 entrées
1986	La Gitane	1 248 434 entrées
2004	Vipère au poing	1 209 629 entrées
1979	Le Cavaleur	1 038 413 entrées
1984	Louisiane	885 492 entrées
1960	Les Jeux de l'amour	681 140 entrées
1964	Un monsieur de compagnie	658 575 entrées
1961	L'Amant de cinq jours	650 209 entrées
1977	Julie pot-de-colle	645 492 entrées
1981	Psy	641 332 entrées
1967	Le Plus vieux métier du monde (sketch 1)	584 385 entrées
1961	Le Farceur	442 283 entrées
1991	Les Clés du paradis	304 402 entrées
1972	Chère Louise	262 776 entrées
1990	Les 1001 nuits	254 739 entrées
1970	Les Caprices de Marie	179 504 entrées
1966	Le Roi de cœur	141 035 entrées
2000	Amazone	76 225 entrées

Principaux projets inaboutis ou avortés

Comme tous les réalisateurs, Philippe de Broca a nourri un certain nombre de projets cinématographiques à des stades plus ou moins avancés qui n'ont pu voir le jour pour des raisons diverses, ou bien ont été tournés par d'autres. Nous avons classé ces projets contrariés par ordre chronologique.

1960 — *Les Trois Mousquetaires.* Les producteurs Alexandre Mnouchkine et Georges Dancigers lancent une adaptation des *Trois Mousquetaires* d'Alexandre Dumas, dont ils confient la mise en scène à De Broca. Un casting de stars est prévu avec Jean-Paul Belmondo (D'Artagnan), Alain Delon, Charles Aznavour, Jean-Claude Brialy et Sophia Loren (Milady). Le film subit au même moment la concurrence du projet similaire de Bernard Borderie qui finira par l'emporter. De Broca suggère à ses producteurs de se rabattre sur un autre sujet de cape et d'épée : *Cartouche,* avec Belmondo.

1967 — *Thomas l'Agnelet- Jolly Roger.* L'adaptation du roman d'aventures de Claude Farrère, Thomas l'Agnelet. C'était une histoire de pirates, inspirée de la prise de Panama ; une déclinaison maritime de *Cartouche*, sur un scénario de Jean-Loup Dabadie et Claude Sautet. Le film a été jugé trop coûteux à réaliser.

1969 — *(Sans titre)*, un film anglais : l'histoire d'un garçon qui, à la suite d'un accident, lit dans la pensée d'autrui dès qu'il boit un verre d'alcool. Il est entraîné dans de fâcheuses aventures (cité dans L'Aurore, 5 février 1969)

1969 — *(Sans titre)*, selon De Broca : « un film gigogne : l'aventure de comédiens qui parcourent la province en jouant sous un chapiteau de toile *Le Capitaine Fracasse*. On donnera le spectacle le soir, et le jour je tournerai avec les mêmes comédiens... » (L'Aurore, 5 février 1969)

1972 — *Morceaux choisis.* Sur un ton très comique, un sujet fort dramatique que De Broca a écrit avec Jacques Lanzmann. Le film devait s'appeler *Morceaux choisis* et être un policier à suspense où l'on passe du rire à l'angoisse en assistant aux aventures de blessés de la route. Ces derniers se voient greffer différents organes d'un criminel condamné à mort et intentionnellement exécuté, après un week-end au bilan tragiquement lourd. Momentanément sauvés grâce à ces greffes chirurgicales réussies, les rescapés meurent toutefois les uns après les autres de mort violente et parfaitement inexplicable, allant de la pendaison à la défenestration, en passant par l'empoisonnement et la strangulation.

1975 — *Les Cadets de Gascogne.* À l'issue de *L'Incorrigible*, de Broca travaille sur une adaptation de *Cyrano de Bergerac* qui n'est pas la pièce d'Edmond Rostand mais qui s'inspire de la vie véritable de Cyrano, un écrivain qui n'était pas du tout gascon. Le film était prévu à l'origine pour Jean-Paul Belmondo. De Broca le proposa ensuite à Yves Montand qui refusa. Le réalisateur finit par renoncer à ce projet quand Jean-Paul Rappeneau lui annonça qu'il allait tourner ce sujet.

1977 — *Le grand escogriffe.* Finalement tourné par Claude Pinoteau avec Yves Montand.

1978 — *La Cage aux folles.* À l'origine, le film est proposé à de Broca, qui va voir la pièce de théâtre où Michel Serrault joue de façon remarquable. Finalement le réalisateur refuse, pensant que ce n'est pas un film pour lui, et Edouard Molinaro récupère le projet. En 2001, le téléfilm *Madame Sans-Gêne* écrit par Molinaro est finalement réalisé par De Broca.

1980 — *(Sans titre).* Un film sur la vie d'un hôpital vue par un alité depuis plus de dix ans mais qui n'est plus malade du tout. Il reste là parce qu'il ne voit personne vieillir - les gens meurent ou guérissent. Après tout ce temps, il est devenu expert en matière de santé et de psychologie des malades.

1980 — *(Sans titre).* En co-production avec le Canada, une adaptation de Jack London, Bellou la fumée (Smoke Bellew), un livre qui raconte la ruée vers l'or du Klondike.

1985 - *Un singe amoureux.* Un film sur un sujet coécrit avec Henri Lanoë, très proche de *Trois Hommes et un couffin.* L'histoire d'un homme seul, spécialiste de l'anthropologie, qui vit avec ses trois enfants et reçoit une pension alimentaire d'une femme riche. Le film fut abandonné au moment de la sortie *d'Une femme ou deux* de Daniel Vigne, qui avait un grand nombre de points communs avec son scénario.

1985 — *Tropical princess.* Philippe de Broca coécrit une adaptation du roman de Didier van Cauwelaert, *Vingt ans et des poussières*, avec Sophie Marceau et Richard Anconina. Suite au désistement de Sophie Marceau, il obtient un moment l'accord de Juliette Binoche qui abandonne finalement le projet.

1986 — *La Malédiction des pharaons.* Comédie policière coécrite avec Jérôme Tonnerre, située dans le milieu des archéologues du Louvre. « Avec Henri Lanoë, le monteur de presque tous ses films, il avait écrit ce scénario sur un paléontologue. Je l'avais convaincu de reprendre le même script mais d'en faire quelque chose d'égyptien. À partir de ce scénario, on avait imaginé une comédie policière dans l'esprit de *Tendre Poulet* et de *La Cuisse de Jupiter*, et un hommage aux *Sept Boules de cristal*. Ça s'appelait *La Malédiction des pharaons*. Ça se passait dans le milieu des égyptologues, avec la découverte d'un caveau, une malédiction supposée, alors que c'était un égyptologue jaloux qui tuait un à un les autres membres de l'expédition. Il y avait un côté Agatha Christie très amusant. Philippe voulait le tourner avec Marthe Keller et Jacques Villeret, qui aurait joué un assassin au visage de bébé. Nous avions confié le scénario à Alain Terzian mais je ne suis pas sûr qu'il s'en soit occupé. » (Jérôme Tonnerre, entretien avec Luc Larriba, 2019)

1988 – *Si vous connaissiez ma femme.* Projet de comédie avec Jérôme Tonnerre. « Une comédie policière dans l'esprit des films de Chabrol. Un homme célibataire s'invente une femme. Il la décrit tellement bien qu'il finit par en faire un vrai personnage, et tout le monde est convaincu qu'elle existe mais personne ne l'a encore jamais vue. Lorsqu'on découvre une femme assassinée sur un terrain vague, qui ressemble en tout point à cette femme imaginaire, le malheureux se retrouve suspect d'un crime qu'il n'a pas commis. Ça plaisait beaucoup à Philippe. On pensait à Luchini pour jouer le rôle mais ce n'est pas allé plus loin qu'un synopsis. » (Jérôme Tonnerre, *op. cit.)*

1990 – *L'Art de la fugue.* Projet avec Jérôme Tonnerre pour lequel le joli titre original du *Cavaleur, L'Art de la fugue*, avait été récupéré. « C'était l'histoire d'un chef d'orchestre qui revenait dans une ville de province. La ville de province, c'est très important dans l'imaginaire de Philippe. Un refuge, comme à la fin du *Cavaleur.* À l'occasion d'une tournée, le chef d'orchestre retrouve une femme qu'il a aimée et oubliée. Il découvre qu'il a eu un enfant avec cette femme, un garçon de vingt ans qu'il va apprivoiser, sans lui dire qu'il est son père. Ils vont retaper un bateau et partiront ensemble. L'homme larguait les amarres et partait à l'aventure. Comme De Broca l'avait souvent fait. Il avait envisagé Mastroianni, ou Vittorio Gassman, qu'il avait rencontré dans la perspective des *1001 nuits*, et Françoise Fabian. Ça nous plaisait beaucoup mais il n'y avait pas de producteur. Je ne sais pas ce que Philippe en faisait, à qui il faisait lire ce que nous écrivions. » (Jérôme Tonnerre, *op. cit.)*

1990-1992 – *L'Enchanteur.* Projet assez avancé avec Jérôme Tonnerre qui avait écrit un premier traitement de 50 pages. « Un sujet original que j>avais proposé à Philippe. Un film sur les débuts du cinématographe. Le personnage principal, imaginaire, était une sorte de Méliès. Ce magicien était le voisin des frères Lumière à Lyon. D'un côté, il y avait des industriels qui fabriquaient une caméra pour enregistrer la vie, et de l'autre côté, un homme de spectacle, de l'imaginaire, de la fantaisie. Il fabriquait alors lui-même une caméra et écrivait pour sa troupe des films qu'il produisait. On intégrait l'incendie du Bazar de la Charité, qui avait été causé par un appareil de projection. Cet homme disparaissait dans l'incendie et réapparaissait aux alentours de la guerre de 14 dans un film de reportage. Sa fille voyait ce film et partait à la recherche du père disparu. C'était une fresque ambitieuse, une grosse production, qui aurait pu permettre les retrouvailles de Philippe avec Jean-Paul Belmondo. Ce projet est arrivé entre les mains d'Alain Belmondo, producteur et frère de Jean-Paul... On a déjeuné au Stresa, la cantine du tout cinéma à l'époque, et puis, c'est retombé. Je ne sais pas si quelqu'un d'autre, véritablement, l'avait lu. » (Jérôme Tonnerre, *op. cit.)*

1992 – *Côté cour, côté jardin.* Projet initié par Michelle de Broca. « C'était juste après *Un Cœur en hiver*, nous écrivions pour Daniel Auteuil. Michelle nous avait proposé de transposer une pièce de théâtre. Il s'agissait d'un homme qui loue des comédiens pour jouer les membres de sa famille imaginaire. Ces dernières années, des films ont été consacrés à ce sujet. Cet homme solitaire vit dans une grande maison vide. Il a été quitté par sa femme, il ne voit plus ses enfants. Là encore, c'était pour Philippe un projet personnel. Au buffet de la gare, dans la ville de province fantasmée, passe une troupe de comédiens de vaudeville. Il propose de les engager pour ce jeu étrange. C'était cruel, doux amer, pas une franche comédie. Ça s'appelait *Côté cour, côté jardin*, un titre que Philippe n'aimait pas beaucoup. Mais Michelle n'a pas réussi à le financer. Plus tard, Philippe a voulu le remonter au cinéma pour en faire une comédie, en gommant toute la mélancolie. Il m'a fait lire le scénario. Ça commençait par un accident rue de Rivoli, avec un camion de lait... en 1990. J'ai trouvé cela gênant et j'ai préféré rester sur le souvenir de notre scénario non tourné. » (Jérôme Tonnerre, *op. cit.)*

1997 – *Le grand soir.* Ecrit par Philippe Le Dem avec Antoine de Caunes, Monica Bellucci. Ce projet alléchant pour le cinéma ne s'est malheureusement pas réalisé. C'était en 1997, Philippe de Broca était revenu au cinéma avec *Le Bossu* qui avait bien marché. Philippe Le Dem avait écrit une histoire dans l'esprit de *Regarde-moi quand je te quitte*, qui se passe dans le monde du foot. Un entraineur arrive à amener une équipe de cinquième division en finale de la coupe de France. Le soir de la finale, juste avant le début du match, sa femme le quitte. L'entraineur passe son temps entre le banc de foot et sa course désespérée pour récupérer sa femme. L'argument était drôle et prometteur. La distribution devait réunir Antoine de Caunes et Monica Bellucci qui avaient accepté le scénario. Le film devait être produit par Alain Terzian mais les financiers ne l'ont pas soutenu. Philippe de Broca avait beaucoup travaillé avec son scénariste, comme il en avait l'habitude. Il avait même filmé des essais chez lui, à Neuilly, avec la caméra de Philippe Le Dem, ce dernier donnant la réplique à Monica Bellucci De Broca s'engagea finalement sur un autre film, *Amazone*, qui lui donnait l'occasion de retrouver Jean-Paul Belmondo.

2004 – *Coûte que coûte.* D'après « Asmara et les causes perdues » de Jean-Christophe Rufin, une comédie co-écrite avec Philippe Madral sur le milieu de l'humanitaire dans l'esprit de M.A.S.H, qui devait être tournée en Asie.

2004 – *J'ai assez ri.* Scénario inédit de Philippe de Broca. Gérard Rinaldi participa à l'adaptation et aux dialogues.

Quand philippe de Broca faisait l'acteur...

Philippe de Broca a plusieurs fois fait des apparitions dans ses films et dans ceux de ses amis. On ne peut cependant pas les comparer à celles d'Alfred Hitchcock, qui étaient pour la plupart très fugaces et étaient devenues pour le maître du suspense un passage obligé, un gag.

Philippe de Broca ne figure pas systématiquement dans ses longs-métrages, cela dépend des circonstances. Cela tient de la figuration, d'apparitions clin d'œil ou parfois de rôles plus étoffés comme dans *Le diable par la queue*.

Jean-Claude Brialy disait de De Broca qu'il « était un acteur raté. Quand il vous explique un scénario, quand il vous explique un personnage, il le joue, il le vit et il aurait envie de le jouer. S'il pouvait le faire, il le jouerait à votre place. Je parle des rôles vieux, jeunes, des femmes, des enfants, des chiens, n'importe quoi. Il a envie de jouer la comédie. D'ailleurs, quand il peut le faire, il se déguise, il se transforme, il se maquille. Il se met des moustaches, il met des favoris, il adore ça. » (Émission CINEMA, 13 août 1966)

Pour De Broca, faire occasionnellement l'acteur était aussi une nécessité. « De temps en temps, il faut se rendre compte de la difficulté d'être acteur quand on est metteur en scène. C'est très difficile de penser à ses pieds, de prendre ses marques, parler, prendre un regard. Il y a toute une discipline physique de dédoublement que je trouve intéressante à vivre pour comprendre parfois leurs difficultés. »

1958 – *Le beau Serge.* Claude Chabrol (Jacques Rivette de la Chasuble)

1959 – *Les Quatre Cents Coups.* François Truffaut (Homme à la fête foraine, non crédité)

1960 – *À bout de souffle.* Jean-Luc Godard (Un journaliste, non crédité)

1960 – *Les Jeux de l'amour.* Philippe de Broca (L'homme au cabaret Le Bateau Mouche)

1962 – *Cartouche.* Philippe de Broca (L'homme qui crie 'les aristocrates à la lanterne', non crédité

1962 – *Les Filles de La Rochelle.* Bernard Deflandre

1963 – *Les Veinards.* - segment « Une nuit avec la vedette » Philippe de Broca (Le passant qui reçoit l'affiche, non crédité)

1964 – *Les Petites Demoiselles.* Michel Deville (Jeune homme timide)

1964 – *Les Pieds nickelés.* Jean-Claude Chambon, supervision Philippe de Broca (Le chauffeur de taxi)

1966 – *Le Roi de cœur.* Philippe de Broca (Le capitaine Adolf Hitler, non crédité)

1968 – *Le Diable par la queue.* Philippe de Broca (Un campeur suédois, non crédité)

1971 – *Le Cinéma de papa.* Claude Berri (Jean Timent)

1973 – *Le Magnifique.* Philippe de Broca (Un plombier, non crédité)

1977 – *Tendre Poulet.* Philippe de Broca (Un joueur de billard, non crédité)

1980 – *On a volé la cuisse de Jupiter.* Philippe de Broca

1987 – *Chouans !* Philippe de Broca (Le docteur Leguellec)

1995 – *Les Hommes et les femmes sont faits pour vivre heureux... mais pas ensemble.* Philippe de Broca (Le quidam, non crédité)

2000 – *Meilleur Espoir féminin.* Gérard Jugnot (Lui-même)

2003 – *Un Amour en kit.* Philippe de Broca (Client du café, apparition non créditée)

2004 – *Vipère au poing.* Philippe de Broca (Un invité à la fête des Rezeau, non crédité)

La première fois où l'on peut apercevoir Philippe de Broca, c'est dans *Le Beau Serge*, réalisé par Claude Chabrol en 1958. Philippe de Broca est assistant réalisateur sur ce film, et il apparaît en compagnie de Claude Chabrol dans une petite scène, face à Gérard Blain et Jean-Claude Brialy.

Également assistant sur *Les Quatre Cents Coups*, il apparaît lors de la scène de la fête foraine, en compagnie du réalisateur François Truffaut.

En 1960, il réalise son premier film, *Les Jeux de l'amour*, et apparaît comme figurant dans la scène du cabaret « Le Bateau mouche », un paquet de lessive à la main.

Deux ans plus tard, il crie « Les Aristocrates à la Lanterne » dans *Cartouche*.

Dans *Les Veinards*, en 1963, dont il signe l'un des sketches, il est un passant qui se prend une affiche sur la tête.

L'année suivante, il tient un véritable rôle dans *Les Petites Demoiselles*, un court-métrage de Michel Deville, tourné pour la télévision, où il joue un jeune homme timide, face à Macha Méril et Françoise Dorléac.

En 1966, dans *Le Roi de cœur*, il est le jeune Adolf Hitler et donne la réplique à Daniel Boulanger, scénariste du film, mais qui faisait aussi un peu l'acteur à cette époque-là : « *J'ai fait Adolf Hitler car l'acteur prévu n'arrivait pas à prononcer sa réplique en allemand* ».

Parfois c'est avant tout pour des raisons économiques qu'il fait le « figurant ». Ainsi, il se teint les cheveux en blond pour *Le Diable par la queue*, dans lequel il interprète un campeur suédois adepte du naturisme, le temps de quelques scènes.

En 1971, Philippe de Broca joue un metteur en scène dans *Le Cinéma de Papa* de Claude Berri.

Dans *Le Magnifique*, il est l'un des deux plombiers qui passent chez François Merlin, et qui seront assassinés par Bob Saint-Clar au Mexique.

Dans le même film, on peut aussi le deviner dans la scène d'ouverture, lorsque l'agent secret est dans la cabine téléphonique. Il passe à deux reprises devant la cabine et l'on aperçoit son reflet dans la vitre.

En 1977, il fait une apparition fugace en joueur de billard dans *Tendre Poulet*.

En 1980, dans *On a volé la cuisse de Jupiter*, il faut vraiment ouvrir l'œil, il se retrouve dans le champ empoigné en pleine course par Annie Girardot

En 1987, on l'aperçoit dans le rôle du docteur Leguellec au début de *Chouans* ! Le comte de Kerfadec (Philippe Noiret) l'appelle au chevet de sa femme mourante qui est en train d'accoucher.

En 1995, il fait une apparition savoureuse en quidam dans *Les Hommes et les femmes sont faits pour vivre heureux... mais pas ensemble*.

En 2000, Philippe de Broca joue un metteur en scène dans *Meilleur Espoir féminin* de Gérard Jugnot.

En 2003, il sort d'un restaurant avec un café dans la main, dans le téléfilm *Un Amour en kit*.

En 2004, Philippe de Broca fait une ultime apparition dans son dernier film *Vipère au poing*. Portant monocle, il joue l'un des invités de la fête, face à Jacques Villeret. On peut retrouver une version plus longue de cette scène dans les bonus du DVD.

Les 45 tours en images

BO du film Les Jeux de l'amour
45 Tours – Pathé EA 342

BO du film Le Farceur
45 Tours – Pathé EA 422

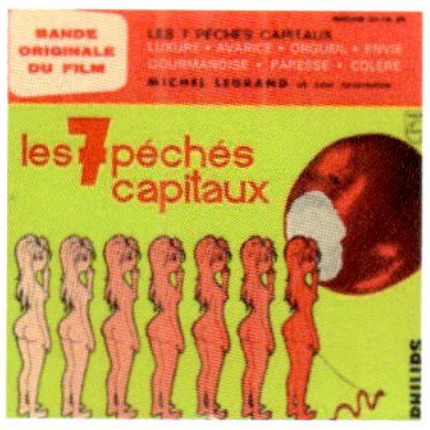

BO du film Les Sept Péchés capitaux
45 Tours – Philips 432.759 BE

BO du film L'homme de Rio
45 Tours – United Artists Records 36.045 M

BO du film Un monsieur de compagnie
45 Tours – Barclay 70724 M

BO du film Les Tribulations D'un Chinois En Chine
45 Tours – United Artists Records 36.063

BO du film Le Roi de cœur
45 Tours – United Artists Records 36.107 UAE

BO du film Le plus vieux Métier du monde
45 Tours – Philips 437.336 BE

BO du film Le Diable par la queue
45 Tours – United Artists Records 38.239 UAF

BO du film Les Caprices De Marie
45 Tours – United Artists Records 2C006-91100

BO du film La Poudre d'escampette
45 Tours – Bell Records C006-92783

BO du film Chère Louise
45 Tours – Warner Bros Records F 16 186

BO du film L'Incorrigible
45 Tours – Pathé 2C 010 14239

BO du film Louisiane
45 Tours – CBS A4233

Les 25 et 33 tours en images

BO du film Cartouche
25 CM – Versailles – MED 4009

BO du film Le Magnifique
33 Tours – Polydor – 2393 075

BO du film Tendre Poulet
33 Tours – Déesse DDLX 159

BO du film L'Incorrigible
33 Tours – Pathé 2C 066 14236

BO du film On a volé la cuisse de Jupiter
33 Tours – Déesse DDLX 192

BO du film L'Africain
33 Tours – WEA 240126-1

BO du film Louisiane
33 Tours – CBS 71127

BO du film Chouans !
33 Tours – Carrère 66 538

Bibliographie sélective

Le premier livre sur Philippe de Broca est paru en 1990 : *Philippe de Broca* par Alain Garel, Dominique Maillet, Jacques Valot, Jean-Pierre Zarader (éditions Henri Veyrier), préfacé par François Truffaut

En 2019 a été publié le passionnant livre de Jean-Pierre Zarader *Philippe de Broca : Caméra philosophique* (éditions Klincksieck), sur la pensée philosophique à travers l'œuvre de De Broca.

Depuis 1960, des entretiens avec Philippe de Broca et des articles qui lui sont consacrés ont paru dans de nombreux périodiques, notamment :

Action, vol. 10, n° 2, mars-avril 1975. «What directors are saying»

Amis du Film et de la Télévision (Les), n° 260, janvier 1978. Tony de Cock, « Dites-moi, Philippe de Broca » (Entretien)

Avant-Scène Cinéma (L'), n° 473, juin 1998. Le Roi de cœur - Scénario du film - Véronik Micheli, « Le manifeste des fous »

Avant-Scène Cinéma (L'), n° 535, octobre 2004. Yves Alion, « Rencontres autour de François Truffaut : Philippe de Broca »

Cahiers du cinéma (Les), Hors-série n° 22, décembre 1998. « Questionnaire »

Cahiers du cinéma (Les), n° 597, janvier 2005. «Disparitions»

Chaplin, n° 97, février 1970. « Philippe de Broca »

Ciné-Bulles, vol. 17, n° 1, avril 1998. Michel Coulombe, « Entretien avec Philippe de Broca »

Cinéma 88, n° 434, 23 mars 1988. François Quenin, « Philippe de Broca, l'homme pratique »

Cinéma français, n° 33, 1980. « Un double anniversaire pour les deux Philippe de La Cuisse de Jupiter »

CinémAction, n° 62, janvier 1992. « Questions aux réalisateurs »

Ciné-Revue, vol. 55, n° 49, décembre 1975. « Philippe de Broca : Le cinéma français se porte plutôt bien, mais chez les actrices, c'est presque le néant... (Entretien) »

Classic Images, n° 355, janvier 2005. Harris Lentz III, « Philippe de Broca »

Ecran Lorrain (L'), n° 155, mai 1960. « Miroir de leur pensée - Georges Franju - Louis Grospierre - Pierre Kast - Robert Bresson - Philippe de Broca »

Film dope, n° 05, juillet 1974. « Philippe de Broca »

Film Dope, n° 20, avril 1980. « Philippe de Broca »

Film français (Le), n° 1028, 7 février 1964. « Box-office de Philippe de Broca 1959-1964 »

Film français (Le), n° 1451, 8 septembre 1972. « Box-Office of Philippe de Broca »

Film français (Le), n° 1547, 13 septembre 1974. « Philippe de Broca : Le Grand défi aux U.S.A. »

Film français (Le), n° 1586, 27 juin 1975. « Audiard, Belmondo, Bujold, de Broca : rencontres et retrouvailles (Entretiens) »

Film français (Le), n° 2235, 3 mars 1989. « Les réalisateurs ont la parole »

Film Idéal, n° 222-223, janvier 1971. « Philippe de Broca »

Film Journal, n° 22, octobre 1963. « Philippe de Broca »

Film Review, n° 653, février 2005. Anwar Brett, « Philippe de Broca »

Film, vol. 4, n° 2, février 1966. « Philippe de Broca (Entretien) »

Films in Review, vol. 31, n° 9, novembre 1980. T. Curran, « Directors series : Philippe de Broca »

France Film Cinéma Nouveau, n° 10, mars 1961. Pierre Forrestier, « Philippe de Broca est-il l'André Hunebelle de La Nouvelle Vague ? »

Positif, n° 046, juin 1962. Robert Benayoun, « Philippe de Broca »

Positif, n° 527, janvier 2005. Michel Cieutat, « Philippe de Broca »

Première, n°4, 1977, article de 6 pages consacré au tournage du film De quoi je me mêle ! premier titre de Julie pot -de -colle

Première, n° 46, janvier 1981. « Philippe de Broca, l'incorrigible » (Entretien)

Première, n° 60, mars 1982. « Cinéphiles, si vous saviez... Tous ces films qui n'existeront peut-être jamais... (Dossier) »

Revue du Cinéma (La) / Image et Son, n° 175, juillet 1964. Philippe Pilard, « Philippe de Broca (Entretien) »

Revue du Cinéma (La) / Image et Son, n° 381, mars 1983. Bruno Duval, « De bric-à-brac baroque et De Broca »

Revue du Cinéma International, n° 13, janvier 1971. « Entretien avec Philippe de Broca et les Caprices de Marie »

Rivista del Cinematografo, n° 2, février 1966. « Philippe de Broca » (Entretien)

Synopsis, n° 27, septembre-octobre 2003. Valérie Ganne Aldo Tassone, « Que reste-t-il de la nouvelle vague ? »

Variety, 6 décembre 2004. Lisa Nesselson, « De Broca's accented irreverence »

Documentaires

Plusieurs documentaires ont été consacrés à Philippe de Broca :

1981 - **Portrait de Philippe de Broca** Proposé par Germaine Cohen, Réalisateur : Philippe Vaudoux. *59 Min. Avec : Gérard Brach, Georges Delerue*

2003 - **Les grands réalisateurs du cinéma : Philippe de Broca**. Par Gilles Nadeau et Mei-Chen Chalais. *52 Min TPS*

2017 - **Philippe de Broca, poète de la dérision**. Par Nicolas Henry. *54 Min OCS*

2012 - **Philippe de Broca, l'homme pressé**. Par Pierre-Henri Gibert. *70 Min*
(en deux parties : *Le mouvement perpétuel et Les extravagances du cœur*) dans les bonus DVD des *Jeux de l'Amour* et du *Farceur*

Crédits photographiques

Couverture : Gérard Décaux / DR

TEXTE DE BERNARD PAYEN

P. 13 : DR

BIOGRAPHIE

P. 20 : Famille de Broca
P. 21h : Famille de Broca ; p. 21b : Famille de Broca
P. 22h : Famille de Broca ; p. 22b : Famille de Broca
P. 23g : Famille de Broca ; p. 23d : Famille de Broca
P. 24 : Famille de Broca
P. 30h : Famille de Broca ; p. 30m : Famille de Broca ; p. 30b : Famille de Broca
P. 31 : Famille de Broca
P. 32 : Famille de Broca
P. 33 : Famille de Broca
P. 35g : Edmond Séchan ; p. 35d : Famille de Broca
P. 36 : Famille de Broca
P. 37 : Famille de Broca
P. 39h : DR ; p. 41b : Henri Lanoë ;
P. 40 : Famille de Broca
P. 41g : Famille de Broca ; p. 41d : Famille de Broca
P. 43 : Famille de Broca
P. 45g : Famille de Broca ; p. 45d : DR

SCÉNARISTES ET DIALOGUISTES

P. 49 : Henri Lanoë
P. 50 : DR
P.65g : DR / Collection Claude Bolling ; p.65d : DR / Collection Claude Bolling

LES FEMMES DE SA VIE

P. 73h : Gragnon/Paris Match/Scoop ;
P. 73m : DR ; p. 73b : DR
P. 75 : Famille de Broca
P. 76h : Famille de Broca ; p. 76b : Famille de Broca
P. 78 : Famille de Broca
P. 83 : Famille de Broca
P. 84 : Famille de Broca

FILMOGRAPHIE

P. 92 : © 1959 Gaumont
P. 93h : DR ; p. 93m : DR ; p. 93b : DR
P. 94 : DR ; p. 94b : DR
P. 96 : © 1959 Gaumont
P. 97 : DR
P. 100 : © 1961 Gaumont
P. 101g : DR ; p. 101m : DR ; p. 101d : DR
P. 104 : © 1961 - TF1 Droits Audiovisuels - Cineriz
P. 105h : DR ; p. 105b : DR
P. 108 : © 1962 Studiocanal - TF1 DA - Vides S.A.S (Italie)
P. 109h : DR ; p. 109m : Henri Lanoë ; p. 109b : Henri Lanoë
P. 110h : DR ; p. 110b : DR
P. 111h : DR ; p. 111b : DR
P. 112 : © 1962 Studiocanal - TF1 DA - Vides S.A.S (Italie)
P. 113 : DR
P. 115g : DR ; p. 115d : DR
P. 117 : DR
P. 120 : © 1964 TF1 Droits Audiovisuels
P. 121h : DR ; p. 121b : DR
P. 122h : DR ; p. 122b : DR
P. 123 : DR
P. 124 : © 1964 TF1 Droits Audiovisuels
P. 125 : DR
P. 126h : © 1964 TF1 Droits Audiovisuels ; p. 126b : Edmond Séchan
P. 127h : DR ; p. 127b : DR
P. 128h : DR ; p. 128b : Collection Christophel © Dear Film Produzione / Les Films Ariane / Artistes Associes
P. 129 : Edmond Séchan
P. 132h : DR ; p. 132b : ©1964 Warner Bros Entertainment France - Alex Productions
P. 133h : DR ; p. 133b : Henri Lanoë
P. 134h : DR ; p. 134b : DR
P. 135h : DR ; p. 135b : ©1964 Warner Bros Entertainment France - Alex Productions
P. 138 : © 1965 TF1 Droits Audiovisuels
P. 139 : DR
P. 140h : Edmond Séchan ; p. 140b : DR
P. 141h : DR ; p. 141b : Edmond Séchan
P. 142h : DR ; p. 142b : Edmond Séchan
P. 143h : DR ; p. 143b : DR
P. 144h : DR ; p. 144b : DR
P. 145 : © 1965 TF1 Droits Audiovisuels
P. 148 : © 1966 Indivision de Broca
P. 149h : Vincent Rossell ; p. 149m : Collection Christophel/NZ © Artistes Associes - Montoro ; p. 149b : DR
P. 150h : DR ; p. 150b : DR
P. 151h : DR ; p. 151b : © 1966 Indivision de Broca
P. 152h : DR ; p. 152b : DR
P. 153 : DR
P. 154 : © 1966 Indivision de Broca
P. 157 : Collection Christophel/NZ © Athos - Franco London - Rialto
P. 160h : Georges Pierre © Laurence Pierre de Geyer ; p. 160b : Georges Pierre © Laurence Pierre de Geyer
P. 161h : Georges Pierre © Laurence Pierre de Geyer ; p. 161b : Georges Pierre © Laurence Pierre de Geyer
P. 162 : © 1968 Studiocanal
P. 163h : Georges Pierre ; p. 163b : 1968 Studiocanal
P. 164h : Georges Pierre © Laurence Pierre de Geyer ; p. 164b : Georges Pierre © Laurence Pierre de Geyer
P. 165h : Georges Pierre © Laurence Pierre de Geyer ; p. 165b : Georges Pierre © Laurence Pierre de Geyer
P. 168h : Vincent Rossell ; p. 168g : © Gaumont 1969 ; p. 168b : Vincent Rossell
P. 169 : Vincent Rossell
P. 172h : Georges Pierre © Laurence Pierre de Geyer ; P. 172b : Georges Pierre © Laurence Pierre de Geyer
P. 173h : Georges Pierre © Laurence Pierre de Geyer ; p. 173b : Georges Pierre © Laurence Pierre de Geyer
P. 174h : Georges Pierre © Laurence Pierre de Geyer ; p. 174b : Georges Pierre © Laurence Pierre de Geyer
P. 175h : Georges Pierre © Laurence Pierre de Geyer ; p. 175b : Georges Pierre © Laurence Pierre de Geyer
P. 178 : Georges Pierre © Laurence Pierre de Geyer
P. 179h : Georges Pierre © Laurence Pierre de Geyer ; p. 179b : Georges Pierre © Laurence Pierre de Geyer
P. 183h : Getty images © Michel Ginfray ; p. 183b : Henri Lanoë
P. 184h : Henri Lanoë ; p. 184b : Getty images © Michel Ginfray

P. 185h : DR; p. 185b : Henri Lanoë
P. 186h : DR ; p. 186m : DR ; p. 186b : DR
P. 190 : © 1975 STUDIOCANAL – Nicolas Lebovici – Tous Droits Réservés
P. 191h : Vincent Rossell ; p. 191b : Vincent Rossell
P. 192 : Vincent Rossell
P. 193 : Vincent Rossell
P. 196h : Georges Pierre © Laurence Pierre de Geyer ; p. 196b : Georges Pierre © Laurence Pierre de Geyer
P. 197h : Georges Pierre © Laurence Pierre de Geyer ; p. 197b : Georges Pierre © Laurence Pierre de Geyer
P. 198h : Georges Pierre © Laurence Pierre de Geyer ; p. 198b : Georges Pierre © Laurence Pierre de Geyer
P. 199h : Georges Pierre © Laurence Pierre de Geyer ; P. 199b : Georges Pierre © Laurence Pierre de Geyer
P. 202g : © 1977 TF1 Droits Audiovisuels ; p. 202d : DR
P. 203h : DR ; p. 203b : DR
P. 204h : DR ; p. 204b : DR
P. 205h : DR ; p. 205b : DR
P. 206g : © 1977 TF1 Droits Audiovisuels ; p. 206b : DR
P. 207 : DR
P. 208h : DR ; p. 208b : Georges Pierre © Laurence Pierre de Geyer
P. 209h : DR ; p. 209b : DR
P. 213g : DR ; p. 213d : © 1979 – TF1 Droits Audiovisuels – France 3 Cinéma ; p. 213b : DR
P. 214h : DR ; p. 214b : DR
P. 215h : DR ; p. 215b : DR
P. 216g : © 1979 – TF1 Droits Audiovisuels – France 3 Cinéma ; p. 216d : DR
P. 217 : DR
P. 218h : DR ; p. 218b : DR
P. 219h : DR ; p. 219b : DR
P. 224 : DR
P. 225h : DR ; p. 225b : DR
P. 226 : DR
P. 227h : DR ; p. 227b : DR
P. 232 : Etienne George
P. 233h : Etienne George ; p. 233b : Etienne George
P. 234 : Etienne George
P. 235 : Etienne George
P. 238 : © 1983 – Pathé Films
P. 239h : Georges Pierre © Laurence Pierre de Geyer ; p. 239b : Georges Pierre © Laurence Pierre de Geyer
P. 240h : Georges Pierre © Laurence Pierre de Geyer ; p. 240b : Georges Pierre © Laurence Pierre de Geyer
P. 241 : Georges Pierre © Laurence Pierre de Geyer
P. 242h : Georges Pierre © Laurence Pierre de Geyer ; p. 242b : Georges Pierre © Laurence Pierre de Geyer
P. 243 : © 1983 – Pathé Films
P. 244h : Georges Pierre © Laurence Pierre de Geyer ; p. 244b : Georges Pierre © Laurence Pierre de Geyer
P. 245h : Georges Pierre © Laurence Pierre de Geyer ; p. 245b : Georges Pierre © Laurence Pierre de Geyer
P. 248h : Getty images © Micheline Pelletier ; p. 248b : DR
P. 249h : Getty images © Micheline Pelletier ; p. 249b : Henri Lanoë
P. 252 : © 1986 – T.Films – Films A2
P. 253h : 7Fi10672 – Archives municipales, fonds bibliothèque patrimoniale, 1986 ; p. 253m : 7Fi10668 – Archives municipales, fonds bibliothèque patrimoniale, 1986 ; p. 253b : © 1986 – T.Films – Films A2
P. 254h : 19Fi1748 – Archives municipales, fonds Varin, 1986 ; p. 254b : 19Fi1730 – Archives municipales, fonds Varin, 1986
P. 255h : 19Fi1746 – Archives municipales, fonds Varin, 1986 ; p. 255b : 7Fi10705 – Archives municipales, fonds bibliothèque patrimoniale, 1986
P. 258 : © 1988 STUDIOCANAL – France 2 Cinéma
P. 259h : Nathalie Eno ; p. 259b : Jean-Pierre Fizet
P. 260h : Jean-Pierre Fizet ; p. 260b : DR
P. 261 : Jean-Pierre Fizet
P. 267h : DR ; p. 267b : DR
P. 268h : Nathalie Eno ; p. 268m : DR ; p. 268b : DR
P. 272g : © 1991 Alter Films ; p. 272b : Jean-Pierre Fizet
P. 273h : Jean-Pierre Fizet ; p. 273b : DR
P. 281h : DR ; p. 281b : DR
P. 282g : © 1997 – Alicéléo / DA Films / Compagnie Cinématographique Prima / TF1 Films Production ; p. 282h : DR ; p. 282m : DR ; p. 282b : DR
P. 283h : DR ; p. 283d : © 1997 – Alicéléo / DA Films / Compagnie Cinématographique Prima / TF1 Films Production ; p. 283b : Henri Lanoë
P. 290 : © 1999 STUDIOCANAL – PHF Films
P. 291h : Collection Christophel © Emilie de la Hosseraye ; p. 291b : Collection Christophel © Emilie de la Hosseraye
P. 292g : © 1999 STUDIOCANAL – PHF Films ; p. 292h : Collection Christophel © Emilie de la Hosseraye ; p. 292b : Collection Christophel © Emilie de la Hosseraye ;
P. 293h : Collection Christophel © Emilie de la Hosseraye ; p. 293b : Collection Christophel © Emilie de la Hosseraye
P. 296 : © 2004 Rezo productions / Ramona productions / France 3 Cinéma / Zéphyr Films Viper
P. 297h : Claude Debroux ; p. 297m : Claude Debroux ; p. 297b : Marie-Florence Roncayolo
P. 301 : Nathalie Alquier
P. 302 : ©1994 Son et Lumiere, TF1, Canal+, Mafilm Vereinigte Film Partner Maecenas Film
P. 303h : Nathalie Alquier ; p. 303g : Nathalie Alquier ; p. 303d : Nathalie Alquier
P. 311h : Claude Debroux ; p. 311m : Claude Debroux ; p. 311b : Claude Debroux
P. 312h : Vanessa Bozza ; p.312b : Christelle Brosset
P. 315h : Christelle Brosset ; p.315b : Christelle Brosset
P. 316 : Marie-Florence Roncayolo

AFFICHISTES

P. 90 : Clément Hurel © Adagp, Paris, 2020 ; Les jeux de l'amour
P. 98 : Clément Hurel © Adagp, Paris, 2020 ; Le Farceur
P. 130 : Jean-Etienne Siry © Adagp, Paris, 2020 ; Un monsieur de compagnie.
P. 180 : René Ferracci © Adagp, Paris, 2020 ; Le Magnifique
P. 188 : René Ferracci © Adagp, Paris, 2020 ; L'incorrigible
P. 200 : René Ferracci © Adagp, Paris, 2020 ; Tendre Poulet
P. 210 : René Ferracci © Adagp, Paris, 2020 ; Le Cavaleur
P. 222 : René Ferracci © Adagp, Paris, 2020 ; on à volé la cuisse de Jupiter
P. 230 : René Ferracci © Adagp, Paris, 2020 ; Psy

Remerciements

Nous remercions la famille de Philippe de Broca et tout particulièrement sa sœur Françoise Aroud, son épouse Alexandra de Broca, son fils Alexandre de Broca ainsi que Marina Girard-Muttelet, agent de Philippe de Broca, sans qui ce livre n'existerait pas.

Nous remercions également les nombreux participants qui ont pris le temps d'apporter leurs souvenirs et leurs archives : Pierre Arditi, Jacques Balutin, Jean-Paul Belmondo, Dominique Besnehard, Jacqueline Bisset, la famille de Daniel Boulanger, Vanessa Bozza, Jean-Loup Dabadie, Jean-Pierre Darroussin, Jeff Domenech, Patrick Chesnais, Fanny Cottençon, Stéphane Freiss, Catherine Frot, Marie Gillain, Patrick Godeau, Maurice Illouz, Alexandre Jardin, Marlène Jobert, Gérard Jugnot, Marthe Keller, Cédric Klapisch, Henri Lanoë, Bernard Le Coq, Thierry Lhermitte, Dominique Maillet, Claire Nebout, Vincent Perez, Francis Perrin, Jean-Paul Rappeneau, Jean-Michel Rey, Jean-François Robin, Bruno Slagmulder, Bruno Solo, Jean-François Stévenin, Salomé Stévenin, Jérome Tonnerre, Bruno Troublé.

Les producteurs, les personnes et les sociétés suivantes ont grandement contribué à la conception de ce livre : Alter films - Anka Lab - l'Atelier d'Images - Ciné-Comédies - La Cinémathèque Française - Gaumont - MK2 - MCI - Orange Studio - Pathé Films-Rezo Productions - Studiocanal - TF1 Droits Audiovisuels - TF1 Films Production, Claude Debroux, Nelly Dhoutout, Françoise Cassat, Nathalie Eno, Annick Fizet, Etienne George, Jérémie Imbert, Laurence Pierre de Geyer, Marie-Florence Roncayolo, Géraldine Rousselot, Franck Séchan, Jérôme Wybon.

Un très grand merci à Mathieu Thibaut et l'équipe de Cake Design qui ont réalisé la maquette et assuré la conception artistique de l'ouvrage ainsi qu'à Florence La Bruyère collaboratrice éditoriale.

Toute notre reconnaissance va aux éditions Neva, pour leur soutien enthousiaste à la publication de ce livre.

Enfin nous voudrions exprimer notre profonde gratitude à tous ceux que nous ne pouvons citer ou dont nous aurions omis le nom par inadvertance, qui nous ont accordé leur temps précieux, leur aide, et nous ont accompagnés dans cette aventure.

Philippe Sichler et Laurent Benyayer

Imprimé en CEE
Par la S.A.R.L. Bernard Dupret Conseil en impression

Direction artistique :
CAKEDESIGN
Thibault Mathieu, Faustine Moussé

Dépôt légal : 4ème Trimestre 2020

Sortie en Novembre 2020
ISBN : 978-2-35055-282-8

Neva Éditions
56, Allée des Noisetiers
74300 Magland
www.neva-editions.fr